Aukštesniųjų pasaulių suvokimas

AUKŠTESNIŲJŲ PASAULIŲ SUVOKIMAS

Michael Laitman

LAITMAN
Kabbalah
Publishers

2023

Versta iš:
Michael Laitman,
ATTAINING THE WORLDS BEYOND
Laitman Kabbalah Publishers, Toronto, Canada

Išleido: Laitman Kabbalah Publishers
1057 Steeles Avenue West, Suite 532, Toronto, ON, M2R 3X1, Canada
info@kabala.lt

Copyright © 2023 Michael Laitman
Visos teisės saugomos.

ISBN: 978-1-77228-136-1

Turinys

Pratarmė 11
Kaip skaityti šią knygą 13
1. Suvokti Kūrėją 16
    Širdies langas 19
    Tikėjimas aukščiau žinojimo 24
2. Dvasinis kelias 30
    Kūrėjo valdymas 33
    Suprasti Kūrėjo valdymą 36
3. Atsisakyti asmeninių interesų 41
    Vadovaukitės kabala 45
4. Kabalos studijų tikslas 48
5. Dvasinė pažanga 51
    Tikėjimas Kūrėjo Vienatinumu 53
6. Mūsų suvokimas 57
7. Dvasingumo struktūra 60
    Apgaulingi malonumai 63
8. Pagalbos prašymas 65
9. Pasipriešinti norui mėgautis dėl savęs 71

10. Vidinis judėjimas ir raida 77
   Artėjant prie altruistinio malonumo 82
11. Išrauti egoizmą 95
   Kūrėjo paieškos 105
12. Šviesos kelias 112
   Noras gauti malonumą 118
13. Atskleidimas ir paslėptis 125
   Perkeičiant egoizmą į altruizmą 137
14. Laipsniškas dvasinis taisymas 143
15. Vidinės savybės ir išoriniai aspektai 153
   Dvasinės pakopos 157
   Keturi pagrindiniai požiūriai 159
16. Susiliejimas su Kūrėju 165
   Atsiskleidimo fazės 175
17. Dvasiniai lygmenys 181
18. Grįžimas pas Kūrėją 191
   Šviesos kelias 203
19. Taisant egoizmą 213
   Dvasinių savybių troškimas 222
20. Dvasinė raida 236
21. Dvasinis darbas 254
22. Tikėjimas 264
23. Supanašėjimo su Kūrėju procesas 268
24. Dvasinio pasaulio pažinimas 275
   Suvokiant aukštesnius dvasinius lygmenis 277

25. Ištaisymo etapai 281
    Tikėjimas – vienintelė egoizmo priešybė 284
    Šviesa, kuri taiso 286
26. Ne dėl savęs 294
    Pasiekti „*lišma*" 297
27. Mūsų prigimties perkeitimas 302
28. Kūrėjo baimė 306
29. Altruizmo sėkla 310
30. Kova už Kūrėjo Vienatinumo suvokimą 314
31. Gavimas dėl davimo 321
32. Kančia kaip absoliutaus gėrio gestas 326
33. Blogio pradas 331
34. Darbas trijose linijose 336
35. Suprasti savo tikrąją prigimtį 343

Žmogus nepajėgus suprasti tokių dvasinių savybių, kaip visiškas altruizmas ir meilė, esmės. Net šių jausmų egzistavimas yra už mūsų suvokimo ribų. Mums atrodo, kad tik verčiami galime atlikti veiksmą, kuris nežada mums jokios asmeninės naudos. Todėl tokia savybė kaip altruizmas mums gali būti suteikta tik iš Aukščiau ir tik tie, kurie ją patyrė, gali tai suprasti.

Michaelis Laitmanas

Pratarmė

Jei tik išgirsite širdimi visiems žinomą klausimą, esu įsitikinęs, kad visos jūsų abejonės, ar turite studijuoti kabalą, išnyks be pėdsakų. Tai kartus ir teisingas kiekvieno, gimusio žemėje, užduodamas klausimas: „Kokia mano gyvenimo prasmė?"

Rabis Jehudis Ašlagas, „Įvadas į Mokymą apie dešimt *sfirų*"

Tarp visų knygų ir užrašų, kuriais naudojosi mano didis Mokytojas Baruchas Ašlagas, buvo vienas sąsiuvinis, kurį jis nuolatos turėjo su savimi. Tame sąsiuvinyje buvo užrašyti visi jo pokalbiai su savo tėvu, didžiu kabalistu Rabiu Jehudžiu Ašlagu, Jeruzalės rabinu, parašiusiu dvidešimt vieną knygos „Zohar" komentarų tomą, šešis tomus komentarų ARI knygoms ir daugybę kitų kabalos darbų.

Prastai pasijutęs vėlų žydų Naujųjų metų vakarą 1991 metų rugsėjį, Mokytojas pasikvietė mane prie savo lovos ir įdavė man šį sąsiuvinį, sakydamas: „Imk ir mokykis iš jo." Ankstų kitos dienos rytą jis numirė ant mano rankų, palikęs mane ir daug kitų savo mokinių be vedlio šiame pasaulyje.

Mokytojas sakydavo: „Noriu išmokyti tave kreiptis ne į mane, o į Kūrėją – į vienintelę Jėgą, vienintelį viso, kas egzistuoja, Šaltinį, į Tą, kuris iš tikrųjų gali padėti ir laukia, kada pats to paprašysi. Jei ieškai pagalbos, kaip išsilaisvinti iš šio pasaulio kalėjimo, kaip virš jo pakilti, kaip rasti save, savo gyvenimo tikslą, turi atsigręžti į Kūrėją, kuris tau siunčia visus šiuos troškimus, kad kreiptumeisi į Jį."

Šioje knygoje pabandžiau perteikti kai kuriuos iš to sąsiuvinio užrašų taip, kaip juos išgirdau. Neįmanoma perteikti to, kas parašyta, o tik tai, kas perskaityta, juk kiekvienas pagal savo sielos savybes savaip supras panašius užrašus, nes jie atspindi kiekvienos sielos jausmus, gimstančius sąveikaujant su Aukščiausiąja Šviesa.

Tegul Rabio Jehudžio Ašlago mintys įsiskverbia į šį pasaulį per vyriausiojo jo sūnaus, mano Rabio, žodžius ir tegul jie padeda mums visiems susivienyti su Kūrėju dar šiame gyvenime čia, šiame pasaulyje!

Michaelis Laitmanas

Kaip skaityti šią knygą

Šios knygos būtinybė paaiškėjo iš klausimų, kuriuos mano mokiniai užduoda įvairiose paskaitose, radijo laidose, iš viso pasaulio plūstančiuose laiškuose.

Aiškinti ir studijuoti kabalą yra sunku todėl, kad dvasinis pasaulis mūsų pasaulyje neturi atitikmenų. Net jei studijuojamas objektas tampa aiškus, mūsų suvokimas tik laikinas. Tai, ko mokomės, yra suvokiama dvasinėje mūsų sąmonės dalyje, kuri nuolatos iš Aukščiau atnaujinama. Todėl anksčiau išmokta medžiaga žmogui vėl tampa visiškai neaiški. Priklausomai nuo nuotaikos ir dvasinės būsenos tekstas skaitančiajam gali atrodyti tai pilnas gilios prasmės, tai absoliučiai beprasmis.

Nereikia nusivilti, jei vėl nesuprantama tai, kas vakar buvo aišku. Nepasiduokite, jei tekstas atrodo miglotas, keistas ar nelogiškas.

Kabala studijuojama ne tam, kad suteiktų teorinių žinių, bet tam, kad padėtų pamatyti ir pajausti tai, kas nuo mūsų paslėpta.

Asmeninis dvasinių jėgų, šviesų, pakopų apmąstymas ir suvokimas suteiks tikrą pažinimą. Kol patys nepatirsime Aukštesniosios Šviesos ir to, ką Ji reiškia, tol nesuprasime, kaip sudaryta ir kaip veikia pasaulių sistema, nes studijuojamo dalyko analogų mūsų pasaulyje nėra.

Ši knyga padės žengti pirmuosius žingsnius dvasinių jėgų pajautimo link. Aišku, tolimesnėse pakopose nepavyks išsiversti be tiesioginės mokytojo pagalbos.

Knygą rekomenduojama skaityti ne įprasta šio žodžio prasme, bet koncentruojantis į kurią nors atskirą pastraipą, ją apmąstant, atrandant jai tinkamus įvairius pavyzdžius iš gyvenimo ir susiejant su savo patirtimis. Kantriai ir ne kartą perskaityti ir apmąstyti kiekvieną sakinį, stengiantis pajusti autoriaus jausmus. Skaityti lėtai, bandant patirti žodžių skonį, niuansus ir, jei reikia, grįžti prie frazės pradžios.

Toks metodas padės iš vidaus pajausti aprašomus dalykus arba atrasti pojūčių stygių, kas taip pat yra būtinas parengiamasis dvasinio vystymosi etapas.

Ši knyga parašyta ne greitam perskaitymui, o tam, kad padėtų pajausti savo reakciją. Todėl nors ji kalba tik apie viena – apie santykį su Kūrėju, kalba apie tai įvairiais būdais, kad kiekvienas galėtų surasti tinkamą frazę, žodį, nuo kurio pajėgtų pradėti gilintis į tekstą.

Nors knygoje apie egoizmo troškimus ir veiksmus kalbama trečiuoju asmeniu, tačiau kol nesugebame jausmų lygmenyje atskirti savo sąmonės nuo norų, egoizmo impulsus bei norus suvokiame kaip „savus". Žodis „kūnas" tekste siejamas ne su fiziniu „aš", bet su „egoizmu" – mūsų noru gauti.

Siekiant kuo daugiau gauti iš šios knygos, rekomenduoju skaityti tas pačias ištraukas skirtingu metu, esant skirtingoms būsenoms ir nuotaikoms. Taip geriau pažinsite save ir savo reakcijas bei požiūrius į tą patį tekstą, esant skirtingoms situacijoms.

Nesutikimas su tuo, kas skaitoma, yra toks pat pozityvus, kaip ir sutikimas. Svarbiausia išgyventi tekstą, o nesutikimo jausmas reiškia, kad pasiekėte parengiamąją (hebr. k. *achoraim* – išvirkščia pusė) pažinimo pakopą, kuri ruošia jus aukštesnei suvokimo (*panim* – veidas) pakopai.

Būtent lėtai išjaučiant aprašomas būsenas vystosi dvasinių jėgų pajautimui būtini jutimo organai – „indai" (*kėlim*).

Tik jiems atsiradus, vėliau juos galės pripildyti Aukštesnioji Šviesa. O kol indai nesusiformavę, Šviesa tiesiog yra aplink mus, supa mūsų sielas, nors Jos ir nejaučiame.

Ši knyga skirta ne žinioms įgyti, ne įsiminti. Skaitytojas jokiu būdu neturi tikrintis, kas liko jo atmintyje iš to, ką perskaitė. Dar geriau, jei viskas užsimiršta ir skaitant iš naujo tekstas atrodo absoliučiai nežinomas. Tai reiškia, kad žmogus visiškai pripildė ankstesnius jausmus, ir jie pasitraukė, užleisdami vietą naujiems, dar nepažintiems jausmams. Naujų jutimo organų vystymosi procesas nuolatos atsinaujina ir kaupiasi nejaučiamoje dvasinėje sielos srityje.

Todėl svarbiausia – kaip jaučiasi skaitytojas tuo metu, kai skaito, o ne po to.

Patirti jausmai pasireiškia širdyje ir prote priklausomai nuo tolimesnio sielos vystymosi poreikio.

Neskubėkite pabaigti knygos, išsirinkite tas vietas, kur kalbama apie jus. Tik tada ji galės jums padėti ir tapti vedle, ieškant asmeninio dvasinio tobulėjimo kelio.

Knygos tikslas – padėti skaitytojui susidomėti gyvenimo paslaptimis: Kodėl gimėme šiame pasaulyje? Ar galime čia būdami atskleisti dvasinius pasaulius? Ar kada nors pajėgsime suprasti kūrimo tikslą? Ar įmanoma pajausti Kūrėją, amžinybę ir nemirtingumą? Kaip galime pradėti augti dvasiškai?

1
Suvokti Kūrėją

Kartos šioje planetoje ir toliau keičia viena kitą, tačiau kiekviena karta, kiekvienas žmogus klausia savęs apie gyvenimo prasmę, ypač karų, masinių kančių ar nesėkmių, ištinkančių kiekvieną mūsų, laikotarpiais. Dėl ko gyvename taip brangiai mums kainuojantį gyvenimą su nedideliais jo džiaugsmais, kai vien jau kančių nebuvimas mums atrodo laimė?

Iš tiesų teisingai pasakyta: „Ne savo valia gimei, ne savo valia gyveni, ne savo valia mirsi."

Kiekvienai kartai skirta sava kartybių taurė. Tarp mūsų yra tų, kurie išgyveno karo ir pokario sunkumus. Bet ir savąją kartą matau kupiną rūpesčių ir kančių, negalinčią įsitvirtinti ir nepajėgiančią atrasti savęs. Tokioje atmosferoje gyvenimo prasmės klausimas jaučiamas itin aštriai. Kartais išties atrodo, kad gyvenimas daug sunkesnis už mirtį, ir ne veltui pasakyta: „Ne savo valia gyveni."

Gamta mus sukūrė, ir esame priversti egzistuoti su tomis savybėmis, kurias gavome. Tarsi būtume nevisprotės būtybės: protingos tik tiek, kad pajėgiame suvokti, jog elgiamės veikiami tų būdo bruožų ir savybių, su kuriais esame sukurti, bet pasipriešinti tam negalime. Ir jeigu esame atiduoti gamtos valiai, tai neaišku, kur dar ši laukinė, neprotinga prigimtis mus nuves.

Dėl mūsų prigimties nuolat kyla konfliktų tarp atskirų žmonių bei ištisų tautų, kurios tarsi laukiniai žvėrys kaunasi nuožmioje tarpusavio kovoje už instinktų pergalę. Tačiau giliai pasąmonėje negalime susitaikyti, kad esame primityvūs gyvūnai.

Bet jeigu egzistuoja mus sukūrusi Aukščiausioji Jėga, kodėl nejaučiame Jos, kodėl Ji slepiasi nuo mūsų? Juk jeigu žinotume, ko Ji iš mūsų nori, gyvenime nedarytume tokių klaidų ir nebūtume baudžiami kančiomis!

Kaip palengvėtų gyvenimas, jeigu Kūrėjas nesislėptų nuo žmonių, ir kiekvienas galėtume aiškiai Jį jausti ar matyti!

Nekiltų jokių abejonių dėl Jo egzistavimo, savyje bei supančiame pasaulyje būtų galima matyti ir jausti Jo valdymą, suprasti mūsų sukūrimo priežastį bei tikslą, aiškiai matyti savo poelgių padarinius ir Jo atsaką į juos. Bendraujant su Kūrėju būtų galima iš anksto išsiaiškinti visas mūsų problemas, prašyti pagalbos, ieškoti Jo apgynimo ir patarimo, skųstis savo rūpesčiais ir prašyti paaiškinti, kodėl Jis taip su mumis elgiasi. Galiausiai būtų galima klausti Jo patarimo ateičiai, nuolat palaikyti ryšį su Juo ir taisyti save, naudojantis Jo patarimais. Tai patiktų Kūrėjui ir būtų gerai mums.

Kaip vaikas nuo gimimo akimirkos jaučia motiną, taip mes galėtume jausti Kūrėją. Mokytumės teisingai gyventi, stebėdami Jo reakcijas į mūsų poelgius ir net į ketinimus. Suvoktume Kūrėją kaip ne mažiau artimą už bet kokią mamą, nes jaustume Jį kaip savo gimimo šaltinį, savo gimdytoją, savo egzistavimo ir viso būsimo gyvenimo priežastį.

Jei taip būtų, nebereiktų vyriausybių, mokyklų ar auklėtojų. Visos tautos dėmesį telktų į nuostabų, paprastą sugyvenimą dėl visiems aiškaus tikslo – dvasinio suartėjimo su akivaizdžiai jaučiamu ir matomu Kūrėju.

Veikdami visi vadovautųsi akivaizdžiai matomais dvasiniais dėsniais, vadinamais ,,priesakais", kuriuos kiekvienas natūraliai vykdytų, nes matytų, kad kitaip sau pakenks, lygiai kaip šokdamas į ugnį arba nuo aukštos uolos.

Jeigu visi akivaizdžiai matytume Kūrėją ir tai, kaip Jis valdo mus, pasaulį, kūriniją, mums nebūtų sunku atlikti net patį sunkiausią darbą, regint, kokią didelę naudą tai mums teikia. Pavyzdžiui, nesavanaudiškai duoti viską, ką turime, nepažįstamiems ir tolimiems mums žmonėms, absoliučiai negalvojant apie save nei šią akimirką, nei rūpinantis ateitimi. Tai mums nebūtų jokia problema, nes dieviško valdymo suvokimas leistų matyti mūsų nesavanaudiškų poelgių teikiamą naudą. Žinotume, kad visi esame gero ir amžino Kūrėjo valioje.

Kaip būtų natūralu (ir kaip tai nenatūralu bei neįmanoma, esant mūsų dabartinei paslėpto valdymo būsenai) visiškai atsiduoti Kūrėjui, atiduoti Jo valiai visas savo mintis ir norus be jokių apsidraudimų ir būti tokiems, kokių nori Jis. Mes absoliučiai nesirūpintume savimi ir negalvotume apie save. Iš esmės apskritai nustotume save jausti ir perkeltume visus savo jausmus nuo savęs į Kūrėją, stengdamiesi priartėti prie Jo ir gyventi Jo mintimis bei troškimais.

Iš viso to aišku, kad mūsų pasaulyje mums trūksta tik vieno – jausti Kūrėją.

Todėl tik tai turėtų būti mūsų tikslas šiame pasaulyje. Tik dėl to turėtume iš visų jėgų stengtis, nes tik jausdami Kūrėją galime gauti Jo pagalbą. Tai mus išgelbėtų tiek nuo visų šio gyvenimo nelaimių, tiek ir nuo dvasinės mirties, kad siela taptų nemirtinga ir nebereikėtų grįžti į šį pasaulį.

Paieškos, kaip pajausti Kūrėją, metodika vadinama „kabala". Kūrėjo jautimas vadinamas „tikėjimu". Nors šis žodis dažnai suprantamas klaidingai, nes iš tiesų visi manome, kad tikėjimas reiškia kelią patamsiais, nematant ir nejaučiant Kūrėjo.

Iš tiesų tikėjimas turi visiškai priešingą reikšmę. Pasak kabalos, žmogų pripildanti Kūrėjo Šviesa, ryšio su Kūrėju Šviesa, suteikianti susiliejimo su Juo pojūtį (*Or Chasadim*), vadinama tikėjimo Šviesa arba tiesiog tikėjimu.

Tikėjimas, Kūrėjo Šviesa, suteikia žmogui ryšio su amžinybe pojūtį. Jis duoda Kūrėjo supratimą, visiškai akivaizdaus bendravimo su Juo pojūtį, absoliutaus saugumo, nemirtingumo, didingumo ir jėgos pojūtį.

Iš to, kas pasakyta, aišku, kad išsigelbėti nuo savo laikino egzistavimo ir kančių (kurias sukelia sekinantis bėgimas paskui trumpalaikius malonumus), galime tik įgydami tikėjimą, per kurį galėsime pajausti Kūrėją.

Bet kokiu atveju tikroji mūsų nelaimių, mūsų gyvenimo nevertingumo, laikinumo priežastis – Kūrėjo nejautimas. *Tora* mus kviečia: „Patirkite ir įsitikinsite, koks nuostabus Kūrėjas!" Šios knygos tikslas – padėti skaitytojui įveikti keletą parengiamųjų pakopų kelyje į šį patyrimą.

Širdies langas

Matome, kiek už mirtį baisesnių kančių ir skausmo žmonija iškentėjo nuo pasaulio sukūrimo pradžios. Ir kas, jei ne Kūrėjas, yra šių kančių šaltinis?

O kiek per visą žmonijos istoriją buvo asmenybių, dėl aukščiausios išminties ir dvasinio pakilimo pasiryžusių bet kokioms kančioms? Kiek jų savanoriškai prisiėmė nepakeliamus sunkumus ir skausmą, kad patirtų bent lašelį dvasinio suvokimo bei pažintų Aukštesniąją Jėgą ir dėl galimybės susilieti su Kūrėju taptų nuolankiu Jo tarnu?

Bet visi jie nugyveno savo gyvenimą be atsako ir nieko akivaizdaus nepasiekę. Jie pasitraukė iš šio pasaulio tuščiomis – taip, kaip čia ir atėjo.

Kodėl Kūrėjas neatsiliepė į jų maldas? Kodėl nusigręžė ir nepaisė jų kančių? Visi šie žmonės nesąmoningai nujautė, kad yra aukščiausias visatos ir viso, kas vyksta, tikslas. Jo realizavimas vadinamas žmogaus ir Kūrėjo „susiliejimo lašu".

Išties, nors ir nugrimzdę į savo egoizmą ir nepakeliamas kančias, kai patirdavo, kaip Kūrėjas juos atstumia, jie staiga pajusdavo langą, atsiveriantį jų širdyse, kuris iki tol buvo uždaras tiesai. Iki tos akimirkos jų širdys nebuvo pajėgios jausti ką nors daugiau, kaip tik savo skausmus ir troškimus. Šis langas atverdavo jiems galimybę patirti ir pajausti tą trokštamą „susiliejimo lašą", prasiskverbiantį į kiekvieną širdį pro jos sudaužytą kiautą. Tada visos jų savybės pasikeisdavo į priešingas – panašias į Kūrėjo.

Tik tada ir jie patys pradėdavo suvokti, kad kaip tik šių kančių gelmėje, ir tik ten, tegalima pasiekti vienybę su Kūrėju. Tik ten yra Jis bei „susiliejimo su Juo lašas". Tai suvokiant Šviesa tapdavo akivaizdi ir pripildydavo jų žaizdas.

Būtent dėl šių patyrimo ir suvokimo žaizdų ir dėl siaubingų sielą draskančių prieštaravimų pats Kūrėjas pripildydavo šiuos žmones be galo nuostabios palaimos. Tokios, kad neįmanoma suvokti ką nors tobulesnio. Visa tai jiems buvo duodama, kad pajustų, jog kančios ir agonija turi savo vertę. To jiems reikėjo, kad galėtų patirti Visišką Tobulumą.

Pasiekus šią būseną, kiekviena jų kūno ląstelė tikindavo, kad bet kas mūsų pasaulyje būtų pasiryžęs ištverti neįtikėtinas kančias, kad nors kartą gyvenime patirtų susiliejimo su Kūrėju palaimą.

Tai kodėl Kūrėjas tyli, neatsiliepdamas į žmonių pagalbos šauksmus?

Tai galima paaiškinti tuo, kad žmonės kur kas labiau rūpinasi savo tobulėjimu nei Kūrėjo išaukštinimu savo akyse. Ir todėl tuščios jų ašaros, ir išeina jie iš gyvenimo, kaip ir atėjo – be nieko. Juk kiekvienas gyvūnas gyvenimo pabaigoje sunaikinamas, o nesuvokusieji Kūrėjo – panašūs į gyvūnus. Kita vertus, kai žmogus siekia išaukštinti Kūrėją, Šis jam atsiveria.

Juk „vienybės lašai", kurie ir yra kūrimo tikslas, įsilieja į besirūpinančiųjų Kūrėjo didybe bei meile širdis. Įsilieja į tuos, kurie, užuot skundęsi Aukštesniojo valdymo neteisingumu, širdies gelmėje yra visiškai tikri, kad viskas, ką Kūrėjas padarė, yra dėl jų gėrio.

Dvasinis pasaulis nesidalija į atskiras dalis, tačiau kol nepajėgiame suvokti jo viso, iš visumos suvokiame tiktai tam tikrą dalį.

Todėl mūsų dvasinių pastangų sėkmė priklauso nuo troškimo grynumo. Dvasinė Šviesa įsilieja tik į tas mūsų širdies dalis, iš kurių išvalytas egoizmas.

Jei objektyviai pažvelgsime į savo egzistavimo pobūdį ir į visa, kas mus supa, galėsime daug teisingiau įvertinti kūrinijos stebuklą. Kaip tvirtina kabalistai, kurie turi tiesioginį ryšį su Kūrėju, Jo buvimas mums turi svarbių pasekmių. Jeigu Kūrėjas iš tiesų egzistuoja ir sukuria mums visas tas aplinkybes, kurios veikia mūsų gyvenimus, tai nėra nieko protingesnio, kaip nuolat ir kuo glaudžiau būti su Juo susijusiam.

Tačiau jeigu pabandysime rimtai susikaupti ir pajausti tokią būseną, tai pasijusime tarsi pakibę ore, be jokio atspirties taško, nes Kūrėjas pasislėpęs nuo mūsų pojūčių. Juk nematydami, nejausdami, negirdėdami, negaudami jokio signalo mūsų jutimo organais, mes tarsi dirbame be atsako, šaukiame į tuštumą.

Kodėl gi Kūrėjas sukūrė mus tokius, kad negalime Jo pajausti? Negana to, kodėl Jam reikia slėptis nuo mūsų? Kodėl, net jeigu žmogus šaukiasi Kūrėjo, Šis neatsiliepia, o yra linkęs veikti slapta nuo mūsų, prisidengęs gamta ir supančia aplinka?

Juk jeigu Kūrėjas norėtų mus ištaisyti, kitaip sakant, ištaisyti Savo paties „klaidą" kūrinijoje, būtų galėjęs jau seniai tai padaryti, slapta arba atvirai. Jeigu Jis mums atsiskleistų, mes visi pamatytume ir įvertintume Kūrėją tiek, kiek leidžia mūsų jausmai ir protas, kokius Jis mus davė. Ir tada tikrai žinotume, ką ir kaip daryti šiame pasaulyje, kurį Jis sukūrė neva dėl mūsų.

Negana to, vos tik žmogus pradeda siekti Kūrėjo, norėdamas Jį pajusti, suartėti su Juo, jis jaučia, kad šis jo troškimas blėsta ir nyksta. Bet jeigu Kūrėjas suteikia mums visus mūsų pojūčius, tai kodėl iš trokštančiojo Jį pasiekti Jis atima šį troškimą?

Ir ne tik tai: kodėl Kūrėjas dar prideda visokiausių įmanomų kliūčių mūsų kelyje? O tie, kurie mėgina prie Jo priartėti, dažnai patiria Jo atstūmimą. Juk išties Kūrėjas gali netgi sukelti metų metus trunkančias kančias tiems, kurie Jo ieško.

Ir kartais žmogui net gali atrodyti, kad išdidumas ir puikybė, iš kurių, kaip jam sako, jis turįs išsivaduoti, Kūrėjui būdingi neįsivaizduojamai didesniu laipsniu! Galiausiai, jeigu Kūrėjas gailestingas, ypač tiems, kurie Jo ieško, kodėl žmogus nesulaukia atsakymo į ašaras ir prašymus?

Jeigu mes patys galime kažką pakeisti savo gyvenime, vadinasi, Jis suteikė mums valios laisvę tai padaryti. Bet dėl nesuprantamos priežasties Jis nesuteikė pakankamai žinių, kaip išvengti kančių, kurios lydi mūsų egzistavimą ir dvasinį vystymąsi.

O jeigu valios laisvės nėra, tai ar gali būti kas žiauriau, nei versti mus dešimtmečius beprasmiškai kentėti Jo sukurtame žiauriame pasaulyje? Žinoma, taip skųstis galima iki begalybės. Ir jeigu Kūrėjas yra mūsų būsenos priežastis, tai turime už ką Jį kritikuoti ir kaltinti. Tai ir darome, kai patiriame skausmą ir kančią.

Kūrėjas mato viską, kas dedasi mūsų širdyse.

Kai esame kuo nors nepatenkinti, jau vien šiuo savo jausmu, net nesikreipdami į Kūrėją, kaltiname Jį. Net jei kaltinimai nėra tiesiogiai skirti Kūrėjui arba net jei netikime Kūrėjo egzistavimu.

Kiekvienas mūsų teisus ką nors tvirtindamas, nesvarbu, kas tai būtų. Todėl, kad tvirtina tai, ką tuo metu analizuoja savo protu ir jaučia savo jausmais kaip tiesą.

Turintieji didelę gyvenimo patirtį žino, kaip drastiškai gali keistis pažiūros bėgant laikui. Ir negalime sakyti, kad anksčiau buvome neteisūs, o šiandien – teisūs. Turime suprasti, kad šiandieninis požiūris rytoj gali tapti neteisingas. Todėl išvados, kurias darome būdami tam tikroje situacijoje, yra teisingos šiai konkrečiai situacijai, bet gali būti absoliučiai priešingos išvadoms, kurias padarysime, esant kitoms aplinkybėms.

Taigi, negalime samprotauti apie kitus pasaulius, jų dėsnius, vertinti jų savybes, remdamiesi šiandieniniais savo kriterijais – mūsų pasaulio kriterijais. Neturime nežemiško proto ar pojūčių ir nuolat klystame net šiame pasaulyje. Vadinasi, negalime spręsti ir daryti išvadų apie tai, ko nežinome.

Apie nežemiškus dalykus gali spręsti tik tas, kas turi nežemiškų savybių. Jeigu jis tuo pat metu turi ir mūsų savybių, tai gali bent kiek suprantamiau papasakoti mums apie antgamtinius dalykus. Toks yra kabalistas – mūsų pasaulio žmogus, turintis tų pačių savybių kaip kiekvienas mūsų, bet kartu gavęs iš Aukščiau ir kitų savybių, leidžiančių jam perteikti tai, kas vyksta kituose pasauliuose.

Kūrėjas leido kai kuriems kabalistams atskleisti savo žinias plačiajai visuomenei, kad padėtų su Juo bendrauti ir kitiems. Naudodami mums suprantamą kalbą kabalistai aiškina, kad dvasiniuose, nežemiškuose pasauliuose protas sudarytas ir veikia pagal kitus dėsnius, ir šie dėsniai priešingi mūsiškiams.

Tikėjimas aukščiau žinojimo

Nėra jokios sienos, skiriančios mūsų ir nežemišką, dvasinį pasaulį. Tačiau būtent tai, kad dvasinis pasaulis savo savybėmis yra „antipasaulis", ir padaro jį tokį nejaučiamą mums, jog gimdami šiame pasaulyje visiškai užmirštame apie savo ankstesnę būseną.

Natūralu, kad pajausti šį „antipasaulį" įmanoma, jeigu įgysime jo prigimtį, jo protą ir jo savybes. Kaip ir kuo turime pakeisti savo prigimtį į priešingą?

Pagrindinis dvasinio pasaulio dėsnis telpa į du žodžius – „absoliutus altruizmas".

Kaip galime įgyti šią savybę? Kabalistai mums siūlo įvykdyti vidinę transformaciją. Tik per šį vidinį aktą galime suvokti dvasinį pasaulį ir pradėti gyventi abiejuose pasauliuose vienu metu. Ši transformacija vadinama „tikėjimu aukščiau žinojimo".

Dvasinis pasaulis yra altruistinis. Kiekvienas noras ir veiksmas, kuris egzistuoja toje karalystėje, kyla ne iš žmogaus proto ar egoizmo, bet iš tikėjimo, t. y. Kūrėjo jautimo.

Mūsų „sveikas protas" yra pagrindinis mūsų poelgių įrankis, todėl atrodo, kad negalime visiškai atsisakyti intelekto. Tačiau kadangi mūsų intelektas neatskleidžia, kaip galime išsigelbėti nuo aplinkybių, kurias mums pametėja Kūrėjas, jis nepadės išspręsti mūsų problemų. Vietoje to liksime pakibę ore, be atramos ir racionalaus atsakymo, kas gi su mumis vyksta.

Mūsų pasaulyje vadovaujamės tik savo samprotavimais. Kad ir ką darytume, protas (o tai – grynai egoizmu grįsti skaičiavimai) yra visų mūsų norų ir veiksmų pagrindas.

Mūsų protas apskaičiuoja, kokį malonumo kiekį tikimės patirti, ir lygina jį su skausmo, kurį sau sukelsime, siekdami šio malonumo, kiekiu. Tada atimame vieną iš kito, kad įvertintume išlaidas, ir nusprendžiame, ar siekti malonumo, ar pasirinkti ramybę.

Toks „racionalus" požiūris į visa, kas supa, vadinamas „tikėjimu žinojime". Šiuo atveju mūsų protas nustato, kiek tikėjimo išeikvoti.

Kartais veikiame neskaičiuodami, kokia bus nauda ar pastangų sąnaudos, kaip kad fanatiško arba sąlygoto elgesio atvejais. Tokie „akli" veiksmai vadinami „tikėjimu žemiau žinojimo", nes šiuo atveju paklūstama kažkieno kito padarytiems sprendimams, o ne protui ar skaičiavimams.

Mūsų veiksmus gali lemti ir auklėjimas, tapęs antrąja prigimtimi tokiu mastu, kad reikia pastangų neveikti mechaniškai, vien dėl įpročio jėgos.

Norėdami pereiti nuo vadovavimosi šio pasaulio dėsniais prie dvasinio pasaulio dėsnių, turime atitikti tam tikras sąlygas. Pirma, turime visiškai atsisakyti proto argumentų ir nesinaudoti intelektu, spręsdami dėl savo veiksmų. Tarsi pakibę ore turėtume mėginti laikytis Kūrėjo abiem rankomis, taip leisdami Kūrėjui ir tik Kūrėjui lemti mūsų veiksmus.

Vaizdžiai kalbant, turime pakeisti savo mintis į Kūrėjo ir veikti priešingai savo pačių protui. Turime Kūrėjo valią iškelti virš savosios. Kai pajėgsime tai padaryti, mūsų elgesys vadinsis „tikėjimu aukščiau žinojimo".

Įveikę pirmąją pakopą, galėsime suvokti abu – šį ir dvasinį pasaulius. Tada atrasime, kad abu jie veikia pagal tuos pačius dvasinius – „tikėjimo aukščiau žinojimo" – dėsnius.

Mūsų pasiryžimas slopinti savo protą ir vadovautis vien noru atiduoti save Kūrėjui formuoja dvasinį indą, į kurį ir gausime visą mūsų dvasinį pažinimą. Šio indo talpą, kitaip tariant, dvasinio proto pajėgumą, lemia tai, kiek mums pavyksta nuslopinti žemiškus, savanaudiškus motyvus.

Siekdamas padidinti mūsų dvasinių indų pajėgumą, Kūrėjas mūsų dvasiniame kelyje nuolat daugina kliūčių. Tai stiprina mūsų egoistinius norus, o kartu ir abejones Kūrėjo valdymo teisingumu.

Savo ruožtu, tai leidžia mums palaipsniui įveikti šias kliūtis ir ugdytis stipresnius altruistinius norus. Taip darydami gauname galimybę padidinti savo dvasinių indų pajėgumą.

Bet jeigu nepaisydami kritinio proto požiūrio ir džiaugdamiesi būsima galimybe pajėgtume mintimis abiem rankomis įsikibti į Kūrėją ir sugebėtume bent akimirką išlaikyti panašią būseną, pamatytume, kokia ji nuostabi, kad kaip tik tokia būsena leidžia patirti tikrą, amžiną tiesą, kuri nepasikeis rytoj, kaip visos mūsų praeities pažiūros, nes esame susivieniję su amžinu Kūrėju ir tik per šią tiesą žvelgiame į visus įvykius.

Judėjimas pirmyn įmanomas tik trimis lygiagrečiomis linijomis vienu metu. Dešinioji linija vadinama tikėjimu, kairioji – žinojimu, suvokimu. Šios dvi linijos prieštarauja viena kitai, kadangi viena kitą neigia. Ir todėl subalansuoti jas įmanoma tik viduriniąja linija, kuri sudaryta kartu iš dešiniosios ir kairiosios. Tai tokia dvasinio elgesio linija, kai protas naudojamas tik tiek, kiek atitinka tikėjimo stiprumą.

Visi dvasiniai objektai, paeiliui gimdami iš Kūrėjo, tarsi gulasi sluoksniais, apdengia Jį. Visa tai, kas kūrinijoje susisluoksniavo aplink Kūrėją, egzistuoja tik kūrinių atžvilgiu, ir visa tai – pirmapradžio kūrinio, vadinamosios *Malchut*, išsiskleidimas. Kitaip tariant, visi pasauliai ir visi kūriniai, visa, išskyrus Kūrėją, yra vienintelis kūrinys – *Malchut*, kuri vadinama šaknimi, visų kūrinių ištakomis ir kuri po to suskyla į daugybę smulkių dalių. Visos kartu šios dalys vadinamos *Šchina*.

Kūrėjo Šviesa, Jo buvimas, Jis Pats, pripildantis *Šchiną*, vadinama *Šochen*. Laikas, reikalingas visiškam visų *Šchinos* dalių pripildymui, vadinamas „ištaisymo laiku". Per šį laiką kūriniai atlieka savo *Malchut* dalių ištaisymą – kiekvienas ištaiso dalį, iš kurios jis buvo sukurtas; tai reiškia – ištaiso savo sielą.

O iki tos akimirkos, kol Kūrėjas negalės visiškai susilieti su kūriniais, atsiskleisdamas iki galo, kol *Šochen* neužpildys visos *Šchinos*, jos arba ją sudarančių kūrinių būsena vadinama „*Šchinos* tremtimi iš Kūrėjo" (*galut ha-Šchina*). Esant tokiai būsenai, nėra tobulumo Aukštesniuosiuose pasauliuose. Net ir visų žemiausiame mūsų pasaulyje kiekvienas kūrinys taip pat turi iki galo pajausti Kūrėją. Bet kol kas tebesame užsiėmę nesiliaujančių smulkių mūsų pasaulio norų tenkinimu ir aklai vykdome savo kūno reikalavimus.

Tokia sielos būsena, kai įsivaizduojama, kad dvasiškai tyri malonumai tėra išsigalvojimas ir beprasmybė, vadinama „*Šchina* pelenuose". Ši būsena taip pat nusakoma kaip „*Šchinos* kentėjimas".

Visų mūsų kančių priežastis yra ta, kad iš Aukščiau esame verčiami visiškai atsisakyti sveiko proto ir eiti aklai, pirmenybę teikdami tikėjimui, o ne žinojimui.

Ir kuo daugiau proto ir žinių įgyjame, kuo stipresni ir protingesni tampame, tuo sunkiau eiti tikėjimo keliu.

Taigi mėgindami atmesti savo sveiką protą, atitinkamai didiname savo kančias.

Tie iš mūsų, kurie pasirinko tokį dvasinio vystymosi kelią, negali sutikti su Kūrėju. Širdyje mes keikiame tokio kelio būtinybę ir mums sunku pateisinti Kūrėjo metodus. Mes negalime bent kiek ilgiau ištverti tokios būsenos, kol Kūrėjas nepadeda mums, atverdamas visos kūrinijos paveikslą.

Jeigu patiriame dvasinio pakilimo būseną, kai visi mūsų troškimai nukreipti tik į Kūrėją, tai yra tinkamiausias laikas įsigilinti į atitinkamas kabalos knygas, norint pamėginti suprasti vidinę jų prasmę. Ir nors galime jausti, kad net ir stengdamiesi nieko nesuprantame, vis tiek būtina nors ir šimtus kartų mėginti gilintis į kabalos studijas ir nepasiduoti nevilčiai dėl visiško dalyko nesupratimo.

Šios pastangos turi prasmę, nes mūsų siekis suvokti kabalos paslaptis yra mūsų malda, kad atsiskleistų Kūrėjas. Beje, maldos stiprumą lemia mūsų norų stiprumas. Yra tokia taisyklė: įdėtos pastangos sustiprina norą gauti tai, ko siekiame, o noro stiprumas matuojamas kančia, kurią patiriame dėl trokštamų dalykų nebuvimo. Pačios kančios, neišreikštos žodžiais, vien jaučiamos širdyje, yra malda.

Iš to aišku, kad tik po didelių pastangų pasiekti tai, ko trokštame, galime taip nuoširdžiai melsti, kad gausime tai, ko tikimės. Bet jeigu mėginant įsigilinti į knygą širdis nenori išsivaduoti iš pašalinių minčių, tai ir protas nepajėgia gilintis į mokymąsi, nes protas paklūsta širdžiai.

Kad Kūrėjas priimtų maldą, ji turi plaukti iš pačios širdies gelmės, kitaip tariant, visi mūsų norai turi būti sutelkti tik į šią maldą. Ir todėl turime šimtus kartų net nieko nesuprasdami gilintis į tekstą, kad pasiektume tikrą norą – būti Kūrėjo išgirsti.

Tikrasis noras – toks, kuriame nebėra vietos jokiam kitam norui. Studijuodami kabalą studijuojame Kūrėjo veiksmus ir dėl to suartėjame su Juo. Palaipsniui tapsime verti suprasti tai, ką mokomės.

Tikėjimas, arba Kūrėjo suvokimas, turi būti toks, kad jaustumės esą Visatos Valdovo akivaizdoje. Ir tada, be jokių abejonių, mus persmelks būtinas meilės ir baimės jausmas. O kol nepasiekėme tokio tikėjimo, neturime nurimti, nes tik tikėjimas suteiks mums teisę mėgautis dvasiniu gyvenimu ir neleis nusiristi iki egoizmo gelmių, vėl tampant malonumų ieškotojais.

Poreikis nuolat jausti Kūrėją turi būti nuolatinis, kol taps mūsų įpročiu. Tai turėtų panašėti į nuolatinę trauką mylimajam, be kurio gyvenimas atrodo nepakeliamas.

Bet visa žmogaus aplinka specialiai slopina šį jo poreikį, nes bet kokio malonumo gavimas tuoj pat numalšina skausmą, kylantį iš dvasinės tuštumos pojūčio. Todėl gaunant mūsų pasaulio malonumus gyvybiškai svarbu stebėti, ar jie negesina poreikio jausti Kūrėją, ar tokiu būdu nevagia iš mūsų aukštesnių pojūčių.

Apskritai vidinė būtinybė jausti Kūrėją būdinga tik žmogui, bet ne kiekvienam, turinčiam išorinį žmogaus pavidalą. Šis noras išplaukia iš mūsų poreikio suprasti, kas esame, apmąstyti save ir savo paskirtį šiame pasaulyje, savo kilmės ištakas. Būtent poreikis atsakyti į klausimus apie save priverčia mus ieškoti gyvenimo Šaltinio.

2
Dvasinis kelias

Būtinybė jausti Kūrėją verčia mus bet kokia kaina stengtis atskleisti visas gamtos paslaptis, nepaliekant nė vienos – nei savyje, nei supančioje aplinkoje. Tačiau tikras yra tik troškimas suvokti Kūrėją, nes Jis yra visa ko Šaltinis, ir svarbiausia – mūsų Sukūrėjas. Todėl net jeigu žmogus mūsų pasaulyje būtų vienas arba gyventų kituose pasauliuose, vis tiek savęs ieškojimas atvestų jį prie Kūrėjo paieškų.

Yra dvi Kūrėjo įtaką Jo kūriniams atskleidžiančios linijos. Dešiniąja linija vadinamas toks valdymas, kai Kūrėjas asmeniškai valdo kiekvieną mūsų nepriklausomai nuo mūsų poelgių. Kairiąja linija vadinamas toks valdymas, kai kiekvieną mūsų Kūrėjas valdo priklausomai nuo mūsų poelgių, kitaip tariant, bausdamas už blogus poelgius ir atlygindamas už gerus.

Kai pasirenkame laiką eiti dešiniąja linija, turime sau pasakyti, kad viskas pasaulyje vyksta tik dėl to, kad taip nori Kūrėjas. Viskas vyksta pagal Jo planą ir niekas nuo mūsų pačių nepriklauso. Šiuo požiūriu nesame nei kalti, nei nusipelnę. Juk visi mūsų poelgiai nulemti norų, kuriuos gauname iš išorės. Ir todėl turime dėkoti Kūrėjui už viską, ką iš Jo gavome. O supratę, kad Kūrėjas veda mus į amžinybę, galime išsiugdyti meilės Jam jausmą.

Judėti pirmyn galima tik teisingai derinant dešiniąją ir kairiąją linijas, tiksliai per jų vidurį. Jeigu net ir iš teisingai pasirinkto išeities taško pradėjome teisingai judėti, bet tiksliai nežinome, kokiu būdu nuolat tikrinti ir koreguoti savo kryptį, būtinai nukrypsime nuo teisingo kelio į šalį – į dešinę arba į kairę. Negana to, nukrypus bent milimetrą į šalį viename iš savo kelio taškų, nors toliau visą kelią ir judėsime teisinga kryptimi, su kiekvienu žingsniu mūsų klaida didės, ir vis labiau tolsime nuo tikslo.

Iki nusileidimo dvasinėmis pakopomis žemyn į šį pasaulį mūsų siela yra Kūrėjo dalis, mažytis Jo taškas. Šis taškas vadinamas „sielos šaknimi". Kūrėjas įkurdina sielą kūne, kad būdama jame ji pakeltų kūno norus, kai pati kils ir vėl susilies su Kūrėju.

Kitaip tariant, mūsų siela įkurdinama mūsų kūne (tai vadinama žmogaus gimimu mūsų pasaulyje) tam, kad įveiktų kūno norus. Įveikdama kūno norus siela, pakildama į tą patį dvasinį lygmenį, iš kurio nusileido, patiria daug kartų didesnius malonumus nei pradžioje, kai buvo Kūrėjo dalimi. Iš mažo taško ji pavirsta dideliu dvasiniu kūnu, 620 kartų didesniu už pradinį tašką, buvusį iki nusileidimo į mūsų pasaulį.

Taigi dvasinį užbaigtos būsenos sielos kūną sudaro 620 dalių, arba organų. Kiekviena dalis, arba organas, vadinamas dvasiniu priesaku, arba dvasiniu veiksmu (*micva*). Kūrėjo Šviesa, arba pats Kūrėjas (tai reiškia tą patį), užpildantis kiekvieną sielos dalį, vadinama *Tora*.

Kai pakylame ant naujos dvasinės pakopos, tai vadinama „dvasinio priesako įvykdymu".

Šio pakilimo metu sukuriami nauji altruistiniai troškimai, ir siela gauna *Torą*, Kūrėjo Šviesą.

Teisingas kelias į šį tikslą driekiasi viduriniąja linija. Jos esmė – į vieną suvokimą sujungtos trys sudedamosios dalys: žmogus, kelias, kuriuo jis turi eiti, ir Kūrėjas. Iš tiesų yra tik trys kūrinijos objektai: žmogus, trokštantis grįžti pas Kūrėją, Kūrėjas – tikslas, į kurį veržiasi žmogus, ir kelias, kuriuo eidamas žmogus gali pasiekti Kūrėją.

Kaip jau ne kartą buvo minėta, nėra nieko kito, tik Kūrėjas, o mes – tai Jo kūriniai, jaučiantys savo pačių egzistavimą. Vis aukščiau dvasiškai kildami imame akivaizdžiai tai suvokti ir jausti. Visi mūsų, tiksliau, suvokiami kaip mūsų pačių, pojūčiai – tai Kūrėjo mumyse sukurtos reakcijos į Jo poveikius. Taigi galiausiai mūsų jausmai yra tik tai, ką Kūrėjas nori, kad jaustume.

Tačiau, kol nepasiekėme absoliutaus šios tiesos suvokimo, matysime ne vieną visumą, o tris atskirus kūrinijos objektus – save, savo kelią Kūrėjo link ir Patį Kūrėją.

Pasiekęs paskutinę savo dvasinio vystymosi pakopą, kitaip tariant, pakilęs į tą patį lygmenį, iš kurio nusileido jo siela, bet jau nešinas visais ištaisytais savo norais, žmogus savo dvasiniu kūnu gali visiškai priimti Kūrėją. Tada jis gauna visą Kūrėjo Šviesą ir Patį Kūrėją. Taip trys anksčiau žmogaus pojūčiuose atskirai egzistavę objektai – žmogus, jo dvasinis kelias ir Kūrėjas – susilieja į vieną – Šviesos pripildytą dvasinį kūną.

Todėl norėdami teisingai veikti turime nuolat save tikrinti, ar su vienoda noro jėga siekiame visų trijų kol kas mūsų suvokimui atskirų objektų. Jau kelio pradžioje turime dirbti stengdamiesi sujungti juos į vieną. Kelio pabaigoje tokius juos ir pamatysime. Iš tiesų tokie jie yra ir dabar, bet tik dėl savo netobulumo jų taip dar nejaučiame.

Ir jeigu sieksime vieno iš šių objektų labiau negu kito, tuoj pat nukrypsime nuo teisingo kelio. O lengviausiai patikrinti, ar esame teisingame kelyje, galime atsakydami į klausimą: ar siekiame suprasti Kūrėjo savybes, kad su Juo susilietume.

„Jeigu ne aš sau, tai kas man padės, o jeigu tik aš galiu sau padėti, tai kas aš toks?" Šie vienas kitą neigiantys tvirtinimai atspindi prieštaringus požiūrius, su kuriais susiduriame stengdamiesi pasiekti trokštamą tikslą. Viena vertus, turime tvirtinti, kad jeigu ne mes sau, tai kas gi mums padės, ir veikti neabejodami, kad už gerus poelgius bus atlyginta, o už blogus – baudžiama. Turime tikėti, kad mūsų poelgiai tiesiogiai lemia padarinius ir mes patys kuriame savo ateitį. Kita vertus, turime sau sakyti: „Kas aš toks, kad galėčiau pats nugalėti savo prigimtį? Tačiau ir padėti man niekas negali."

Kūrėjo valdymas

Jeigu viskas vyksta pagal Kūrėjo valdymo planą, kokia žmogui nauda iš savo pastangų? Dirbdamas pagal apdovanojimo ir bausmės principą, kaip savo darbo rezultatą žmogus iš Aukščiau gauna Kūrėjo valdymo suvokimą. Tada jis pasiekia tokį sąmonės lygmenį, kai tampa aišku, kad viską valdo Kūrėjas ir viskas iš anksto numatyta.

Bet pirmiausiai turime pasiekti šią pakopą ir negalime, dar nepasiekę jos, imti tvirtinti, kad viskas – Kūrėjo rankose. Kol nepasiekiame tokios pakopos, negalime gyventi ir elgtis pagal jos dėsnius, juk ne taip matome veikiant pasaulį. Taigi galime elgtis tik pagal tokius dėsnius, kokius suvokiame.

Ir tik dėl pastangų dirbant pagal „apdovanojimo ir bausmės" principą žmogus nusipelno visiško Kūrėjo pasitikėjimo. Tik tada jam leidžiama pamatyti tikrą pasaulio paveikslą ir kaip jis veikia. Pasiekęs šią pakopą ir suvokęs, kad viskas priklauso nuo Kūrėjo, žmogus pats veržiasi Jo link.

Negalima išstumti egoistinių minčių bei troškimų ir palikti savo širdį tuščią. Tik vietoje egoistinių norų užpildžius širdį dvasiniais, altruistiniais siekiais, įmanoma pakeisti buvusius troškimus priešingais ir taip sunaikinti egoizmą.

Mylintieji Kūrėją neišvengiamai bjaurisi egoizmu, nes iš asmeninės patirties žino, kiek jis gali padaryti žalos.

Tačiau jie nežino, kokiu būdu galėtų jo atsikratyti, ir aiškiai suvokia, kad tai ne jų jėgoms, nes šią savybę savo kūriniams suteikė Pats Kūrėjas.

Esame nepajėgūs patys išsivaduoti iš egoizmo, bet kuo greičiau suvoksime, kad egoizmas – mūsų priešas ir dvasinis žudikas, tuo stipriau pradėsime jo nekęsti. Galiausiai dėl šios neapykantos Kūrėjas padės mums įveikti šį priešą. Taip ir egoizmas pasitarnaus dvasiniam mūsų tobulėjimui.

Talmude sakoma: „Aš sukūriau pasaulį tik visiškiems teisuoliams ir visiškiems nusidėjėliams." Tai, kad pasaulis sukurtas visiškiems teisuoliams, mums aišku, bet neaišku, kodėl jis nėra sukurtas ne visai teisiems ir nevisiškiems nusidėjėliams?

Mes nevalingai Kūrėjo valdymą suvokiame pagal tai, koks jis mums atrodo: kaip gerą, jeigu jaučiame jį kaip malonų, arba kaip blogą, jeigu kenčiame. Tad priklausomai nuo to, kaip jaučiame mūsų pasaulį, toks mums atrodo ir Kūrėjas – geras arba blogas.

Taigi galime tik dvejopai suvokti, kaip Kūrėjas valdo pasaulį. Arba jaučiame Kūrėją, ir tada viskas atrodo nuostabu, arba neigiame, kad Kūrėjas valdo pasaulį, ir manome, kad tai daro „gamtos jėgos". Ir nors galime suvokti, kad pastarasis scenarijus mažai tikėtinas, tačiau mūsų santykį su pasauliu lemia jausmai, o ne protas. Todėl, patirdami neatitikimą tarp proto ir jausmų, imame laikyti save nusidėjėliais.

Suprasdami, kad Kūrėjas nori suteikti mums gėrį ir malonumą, suvokiame, kad tai įmanoma tik artėjant prie Jo. Taigi, jei jaučiamės nuo Kūrėjo nutolę, suvokiame tai kaip „blogį" ir laikome save nusidėjėliais.

Tačiau jei jausimės esą tokie blogi, kad nevalingai šauksimės Kūrėjo išgelbėjimo, melsdami Jo atsiverti ir tuo suteikti jėgų išeiti iš egoizmo narvo į dvasinį pasaulį, Jis beregint mums padės. Štai dėl tokių žmogaus būsenų ir buvo sukurti mūsų bei visi Aukštesnieji pasauliai.

Pasiekę visiško nusidėjėlio būseną galime šauktis Kūrėjo ir galiausiai pakilti iki visiško teisuolio lygmens.

Žmogus tampa vertas pajausti Kūrėjo didybę tik po to, kai išsivaduoja nuo išdidumo ir suvokia savo bejėgiškumą bei savo norų menkumą.

Ir kuo svarbesnis jam tampa Kūrėjo artumas, tuo geriau jis Jį jaučia ir gali įžvelgti vis daugiau Kūrėjo pasireiškimo niuansų bei apraiškų savo kasdienybėje. O žavėjimasis Juo pagimdo širdies jausmus ir iš to gimsta žmogaus džiaugsmas.

Žmogus gali matyti, kad nėra niekuo geresnis už visus aplinkinius, tačiau vis dėlto jis taip pat gali matyti, kad kiti nenusipelno tokio ypatingo Kūrėjo santykio, kurį patiria jis. Maža to, kiti net nenutuokia apie abipusio ryšio su Kūrėju galimybę. Ir iš tiesų jiems net nerūpi Jį pajausti ir suvokti gyvenimo bei dvasinio tobulėjimo prasmę.

Kita vertus, jam neaišku, kaip jis nusipelnė tokio ypatingo santykio su Kūrėju, kuris suteikia jam galimybę bent kartkartėmis prisiminti gyvenimo prasmę ir ryšį su Juo.

Ir jeigu žmogus sugeba įvertinti Kūrėjo santykio su juo unikalumą, jis patiria begalinį dėkingumą bei džiaugsmą. Ir kuo geriau sugeba branginti nepaprastą pasisekimą, tuo stipriau gali dėkoti Kūrėjui.

Kuo daugiau įvairiausių jausmų atspalvių žmogus gali pajausti kiekviename savo kontakto su Aukštesniuoju taške bei akimirkoje, tuo labiau gali branginti ir jam atsiveriančio dvasinio pasaulio didybę, ir visagalio Kūrėjo didingumą bei galybę. Tuo su didesniu tikrumu jis iš anksto mėgaujasi būsimu susiliejimu su Kūrėju.

Žvelgiant į nesuderinamą Kūrėjo ir kūrinio savybių skirtumą, nesunku padaryti išvadą, kad jų sutapimas įmanomas tik su sąlyga, jog kūrinys su šaknimis išraus savo absoliutaus egoizmo prigimtį. Tai įmanoma tik tada, jeigu kūrinys anuliuosis tarsi neegzistuotų. Tokiu atveju nebeliktų nieko, kas skiria jį nuo Kūrėjo.

Tik jei jaučiame, kad negaudami dvasinio gyvenimo mirštame (tarsi gyvybė paliktų kūną) ir kad aistringai norime gyventi, galime gauti galimybę įeiti į dvasinį pasaulį ir įkvėpti dvasinio oro.

Suprasti Kūrėjo valdymą

Kaip galima pasiekti tokį dvasinį lygmenį, kai visiškai išsivaduoji nuo savo paties interesų bei rūpesčių dėl savęs? Kaip troškimas pasiaukoti dėl Kūrėjo gali tapti vieninteliu gyvenimo tikslu taip stipriai, kad nepasiekus šio tikslo atsirastų mirties pojūtis?

Tokia būsena pasiekiama palaipsniui pagal grįžtamojo atvirkštinio ryšio principą. Kuo daugiau jėgų žmogus įdeda ieškodamas dvasinio kelio, mokydamasis, mėgindamas dirbtinai mėgdžioti dvasinius objektus, tuo labiau jis įsitikina, kad nepajėgia savo jėgomis to pasiekti. Kuo daugiau studijuoja dvasiniam vystymuisi svarbius šaltinius, tuo studijuojami dalykai atrodo painesni. Kuo labiau stengiasi, mėgindamas geriau elgtis su savo mokslo instruktoriais ir draugais, tuo stipriau jaučia, – jeigu tikrai dvasiškai tobulėja, – kad visi jo poelgiai yra padiktuoti egoizmo.

Tokie rezultatai atitinka principą „versti, kol panorės pats". Iš egoizmo išsivaduoti galėsime tik jei suvoksime, kad egoizmas, neleisdamas pradėti gyventi tikro, amžino ir malonumų pripildyto gyvenimo, mus žudo.

Auganti neapykanta egoizmui galiausiai mus nuo jo išvaduos.

Svarbiausia – norėti visą save atiduoti Kūrėjui, suvokus Jo didybę. (Atiduoti save Kūrėjui reiškia išsiskirti su savuoju „aš"). Ir čia turime apsispręsti, dėl ko verta dirbti šiame gyvenime: dėl praeinančių vertybių ar dėl amžinųjų. Juk niekas iš to, ką sukuriame, neišlieka amžiams, viskas laikina. Amžinos tik tokios dvasinės struktūros kaip altruistinės mintys, veiksmai ir jausmai.

Taigi, siekdami savo mintimis, norais ir pastangomis būti panašūs į Kūrėją, iš tiesų kuriame savo pačių amžinybės struktūrą.

Tačiau atsiduoti Kūrėjui įmanoma tik suvokus Jo didybę. Panašiai kaip mūsų pasaulyje: jeigu kas nors mūsų akyse atrodo didis, tokiam žmogui su malonumu padarysime paslaugą. Ir netgi laikysime, kad ne mes jam pasitarnavome, o jis, sutikęs priimti ką nors iš mūsų, parodė mums dėmesį ir tarsi kažką mums davė, nors iš tikrųjų iš mūsų priėmė.

Šis pavyzdys atskleidžia, kad ketinimas gali keisti išorinio mechaninio veiksmo – imti arba duoti – prasmę į priešingą. Todėl kuo labiau savo akyse išaukštinsime Kūrėją, tuo lengviau galėsime skirti Jam savo mintis, norus ir pastangas. Tačiau darydami tai jausime, kad ne duodame, o gauname iš Kūrėjo. Gauname galimybę padaryti paslaugą, galimybę, kurios nusipelno vienetai kiekvienoje kartoje.

Iš to išplaukia, kad pagrindinis žmogaus uždavinys – savo akyse išaukštinti Kūrėją, kitaip tariant, įgyti tikėjimą Jo didybe ir galybe. Tai – vienintelė galimybė išeiti iš egoizmo kalėjimo į Aukštesniuosius pasaulius.

Kaip sakyta anksčiau, žmogus gali jausti nepakeliamą sunkumą, nusprendęs eiti tikėjimo keliu ir nesirūpinti savimi. Tokiu atveju jis pasijunta atsiskyręs nuo viso pasaulio ir tarsi pakibęs tuštumoje, visiškai nesivadovaujantis sveika nuovoka, protu ir buvusia gyvenimo patirtimi. Jis tarsi palieka savo aplinką, šeimą ir draugus dėl susiliejimo su Kūrėju.

Šiuos jausmus žmogui sukelia vien tikėjimo Kūrėju trūkumas, kai negali jausti Jo paties ar Jo buvimo, to, kad Kūrėjas valdo visus kūrinius. Tuomet jis nejaučia paties tikėjimo objekto.

Bet vos tik žmogus pradeda jausti Kūrėjo buvimą, beregint ima trokšti visiškai atsiduoti Jo valdžiai ir eiti pāskui užmerktomis akimis, visada pasiruošęs visiškai anuliuotis prieš Jį, beveik instinktyviai nuvertindamas savo protą.

Ir todėl svarbiausias žmogui iškylantis uždavinys – pajausti Kūrėjo buvimą. Tam verta atiduoti visą savo energiją ir mintis, nes vos tik atsiranda toks jausmas, jis jau pats trokšta kiekviena savo esybės dalele susilieti su Kūrėju. Šis Kūrėjo jautimas ir vadinamas tikėjimu!

Pagreitinti šį procesą galima, jeigu žmogus teikia šiam tikslui svarbą. Kuo tikslas svarbesnis, tuo greičiau jis gali pasiekti tikėjimą, kitaip tariant, pajausti Kūrėją. Kuo didesnė Kūrėjo suvokimo svarba, tuo Jis stipriau jaučiamas, kol tai tampa žmogaus būties dalimi.

Sėkmė (hebr. *mazal*) – tai ypatingas valdymo iš Aukščiau būdas, kuriam žmogus niekaip negali daryti įtakos. Tačiau iš Aukščiau žmogui skirta pareiga mėginti pačiam pakeisti savo prigimtį. Po to jau ir Kūrėjas, įvertinęs jo pastangas, galiausiai Pats ją pakeičia ir iškelia žmogų virš mūsų pasaulio.

Prieš atlikdami kokią nors pastangą jokiu būdu neturime pasikliauti Aukštesniosiomis Jėgomis, tikėtis sėkmės ir ypatingo santykio savo atžvilgiu iš Aukščiau. Verčiau turime imtis darbo, įsisąmoninę, kad jeigu to nepadarysime, tai nepasieksime trokštamo tikslo. Tačiau pabaigę darbą, mokymąsi arba bet kurią kitą pastangą, turime padaryti išvadą:

Visa tai, ką pasiekėme savo pastangomis, vis tiek būtų įvykę, net jeigu nieko nebūtume darę, nes taip jau iš anksto buvo sumanyta Kūrėjo.

Todėl tas, kuris nori suvokti tikrąjį valdymą, jau savo kelio pradžioje turi mėginti visais gyvenimo atvejais sujungti savyje šiuos du prieštaravimus.

Pavyzdžiui, ryte savo įprastą mokymosi ir darbo dienos rutiną turėtume pradėti visiškai negalvodamas apie pasaulio ir jo gyventojų valdymą iš Aukščiau. Kiekvienas turime darbuotis taip, tarsi tik nuo mūsų priklausytų galutinis rezultatas.

Tačiau dienos pabaigoje jokiu būdu neturėtume leisti sau įsivaizduoti, kad tai, ko pasiekėme, yra mūsų pačių pastangų vaisius. Atvirkščiai, turime manyti, kad net jei būtume pragulėję visą dieną, vis tiek būtume to paties pasiekę, nes šis rezultatas jau iš anksto buvo nulemtas Kūrėjo.

Todėl tas, kuris nori gyventi tiesos gyvenimą, viena vertus, kaip ir visi, visur turi laikytis visuomenės įstatymų ir gamtos dėsnių, bet, antra vertus, taip pat turi tikėti, kad tik Kūrėjas valdo pasaulį.

Visus mūsų poelgius galima suskirstyti į gerus, neutralius ir blogus. Mūsų uždavinys – neutralius poelgius pakelti iki gerųjų lygmens.

Tai galime pasiekti suvokdami, kad mums atliekant veiksmus galiausiai veikia Kūrėjo valia. Pavyzdžiui, ligonis, puikiai suprasdamas, kad jo pagijimas vien Kūrėjo rankose, iš profesionalaus gydytojo turi gauti patikrintus bei žinomus vaistus ir tikėti, kad tik gydytojo išmanymas padės jam įveikti negalią. Tačiau tiksliai pagal gydytojo nurodymą vartojęs vaistus ir pasveikęs, jis turi tikėti, kad būtų pagijęs ir be jokio gydytojo, nes toks buvo Kūrėjo planas. Ir užuot dėkojęs gydytojui, turi dėkoti Kūrėjui. Taip neutralų veiksmą paverčiame dvasiniu. Ir taip elgdamiesi su visais neutraliais veiksmais, palaipsniui sudvasiname visas savo mintis.

Pateikti pavyzdžiai ir paaiškinimai yra svarbūs, kadangi panašūs klausimai tampa rimtomis kliūtimis dvasinio tobulėjimo kelyje. Problemų kartais kyla tada, kai manome žiną dieviškojo valdymo principus. Ir naudojame energiją, kad dirbtinai stiprintume savo tikėjimą Kūrėjo visagalybe, užuot sunkiai dirbę patys.

Dažnai norėdami pademonstruoti savo tikėjimą Kūrėju arba tiesiog dėl tingėjimo, užuot dirbę su savimi, nusprendžiame, kad mums nereikia to daryti, nes viskas Kūrėjo valioje. Arba užmerkę akis, neva aklai tikėdami, tuo pat metu vengiame klausimų apie tikrą tikėjimą. Tačiau neatsakydami į juos atimame iš savęs galimybę dvasiškai tobulėti.

Apie mūsų pasaulį pasakyta: „Savo veido prakaitu užsidirbsi sau duoną." Bet po to, kai kas nors užsidirbta darbu, mums sunku pripažinti, kad rezultatas nepriklausė nuo sunkaus mūsų darbo ir gabumų, o viską už mus padarė Kūrėjas.

„Savo veido prakaitu" turime stiprinti savyje tikėjimą absoliučiu Kūrėjo valdymu.

Kad augtume ir gautume naujų dvasinių pojūčių, privalome pasistengti suprasti ir priimti prieštaringą Aukštesniojo valdymo prigimtį, kuri prieštaringa atrodo tik dėl mūsų aklumo.

3
Atsisakyti asmeninių interesų

Prieš atsirandant kūrinijai egzistavo tik Kūrėjas. Kūrimo procesas prasideda tada, kai Kūrėjas savyje išskiria tam tikrą dalį, kad ateityje suteiktų jai kitokias nei savo savybes. Suteikęs šiai daliai savęs pačios pojūtį, Kūrėjas tarsi išmeta ją iš savęs.

Atskirtoji dalis ir yra mūsų „aš". Atstumą tarp jos ir Kūrėjo sukuria skirtingos šios dalies ir Kūrėjo savybės, kas suvokiama kaip Kūrėjo paslėptis. Kadangi atskirtoji dalis Kūrėjo jausti negali, tarp jų – tamsa, kurią sukuria egoistinės šios dalies savybės.

Jei Kūrėjas nori priartinti atskirtąją dalį prie savęs, tamsi juos skirianti tuštuma šiai daliai sukuria beviltiškumo jausmą. O jeigu Kūrėjas kol kas nenori dalies priartėjimo, tai ji nejaučia jokios tuštumos nei atstumo tarp savęs ir Kūrėjo. Nejaučia ir paties Kūrėjo, o gali tik įsivaizduoti, ką reikštų Jį suvokti.

Tamsi dalies jaučiama tuštuma – tai įprastos kančios, kurias mums sukelia materialūs sunkumai arba negalios, šeimos problemos. Kūrėjas sukūrė šią dalies aplinką, kad būtent per tai galėtų daryti jai įtaką.

Kaip ir dėl ko Jis tai daro? Kad parodytų mums, jog norėdami išsigelbėti nuo kančių turime išsivaduoti iš egoizmo, Kūrėjas per supančią aplinką – vaikus, darbą, skolas, ligas, šeiminius nemalonumus – sukuria mums tokią kančios būseną, kad gyvenimas atrodo kaip nepakeliama našta.

Kai suprantame, kad šią apgailėtiną būklę lemia mūsų ambicijos ir mėginimas ko nors pasiekti, tada gimsta vienintelis noras – nieko nenorėti. Kitaip tariant, neturėti jokių asmeninių interesų, pabėgti nuo bet kokių egoistinių norų, nes jie sukelia tik kančias.

Ir tada nebelieka jokios kitos išeities, kaip tik prašyti Kūrėjo išvaduoti iš egoizmo, verčiančio siekti įveikti visas mūsų problemas ir dėl to atnešančio kančias.

Todėl „Mokymo apie dešimt *sfirų*" pratarmėje (2 pastraipa) kabalistas Ašlagas rašo: „Bet jeigu savo širdimi įsiklausysime į vieną žinomą klausimą, esu įsitikinęs, kad visos jūsų abejonės, ar reikia studijuoti kabalą, išnyks, tarsi jų ir nebūtų buvę."

Taip yra todėl, kad šis klausimas gimsta žmogaus širdies gelmėje, o ne iš jo proto ar pažinimo. Tai žmogaus širdyje nenutylantis klausimas apie savo gyvenimo prasmę, apie kančių (kurios daug kartų pranoksta malonumus) prasmę, apie gyvenimo sunkumus, kurių akivaizdoje mirtis dažnai atrodo tarytum lengvas išsivadavimas. Ir galiausiai apie gyvenimą, kuriame nesimato galo skausmo šėlsmui, kol galų gale, jau visiškai netekę jėgų ir sugniuždyti, iš jo pasitraukiame.

Ir kas gi galiausiai iš to gauna naudos arba, tiksliau, kam tuo naudos suteikiame? Ko dar laukiame iš šio gyvenimo? Nors nesąmoningai šis klausimas kankina kiekvieną, tačiau kartais jis netikėtai mums smogia, aptemdydamas sąmonę ir palikdamas bejėgius ko nors imtis, sudaužo mūsų protą ir sviedžia į tamsią nevilties bei savojo menkumo suvokimo bedugnę.

Reaguodami į tai mes nusprendžiame egzistuoti toliau, kaip ir vakar plaukti su gyvenimo srove, pernelyg į tai nesigilindami. Tai klausimas, apie kurį niekas nenori net galvoti. Nepaisant to, jis išlieka su visa savo jėga ir kartybe.

ATSISAKYTI ASMENINIŲ INTERESŲ

Tokius sąmoningus pojūčius Kūrėjas mums duoda tam, kad palaipsniui suprastume, jog visos mūsų nelaimės, visos kančios kyla iš to, kad esame asmeniškai suinteresuoti savo poelgių rezultatais. Tai mūsų egoizmas, mūsų prigimtis ir esmė verčia mus veikti dėl savo „gerovės". O kadangi mūsų norai niekada nepripildomi, tai ir toliau kentėsime.

Tačiau jeigu išsivaduotume iš bet kokio asmeninio suinteresuotumo, jis beregint sutrauktų mūsų kūno grandines ir pasaulį pradėtume matyti be jokio skausmo ir kančių.

Išėjimo iš egoizmo vergovės metodiką galima rasti kabaloje.

Kūrėjas specialiai tarp Savęs ir mūsų sukūrė mūsų pasaulį su visomis jo kančiomis. Jis tai padarė, kad kiekvienam iš mūsų padėtų pajausti būtinybę išsivaduoti iš egoizmo, kaip visų mūsų kančių priežasties. Panaikinti šias kančias ir pajausti Kūrėją – visų malonumų Šaltinį – galima tik žmogui tikrai trokštant išsivaduoti iš savo egoizmo.

Troškimai dvasiniuose pasauliuose prilygsta veiksmams, nes teisingi, nuoširdūs troškimai nedelsiant sukelia veiksmą. Tačiau apskritai pats Kūrėjas priveda žmogų prie tvirto ir galutinio sprendimo atsisakyti bet kokio asmeninio suinteresuotumo visose gyvenimo situacijose. Jis tai padaro, priversdamas žmogų jose tiek kentėti, kad iš visų jo norų lieka vienintelis – išsivaduoti iš kančių. O tai įmanoma tik neturint jokio asmeninio, egoistinio suinteresuotumo visų kasdienybės problemų, iškylančių jo gyvenime, baigtimi.

Bet kurgi tada mūsų valios laisvė? Kur mūsų pasirinkimo laisvė nuspręsti, kokiu keliu eiti ir ką gyvenime pasirinkti? Kūrėjas stumia žmogų priimti konkretų sprendimą, duodamas jam tokią kankinančią situaciją, kad mirtis atrodo mielesnė už šį gyvenimą.

Tačiau jėgų nutraukti savo varganą egzistenciją ir taip išvengti kančių Kūrėjas nesuteikia. Bet absoliučiai nebepakeliamos kančios situacijoje Jis staiga tarsi pro storiausius debesis prasiskverbusiu saulės spinduliu nušviečia žmogui vienintelį sprendimą. Šis sprendimas – ne mirtis, ne pabėgimas nuo gyvenimo. Tai – išsivadavimas iš asmeninio suinteresuotumo bet kokių žemiškų įvykių baigtimi. Ir tai vienintelis sprendimas, kuris gali atnešti žmogui ramybę ir poilsį nuo nepakeliamų kančių.

Aišku, šiame procese nėra jokios valios laisvės, žmogus taip pasirenka nevalingai, spiriamas būtinybės išvengti kančių. O laisva valia yra tada, kai jis bando toliau tobulėti, stiprindamas save ir pasirinkdamas visus savo veiksmus sutelkti vien į Kūrėją. Juk jau suprato, kad gyvenimas vien dėl savęs neatneša nieko daugiau, tik kančias. Šis nepaliaujamas savęs taisymo ir savo minčių kontroliavimo procesas vadinamas „išsivalymo darbu".

Kančios jausmas, sukeliamas egoistinio suinteresuotumo, turi būti toks aštrus, kad žmogus būtų pasiryžęs „tenkintis duonos kąsniu, vandens gurkšniu, miegoti ant plikos žemės". Taigi, jis turi būti pasiruošęs daryti viską, kas būtina, kad išsivaduotų iš egoizmo ir asmeninių interesų.

Ir jeigu žmogus pasiekia tokią būseną, kai esant nusakytoms sąlygoms jaučiasi laimingas, tada gali įžengti į dvasinę sritį, vadinamą „būsimuoju pasauliu" (*olam aba*). Taigi kančios gali padėti mums nuspręsti, kad egoizmo atsisakymas yra naudingas mums patiems. Dėl pastangų nuolat prisiminti patirtas kančias ir palaikyti bei stiprinti savo širdy šį sprendimą galime pasiekti tokią būseną, kai visų mūsų poelgių tikslas bus būti naudingiems Kūrėjui. O dėl savęs bijosime net pagalvoti apie asmeninę naudą ir gerovę, didesnę už tai, kas būtiniausia, baimindamiesi vėl pajusti tas nepakeliamas kančias, kurios kyla, vos atsiradus asmeniniam suinteresuotumui.

Taigi, jei įstengiame visiškai atsisakyti savanaudiškų minčių net pačių būtiniausių dalykų atžvilgiu, prieiname iki paskutinio savo asmeninių poreikių ignoravimo taško.

Ir tada savo kasdieniame gyvenime jau būsime pripratę visiškai negalvoti apie save, savo tarpasmeninius santykius, savo šeimą, darbą – apie visus savo gyvenimo reikalus. Išoriškai niekuo nesiskirsime nuo aplinkinių, tačiau mūsų kūnuose pagal principą „įprotis – antroji prigimtis" nebeliks asmeninių interesų.

Tada galėsime pereiti prie antrosios savo dvasinio gyvenimo dalies ir pradėti mėgautis tuo, kad savo veiksmais suteikiame malonumą Kūrėjui. Tačiau šis mėgavimasis bus skirtas jau nebe sau, o tik Kūrėjui, nes būsim „užmušę" savyje absoliučiai visus asmeninio malonumo poreikius.

Šis naujas malonumas neapsiriboja asmeniniais mūsų poreikiais, todėl yra begalinis laiko atžvilgiu ir neaprėpiamo dydžio. Tik tada galima išvysti, koks geras ir nuostabus Kūrėjas, sukūręs mums galimybę ateiti iki tokios nežmoniškos laimės – susilieti su Juo amžinoje meilėje.

Vadovaukitės kabala

Kad pasiektume šį kūrinijos tikslą, mūsų kelyje yra du vienas po kito einantys etapai. Pirmasis – kančių ir sunkių išmėginimų, kol išsivaduojame iš egoizmo. Bet kai tik įveikiame pirmąjį etapą ir atsikratome visų asmeninių norų, tada galime visas savo mintis nukreipti į Kūrėją ir pradėti naują gyvenimą, pripildytą dvasinių malonumų bei amžinos ramybės, ką kūrimo pradžioje ir buvo sumanęs Kūrėjas.

Nebūtina eiti absoliutaus visa ko atsisakymo keliu iki tiek, kad pasitenkintume duonos kąsniu, gurkšniu vandens ir miegu ant plikos žemės, tarsi taip pratintume savo kūną atsisakyti egoizmo. Vietoje prievartinio kūniškų norų slopinimo mums yra duota *Tora*, tiksliau – *Toros* Šviesa, galinti padėti žmogui atsikratyti savo nelaimių šaltinio – egoizmo.

Yra tam tikra jėga, vadinama *Toros* Šviesa, kuri gali suteikti žmogui jėgų peržengti savo kūno norus. Bet ši *Toroje* glūdinti dvasinė jėga veikia žmogų tik tada, jeigu jis tiki, kad tai jam padės, kad tai būtina, norint išgyventi, o ne mirti patiriant nepakeliamas kančias. Tai įvyks tik tikint, kad *Toros* studijos atves jį į tikslą ir padės gauti laukiamą atlygį – išvadavimą nuo egoistinių troškimų.

Tie, kurie jaučia, kad tai yra gyvybiškai svarbus tikslas, nuolat ieško būdų išsilaisvinti. Studijuodami *Torą* jie ieško instrukcijos, kaip išeiti iš savų interesų kalėjimo. Pagal tai, kokią būtinybę žmogus jaučia studijuoti ir ieškoti, galima pasakyti, kokio stiprumo yra jo tikėjimas *Tora*.

Jeigu visos mūsų mintys nuolat nukreiptos tik į išsivadavimo iš egoizmo paiešką, galima laikyti, kad turime tobulą tikėjimą. Šitai įmanoma tik tuo atveju, jeigu iš tiesų jaučiame, kad nesurasti išeities iš savo būsenos – blogiau už mirtį, nes kančios dėl asmeninių interesų išties beribės.

Ir tik jei žmogus iš tiesų kryptingai ieško išsigelbėjimo, jam padeda *Toros* Šviesa. Tik taip jis gaus dvasinių jėgų, leisiančių „ištraukti" save iš savojo „aš". Ir tik tada jis bus iš tikrųjų laisvas.

Kita vertus, tiems, kurie nejaučia tokios arba apskritai jokios būtinybės, *Toros* Šviesa pavirsta tamsa. Ir kuo daugiau jie mokosi, tuo giliau klimpsta į savo pačių egoizmą, nes nesinaudoja *Tora* pagal jos vienintelę paskirtį.

Todėl pradedant studijuoti *Torą*, atsiverčiant kabalistų RAŠBI'o, ARI, Ašlago arba RABAŠ'o parašytą knygą, mūsų tikslas turėtų būti priimti iš Kūrėjo atlygį – tikėjimo jėgą, padėsiančią surasti kelią, kaip pakeisti save. Turėtume įgyti tikrumą, kad net būdami egoistinės būsenos iš Aukščiau galime gauti tokią dovaną kaip perėjimas į priešingą dvasinę būseną.

Ir net jeigu dar nepatyrėme visų kančių, kurios priverstų gyvenime visiškai atsisakyti asmeninių interesų, vis tiek *Toros* Šviesa mums padės. Vietoje kančių gausime kitą galimybę nueiti savo kelią.

4
Kabalos studijų tikslas

Šviesa, sklindanti iš didžiųjų kabalistų raštų, padės mums įveikti du iššūkius: mūsų užsispyrimą, pasireiškiantį nenoru atsisakyti egoizmo, ir mums būdingą polinkį užmiršti kančias, kurias jis mums atneša. Visus ištaisymus lemia malda – tai, ką Kūrėjas jaučia mūsų širdyse.

Kai žmogus iš tiesų meldžiasi, jis gauna viską, ko siekia, ir tokį ištaisymą, kokio jam reikia.

Tačiau norėdamas išsitaisyti, jis turi to siekti visomis jėgomis – kūnu, protu ir dvasia. Tikroji malda ir atsakas į ją (išgelbėjimas) ateina tik su sąlyga, kad įdėjome visas pastangas, viską, kas priklauso nuo mūsų jėgų ir kiekybės, ir ypač kokybės prasme.

Tačiau tik studijuodami kabalą tinkamai, galime išmokti išrauti savo ego ir taip išsivaduoti. Taigi išgelbėjimo siekimas turi būti toks stiprus, kad atsiduotume studijoms iki galo, nė akimirką neatitrūkdami nuo minties ir troškimo surasti savo išsigelbėjimui reikalingą vaistą kabalos išmintyje.

Todėl jeigu kančios dar neįvarė mūsų nelyg išgąsdinto žvėries į narvo kampą, jeigu dar kažkur slaptose širdies kertelėse norime malonumų, tai dar ne iki galo iškentėjome ir įsisąmoninome, kad būtent egoizmas ir yra vienintelis mūsų priešas. Kol taip yra, nepajėgsime įdėti visų įmanomų pastangų, kad kabaloje surastume jėgų ir būdą ištrūkti iš savo egoizmo narvo, ir todėl nepasieksime išlaisvinimo.

KABALOS STUDIJŲ TIKSLAS

Nors pradėdami mokytis turime daug ryžto studijuoti tik tuo tikslu, tačiau besimokant mūsų entuziazmas netikėtai dingsta. Kaip jau ne kartą sakyta, mūsų mintis nulemia norai, o mūsų protas, kaip pagalbinis instrumentas, teieško būdų, kaip išpildyti mūsų norus.

Atvirosios *Toros* dalies studijavimas skiriasi nuo paslėptosios dalies – kabalos – studijavimo tuo, kad studijuodami kabalą galime gauti jėgų išsipainioti iš egoizmo pinklių. Juk gilindamasis į kabalą žmogus tiesiogiai studijuoja Kūrėjo veiksmų aprašymą, Kūrėjo savybes, savo savybes ir jų skirtumą. Kabala kalba apie Kūrėjo tikslus kuriant pasaulį ir apie būdus ištaisyti mūsų ego.

Toros Šviesa, ta dvasinė jėga, kuri padeda žmogui nugalėti egoizmą studijuojant kabalą, nepalyginamai didesnė nei ta Šviesa, kuri gaunama studijuojant atvirą *Torą*, apie dvasinius veiksmus kalbančią mūsų pasaulio kalba. Pastaruoju atveju žmogus nevalingai ima sumaterialinti veiksmus arba įninka į teisines diskusijas ir nebeįžvelgia dvasinių veiksmų, kurie yra už žodžių.

Todėl tas, kuris *Torą* studijuoja siekdamas žinių, gali ją studijuoti išdėstytą paprastai, tačiau studijuojančiam *Torą* siekiant išsitaisymo, pravartu ją studijuoti naudojantis kabalos metodu.

Kabala – tai mokslas apie mūsų dvasinių šaknų sistemą. Ši sistema nusileidžia iš Aukščiau. Ją turime studijuoti pagal griežtus dėsnius, kurie susijungdami nurodo vienintelį aukščiausią tikslą – „atskleisti Kūrėjo didybę, kurią suvoktų šiame pasaulyje esanti kūrinija".

Kabalą, Kūrėjo suvokimą, sudaro dvi dalys: kabalistų, t. y. jau suvokusiųjų Kūrėją, raštai ir tai, ką suvokia tik tie, kurie įgijo dvasinius indus – altruistinius siekius, į kuriuos kaip į indą gali gauti dvasinius pojūčius – Kūrėjo jautimą.

Jeigu žmogus kiekvienąsyk po savo dvasinio pakilimo vėl nusileidžia iki netyrų troškimų, tai geri troškimai, kuriuos turėjo dvasinio pakilimo metu, prisijungia prie netyrųjų. Netyrų norų palaipsniui kaupiasi vis daugiau. Ir taip tęsiasi, kol jis sugeba nuolat išlaikyti aukštesnę – tik tyrų norų – būseną.

Kai jau užbaigsime savo darbą ir atskleisime sau visus savo norus, iš Aukščiau gausime tokią stiprią Šviesą, kad ji visiems laikams ištrauks mus iš šio pasaulio kiauto. Tada tapsime nuolatiniais dvasinių pasaulių gyventojais, apie ką aplinkiniai net neįtars.

„Dešinioji linija" – tai būsena, kuriai esant Kūrėjas mūsų akyse visada teisus; kai pateisiname visą Kūrėjo valdymą. Ši būsena vadinama tikėjimu.

Tad nuo pirmųjų savo dvasinio vystymosi ir tobulėjimo bandymų turime stengtis elgtis taip, tarsi jau būtume galutinai pasiekę tobulą tikėjimą Kūrėju. Turime įsivaizduoti, tarsi jau visa savo esme jaučiame, kad Kūrėjas pasaulį valdo absoliučiai geranoriškai, ir visa kūrinija gauna iš Jo tik gėrį.

Tačiau tirdami savo būseną matome, kad neturime nieko, ko trokštame, o aplinkui – visas pasaulis ir kiekvienas asmuo savaip kenčia. Nepaisydami to, turime sau pasakyti, kad tai, ką regime, – iškreiptas pasaulio vaizdas, nes šį vaizdą matome per savo pačių egoizmo prizmę, o tikrasis pasaulio paveikslas mums bus atskleistas tada, kai pasieksime visiško altruizmo būseną. Tik tada pamatysime, kad Kūrėjas pasaulį valdo, turėdamas tikslą suteikti kūriniams tobulą malonumą.

Tokia būsena, kuriai esant mūsų tikėjimas absoliučiu Kūrėjo gerumu yra didesnis nei tai, ką matome ir jaučiame, vadinama „tikėjimu aukščiau žinojimo".

5
Dvasinė pažanga

Mes nesugebame įvertinti savo tikrosios būsenos ir nustatyti, ar patiriame dvasinį pakilimą, ar atvirkščiai – dvasinį nuosmukį. Nors galime jausti patiriantys dvasinį nuosmukį, bet iš tikrųjų Kūrėjas mums nori atskleisti mūsų tikrąją būseną – kad nepatirdami malonumo esame nepajėgūs ką nors atlikti ir iš karto nusimename arba net puolame į neviltį. Kai mūsų kūnas iš gyvenimo negauna pakankamai malonumo, tai gali sukelti net pyktį ir depresiją.

O iš tikrųjų šis stygiaus pojūtis – tai dvasinis pakilimas, kadangi tuo metu esame arčiau tiesos negu anksčiau, kai mums kaip vaikams tiesiog buvo gera šiame pasaulyje. Ir todėl pasakyta: „Augant pažinimui, auga ir sielvartas." Ir atvirkščiai, kai žmogus mano, kad patiria dvasinį pakilimą, gali būti, kad tai apgaulinga paprasčiausio mėgavimosi ir pasitenkinimo savimi būsena.

Ir tik tas, kuris jau jaučia Kūrėją ir Jo valdžią visiems kūriniams, gali teisingai įvertinti savo dvasinę būseną. Iš to, kas pasakyta, nesunku suprasti, kad kuo labiau tobulėjame, dirbdami su savimi ir mėgindami ištaisyti savąjį egoizmą, kuo daugiau stengiamės taisydami save ir studijuodami, tuo geriau suvokiame savo savybes.

Su kiekvienu bandymu, su kiekviena praėjusia diena, su kiekvienu perverstu puslapiu vis labiau nusivilsime savo gebėjimais ko nors pasiekti. O kuo labiau nusiviliame savo mėginimais, tuo didesnės mūsų pretenzijos Kūrėjui. Tada reikalaujame išvaduoti mus iš tos juodos prarajos (savo kūno norų kalėjimo), į kurią jaučiamės įstumti.

Taip tęsis iki tol, kol išbandę visas savo galimybes, įvykdę viską, kas mūsų jėgoms, įsitikinsime, kad neišgalime sau padėti. Turime atsigręžti į Kūrėją, kuris sukuria visas šias kliūtis tam, kad būtume priversti kreiptis į Jį pagalbos, panorėti užmegzti ryšį su Juo.

Bet kad tai įvyktų, prašymas turi išeiti iš širdies gilumos. O tai neįmanoma, kol neišbandysime visų savo galimybių ir neįsitikinsime, kad esame bejėgiai. Tik tada pajėgsime prašyti iš visos savo esybės gelmių. Toks prašymas taps vieninteliu mūsų troškimu, nes suprasime, kad tik stebuklas iš Aukščiau gali išgelbėti mus nuo paties didžiausio priešo – savojo ego. Tik į tokią maldą atsilieps Kūrėjas ir pakeis egoistinę širdį į dvasinę, „akmeninę širdį – į gyvą".

O kol Kūrėjas mūsų būsenos neištaisė, tai kuo labiau tobulėjame, tuo blogesni jaučiamės.

Bet juk iš tikrųjų mes visada buvome tokie! Tiesiog jau šiek tiek suprasdami dvasinių pasaulių savybes imame vis stipriau jausti, kokie priešingi joms yra mūsų norai.

Tačiau nepaisydami jaučiamo nuovargio ir nevilties vis dar galime atgauti savo kūno kontrolę. Viską gerai apsvarstę ir nusprendę, kad nesimato jokios išeities, visgi galime suprasti tikrąją tokių jausmų priežastį ir susikurti optimistinę bei džiugią nuotaiką. Tai darydami patvirtiname savo pasitikėjimą pasaulio valdymo teisingumu ir Kūrėjo gerumu. Tokiu atveju tampame dvasiškai tinkami priimti Kūrėjo Šviesą, nes santykį su viskuo, kas mus supa, grindžiame tikėjimu, iškeldami jį aukščiau proto.

Dvasiškai tobulėjančio žmogaus gyvenime nėra brangesnės akimirkos už tokią, kai jis pajaučia, kad išeikvojo visas savo jėgas, padaręs viską, kas įmanoma, bet tikslo taip ir nepasiekė. Todėl, kad tik tokią akimirką žmogus pajėgus nuoširdžiai, iš pačių širdies gelmių šauktis Kūrėjo, nes galutinai įsitikina, kad visos jo pastangos jau niekuo daugiau nebepadės.

Tačiau kol nepripažįsta pralaimėjimo, jis vis dar yra įsitikinęs, kad pats gali pasiekti tai, ko trokšta. Kol nepajėgia visiškai nuoširdžiai melsti išgelbėjimo, žmogus lieka apgaulingo ego balso auka. O egoizmas verčia dar labiau stiprinti savo pastangas siekiant tikslo, užuot prašius pagalbos.

Galiausiai žmogus suvokia, kad kovoje su egoizmu pastarasis yra stipresnis varžovas ir kad norint nugalėti priešą jam reikia pagalbos. Tik patyręs savo bejėgiškumą ir menkumą, jis tampa pasiruošęs nusilenkti, prašydamas Kūrėjo pagalbos.

Bet nepasiekęs tokios nusižeminimo būsenos žmogus nesupras, kad tik karšta malda Kūrėjui gali ištraukti jį iš jo prigimties gelmių.

Tikėjimas Kūrėjo Vienatinumu

Tikėjimas, kad nėra nieko kito, tik Kūrėjas, reiškia, jog žmogus suvokia visą pasaulį, o kartu ir save, kaip indus Kūrėjo rankose. Ir atvirkščiai, žmogui manant, kad ir jis pajėgus daryti įtaką įvykiams, atsiskleidžia, kad jis tiki daugeliu gamtos jėgų, bet ne vieno Kūrėjo valia.

Todėl naikindami savąjį ego galime susiderinti su tikrąja pasaulio, kuriame nėra nieko kito, tik vienintelio Kūrėjo valia, būsena. Bet jeigu savo pojūčiais tokios būsenos dar nepatyrėme, tai neturime teisės elgtis taip, tarsi pasaulyje veiktų tik Kūrėjas, ir sėdėti sudėję rankas.

Pasiekti pojūtį, kad yra tik Kūrėjas, galime tik atkakliai dirbdami su savimi ir išvystę savyje atitinkamus troškimus. Tik visais savo pojūčiais patyrę visišką vienybę su Kūrėju, pakilę į Aukštesniųjų pasaulių lygmenį, galėsime suvokti, kad yra tik Jis. Ir tik tada galėsime veikti taip, kaip to reikalauja teisingas tikrovės suvokimas.

Kol tokia būsena nepasiekta, veiksmai turi atitikti tą lygmenį, kuriame esame, o ne tą, kurį galime tik įsivaizduoti savo fantazijose ir svajonėse. Tikrasis darbas su savimi nepasiekus aukštesniojo lygmens turi būti atliekamas derinant tikėjimą savo jėgomis darbo pradžioje su tikėjimu, kad tai, ką pasiekėme savo pastangomis, būtų pasiekta ir be jų. Reikia suprasti, kad jau nuo pat pradžių visa kūrinija vystosi pagal Kūrėjo planą, pagal Jo kūrimo sumanymą. Bet taip turime mąstyti, tik įvykdę viską, kas nuo mūsų priklausė.

Ne žmogaus jėgoms suprasti tokias dvasines savybes kaip absoliutus altruizmas ir meilė.

Taip yra todėl, kad mūsų protas nepajėgus suvokti, kaip apskritai gali egzistuoti toks jausmas. Juk iš visko, ką sugebame daryti ir ko galime norėti, turime gauti asmeninės naudos, kitaip neįstengsime atlikti nė mažiausio judesio. Ir todėl altruizmo savybė duodama žmogui tik iš Aukščiau, ir tik tas, kas ją patyrė, gali tai suprasti.

Tačiau jeigu ši savybė duodama mums iš Aukščiau, kodėl gi reikia tiek stengtis, kad ją pasiektume? Argi mūsų pastangos neliks bevaisės, kol Kūrėjas nepadės ir nesuteiks mums iš Aukščiau naujų savybių, naujos prigimties?

Esmė ta, kad turime „iš apačios" kreiptis su prašymu, kad Kūrėjas pakeistų mūsų savybes. Ir tik esant iš tiesų stipriam norui, Kūrėjas į jį atsiliepia. Būtent dėl to, kad išvystytume tokį stiprų savo norą, dėl to, kad Kūrėjas į jį atsilieptų, ir turime įdėti daug pastangų.

Bandydami patys pasiekti tikslą, palaipsniui įsisąmoniname, kad neturime nei noro, nei gebėjimų patys jį pasiekti. Tada ir gimsta tikrasis reikalavimas, skirtas Kūrėjui, – išvaduoti mus nuo prigimtinių savybių ir suteikti naujas – sielą.

Bet tai neįmanoma, kol nepabandysime atiduoti visų savo jėgų ir gebėjimų, kad pasikeistume. Tik kai patys savo kailiu įsitikinsime, kad tai neneša vaisių, ir iš širdies gelmių šauksimės pagalbos, Kūrėjas mums atsilieps.

Tokį pagalbos prašymą pakeisti mūsų savybes galime išrėkti tik po to, kai įsitikinsime, kad nei vienas iš mūsų troškimų, nei viena mūsų kūno ląstelė nesutinka pakeisti savo prigimties, kad atiduotų save Kūrėjui be jokių išlygų. Kitaip tariant, kiek šiuo metu esame savo prigimties vergai, tiek turime norėti tapti altruizmo vergais.

Tik pajutę, jog nebėra jokios vilties, kad mūsų kūnai kada nors sutiks su tokiu pasikeitimu, galime maldauti Kūrėjo pagalbos iš pačių širdies gelmių. Ir tik tada Kūrėjas priims mūsų prašymą ir atsakys į jį, pakeisdamas visas egoistines mūsų savybes priešingomis, altruistinėmis. Ir tik taip priartėsime prie Kūrėjo.

Tačiau, jeigu susimąstysime apie tai, kad norime nenorime šiame pasaulyje turime dirbti, tai kas gi išlieka mums iš visų pastangų gyvenimo pabaigoje? Ką gi mums visa tai duoda? Svarstydami šiuos klausimus prieisime išvados, kad darbas bandant save pakeisti ne toks ir sunkus, kaip manėme.

Ir kai pasieksime pokyčių, mūsų pasikeitę savybės, pasiektos vidinėmis pastangomis, suteiks mums milžinišką malonumą. Malonumas kils matant, dėl ko dirbame. Tada pastangos nevargins, bet džiugins. Kuo jos didesnės, tuo didesnis džiaugsmas gauti naujas savybes, nes beregint jaučiamas milžiniškas ir amžinas atlygis už kiekvieną iš jų.

Net iš mūsų pasaulio pavyzdžių galima matyti, kaip įkvėpimas palengvina didelių pastangų naštą. Jeigu ką nors labai gerbiame, ir šis asmuo mūsų akyse – pats svarbiausias pasaulyje, viską, ką sugebame dėl jo padaryti, darysime su džiaugsmu, kad gavome tokią galimybę. Didžiausia pastanga mums teiks malonumą, kaip mėgstančiam šokti arba sportuoti jo pastangos yra ne darbas, o malonumas.

Todėl tam, kuris suvokia ir jaučia Kūrėjo didybę, nekyla jokių kitų jausmų, tik džiaugsmas, atsiradus galimybei padaryti bent ką nors, kas patiktų Kūrėjui. Ir tai, kas anksčiau buvo jaučiama kaip vergovė, dabar pavirsta malonumą teikiančia laisve.

Taigi, jeigu siekdami dvasingumo jaučiame kliūtis ir mėgindami pasiekti dvasinį pasaulį turime nežmoniškai stengtis, tai liudija apie tai, kad Kūrėjas mūsų akimis, arba pojūčiais, kol kas nėra pakankamai didis, ir mūsų dėmesys pamažu krypsta į kitus tikslus nei dvasingumo siekimas. Siekdami kitų tikslų negausime iš Kūrėjo jokios paramos ir tik labiau nutolsime nuo pirminio tikslo.

Tačiau net ir siekdami Kūrėjo ne iš karto gausime iš Jo dvasinį palaikymą.

Juk jeigu įkvėpimą ir džiaugsmą dėl savo pastangų pajaustume iš karto, mūsų egoizmas, žinoma, apsidžiaugtų, ir tada mes toliau stengtumės vien dėl patiriamo malonumo. Taip prarastume galimybę peržengti savo egoistinę prigimtį ir pasiekti grynąjį altruizmą, kadangi dvasiniame savęs tobulinime matytume didesnius malonumus nei bet kur kitur.

6

Mūsų suvokimas

Jeigu žmogus užsiima kokia nors veikla, tai palaipsniui įgyja itin jautrias įžvalgas apie tuos objektus, su kuriais dirba, ir įvaldo su jais susijusią kalbą. Todėl nėra pasaulyje tokių dalykų, kurių jis negalėtų pradėti jausti susiformavus įpročiui, net jei iš pradžių tam tikro objekto visiškai nejautė.

Mūsų jautimas ir supratimas yra labai aiškiai apriboti: mes jaučiame save atskirtus nuo objekto, kurį suvokiame. Yra jaučiantysis ir tai, ką jis jaučia (jutimo objektas). Lygiai kaip yra asmuo, kuris supranta, ir atskirai nuo jo – supratimo objektas.

Norint ką nors pajausti, tarp jaučiančiojo ir jutimo objekto būtinas tam tikras kontaktas: ryšys, tai, kas juos sieja, kas yra abiem bendra jutimo metu. Visą mus supančią aplinką suvokiame tik per pojūčius. Ir tai, ką jaučiame, laikome patikima bei teisinga informacija.

Neturėdami galimybės objektyviai matyti to, kas mus supa, vaizdą, kurį mumyse sukuria mūsų jutimo organai, laikome tiesa. Kaip atrodo pasaulis už mūsų jutimo organų ribų, koks jis pasirodytų būtybei, turinčiai kitokius jutimo organus, mes nežinome. Visą supančios tikrovės vaizdą suvokiame tik ją jausdami, ir tai, ką jaučiame, laikome patikimu vaizdu.

Remiantis sąlyga, kad nėra pasaulyje nieko kito, tik Kūrėjas ir Jo kūrinys, galima sakyti, kad mūsų matomas vaizdas bei patiriami pojūčiai ir yra Kūrėjo pasireiškimas mūsų sąmonei. Su kiekviena dvasinio pakilimo pakopa šis vaizdas vis labiau artėja prie tikrojo. Galiausiai, pasiekęs aukščiausią pakopą, žmogus suvokia patį Kūrėją, ir tik Jį. Todėl visi pasauliai, kaip ir visa tai, ką suvokiame savo išorėje, egzistuoja tik mūsų atžvilgiu. Taigi tai egzistuoja tokiu būdu tikrovę jaučiančio žmogaus atžvilgiu.

Jei šiuo metu Kūrėjo ir Jo valdymo nejaučiame, galima sakyti, kad esame „tamsoje".

Vis dėlto jokiu būdu negalime teigti, kad gamtoje iš viso nėra saulės, nes juk mūsų pojūčiai – subjektyvūs. Tai tik mes konstruojame tokią tikrovę.

Ir jeigu suprantame, kad Kūrėjo ir Aukštesniojo valdymo neigimas yra nepaprastai subjektyvus ir linkęs keistis, tai valios pastangomis, padedami knygų ir mokytojų, net iš tamsos būsenos galime pradėti dvasiškai kilti. Beje, tada galime suprasti, jog tokias tamsos būsenas Kūrėjas sukuria specialiai dėl to, kad mums prireiktų Jo pagalbos ir kad taip priartintų mus prie Savęs.

Iš tiesų tokias sąlygas Kūrėjas specialiai sukuria kaip tik tiems, su kuriais nori suartėti. Svarbu suprasti, kad būtent žmogaus pakilimas iš tamsos būsenos suteikia džiaugsmo Kūrėjui, kadangi kuo iš didesnės tamsos žmogus pakyla, tuo aiškiau pajėgia suvokti Kūrėjo didybę ir labiau įvertinti savo naująją dvasinę būseną.

Tačiau ir kai jaučiame tamsą, o Kūrėjo valdymo – ne, kai stokojame tikėjimo Juo, galime pabandyti valios pastangomis ieškoti kelio iš tamsos, pasitelkę knygą ar mokytoją, kol pajusime bent mažiausią Šviesos spindulėlį – bent silpną Kūrėjo pojūtį. Vis labiau stiprindami šį spindulėlį nuolatinėmis mintimis apie Kūrėją, galime išsiveržti iš tamsos į Šviesą.

Negana to, jeigu suprasime, kad tokios tamsos būsenos būtinos mūsų tobulėjimui ir todėl mums naudingos bei siunčiamos paties Kūrėjo, tai jomis džiaugsimės. Suprasime, kad

Kūrėjas dovanojo mums tokius prietemos, arba nevisiškos tamsos pojūčius, kurie dar leidžia ieškoti Šviesos Šaltinio.

Bet jeigu nesinaudosime galimybe išeiti į Šviesą, Kūrėjas nuo mūsų visiškai pasislėps.

Įsigalės absoliuti tamsa, pojūtis, kad nėra Kūrėjo ir Jo valdymo. Tada nebepajėgsime net suprasti, kaip ir kodėl anksčiau, nepaisydami tikrovės ir savo proto, galėjome gyventi siekdami kažkokių dvasinių tikslų. Visiškos tamsos būsena tęsis, kol Kūrėjas mūsų vėl neapšvies bent menku Šviesos spinduleliu.

7

Dvasingumo struktūra

Žmogaus norai vadinami indais, į kuriuos jis gali gauti dvasinę Šviesą, arba malonumą. Tačiau šie norai savo prigimtimi turi būti panašūs į dvasinės Šviesos savybes. Kitaip Šviesa, paklusdama dvasinių objektų atitikimo dėsniui, negali į juos patekti. Dvasinių objektų suartėjimas arba nutolimas, arba abipusis prasiskverbimas ir susijungimas visada vyksta tik pagal savybių panašumo principą.

Kūrėjas suteiks žmogui tai, ko šis nori, – grįžti pas Jį.

Taigi žmogaus širdis, arba indas, bus pripildyti Kūrėjo suvokimo tiek, kiek išstums egoizmo. Tai vyks pagal Šviesos ir indo savybių atitikimo dėsnį.

Iš tiesų galime pradėti dvasiškai kilti iš bet kokios savo būsenos. Tiesiog turime suprasti, kad iš visų įmanomų būsenų, kurias mums būtų galėjęs sukurti Kūrėjas, nuo pačių aukščiausių iki pačių žemiausių, būtent dabartinę būseną Jis išrinko kaip pačią geriausią mūsų tolimesniam dvasiniam tobulėjimui.

Taigi negali būti mūsų tobulėjimui geresnės ir naudingesnės savijautos, nuotaikos ir išorinių aplinkybių nei dabartinės, net jeigu jos mums atrodo pačios niūriausios ir beviltiškiausios. Tai suprasdami galime džiaugtis galimybe prašyti Kūrėjo pagalbos ir Jam dėkoti, net kai patiriame pačias sunkiausias situacijas.

Dvasinga yra tai, kas amžina ir neišnyksta iš pasaulio net po to, kai pasiekiamas galutinis tikslas. O egoizmas (visi prigimtiniai žmogaus norai, visa jo esmė) yra laikomas tik materija, kadangi po ištaisymo išnyksta. Mūsų esmė išlieka iki ištaisymo pabaigos net ir keičiantis formai. Jei mūsų norai ištaisomi ir tampa altruistiniai, tada net ir įgimtos neigiamos savybės leis mums suvokti Kūrėją.

Dvasinės „vietos" egzistavimas nesusijęs su kokia nors erdve, bet priklauso nuo dvasinio objekto savybių. Todėl visi, kurie šią būseną pasiekia ištaisę savo dvasines savybes, mato ir suvokia vieną ir tą patį.

Kilimą Kūrėjo link sudaro 125 pakopos. Šie lygmenys yra skirstomi į penkis dvasinius pasaulius:

Pasaulis *Adam Kadmon*

Pasaulis *Acilut*

Pasaulis *Brija*

Pasaulis *Jecira*

Pasaulis *Asija*.

Kiekvienas lygmuo priklausomai nuo jo konkrečių savybių suteikia kitokį Kūrėjo suvokimą. Taigi visi, pasiekiantys kurią nors iš dvasinio pasaulio pakopų, *Torą* ir Kūrėją mato kaskart visiškai naujai. Kiekvienas, pasiekęs tam tikrą dvasinio pasaulio pakopą, gauna tą patį suvokimą, kaip ir visi kiti, pasiekę tą lygmenį.

Kai išminčiai sako: „Taip Abraomas tarė Izaokui", jie paprasčiausiai yra tame pačiame lygmenyje, kokiame buvo Abraomas. Jie supranta, ką šis turėjo pasakyti Izaokui, nes jų dvasinis lygmuo atitinka Abraomo.

Kabalistas Rabis Jehudis Ašlagas per savo gyvenimą pasiekė visus 125 lygmenis. Iš šių aukštumų jis išdėstė kabalą, kuria gali mėgautis mūsų karta. Iš šio lygmens jis parašė vieną pagrindinių kabalos tekstų – komentarą knygai „Zohar".

Kiekviena iš 125 pakopų iš tiesų egzistuoja. Visi, pasiekę vieną iš jų, mato vieną ir tą patį, lygiai kaip visi mūsų pasaulio gyventojai būdami toje pačioje vietoje mato tą pačią aplinką.

Kai tik žmoguje gimsta bent mažiausias altruistinis noras, jis pradeda dvasinių pakilimų ir nuosmukių kelią. Vienu metu yra pasiruošęs visiškai anuliuotis prieš Kūrėją, bet vėliau apie tai net neprisimena ir apskritai atstumia bet kokias mintis apie dvasinį pakilimą, kurios jam atrodo visiškai svetimos.

Tai primena mamą, mokančią vaiką vaikščioti. Ji laiko jį už rankos taip, kad vaikas jaustų jos paramą, bet po to staiga pasitraukia, paleisdama eiti patį. Ir tuo metu, nors vaikas jaučiasi paliktas visiškai be jokio palaikymo, jis nori nenori turi žengti žingsnį pirmyn mamos link. Tik taip galima išmokti eiti pačiam.

Todėl nors žmogui ir atrodo, kad Kūrėjas staiga jį paliko, iš tiesų Kūrėjas laukia jo paties žingsnių.

Sakoma, kad Aukštesnysis pasaulis yra absoliučioje ramybėje. Ramybe dvasiniame pasaulyje vadinama tokia būsena, kai norai nebesikeičia. Kadangi noras duoti niekada nesikeičia.

Visus veiksmus ir judesius dvasiniame (altruistiniame) pasaulyje ir mūsų vidiniame emociniame (egoistiniame) pasaulyje lemia ankstesnio noro pasikeitimas į naują. Jeigu noras nepasikeitė, tai nieko naujo ir neįvyko, judėjimo pirmyn nebuvo. Taip yra net ir tuo atveju, kai pirminis, nuolatinis noras yra labai ryškus, intensyvus ir neduodantis ramybės. Tačiau jeigu šis noras yra nekintantis, pastovus, vadinasi – judėjimo nėra.

Todėl, kai sakoma, kad Aukštesnioji Šviesa yra ramybės būsenos, tai reiškia, kad Kūrėjo noras suteikti mums malonumą yra nuolatinis ir nekintantis. Mes esame Šviesos jūroje, bet taškas mumyse, kurį vadiname „aš", yra uždarytas egoizmo kiaute. Dėl to negebame mėgautis Šviesa, kurioje „plaukiojame".

Apgaulingi malonumai

Mūsų pasaulio malonumus pagal visuomenės vertinimą galima suskirstyti į kelias rūšis: prestižo (turtas, šlovė), gamtiniai (šeiminiai), kriminaliniai (malonumai kitų gyvenimo sąskaita), nelegalūs (kitų nuosavybės sąskaita), meilės (romantiniai malonumai) ir kt. Visi jie visuomenei suprantami, nors už kai kuriuos jų smerkiama ir baudžiama. Tačiau yra viena malonumo rūšis, nepriimtina jokiai visuomenei ir sukelianti didelį pasipriešinimą. Kovai su ja negailima milžiniškų lėšų, nors tiesiogiai visuomenei ji, ko gero, žalos padaro mažiausiai.

Tarkim, narkomanai paprastai žmonės nereiklūs, giliai įsitraukę į savo vidinius pojūčius. Kodėl gi neleidžiame tokiems pat kaip ir mes žmonėms gauti nedidelę grėsmę visuomenei keliančių malonumų? Kodėl gi neleidus jiems mėgautis nereiklia, ramia malonumo rūšimi, kuri nekenkia kitiems, priešingai nei kriminalinių, nelegalių ar panašių malonumų atvejais? Atsakymas toks, kad apgaulingi malonumai atitraukia mus nuo tikrųjų tikslų. Jie verčia užsimiršti ir visą gyvenimą tarsi apsvaigusiems jų vaikytis.

Bet argi visi mus traukiantys objektai nėra apgaulingi malonumai? Užuot ieškoję tikrų malonumų ir atsigręžę į dvasinius dalykus, mes ieškome pasitenkinimo, nuolat keisdami madas, tobulindami gyvenimo būdo standartus, gamindami naujas prekes. Tarsi bėgtume lenktynėse siekdami, kad tik aplink mus neišsektų patrauklūs naujų malonumų šaltiniai, nes kitaip pradėsime jausti, jog gyvenimas nebeteikia pasitenkinimo.

Juk vos tik pasiekiame tai, prie ko veržėmės, tučtuojau turime išsikelti kitą tikslą, nes tai, kas pasiekta, iškart praranda vertę.

O be naujo malonumo vilties, be paieškos ir bėgimo paskui jį, prarandame norą gyventi. Tai argi visos mūsų mados, gyvenimo standartai, viskas, paskui ką nuolat bėgame, nėra tas pats narkotikas?! Kuo gi skiriasi priklausomybę nuo narkotikų turinčių žmonių malonumai nuo malonumų, kuriuos patiriame mėgaudamiesi materialiais šio pasaulio dalykais?

Kodėl Kūrėjas, Aukštesnysis valdymas, yra prieš narkotikų teikiamus malonumus (ir todėl mes, esantys apačioje, priimame atitinkamus įstatymus)? Kodėl panašiai netraktuojame ir visų kitų materialių malonumų, kuriuos teikia šio pasaulio objektai?

Narkotikai mūsų pasaulyje draudžiami būtent dėl to, kad leidžia žmogui pabėgti nuo tikrovės. Jie daro jį bejėgį priimti gyvenimo smūgius (taip pat ir jo grožį), kuriuos lemia nepatiriamas egoistinis pasitenkinimas. Šie smūgiai – mūsų ištaisymo priemonė, nes iš bendros masės tik nedaugelis gręžiasi į religiją ir kabalą, kad pasikeistų.

Paradoksalu, tačiau į Kūrėją žmogus kreipiasi ištiktas sunkumų, sukrėstas sielvarto. Keista, kad sunkiu metu jis nenusisuka nuo jam kančias siunčiančio Kūrėjo.

Narkotikai yra apgaulingo malonumo nešėjai ir todėl yra draudžiami. Tie, kurie patenka į narkotikų įtaką, patiria malonumo iliuziją, ir tai jiems atima galimybę rasti kelią tikrų dvasinių malonumų link. Štai kodėl narkotikus visuomenė nesąmoningai laiko pačia pavojingiausia priklausomybe, nepaisydama to, kad jie nekelia tiesioginio pavojaus aplinkiniams.

8
Pagalbos prašymas

Dauguma besirenkančių religinį gyvenimo būdą klaidingai suvokia, jog *Toros* priesakų studijavimas tam, kad juos žinotų ir vykdytų, yra *Toros* dovanojimo bei žmogaus gyvenimo šiame pasaulyje tikslas ir būtina sąlyga, norint įvykdyti Kūrėjo valią ir savo užduotį šiame gyvenime. Todėl, kad jiems neteisingai išaiškinamas principas „*Tora lišma*" (*Tora* dėl Kūrėjo), ir jie mano, jog pakanka mokytis bei laikytis priesakų, norint įvykdyti šią *Toros* sąlygą. Net ir trokštantieji dvasiškai kilti dėl gauto neteisingo „*lišma*" apibūdinimo dvasiškai netobulėja, kaip ir jų mokytojai.

Esama netgi tokių, kurie studijuoja *Torą* dėl žinių, kas apskritai draudžiama, nes yra aiškus nurodymas: „Sukūriau blogio pradą, sukūriau *Torą* jo ištaisymui", „Priesakai duoti tik tam, kad apvalytų Izraelį". Visiems aišku, kad studijuoti „*Tora lo lišma*" (*Tora* ne dėl Kūrėjo) – didelis nusikaltimas, nes studijuojantysis, naudodamas Kūrėjo dovaną žmonijai, suteiktą tik egoizmo ištaisymui, dar labiau augina savo egoizmą (kaip tie, kurie *Torą*, juolab kabalą, studijuoja universitetuose ar įvairiuose rateliuose).

Tiek atviroji, tiek ir slaptoji *Tora* – tai ta pati *Tora* – Kūrėjo atsiskleidimas kūriniams. Ir viskas priklauso nuo žmogaus ketinimo ją studijuojant – nuo to, ką jis nori iš *Toros* gauti. Jeigu žmogaus tikslas – žinoti visus dėsnius ir jų padarinius, visus komentarus, ginčus bei mūsų išminčių išvadų dėstymo būdus, tai toks „*Toros* sūnus" nepasieks net žemiausio dvasinio lygmens.

Tačiau jeigu žmogaus ketinimas – priartėti prie Kūrėjo, būti Jo veiksmų laidininku savo egoizme, tai *Tora* jam tampa jėgos ir veiksmo šaltiniu, dėl ko ir yra sukurta, – neskirstant į slaptąją ir atvirąją dalis. Vis dėlto padedamas kabalos žmogus greičiau ir neskausmingiau prieis iki ketinimo „*lišma*" (dėl Kūrėjo).

Problema ta, kad studijuojantysis *Torą* negali pats nustatyti savo ketinimų. Nors studijuoja „*lo lišma*" (ne dėl Kūrėjo), egoizmas ir visuomenė palaiko jo apgaulingą teisumo pojūtį. *Tora* „*lišma*" (dėl Kūrėjo) reiškia, kad visi žmogaus norai sutampa su Kūrėjo norais, kad žmogus yra Kūrėjo veiksmų laidininkas, – ir mūsų egoizmas sugeba kiekvienam įrodyti, jog jis yra būtent toks žmogus!

Siekiantis ketinimo „dėl Kūrėjo" visur stengiasi matyti Kūrėjo veikimą, nuolat kontroliuoja savo žvilgsnį į pasaulį: ar visur mėgina matyti tik Kūrėją, Jo jėgą ir veikimą, ar vėl pats jaučiasi ir kitus laiko savarankiškai veikiančiais kūriniais. Visi reikalavimai, koks turi būti žmogaus ketinimas, yra aprašyti Talmude, tačiau paprastai studijuojant jie praleidžiami arba perskaitomi paviršutiniškai.

Vienintelis Kūrėjo sukurtas dalykas – mūsų egoizmas. Jeigu sugebėsime anuliuoti jo veikimą, tai ir vėl pajusime tik Kūrėją, o egoistinis elementas liausis egzistavęs, kaip ir buvo iki kūrimo pradžios. Tai ir yra grįžimas – kilimas Jokūbo kopėčiomis.

Dirbdami su savimi turime stengtis jausti tiek savo menkumą Kūrėjo atžvilgiu, tiek ir išdidumą, kad žmogus – kūrinijos centras (jeigu įvykdo visos kūrinijos tikslą, antraip jis ne daugiau nei gyvūnas). Šios dvi priešingos būsenos atitinkamai lemia dvejopą kreipimąsi į Kūrėją. Pirmasis – pagalbos prašymas. Antrasis – dėkingumo už galimybę dvasiškai tobulėti išreiškimas.

PAGALBOS PRAŠYMAS

Svarbiausia mūsų dvasinio tobulėjimo priemonė – tai į Kūrėją nukreiptas pagalbos prašymas: kad sustiprintų troškimą dvasiškai tobulėti, kad suteiktų jėgų įveikti ateities baimę (kai priešinsimės savo ego polinkiams), kad sustiprintų tikėjimą Jo didybe ir jėga, tikėjimą Jo vienatinumu. Todėl turime melsti Kūrėjo suteikti jėgų užgniaužti savyje nuolatinius noro veikti pagal savo pačių supratimą protrūkius.

Kai kurie iš mūsų prašydami, melsdamiesi arba net atlikdami kokius nors veiksmus per daug dėmesio kreipia į išorines formas.

Tačiau Kūrėjas neklauso žodžių, kuriuos taria mūsų lūpos, o skaito jausmus mūsų širdyse.

Todėl beprasmiška vargintis tariant gražias frazes, neturinčias nuoširdžios vidinės prasmės, arba iš kabalistinių maldynų skaityti nesuprantamus ženklus ar tekstus. Iš mūsų reikalaujama tik vieno – nukreipti savo širdį į Kūrėją, pajausti savo norų esmę ir prašyti Kūrėjo juos pakeisti! O svarbiausia – niekada nenutraukti dialogo su Juo!

Hebrajiškai suprantantiems skaitytojams yra galimybė susirasti toliau nurodytus šaltinius ir patiems įsitikinti, kaip *Tora* apibūdina mūsų prigimties savybes bei kokius jų ištaisymo kelius nurodo.

„Svarbiausia tobulinant save – nusižeminimas prieš Kūrėją. Tačiau tai turi būti ne dirbtinis veiksmas, o žmogaus pastangų tikslas. Jeigu dirbdamas su savimi žmogus palaipsniui pradeda jausti atsirandant šią savybę, vadinasi, jis eina teisinga kryptimi." (Talmudas, *Avoda Zara 20, 2*)

„Žmogus yra gimęs kaip absoliutus egoistas, ir ši jo savybė taip ištobulėjusi, kad gali įtikinti žmogų, jog šis jau tapo teisuoliu ir pats išsivadavo iš egoizmo." (Talmudas, *Chagiga 13, 2*)

„*Tora* – tai Kūrėjo Šviesa, ir tik tas, kuris ją gauna, vadinamas studijuojančiu *Torą*." (Zohar, *Mecora* 53, 2)

„*Toros* Šviesa paslėpta ir atsiskleidžia tik pasiekusiems teisuolio lygmenį." (Talmudas, *Chagiga* 12, 1)

„Kai studijuodamas žmogus pasiekia tokį lygmenį, kai nebenori nieko, tik dvasinio pakilimo, ir priima tik tai, kas būtina, kad palaikytų kūno gyvybę, o ne dėl malonumo, – tai pirmas žingsnis kylant į dvasinį pasaulį." (Talmudas, *Psachim* 25, 2)

„Kuo žemiau jaučiasi esąs žmogus, tuo jis arčiau savo tikrosios būsenos ir tuo arčiau Kūrėjo." (Talmudas, *Sota* 5, 1)

„Draudžiama studijuoti *Torą* bet kokiu kitu tikslu nei dvasinis tobulėjimas." (Talmudas, *Sanedrin* 60, 2)

„Pati aukščiausia dvasinė žmogaus galimybė – pasiekti „*maase merkava*" (valdymo veiksmą). Jis gali taip ištaisyti save, kad per jį būtų valdomas pasaulis." (Talmudas, *Suka* 28, 1)

„Būtina tobulėjimo sąlyga – nuolat siekti ryšio su Kūrėju."(*Orech Chaim* 1, 1; *Tora*, *Vaikra* 4, 39; RAMBAM, *Ilchot Jesodot Tora*, 1 dalis; Talmudas, *Suka* 39, 1)

„Kartą leidęsi į kelią, nepraraskit vilties, nes jeigu mūsų siekiai nukreipti teisinga linkme, Kūrėjas mums užtikrina sėkmę." (Talmudas, *Psahim* 50, 2; Talmudas, *Brachot* 35, 2; Talmudas, *Suka* 52, 2)

„Svarbiausia – žmogaus siekiai, o ne laimėjimai, nes laimėjimų reikalauja egoizmas." (Talmudas, *Javamot* 104, 2; Talmudas, *Sota* 25, 1)

„Lygiai taip pat, kaip turėtų stengtis pajausti savo įgimtų savybių nereikšmingumą, žmogus turėtų didžiuotis savo dvasiniu darbu ir paskirtimi." (Talmudas, *Taanit* 25, 1; Talmudas, *Brachot* 6, 2)

„Siekiantis Kūrėjo vadinamas Jo sūnumi." (Talmudas, *Šabat* 66, 2) Priešingai nei tie, kurie už savo mokymąsi trokšta atlygio (garbės, žinių, pinigų).

„Pažink Kūrėją." (*Divrei hajamim* 1, 28; Talmudas, *Nedarim* 32, 1)

„Kabala vadinama slaptu (*nistar*) mokslu todėl, kad ją žmogus gali suvokti tik tiek, kiek pajėgia pakeisti savo vidines savybes. Todėl to, ką suvokė, jis negali perduoti kitiems, tačiau gali ir turi padėti jiems įveikti tą patį kelią." (Talmudas, *Chagiga* 14, 2; RAMBAM, *Ilchot Jesodot Tora* 4 sk.)

„Kas gali įsivaizduoti pasaulį, neužpildytą Kūrėjo..." (Talmudas, *Joma* 86, 1; Talmudas, *Šabat* 77, 2; Talmudas, *Minchot* 39, 2)

„Žmogus turi įsivaizduoti, tarsi būtų pasaulyje vienudu su Kūrėju. Daugybė *Toros* personažų ir siužetų reiškia bet kurio vieno žmogaus savybes ir jo dvasinės kelionės etapus. Savybės ir pakopos įvardytos žmonių vardais, jų poelgiais ir geografinių vietų pavadinimais." (Talmudas *Sanedrin* 37, 1; Talmudas, *Kidušin* 40, 2)

„Ir neturi žmogus nusivilti, kai mokydamasis bei stengdamasis taisyti save, bandydamas dvasiškai pakilti, pradeda matyti save esant blogesnį nei buvo prieš pradėdamas studijuoti kabalą. Esančiam aukščiau už kitus labiau atsiveria tikroji egoizmo prigimtis ir todėl jis laiko save blogesniu, nors iš tiesų tapo geresnis." (Talmudas, *Suka* 52, 2; Talmudas, *Megila* 29, 1)

„Neverta kreipti dėmesio į tai, kad visas pasaulis be paliovos vaikosi malonumų, o kylančių Kūrėjo link – vienetai." (Talmudas, *Roš Hašana* 30, 1; Talmudas, *Brachot* 61, 2)

„Dvasiškai tobulėjant svarbiausia – prašyti Kūrėjo pagalbos (Talmudas, *Brachot* 6, 2; Talmudas, *Taanit* 11, 2; Talmudas, *Joma* 38, 2)

„Blogiausia egoizmo pasireiškimo savybė – puikybė ir pasitikėjimas savimi." (Talmudas, *Sota* 49, 2)

„Žmogus turi gauti jėgų, suvokdamas kūrinijos tikslą, iš anksto džiaugdamasis neišvengiamai įvyksiančiu viso pasaulio ištaisymu ir prasidėsiančia žmonijos ramybės būsena." (Talmudas, *Šabat* 118, 2; Talmudas, *Truma* 135, 1; 136, 2)

„Tikėjimas yra vienintelis išsigelbėjimo kelias. Per visas kitas savybes egoizmas gali supainioti žmogų, tačiau tikėjimas yra vienintelis pagrindas išeiti į dvasinę erdvę." (Talmudas, *Makot* 24, 1; Talmudas, *Šabat* 105, 2)

„Tikėjimas negali atsirasti be žmogaus baimės jausmo, nes egoizmas pasiduoda tik baimės akivaizdoje." (Talmudas, *Šabat* 31, 2)

„Net jei žmogus nieko nedaro, jo egoizmas skatina jį atlikti įvairius blogus veiksmus. Todėl tas, kuris nenusideda, yra tarsi padaręs ką nors gero." (Talmudas, *Kidušin* 39, 2; Talmudas, *Bava Mecija* 32, 2)

„Žmogus suartėti su Kūrėju gali tik supanašėjant jų savybėms." (Talmudas, *Sota* 5, 1)

9

Pasipriešinti norui mėgautis dėl savęs

Mūsų klausa vadinama „tikėjimu", nes turime tikėti tuo, ką girdime, jei tai norime laikyti tiesa. O regėjimas vadinamas „žinojimu", nes šiuo atveju neturime niekuo tikėti – regime tai savo akimis. Kol iš Aukščiau vietoj egoizmo negavome altruistinių savybių, negalime „matyti", nes tai, ką matome, suvokiame savo egoistiniais pojūčiais.

Dėl to dar sunkiau atsikratyti egoizmo. Todėl iš pradžių būtina eiti aklai, aukščiau to, ką siūlo mūsų egoizmas, o po to, įgiję tikėjimą, pradėsime gauti ir aukštesnįjį žinojimą.

Norint pakeisti egoizmą altruizmu, savo protą tikėjimu, būtina teisingai įvertinti dvasinio pasaulio didybę, grandioziškumą, lyginant su mūsų materialiu, laikinu, pažeidžiamu egzistavimu. Būtina įsisąmoninti, kaip beprasmiška tarnauti sau, rūpintis savimi, lyginant tai su tarnavimu Kūrėjui.

Kur kas naudingiau ir mieliau suteikti malonumą Kūrėjui, nei tenkinti savo menką ego (savo kūną). Iš tiesų mūsų ego niekada nebus pasotintas, o atsidėkoti jis gali tik suteikdamas trumpalaikius malonumus.

Palyginę savo kūną su Kūrėju, turime nuspręsti, dėl ko verta dirbti, kieno vergu verta tapti. Trečio kelio nėra. Kuo aiškiau suvoksime savo menkumą, tuo lengviau galėsime pasirinkti Kūrėją.

Noras gauti turi keturis aspektus: negyvoji gamta, augalija, gyvūnija ir kalbantysis.

Pati savaime negyvoji gamta yra tobula. Tobulumo pojūtį sukelia iš toli ateinanti Supančioji Šviesa, kuri šviečia tiems, kas yra mūsų pasaulyje, net jei šio pasaulio savybės priešingos Kūrėjo savybėms.

Lygiai taip ir dvasiškai negyvas žmogus saugo savo būtį tokią, kokia ji yra. Jo norai nesiskiria nuo į jį panašių žmonių norų. Toks žmogus neįstengia ir nenori atlikti asmeninių dvasinių veiksmų.

Kaip augalinė gamta išauga iš negyvosios, taip ir dvasiniam augaliniam lygmeniui reikalingas pirminis negyvasis lygmuo. Tad žmogus neturi kito pasirinkimo, tik pradėti nuo negyvojo lygmens.

Tačiau kas nori pakilti virš dvasiškai negyvo išsivystymo lygmens, turi rasti naujų priežasčių pakeisti ankstesnius savo veiksmų motyvus: įpročius, auklėjimą ir aplinką.

Žmogus, kuris nori augti toliau, tapti dvasiškai gyvas, žengti nepriklausomus dvasinius žingsnius, atsisako aklai sekti paskui kitus, jis eina pirmyn, nepaisydamas kitų nuomonės, įpročių ar visuomenės auklėjimo.

Iš šių sprendimų atsisakyti automatinių veiksmų gimsta naujos, „augalinės", dvasinės būsenos užuomazga. Kaip grūdas turi suirti dirvoje, kad išdygtų, taip ir žmogus turi visiškai liautis jautęs bet kokį dvasinį gyvenimą tarp negyvų masių – tiek, kad „negyvas gyvenimas" jam taptų panašus į mirtį. Ir šis jausmas yra jo malda, išreiškianti norą keistis.

Tačiau norint tapti augaliniam, gebėti individualiai dvasiškai augti, būtina su savimi atlikti daug darbų, pradedant negyvos dirvos „arimu". Dvasinis tobulėjimas galimas tik priešinantis norui gauti malonumą dėl savęs.

Todėl jeigu siekiame Kūrėjo, turime nuolat kontroliuoti savo troškimus ir spręsti, kokius malonumus galime priimti.

Kadangi Kūrėjas nori savo kūriniui suteikti malonumą, turime priimti malonumus, tačiau tik tuos, kuriuos galime priimti dėl Kūrėjo.

Kabalos kalba tai aprašoma taip: Mūsų valios jėga (ekranas, esantis prote – *pe de roš*) apskaičiuoja ir pasveria, kokį malonumų kiekį esame pajėgūs patirti, kad suteiktume džiaugsmo Kūrėjui tiksliai pagal savo meilės Kūrėjui laipsnį. Patirti galime lygiai tokį patį malonumų kiekį. Bet visų tų malonumų, kuriuos priimtume ne iš meilės Kūrėjui, atsisakome, bijodami Jį nuliūdinti.

Taigi visus mūsų poelgius turi nulemti troškimas suteikti malonumą Kūrėjui – ne siekis priartėti ar baimė nutolti. Juk tai irgi egoistiniai troškimai, lyginant su nesavanaudiška, besąlygine meile. Altruistiniai troškimai – tai noras suteikti malonumą Kūrėjui arba baimė Jį nuliūdinti.

Stiprius jausmus – džiaugsmą, sielvartą, malonumą, baimę ir pan. – jaučiame visu savo kūnu, ne tik kokia nors viena jo dalimi. Todėl norėdami pasitikrinti savo troškimus turime pajausti, ar visas mūsų kūnas sutinka su tuo, ką galvojame. Pavyzdžiui, kai meldžiamės, ar visos mūsų mintys, norai, organai pritaria tam, ką taria lūpos.

O gal tariame žodžius automatiškai, nekreipdami dėmesio į jų prasmę? Tai įvyksta norint išvengti nemalonių pojūčių, kurie kyla tada, kai mūsų kūnas nepritaria maldos prasmei arba nesupranta, kokią naudą jam atneš tie prašymai, kuriuos mechaniškai skaitome iš maldyno.

Verta paklausti savo širdies, ką gi ji norėtų išsakyti maldoje.

Malda – ne tai, ką automatiškai taria lūpos, o tai, ko trokšta visas kūnas ir protas.

Todėl sakoma, kad „malda – tai širdies darbas", kai širdis visiškai sutinka su tuo, ką taria lūpos.

Tik dirbdami su visu kūnu gausime jo reakciją, patvirtinančią, kad nė vienas organas nenori atsikratyti egoizmo, o juolab to prašyti Kūrėjo. Tiktai tada galėsime kreiptis į Kūrėją tikra malda – prašydami išgelbėti iš dvasinės tremties.

Turime siekti, kad veiksmo priežastis atitiktų grynai mechaninį veiksmą, kuriuo vykdomas Kūrėjo noras. Lygiai kaip kūnas, nesuprasdamas dėl ko ar nematydamas greitos naudos, veikia lyg robotas, vykdydamas Kūrėjo valią, taip ir Jo valios pildymo priežastis turėtų būti „nes taip nori Kūrėjas".

Galima lengvai patikrinti, kas motyvuoja žmogaus veiksmus. Jeigu veiksmo priežastis „dėl Kūrėjo" (*lišma*), tuomet kūnas nepajėgia atlikti nė menkiausio judesio. O jeigu priežastis – asmeninė nauda šiame arba būsimame pasaulyje, tai kuo labiau žmogus galvoja apie atlygį, tuo daugiau energijos turi veiksmui atlikti.

Iš to, kas pasakyta, aišku, kad būtent motyvacija – ketinimas (*kavana*) – nulemia veiksmo kokybę, o veiksmų kiekis nebūtinai ją gerina. Visa, kas vyksta, vyksta veikiant Aukštesniosioms dvasinėms jėgoms. O mes mūsų pasaulyje per amžius žvelgdami į laiko tėkmę matome dvasinių jėgų priežasties ir pasekmės ryšius.

Išmintingu vadinamas tas, kuris nelaukdamas vyksmo padarinių iš anksto mato vienų ar kitų įvykių pasekmes, todėl gali numatyti nepageidaujamus padarinius ir užkirsti jiems kelią. Tačiau mūsų pasaulis – tai dvasinių jėgų veikimo pasekmių pasaulis, o visas tų jėgų veikimo laukas yra aukščiau mūsų pojūčių.

Tad tik kabalistas geba iš anksto, iki pasireiškimo šiame pasaulyje, įžvelgti įvykius ir užbėgti jiems už akių.

Tačiau kadangi visi šie įvykiai skirti mūsų išsitaisymui, be kurio negalėsime pasiekti kūrimo tikslo, tai niekas be mūsų pačių negalės mums padėti.

Kūrėjas mums siunčia ne kančias, bet dvasinį tobulėjimą spartinančias priemones. Kabalistas – ne stebuklus darantis burtininkas. Jo vaidmuo tarp mūsų – apskritai pagelbėti žmonėms keliant jų sąmonės lygį, kol bus įsisąmoninta išsitaisymo būtinybė. Taip pat kabalisto užduotis – padėti asmeniškai kiekvienam to norinčiam.

Mes neturime jokios galimybės valdyti savo širdį, nesvarbu, kokie stiprūs, protingi ar gabūs būtume. Todėl viskas, ką galime, – tai mechaniškai atlikti gerus darbus ir melsti Kūrėjo, kad pakeistų mūsų širdį į naują. (Širdimi paprastai vadinami visi žmogaus troškimai).

Viskas, ko reikalaujama iš mūsų kaip individų, – tai geriau turėti vieną stiprų troškimą nei daug mažesnių. Mat žmogaus širdyje jaučiamas troškimas ir yra malda. O didelis visą širdį apimantis troškimas nebepalieka vietos kitiems.

Išsiugdyti stiprų troškimą galime tik kasdienėmis, nepaliaujamomis pastangomis. Šiame kelyje tenka įveikti daugybę kliūčių. Turime tęsti net puikiai suprasdami, kad esame toli nuo tikslo ir kad visi mūsų užsiėmimai kabala – dėl asmeninės naudos, o ne dėl Kūrėjo.

Turime nepaisyti kūno argumentų, kad jis silpnas; kad tai vis tiek ne dvasinis, bet egoistinis darbas; kad, kai reikės, pats Kūrėjas viską padarys, kaip kad atvedė mus į šią būseną; kad turime galėti patikrinti tai, kas pasiekta (juk niekas nedirba be įvertinimo).

Šios kliūtys apima ir įsitikinimus, kad pradėjus studijuoti kabalą viskas tik pablogėjo; kad kiti studijuojantys yra sėkmingesni... ir taip iki begalybės įvairiausių panašių kaltinimų, priekaištų bei apeliavimų į protą tiek iš kūno, tiek ir iš artimųjų pusės.

Būtent įveikdamas šiuos sunkumus žmogus ugdo savyje tikrą dvasingumo troškimą. O įveikti juos galima tik vienu būdu, kaip pataria pati *Tora*, – „duoti į dantis" egoizmui!

Galima arba nepaisyti ego reikalavimų, arba atsakyti: „Einu be jokių įrodymų ir nieko netikrindamas, nes antraip tai būtų pagrįsta egoizmu, kurį turiu atmesti. O kadangi kitų jutimų kol kas neturiu, tai negaliu klausyti tavęs, bet tik tų didžiųjų išminčių, kurie jau pateko į Aukštesniuosius pasaulius ir žino, kaip žmogus iš tikrųjų turėtų elgtis. Ir jeigu mano širdis tampa vis egoistiškesnė, tai reiškia, kad padariau pažangą ir dabar iš Aukščiau man gali parodyti dar truputį mano tikrojo egoizmo."

Ir tada atsakydamas Kūrėjas atskleidžia Save žmogui taip, kad šis pajaučia Jo didybę ir savaime tampa Kūrėjo vergu. Tada žmogaus kūnas jo jau nebegundo. Tai vadinama „akmeninės" širdies, jaučiančios tik save pačią, pakeitimu „gyvąja" širdimi, kuri jaučia kitus.

10
Vidinis judėjimas ir raida

Mūsų pasaulyje einame pirmyn naudodami savo judėjimo organus – kojas. O kai pasiekiame savo tikslą, naudojame gavimo organus – rankas. Dvasiniai organai veikia atvirkščiai: tik tada laiptų pakopomis galime kilti aukštyn, jei sąmoningai atsisakome bet kokios proto paramos. O pasiekti kūrimo tikslą galime tik ištiesdami rankas ir duodami, užuot ėmę.

Kūrimo tikslas – suteikti žmogui malonumą. Kodėl gi į šį tikslą Kūrėjas mus veda tokiu skausmingu keliu? Pamėginkime rasti atsakymą.

Pirmiausia tobulas Kūrėjas sukūrė žmogų.

Vienas iš visiško tobulumo požymių yra ramybės būsena, nes judėjimą lemia arba ko nors stygius, arba bandymas pasiekti tai, ko norima.

Žmonės irgi mėgsta ramybę ir atsisakyti jos gali, kai trūksta ko nors gyvybiškai svarbaus, pavyzdžiui, maisto, šilumos ir pan.

Kuo labiau žmonės kenčia, neturėdami trokštamų dalykų, tuo didesnis jų pasiryžimas dar labiau stengtis, kad tai gautų. Todėl jeigu Kūrėjas suteikia kančias dėl dvasingumo stygiaus, žmonės bus priversti stengtis tai pasiekti.

O pasiekę dvasinį pasaulį, kas ir yra kūrimo tikslas, jie gaus Kūrėjo jau paruoštą malonumą. Todėl siekiantieji dvasiškai tobulėti nejaučia egoizmo sukeliamų kančių kaip bausmės, o mato, kad taip atsiskleidžia geras Kūrėjo noras jiems padėti. Taigi į savo kančias jie žvelgia kaip į palaiminimą, o ne kaip į prakeikimą.

Ir tik pasiekę dvasinį pasaulį, žmonės supras, kas tai yra ir kokie malonumai ten slypi, nes iki tol tik kentėjo dėl jo nebuvimo.

Skirtumas tarp materialių ir dvasinių dalykų tas, kad neturėdami materialių malonumų kenčiame, o be dvasinių – ne. Todėl tam, kad atvestų mus prie dvasinių malonumų, Kūrėjas sukuria mums kančios dėl jų trūkumo jausmą.

Kita vertus, patirdami materialius malonumus mes niekada nepajausime visiško, beribio prisipildymo, kurį tikrai teikia net mažiausias dvasinis malonumas. Ir vos tik imame jausti dvasinio gyvenimo skonį, tuoj pat atsiranda pavojus šiuos malonumus priimti į savo egoistinius norus ir taip dar labiau nutolti nuo dvasinio pasaulio.

Taip yra todėl, kad žmogus pradeda užsiiminėti dvasiniais dalykais, nes pajunta juose didesnį malonumą už tą, kurį jam teikdavo visas jo įkyrėjęs, beskonis gyvenimas. Tada jis mato, kad jam jau nebereikalingas dvasinio gyvenimo pagrindas – tikėjimas, nes ima suprasti, kad tuo užsiimti naudinga jam pačiam. Bet taip Kūrėjas elgiasi tik su pradedančiuoju, kad jį pritrauktų, o paskui ištaisytų.

Kiekvienas mūsų jaučiamės geriau nei bet kas kitas žiną, kas mums naudinga ir ką turėtume daryti. Šis jausmas kyla todėl, kad būdami egoistinės būsenos jaučiame tik save ir nieko kito. Todėl manomės esą išmintingiausi, nes tiktai patys žinome, ko norime kiekvieną savo gyvenimo akimirką.

Kūrėjas mūsų pasaulį valdo pagal tikslius materialius gamtos dėsnius. Todėl neįmanoma jų pergudrauti arba nepaisyti: šokdami nuo uolos – užsimušime, be deguonies – uždusime ir pan.

Kūrėjas nustatė tokius gamtos dėsnius, kad suprastume, jog išlikimas reikalauja pastangų ir atsargumo. Dvasiniame pasaulyje, kur negalime numatyti įvykių pasekmių ir nežinome išlikimo dėsnių, jau kelio pradžioje turime suprasti pagrindinį dėsnį. Šio dėsnio neapeisi, kaip ir mūsų pasaulio gamtos dėsnių.

Šis pagrindinis dėsnis teigia, kad negalima vadovautis malonumo jausmu, nes dvasiniame gyvenime naudą arba žalą lemia ne malonumas, o altruizmas, davimas.

Šviesa – tai, kas sklinda iš Kūrėjo ir mūsų patiriama kaip didžiulis malonumas. Malonumo gavimas, Šviesos, arba Kūrėjo (tai vienas ir tas pats, nes jaučiame ne Jį, o mus pasiekiančią Šviesą), suvokimas yra kūrimo tikslas.

Tikėjimas – tai jėga, leidžianti pajausti tikrumą, kad įmanoma pasiekti dvasinį gyvenimą, atgyti iš dvasiškai mirusiojo būsenos. Kuo aiškiau suvokiame, kad esame dvasiškai mirę, tuo stipresnį tikėjimo poreikį jaučiame.

Malda – tai žmogaus pastangos, ypač pastangos širdyje, pajausti Kūrėją ir prašyti Jo suteikti tikrumą, kad įmanoma pasiekti tikrą, dvasinį gyvenimą.

Bet koks darbas, pastangos, malda yra įmanomi tik tada, kai Kūrėjas nuo žmogaus yra pasislėpęs. Tikra malda – tai prašymas, kad Kūrėjas suteiktų jėgų kovoti su egoizmu užmerktomis akimis, neatsiskleisdamas žmogui, nes tai – pats didžiausias atlygis. Mūsų dvasingumo lygį nusako siekio nesavanaudiškai duoti dydis.

Kai žmogus yra tikras dėl savo altruistinių jėgų, jis gali ir po truputį pradėti priimti malonumus Kūrėjo labui, nes tuo Jam teikia džiaugsmą. O kadangi Kūrėjo noras – teikti žmogui malonumą, tai norams sutampant abu suartėja. Be malonumo, kurį žmogus jaučia gaudamas Kūrėjo Šviesą, jis patiria dar ir begalinį malonumą, kai susiliedamas su Pačia Tobulybe suvokia Kūrėjo dydį. Šis malonumas ir yra kūrimo tikslas.

Kadangi egoizmas (noras gauti) yra mūsų esmė, jis viešpatauja visuose gamtos lygmenyse: atomų-molekulių, hormonų, kūnų ir aukštesniuose lygmenyse.

Egoizmas apima aukščiausias mūsų proto ir pasąmonės sistemas, įskaitant mūsų altruistinius norus. Jis toks galingas, kad esame nepajėgūs bet kokioj situacijoj sąmoningai jam pasipriešinti.

Todėl tas, kuris nori išsivaduoti iš egoizmo valdžios, turi kovoti. Visose srityse, kurios susijusios su dvasiniu tobulėjimu, turime veikti prieš kūno ir proto norus, net jei ir nematome jokios naudos sau. Kitaip niekada neįstengsime peržengti mūsų pasaulio ribų.

Šis darbo principas kabaloje vadinamas „versti, kol panorės". O kai Kūrėjas padės, suteikdamas mums Savo prigimtį, tada kūnas panorės dirbti dvasiniu režimu. Tokia būsena vadinama sugrįžimu (*čuva*).

Egoistinės prigimties pakeitimas į altruistinę vyksta taip: Kūrėjas sukūrė troškimą mėgautis ir suteikė jį žmogui. Tai – egoizmas, mūsų prigimties juodasis taškas. Jis yra juodas, nes dėl apribojimo (*cimcum*) Kūrėjo Šviesa iš jo pasitraukė.

Egoistinės prigimties ištaisymas vyksta įgyjant ekraną (*masach*), kuris egoizmą pakeičia į altruizmą. Kol patys nepatirsime, tol neįstengsime suprasti, kaip gali įvykti tokia stebuklinga transformacija. Mums atrodo absoliučiai neįtikėtina, kad pagrindinis gamtos dėsnis galėtų pasikeisti taip, jog ten, kur netgi stengdamiesi negalėjome nieko su savimi padaryti, staiga galėtume veikti.

Galiausiai pamatysime, kad mūsų veiksmai išliko tokie, kaip ir anksčiau, ir nėra nieko, ką galėtume duoti Kūrėjui, nes Jis tobulas ir tenori žmogų pripildyti tobulumo.

Mainais už begalinį malonumą, gaunamą iš Kūrėjo, negalime Jam duoti nieko, išskyrus mintį, kad atliekame tuos pačius veiksmus, kaip ir anksčiau, bet jau dėl to, kad tuo džiuginame Kūrėją, o ne patys save.

Bet net ir ši mintis – taip pat ne Kūrėjo, o žmogaus labui. Tai leidžia jam gauti neribotus malonumus nepatiriant gėdos už tai, ką gauna dovanai. Tapęs altruistu, žmogus tampa panašesnis į Kūrėją ir todėl gali neribotai gauti (nes daro tai ne dėl savęs) ir tuo mėgautis.

Nors ir galime prisiversti atlikti fizinius veiksmus, tačiau negalime pakeisti savo norų, nes neįstengiame nieko daryti ne dėl savęs. Tačiau ne veltui pasakyta, kad malda be teisingo ketinimo kaip kūnas be sielos, nes veiksmai priklauso kūnui, o mintis – sielai. Ir jeigu žmogus dar neištaisė savo minties (sielos), dėl ko jis atlieka veiksmą (kūnas), tai toks veiksmas yra dvasiškai negyvas.

Viskas yra sudaryta iš visumos ir dalies. Visumai, kuri yra dvasiškai negyva (*domem*), priskiriamos žmonių masės gali judėti tiktai kartu. Nėra asmeninio dvasinio judėjimo, nes nėra vidinio poreikio. Ir todėl nėra individualaus augimo, tik bendras, priklausomai nuo bendro valdymo iš Aukščiau. Todėl masės visada jaučiasi esą teisios ir tobulos.

Dvasiškai augantis (*comeach*) reiškia, kad kiekvienas objektas jau turi asmeninį vidinį judėjimą ir augimą. Jis jau vadinamas žmogumi (*adam*), kaip sako *Tora*, „Žmogus – medis lauke". Kadangi dvasiniam augimui yra būtinas siekis judėti, o sukelti judėjimą gali tik kokio nors stygiaus pojūtis, tai „žmogus" nuolatos jaučia savo trūkumus, ir tai verčia jį ieškoti augimo kelių.

Jeigu žmogus sustoja kokiame nors dvasinio vystymosi lygmenyje, jis numetamas žemyn, kad būtų paskatintas eiti, o ne stovėtų.

Ir jeigu paskui vėl kyla, tai jau į aukštesnį lygmenį nei prieš tai.

Taigi žmogus arba kyla aukštyn, arba leidžiasi žemyn, bet stovėti vietoje negali, mat tokia būsena neatitinka „žmogaus" lygmens. Tik priklausantieji masėms stovi vietoje ir negali nukristi iš savo lygmens, taigi niekada nepatiria kritimų.

Mintyse tuščią erdvę padalykime horizontalia linija. Virš linijos yra dvasinis pasaulis. Jos apačioje – egoistinis pasaulis. Kas yra linkę veikti, nepaisydami savo proto, gali būti virš šios linijos.

Tokie žmonės nepaiso savo žemiško proto, net jeigu yra galimybė viską žinoti ir matyti. Jie nori tikėti užmerktomis akimis (eiti tikėjimo aukščiau žinojimo keliu) ir siekti dvasinio pasaulio (altruizmo vietoj egoizmo).

Kiekvieną dvasinę pakopą lemia altruizmo dydis. Žmogus yra ant tos dvasinės pakopos, kurią atitinka jo dvasinės savybės. Tas, kuris yra virš linijos, jaučia Kūrėją. Kuo aukščiau, tuo stipriau.

Aukščiau ar žemiau – nulemia žmogaus ekranas. Šis ekranas atstumia tiesioginį Kūrėjo Šviesos teikiamą egoistinį malonumą. Šviesa, esanti virš linijos, vadinama *Tora*. Ekranas, arba linija, skirianti mūsų pasaulį nuo dvasinio, vadinama „barjeru" (*machsom*).

Tie, kurie įveikia barjerą, dvasiškai niekada nebenusileidžia į mūsų pasaulio lygmenį. Žemiau linijos – egoizmo valdos, virš linijos – altruizmo.

Artėjant prie altruistinio malonumo

Acilut – tai visiško Kūrėjo jautimo ir susiliejimo su Juo pasaulis. Įgydamas altruistines savybes, žmogus pamažu kyla iki *Acilut* pasaulio. Pasiekęs *Acilut* pasaulį, t. y. įgijęs visas

„davimo" savybes, žmogus, stovėdamas ant pačios žemiausios *Acilut* pasaulio pakopos, pradeda „gauti dėl Kūrėjo".

Jis ne naikina troškimą patirti malonumą, bet pradeda taisyti pačią savo esmę, keisdamas ketinimą – dėl ko siekia malonumo. Palaipsniui egoizmą keisdamas altruizmu žmogus atitinkamai kyla, iki gaus viską, ką turi gauti priklausomai nuo savo sielos šaknies (*šoreš nešama*), kuri nuo pat pradžių yra pasaulio *Acilut* paskutinio lygmens (*Malchut*) dalis.

Dėl šio išsitaisymo žmogaus siela pakyla iki visiško susiliejimo su Kūrėju ir šiame procese gauna 620 kartų daugiau Šviesos nei turėjo prieš įsivilkdama į žmogaus kūną.

Visa Šviesa, visas malonumo kiekis, kurį Kūrėjas nori duoti kūriniams, vadinamas visų kūrinių „bendrąja siela", arba *Šchina*. Šviesa, iš anksto paskirta kiekvienam iš mūsų (kiekvieno mūsų siela), yra šios bendrosios sielos dalis. Ir šią dalį kiekvienas turi gauti, ištaisęs savo norus.

Pajausti Kūrėją (savo sielą) galime tik ištaisę savo norą patirti malonumą.

Šis noras vadinamas „sielos indu" (*kli*). Taigi sielą sudaro indas ir iš Kūrėjo ateinanti Šviesa. Jeigu žmogus visiškai ištaiso savo indą iš egoistinio į altruistinį, tai šis indas visiškai susilieja su Šviesa, nes įgyja jos savybes.

Taip galime tapti lygūs Kūrėjui ir visiškai susilieti su Juo savo savybėmis, patirdami visa tai, kas yra pripildančioje Šviesoje.

Mūsų kalboje nėra žodžių nusakyti šiai būsenai. Todėl sakoma, kad visų šio pasaulio malonumų suma yra tik kibirkštis iš begalinės džiaugsmo ugnies, kurią patiria siela, susiliedama su Kūrėju.

Kilti dvasinių laiptų pakopomis galime tik pagal „viduriniosios linijos" (*kav emcai*) dėsnį. Šios būsenos principą trumpai galima apibūdinti žodžiais „turtingas tas, kuris patenkintas tuo, ką turi".

Turime būti patenkinti tuo, ką suprantame studijuodami kabalą. Svarbiausia, kad studijuodami pradėtume daryti gerus darbus Kūrėjo akivaizdoje. Kai pildysime Kūrėjo valią, jausime, tarsi padarėme viską, ką galėjome.

Šis pojūtis suteiks didžiulę laimę, tarytum mums būtų atitekusi geriausia lemtis pasaulyje. Tokį jausmą patiriame, jeigu iškeliame virš savęs Kūrėją kaip Visatos Valdovą. Ir todėl esame laimingi, kad iš tiek milijardų Kūrėjas išrinko mus, per knygas ir mokytojus nurodydamas, ko iš mūsų nori.

Tokia dvasinė būsena vadinama „siekiu duoti" (*chafec chesed*). Šiuo atveju žmogaus savybės sutampa su dvasinio objekto, vadinamo *Bina*, savybėmis. Tačiau ši būsena dar nėra jo tobulumas, nes šiame savęs taisymo procese žmogus nenaudoja savo proto. Taigi jis vis dar vadinamas „neturinčiu žinių" (*ani be-daat*), nes nieko nežino apie savo veiksmų ryšį su jų dvasinėmis pasekmėmis. Kitaip tariant, žmogus veikia nesąmoningai, nesuprasdamas, ką daro, ir vadovaujasi vien tikėjimu.

Norėdamas dvasinius veiksmus atlikti sąmoningai, žmogus privalo labai stengtis suprasti, kad ketinimas turi būti „dėl Kūrėjo". Ir čia jis ima jausti, kad absoliučiai nekyla dvasiškai. Atvirkščiai, kaskart ko nors imdamasis mato, kad labiau nei bet kada yra nutolęs nuo tikrojo ketinimo – suteikti Kūrėjui tokį malonumą, kokį Kūrėjas nori suteikti jam.

Tačiau žmogus savo būseną turėtų vertinti atsižvelgdamas į savo esamą lygmenį, kad galėtų ir toliau jaustis patenkintas savo pasiektu tobulumu. Ši būsena vadinama „viduriniąja linija" (*kav emcai*). O palaipsniui gilindamas žinias, „kairiąją liniją" (*kav smol*), jis pasiekia visišką tobulybę.

Dar kartą pasiaiškinkime, kaip vyksta darbas viduriniojoje linijoje. Dvasinį savo kilimą turime pradėti nuo „dešiniosios linijos" (*kav jamin*), kuri reiškia dvasinio pasaulio tobulumo jausmą, laimę dėl savo likimo ir troškimą nesavanaudiškai ir nuoširdžiai pildyti Kūrėjo norus.

Turime paklausti, kiek malonumo mums teikia dvasinės paieškos? Mums pakanka bet kiek, nes tikime, kad viską pasaulyje valdo Kūrėjas ir kad visa, ką jaučiame savo dvasiniuose ieškojimuose, vyksta Jo noru. Kad ir kokia būtų mūsų būsena, ji kyla iš Kūrėjo. Ir vien jau šio dvasinio valdymo bei tobulumo suvokimo užtenka, kad būtume laimingi, galėtume jausti savo tobulumą ir dėkoti Kūrėjui.

Tačiau šiuo atveju trūksta kairiosios linijos, kai tikriname savo būseną (*chešbon nefeš*). Šis vidinis darbas yra priešingas dešiniosios linijos darbui, kuriame svarbiausia – dvasingumo ir Kūrėjo išaukštinimas, visiškai to nesiejant su savimi ir savo būsena.

Kai pradedame tikrinti, kiek rimtas mūsų santykis su dvasiniu pasauliu ir kiek mums trūksta iki tobulumo, pamatome, kad esame paskendę savo niekingame egoizme ir neįstengiame nė piršto pajudinti dėl kitų ar dėl Kūrėjo.

Atrasdami savyje blogį, turime siekti iš jo išsivaduoti ir dėl šio tikslo daryti viską, ką galime. Taip pat turime melsti Kūrėjo pagalbos, vos tik supratę, kad patys pakeisti savęs neišgalime.

Taip žmoguje atsiranda dvi priešingos linijos. Dešiniojoje jaučiame, kad viskas Kūrėjo valdžioje ir todėl viskas – tobula. Taigi nieko netrokštame ir esame laimingi. Kairiojoje linijoje jaučiame, kad dvasinis pasaulis mūsų nedomina, kad dvasiniame kelyje nieko nepasiekėme ir, kaip ir anksčiau, tūnome savo egoizmo kiaute. Negana to, neprašome Kūrėjo padėti iš šios būsenos išsivaduoti.

Atradę savyje visą blogį, turėtume nuspręsti nepaisyti sveiko proto, nes šis bando atkalbėti mus nuo pastangų siekti beviltiško tikslo ištaisyti savo egoizmą. Sykiu turėtume ir toliau dėkoti Kūrėjui už savo būseną, nuoširdžiai tikėdami, kad ji tobula, ir jaustis laimingi kaip ir iki savo būsenos pasitikrinimo. Jei mums tai pavyks, žengsime pirmyn viduriniąja linija.

Taigi labai svarbu išvengti perlenkimo su kairiosios linijos savikritika. Taip pat svarbu ir nuolat būti dešiniosios linijos džiaugsme. Tik tada galėsime „abiem kojomis" įžengti į dvasinį pasaulį.

Yra du žmogaus vystymosi lygmenys: gyvūnas ir žmogus. (Jų nereiktų painioti su keturiais norų lygmenimis: negyvuoju, augaliniu, gyvūniniu ir kalbančiuoju). Gyvūnas, kaip matome gyvūnijos pasaulyje, koks gimė, toks ir gyvena nebesivystydamas. Savybių, kurias turi gimęs, jam užtenka visą gyvenimą.

Tą patį galima pasakyti ir apie žmogų, liekantį gyvūno išsivystymo lygmenyje, – koks buvo išauklėtas, toks ir lieka. Visi pokyčiai jo gyvenime – kiekybiniai. Tačiau tai negalioja „žmogaus" lygmeniui. Jis gimsta būdamas egoistas, tam tikru metu atskleidžia, kad egoizmas valdo, ir siekia išsitaisyti šį trūkumą.

Jeigu žmogus iš tiesų trokšta užsitarnauti Kūrėjo atsiskleidimą, tai:

1. Šis jo troškimas turi būti stipresnis už visus kitus, kad nebeliktų kitų norų. Be to, šis troškimas turi būti pastovus, kadangi pats Kūrėjas – amžinas ir Jo noras duoti nekinta. Taigi norintis priartėti prie Kūrėjo žmogus turi būti panašus į Jį ir šia savybe, t. y. jo norai turi būti pastovūs, nepriklausomi nuo aplinkybių.

2. Žmogus turi įgyti altruistinius norus ir visas savo mintis bei troškimus skirti Kūrėjui. Tai vadinama *chesed* arba *katnut* lygmeniu. Galiausiai jis užsitarnaus tikėjimo Šviesą, kuri jam suteiks pasitikėjimo.
3. Žmogaus turi užsitarnauti tobulą, absoliutų Kūrėjo pažinimą. Žmogaus veiksmų rezultatą lemia jo dvasinis lygmuo. Tačiau jeigu jam šviečia Kūrėjo Šviesa, tarp dvasinių pakopų nėra skirtumo. Kadangi Kūrėjas žmogui suteikia indą ir sielos Šviesą vienu metu, asmuo gautą pažinimą suvokia kaip tobulą.

Paprastai mes gyvename visiškai sutardami su savo kūnu: kūnas diktuoja mums savo troškimus ir atlygina už mūsų pastangas, leisdamas patirti malonumus. Paties malonumo prigimtis – dvasinė, tačiau mūsų pasaulyje jis turi būti susietas su kokiu nors materialiu jo nešėju (pvz.: maistu, seksu, muzika), kad per jį galėtume šį malonumą patirti. Ir nors savyje patiriame gryną malonumą, tačiau vis tiek negalime jo visiškai atskirti nuo jo nešėjo.

Žmonės skiriasi tuo, koks malonumo nešėjo tipas jiems teikia pasitenkinimą. Tačiau pats malonumas yra dvasinės prigimties, nors mūsų smegenyse jis jaučiamas dėl elektrinių impulsų poveikio. Iš principo elektriniais signalais dirginant mūsų smegenis galima atkurti visišką visų malonumų patyrimą. O kadangi jau pripratome juos gauti tam tikruose nešančiuose apvalkaluose, tai toks grynas malonumas sužadins atmintyje jo nešėjo pojūtį, ir žmogus girdės muzikos garsus, jaus maisto skonį ir pan.

Iš to, kas pasakyta, matome, kad žmogus ir jo kūnas tarnauja vienas kitam. Už savo pastangas kūnas tikisi apdovanojimo tam tikru malonumu. Nemalonių pojūčių vengimas irgi yra tam tikra malonumo rūšis. Kiekviena sąsaja tarp atlikto darbo ir gauto malonumo (atlygio) akivaizdžiai parodo, kad atliktas veiksmas yra egoistinis.

Ir atvirkščiai, jeigu žmogus jaučia, kad jo kūnas priešinasi ir klausinėja: „O kam dirbti?", vadinasi, kūnas ateityje nemato didesnio malonumo nei dabartinis. Arba geriausiu atveju jo nepakanka, kad įveiktų ramybės poreikį. Taigi jis nemato jokios naudos iš to, kad pasikeis jo būsena.

Tačiau jeigu žmogus nusprendžia ištrūkti iš kūno svarstymų ir nutaria savo dėmesį kreipti į tai, kaip pagerinti savo sielos būseną, natūralu, kad kūnas, nematydamas bent šiek tiek naudos sau, negalės atlikti nė mažiausio judesio. Ir ne žmogaus jėgoms priversti jį dirbti.

Taigi belieka tik viena – prašyti Kūrėjo, kad padėtų eiti pirmyn. Kūrėjas nepakeičia žmogui kūno, nei jo prigimties. Jis nedaro stebuklų keisdamas gamtos dėsnius. Tačiau atsakydamas į tikrą maldą, Kūrėjas suteikia žmogui sielą – jėgą veikti pagal tiesos dėsnius.

Kai mėgaujamės egoistiškai, negali būti laimingi visi.

Mat egoizmas malonumą patiria ne tik dėl to, kad mes turime, bet ir dėl to, kad kiti neturi, nes visi malonumai yra palyginami ir santykiniai.

Todėl neįmanoma sukurti teisingos visuomenės, remiantis tinkamu egoizmo naudojimu. Visa žmonijos istorija liudija šių utopijų nepagrįstumą: pradedant ankstyvosiomis bendruomenėmis ir baigiant socializmo kūrimo bandymais buvusioje Sovietų Sąjungoje ir kitur.

Egoistinėje visuomenėje neįmanoma patenkinti kiekvieno, nes žmogus visada save lygina su kitais. Tai geriausiai matoma nedidelėse gyvenvietėse.

Todėl Kūrėjas, norėdamas kiekvienam suteikti neribotą malonumą, iškėlė sąlygą – šio malonumo negali riboti kūno troškimai. Malonumas galės būti priimtas tik į nuo mūsų kūno norų nepriklausomus troškimus. Juos mes vadiname „altruistiniais" (*ašpaa*).

Kabala nagrinėja dvasinių šaknų seką; jos pagal nekintamus dėsnius išeina viena iš kitos, jungiasi ir nurodo vieną bendrą jų tikslą – „kad šiame pasaulyje esantys kūriniai suvoktų Kūrėjo didybę ir išmintį".

Kabalos kalba neatsiejamai susijusi su dvasiniais objektais ir jų veiksmais. Todėl studijuoti ją galima tik nagrinėjant kūrimo procesą. Kabala aiškina, o po to suvokiantysis ir pats atranda, kad: laiko nėra, o vietoj jo yra priežasties ir jos pasekmės grandinė, kuri savo ruožtu tampa kitos pasekmės – naujo veiksmo ar objekto gimimo priežastimi.

Iš esmės ir mūsų pasaulyje laiko sąvoka siejasi su vidinių priežasties ir pasekmės procesų pojūčiu. Net mokslas tvirtina, kad laikas, kaip ir erdvė, yra reliatyvios sąvokos. Vieta arba erdvė – noras patirti malonumą. Veiksmas – malonumo gavimas arba jo atsisakymas.

„Pradžioje", tai yra iki kūrimo pradžios, egzistuoja tiktai Kūrėjas. Negalime Jo pavadinti jokiu kitu žodžiu, nes kiekvienas žodis byloja apie objekto suvokimą. O kadangi suvokiame tik tai, kad Jis mus sukūrė, tai galime Jį vadinti tik Kūrėju ar panašiai.

Kūrėjas skleidžia Šviesą. Tai Jo noras pagimdyti kūrinį ir suteikti jam pasitenkinimą Savimi. Ir tik pagal šią Šviesos, sklindančios iš Kūrėjo, savybę galime spręsti apie Jį. Tiksliau, pagal Šviesos potyrį sprendžiame ne apie patį Kūrėją, o apie tai, kokius mūsų pojūčius Jis nori sužadinti. Ir todėl kalbame apie Jį kaip apie norintį suteikti mums malonumą.

Tačiau šio malonumo nėra pačioje Šviesoje – jis gimsta mumyse Šviesai veikiant mūsų dvasinių pojūčių organus. Pavyzdžiui, mėsos gabale nėra to malonumo, kurį jaučiame jį ragaudami. Tik susilietęs su mūsų jutimo organais objektas gali sukurti atitinkamą pasitenkinimo jausmą.

Kiekvieną veiksmą, tiek dvasinį, tiek fizinį, sudaro mintis ir pats tą mintį įkūnijantis veiksmas.

Kūrėjo mintis – suteikti kūriniams malonumą, ir dėl to Jis mums jį teikia.

Toks veiksmas vadinamas „duoti dėl paties davimo". Jis vadinamas paprastu veiksmu, nes tikslas ir judesys sutampa.

Kūrinio prigimtis – egoistinė, kitaip tariant, negalime turėti kito tikslo nei gauti malonumą. Tuo tikslu galime atlikti du veiksmus – gauti arba duoti, kad gautume tai, ko norime, ir nors fiziškai duodame, tačiau visada turime tikslą – gauti.

Jei veiksmo kryptis sutampa su tikslu, t. y. jei ir veiksmu siekiama gauti, ir tikslas yra gauti, tada toks veiksmas vadinamas „paprastu". Kita vertus, jei veiksmu siekiama duoti, tačiau tikslas – gauti, o mūsų pasaulyje kito tikslo negali būti, tai toks veiksmas vadinamas „sudėtiniu", nes tikslas ir veiksmo kryptis nesutampa.

Mes nepajėgūs įsivaizduoti norų ir jų veikimo lauko ne erdvėje. Taigi nelieka nieko kito, kaip įsivaizduoti Kūrėją tarsi dvasinę, erdvę užpildančią jėgą. Kabalistai sako, kad Kūrėjas pradžioje sukūrė žmogų, gebantį atlikti „paprastus" veiksmus, tačiau mes šį pirminį planą padarėme sudėtingą.

Kuo aukščiau žmogus kyla dvasinėmis pakopomis, tuo paprastesni tampa kūrinijos dėsniai, nes pagrindinės, pamatinės sąvokos yra paprastos, o ne sudėtinės. Tačiau nejausdamas kūrinijos šaknų, o tik tolimus jų padarinius, žmogus mūsų pasaulyje kūrinijos dėsnius mato kaip sudarytus iš sąlygų bei apribojimų ir todėl juos suvokia kaip itin painius.

Kadangi tikrose kabalistinėse knygose slypi Šviesa, kurią skleidžia tekstus rašę autoriai, studijuojant šiuos veikalus itin svarbu turėti teisingą ketinimą – norą suvokti Kūrėją. Studijuojant taip pat labai svarbu prašyti dvasinio proto ir supratimo, kokius turėjo autorius. Taip galime sukurti ryšį su autoriumi ir kreiptis į jį. Todėl svarbu susilaikyti nuo pašalinių autorių kūrinių skaitymo, ypač tokių, kurie irgi kalba apie dvasinius pasaulius, nes ir jie daro įtaką skaitytojui.

Jeigu norime įgyti dvasinių žinių, kasdieniame savo gyvenime turime pasirinkti tam tikrą dienotvarkę ir atsiriboti nuo išorinės įtakos, beverčių naujienų ir žalingų knygų. Taip pat turime vengti kontaktų su pašaliniais žmonėmis, išskyrus atvejus, kai to reikia dirbant arba mokantis, specialiai jų nevengiant, tačiau nuolat kontroliuojant, kuo užimtas mūsų protas. Apie darbą reikia galvoti, kai tai neišvengiama, o likusiu laiku – apie savo gyvenimo tikslą.

Prie tikslo labiau priartina pastangų kokybė nei kiekybė.

Vienas žmogus gali prasėdėti prie knygų ištisomis paromis, o kitas dėl būtinybės dirbti ir dėl užimtumo šeimoje mokymuisi per parą gali skirti vos valandą. Pastangos matuojamos tik laisvalaikio atžvilgiu ir tuo, kiek žmogus kenčia, kad negali daugiau laiko skirti dvasiniams dalykams. Rezultatas tiesiogiai priklauso nuo ketinimo intensyvumo, nuo to, ką iš tiesų žmogus nori gauti iš mokymosi ir darbo su savimi, tam skirdamas savo laisvalaikį.

Yra du vaiko maitinimo būdai: per prievartą, jam nepatiriant malonumo, tačiau maistą jis gauna, ir tai suteikia jėgų bei galimybę augti. Šis žmogaus dvasinio auginimo būdas kabaloje vadinamas „Aukštesniojo sąskaita". Tačiau „vaikas" gali norėti dvasiškai augti, maitindamasis dvasiniu maistu savo noru. Tai gali įvykti, kai tam atsiranda apetitas (suvokia būtinybę arba pajunta Šviesos teikiamą malonumą). Tada jis dvasiškai auga ne per prievartą, skausmingai, kančių keliu, bet mėgaujasi gyvenimo, dvasinio tobulėjimo procesu.

Aštrus jausmas, kurį patiriame suvokdami tai, kas gera ir bloga, kabaloje vadinamas maitinimo procesu: kaip motina pakelia vaiką prie savo krūtinės ir jis tuo metu gauna maistą, taip kabalistas gauna Šviesą iš Aukštesniojo dvasinio lygmens ir aiškiai jaučia bei suvokia prarają tarp gėrio ir blogio. O po to, kaip kad motina atitraukia vaiką nuo savo krūties, taip ir kabalistas praranda ryšį su Aukštesniuoju Šaltiniu ir nustoja aiškiai jautęs skirtumą tarp gero ir blogo. Šis procesas su žmogumi vyksta dėl to, kad šis prašytų Kūrėjo leisti jam suvokti (*kėlim*) gėrį ir blogį kaip Aukštesnysis.

Tiek egoizmą, tiek altruizmą gauname iš Aukščiau. Skirtumas toks, kad egoistinius norus žmogus gauna gimdamas, o altruistinius – tik atkakliai to prašydamas.

Pirmiausiai turime pasiekti būseną, kurioje nepriklausomai nuo jokių savo egoistinių norų (kildami BJA pasaulių pakopomis) trokštume „teikti malonumą Kūrėjui" taip, kaip Kūrėjas teikia mums. O jau po to turėtume ieškoti, kuo galime Jį pradžiuginti. Tada pamatysime, kad Kūrėją galime džiuginti tik patirdami malonumą. Ir tai vadinama „gauti dėl Kūrėjo" – *Acilut* pasaulio lygmuo.

Įvairaus stiprumo noro nesavanaudiškai duoti Kūrėjui įgijimas vadinamas pasaulių BJA (*Brija, Jecira, Asija*) pakopomis. Jėgos gauti malonumą iš Kūrėjo Jo labui įgijimas vadinamas pasaulio *Acilut* lygmeniu.

Beit midraš – tai vieta, kurioje mokomasi reikalauti (*lidroš*) dvasinių jėgų iš Kūrėjo. Taip pat čia mokomasi reikalauti tiek kūrimo tikslo, tiek ir Kūrėjo suvokimo. Kadangi mes (mūsų kūnas, egoizmas) natūraliai veržiamės prie to, kas didesnis ir stipresnis už mus, tai turime prašyti Kūrėjo, kad Jis mums atskleistų Save ir leistų Jo Šviesoje pamatyti tikrąjį savo menkumą. Tada natūraliai veršimės Jo, kaip paties stipriausio ir didžiausio, link.

Žmogui svarbiausia – to, kuo jis užsiima, reikšmingumas. Pavyzdžiui, turtingi žmonės sunkiai dirba, kad kiti jiems pavydėtų.

Tačiau jei turtai netektų savo prestižo ir turtuoliams liautųsi pavydėję, tai jiems neliktų prasmės bei akstino dirbti.

Todėl svarbiausia – pajausti Kūrėjo suvokimo svarbą. Niekada neateis toks laikas, kada dvasinį pasaulį žmogus galės pasiekti be pastangų, nes pastangos ir yra indas Šviesai gauti.

Iki tų ištaisymų, kuriuos pasaulyje atliko didysis ARI, dvasinį pasaulį pasiekti buvo kur kas lengviau nei po jo. Po to, kai ARI atskleidė dvasinių dalykų suvokimo kelią, tapo sunkiau susilaikyti nuo mūsų pasaulio malonumų. Iki ARI keliai buvo užverti, ir iš Aukščiau nebuvo tokio pasirengimo išlieti Šviesą kūrinijai. ARI šiek tiek atskleidė Šviesos šaltinį, tačiau tapo sunkiau kovoti su egoizmu, kuris sustiprėjo, tapo įmantresnis.

Tai galima paaiškinti tokiu palyginimu: iki ARI iš Aukščiau duodavo šimtą vienetų suvokimo ir už vieną darbo bei pastangų vienetą buvo galima gauti vieną vienetą suvokimo. Šiandien, po ištaisymų, kuriuos ARI atliko mūsų pasaulyje, už vieną vienetą pastangų galima gauti šimtą vienetų suvokimo, tačiau nepalyginamai sunkiau atlikti vieno vieneto dydžio pastangą.

Kabalistas Jehudis Ašlagas (Baal Sulamas) atliko tokius pasaulio ištaisymus, kad žmogus nebegali apsigaudinėti esąs tobulas, o privalo eiti tikėjimo aukščiau žinojimo keliu. Ir nors kelias tapo aiškesnis, tačiau ši karta nesugeba dėti reikalingos kokybės ir kiekio pastangų, kaip tai įstengdavo ankstesnės kartos. Nors žmogaus netobulumas jaučiamas kaip niekad aiškiai, tačiau dvasingumas nepakeliamas į atitinkamą lygmenį, kaip gyvenant ankstesnėms kartoms, kai dėl dvasinio pakilimo masės sutikdavo su viskuo. To priežastis – itin išaugęs asmens ir visuomenės egoizmas.

Didelius ištaisymus pasaulyje atliko ir kabalistas Baal Šem Tovas. Laikinai net masės galėjo patirti truputį daugiau dvasingumo pasaulyje, ir laikinai tapo lengviau pasiekti dvasinį pasaulį tiems, kas to trokšta. Norėdamas į savo kabalistinę grupę išsirinkti to vertus mokinius, Baal Šem Tovas įsteigė „*admorutą*" – tokį žydų visuomenės suskirstymą į dalis, kurių kiekviena turi savo dvasinį vadovą – kabalistą.

Šie vadovai (*admorim*) išsirinkdavo tinkamus mokytis kabalą į savo klases „*cheider*" (kambarys). Čia jie augino būsimą kabalistų, masių vadovų, kartą. Tačiau Baal Šem Tovo atlikto ištaisymo poveikis baigėsi, ir jau ne visi mūsų kartos vadovai yra kabalistai (suvokiantys Kūrėją). Po Baal Sulamo išėjimo mūsų pasaulis yra dvasiniame nuopuolyje, kuris visada patiriamas prieš būsimą pakilimą.

Pasijusti esant sukurtu kūriniu reiškia pasijusti atskirtam nuo Kūrėjo. Kadangi dėl savo egoistinės prigimties instinktyviai vengiame to, kas verčia kentėti, Kūrėjas tai išnaudoja, kad atvestų mus prie gėrio. Jis pašalina malonumus iš mus supančio materialaus pasaulio ir leidžia patirti malonumą tik atliekant altruistinius veiksmus. Tačiau tai – kančių kelias.

11
Išrauti egoizmą

Kabalos kelias skiriasi nuo kitų kelių. Nors mūsų pasaulyje ir yra malonumų, tačiau tikėdami kūrimo tikslu aukščiau proto, tai yra nepaisydami to, ką teigia mūsų kūnas ir protas, galime išeiti iš egoizmo ir savimeilės. Taip elgdamiesi pradedame jausti meilę Kūrėjui, patirdami, kad tai abipusis santykis. Tai ramybės, džiaugsmo, tikėjimo kelias. Tikėjimo, kad ilgas kelias išties yra trumpas ir be kančių.

Kai dar neturime galimybės priimti Šviesos į vidų (*Or Pnimi* – Vidinė Šviesa), mūsų dvasinis vystymasis vyks tik veikiant Supančiajai Šviesai (*Or Makif*). Toks dvasinio vystymosi kelias vadinasi savaiminiu, arba kančių keliu (*derech beito*). Šiuo keliu ir eina visa žmonija.

Tačiau yra žmogaus individualaus dvasinio vystymosi kelias per asmeninį ryšį su Kūrėju ir darbą trijose linijose. Šis kelias vadinamas kabalos keliu (*derech achišena*), ir jis kur kas trumpesnis nei kančių kelias.

Kabalistai sako, kad žmogus, kuris nori eiti tiesiai Kūrėjo link, sutrumpina išsitaisymo laiką. Nors ir sunku tikėti, jei to daryti nepriverčia kančios, tačiau labai svarbu tikėti, kad mūsų darbo vaisiai priklauso tik nuo mūsų pastangų. Kitaip tariant, turime tikėti, kad yra valdymas atlygiu ir bausme. Kūrėjas atlygina žmogui, duodamas geras mintis ir norus.

Tikėjimą turime gauti taip pat iš kartu studijuojančių draugų ir iš knygų, o įgiję tikėjimą – pajautę Kūrėją – turime pasakyti sau, kad tai mums davė Kūrėjas.

Aukštesnioji dvasinė jėga gali būti gyvenimo eliksyras, jei suteikia jėgų ir noro dirbti. Tačiau tai gali būti ir mirtini nuodai, jeigu manome, kad viskas, kas vyksta, nulemta iš Aukščiau ir nepriklauso nuo mūsų pastangų.

Svarbiausia stengtis išlaikyti iš Aukščiau duotą kilnų troškimą. Pradžioje iš Aukščiau mums duodama pajausti dvasinį pasaulį, esame pakylėjami, o po to ateina darbo, pastangų išsilaikyti šiame lygmenyje savo jėgomis metas. Svarbiausia stengtis jausti gauto dvasinio pakilimo vertę. Kai tik pradedame nevertinti to, ką gavome, ir tuo savanaudiškai mėgautis, imame prarasti pasiektą dvasinį lygmenį.

Visa, kas yra egoizmo valdžioje, yra centriniame kūrinijos taške (*nekuda emcait*). Visa, kas malonumo sau netrokšta, yra aukščiau šio taško. Todėl pasakyta, kad Šviesos nusileidimo linija (*kav*) liečiasi (taip nejuntamai teikdama kūrinijai gyvybę) ir nesiliečia (nepripildo kūrinio Kūrėjo Šviesos) su centriniu tašku.

Sakoma, kad norinčiam priartėti prie dvasinio pasaulio padedama, jam duodant sielą – Kūrėjo dalį, Šviesą. Žmogus pradeda jausti, kad jis – Kūrėjo dalis!

Kaip Kūrėjo Šviesa pagimdė norą Juo mėgautis? Pavyzdžiui, mūsų pasaulyje, jei žmogui netikėtai bus suteikta ir paskui atimta garbė, jis jau ims trokšti patirtų garbės teikiamų malonumų. Šis siekis susigrąžinti jau patirtą malonumą vadinamas „indu" (*kli*). Taip Šviesa pamažu augina indą, kad šis prisipildytų Šviesos teikiamo malonumo.

Abraomas klausė Kūrėjo: „Kaip aš galiu būti tikras, kad Tu išgelbėsi mano palikuonis? Kaip galiu būti tikras, kad mano vaikai galės išsivaduoti iš egoizmo? Kam jiems duoti Šviesą, jei jie jos netrokšta?" Kūrėjas atsakė, kad jiems bus leista patirti egoizmo vergovę ir kaip priešingybę – Šviesos pojūtį.

Stengdamiesi įveikti savo norus turime įsisąmoninti, kad mūsų kūnai nesupranta laiko sąvokos ir todėl nejaučia nei praeities, nei ateities, tik dabartį. Pavyzdžiui, reikia dar kokios nors paskutinės penkių minučių pastangos, kad po to galėtume užtarnautai ilsėtis, tačiau kūnas priešinasi, nes būsimas poilsis neteikia jam malonumo. Jei mes ir prisimename pasitenkinimą, jaučiamą po sunkaus darbo, tai kūnas vis tiek neduoda jėgų šiam darbui užbaigti. Panašiai kaip iš anksto gavus atlyginimą jau nebelieka noro pabaigti darbą. Todėl svarbu neatidėlioti kovos su kūnu, o kiekviena proga, jau dabar, priešintis jam mintimis apie aukštesnius dalykus.

Būdami šimtaprocentiniai egoistai patys niekada nepanorėsime ryšio su Kūrėju. To galime norėti tik tada, jei būsime įsitikinę, kad tai mums naudinga.

Kitaip tariant, nors matome savo blogį ir suprantame, kad tik Kūrėjas gali mums padėti, vis tiek tai neduos jėgų prašyti Kūrėjo. Būtina suvokti, kad išgelbėjimas tegalimas suartėjant, užmezgant ryšį su Kūrėju.

Tora vietoje kančių kelio mums siūlo savo kelią. Laikas keičia sąlygas: prieš du tūkstančius metų, kaip kad Rabi Šimono laikais, ryšio su Kūrėju ieškojo vienetai. ARI ir RAMCHAL'io laikais kabalą jau studijavo nedidelės grupės. Baal Šem Tovo laikais – dešimtys grupių, Baal Sulamo – dar daugiau žmonių.

Mūsų laikais jau išnyko kabalą nuo masių skiriantis barjeras ir jau beveik nebeliko stipresnio pasipriešinimo šiam mokymui. O būsimojoje kartoje tūkstančiai žmonių Kūrėjo pajautimą laikys savo gyvenimo tikslu. Anksčiau tik itin dvasiškai stiprūs žmonės galėjo užmegzti ryšį su Kūrėju, o mūsų laikais tą patį gali pasiekti pradedantieji – net vaikai – tiesiog studijuodami kabalą, esant teisingam vadovavimui.

Esame nepajėgūs atskirti gėrio nuo blogio – kas mūsų labui, o kas mums kenkia. Tik Kūrėjas gali padėti tai padaryti, atverdamas mums akis. Tik tada viską pamatysime, ir tai reiškia „rinkis gyvenimą". Tačiau kol nesuvokiame gyvybinės nuolatinio ryšio su Kūrėju būtinybės, Jis neatvers mums akių, kad paskatintų prašyti gailestingumo.

Vidiniuose dvasiniuose kabalisto patyrimuose yra aukštesnės pakopos, būsimos jo būsenos, dalis (*ACHAP*). Aukštesnė dvasinė būsena žmogui atrodo ne pilna Šviesos, o tuščia, nepatraukli, nes jis negauna iš Aukštesniosios pakopos. Nors Aukštesnioji pakopa pilna Šviesos, tačiau žemesnysis Aukštesnįjį suvokia pagal savo savybes. Kadangi jo savybės dar neleidžia priimti tokios Šviesos, tai jos ir nejaučia.

Dėl Kūrėjo paslėpties kiekvienam iš mūsų tenka neįtikėtinai stengtis, kad pasiektume visuomenėje priimtą gyvenimo standartą. Klausydami vidinio savo egoizmo kuždėjimo, mes aklai judame pirmyn. Veikdami kaip akli egoizmo įrankiai skubame vykdyti jo nurodymus, kad nebūtume baudžiami kančiomis ir kad daug negalvodami paklustume jo, o ne savo valiai.

Mūsų egoizmas tūno mumyse taip giliai, kad imame jį laikyti savo prigimtimi, savo tikraisiais troškimais.

Jis persmelkia visas mūsų kūno ląsteles, viską, ką patiriame, verčia vertinti pagal jo norus. Taip pat jis verčia mus planuoti veiksmus pagal jo programą, taip didindamas iš to sau gaunamą naudą.

Mes nė neįsivaizduojame, kad galima šią egoizmo įtaką sau pašalinti ir išvalyti jį iš savęs. Tačiau išties įmanoma išstumti iš savęs į mūsų kūno formą panašų egoistinį debesį, kuris mus persmelkęs ir įsivilkęs į mūsų kūną. Kartą atsikratę egoistinių troškimų, iš Kūrėjo gausime Jo altruistinius troškimus.

Bet kol mumyse slypi ši egoistinė būtybė, negalime net įsivaizduoti, ką laimėtume jos atsikratę. Negana to, altruistinės mintys ir norai mums atrodo nepriimtini, nevykę, nerimti ir nepajėgūs valdyti mūsų visuomenės, jau nekalbant apie visatą.

Tačiau taip yra tik dėl to, kad mūsų mintys ir norai yra valdomi egoizmo. Kad galėtume objektyviai vertinti savo būseną, turime siekti pajusti egoizmą kaip tai, kas svetima, kaip savo vidinį priešą, apsimetantį draugu. Turime stengtis pajausti egoizmą kaip svetimkūnį, kuris egzistuoja mumyse Kūrėjo valia. Tokie veiksmai vadinami blogio, kylančio iš ego, įsisąmoninimu. Tačiau ir tai yra įmanoma tik tiek, kiek pajausime Kūrėjo egzistavimą, Jo Šviesą, nes mes viską suvokiame tik lygindami, tik jausdami priešybes. Todėl užuot ieškojus „piktos gyvatės" savyje, reikia visomis jėgomis pasistengti pajausti Kūrėjo Šviesą.

Išskyrus mus, visa kūrinija veikia pagal altruizmo dėsnius. Tik žmogus ir jį supantis pasaulis (mūsų pasaulis – *olam azė*) sukurti su priešingomis, egoistinėmis savybėmis. Jei išvystume Kūrėją ir visus dvasinius pasaulius, beregint suprastume, koks mikroskopiškai mažas mūsų pasaulis palyginti su dvasiniais pasauliais, ir tik šiame mūsų pasaulio grūdelyje veikia egoistinės prigimties dėsniai.

Bet kodėl gi Kūrėjas pasislėpė, tyčia apgyvendinęs mus pasaulyje, pilname tamsos, netikrumo ir nelaimių?

Kurdamas mus Kūrėjas turėjo tikslą – mūsų amžiną gyvenimą kartu su Juo. Tačiau pasiekti šią būseną turime savo pastangomis, kad nejaustume gėdos dėl nepelnytai gauto amžino, absoliutaus malonumo. Todėl Kūrėjas sukūrė Sau priešingą pasaulį, sukūręs Sau priešingą savybę – troškimą patenkinti save, egoizmą, – ir suteikė jį mums. Vos tik žmogus pradeda jausti savyje šios savybės veikimą, gimsta šiame pasaulyje ir tuoj pat liaujasi jautęs Kūrėją.

Ši Kūrėjo paslėptis egzistuoja specialiai tam, kad mums sukurtų iliuziją, jog turime laisvą valią rinktis mūsų arba Kūrėjo – Aukštesnįjį – pasaulį. Jei, nepaisydami egoizmo, matytume Kūrėją, tai savaime, be jokių abejonių rinktumės ne savo, o Kūrėjo pasaulį, kuriame slypi visi malonumai ir nėra kančių.

Tačiau valios, pasirinkimo laisvė gali egzistuoti būtent tada, kai Kūrėjas nejaučiamas, kai Jis pasislėpęs. Bet jei jau nuo pat gimimo esame veikiami absoliutaus ir viską gožiančio egoizmo tiek, kad save su juo visiškai sutapatiname, tai kaip galime nepriklausomai nuo egoizmo nuspręsti būti laisvi nuo jo įtakos? Beje, koks iš tikrųjų gali būti pasirinkimas, kai mūsų pasaulis pilnas kančių ir mirties, o Kūrėjo pasaulis kupinas malonumų ir nemirtingumo? Koks pasirinkimas žmogui belieka?

Tam, kad sukurtų mums laisvo pasirinkimo sąlygas, Kūrėjas:

1. kartais atsiveria žmogui, leisdamas patirti didingumą ir Aukštesniųjų jėgų valdymą, kad jį tai nuramintų;
2. davė *Torą*, kurią studijuodamas žmogus (jei tikrai nori išeiti iš savo būsenos ir pajausti Kūrėją), pažadina paslėptą, dvasinę Supančiąją Šviesą (*Or Makif*).

Procesą, kai žmogus užmezga ryšį su Kūrėju, pradedant nuo žemesniojo, pirminio mūsų lygmens iki paties aukščiausio, kuriame yra pats Kūrėjas, galima prilyginti dvasinių laiptų pakopoms.

Visos dvasinių laiptų pakopos yra dvasiniuose pasauliuose. Ant aukščiausios pakopos yra pats Kūrėjas, o žemiausioji liečiasi su mūsų pasauliu.

Žmonės yra po žemiausia dvasinių laiptų pakopa, nes mūsų pradinis egoistinis lygmuo nesusietas su apatine laiptų pakopa, kuri jau yra visiškai altruistinė.

Pajausti Aukštesnę dvasinę pakopą yra įmanoma tik tokiu atveju, jei sutampa mūsų ir šios pakopos savybės. Jos jautimo laipsnis proporcingas mūsų ir dvasinių savybių sutapimui.

Galimybę pajausti aukštesniąją pakopą lemia tai, kad visos dvasinės laiptų pakopos išsidėsčiusios ne tik viena po kitos iš apačios į viršų, bet ir iš dalies įeina, įsiskverbia viena į kitą: apatinė Aukštesniosios pakopos pusė yra viršutinėje žemesniosios pakopos dalyje (Aukštesniojo *ACHAP* nusileidžia į žemesniojo *GE*). Todėl mumyse yra apatinės, žemiausios pakopos dalis, nors paprastai jos nejaučiame.

Virš mūsų esanti Aukštesnioji pakopa vadinama Kūrėju, nes būtent ji mūsų atžvilgiu veikia kaip Kūrėjas: pagimdo, teikia gyvastį ir mus valdo. Kadangi šios pakopos nejaučiame, tvirtiname, kad Kūrėjas neegzistuoja.

Jeigu žmogus yra tokios būsenos, kai akivaizdžiai mato, kaip Kūrėjas valdo visus šio pasaulio kūrinius, jis praranda bet kokią laisvo pasirinkimo galimybę.

Tada jis aiškiai mato tik vieną Tiesą, vieną Jėgą ir vieną Troškimą, veikiantį visur ir visuose.

Kadangi Kūrėjas nori suteikti žmogui valios laisvę, Jis turi būti pasislėpęs nuo kūrinių. Tik esant Kūrėjo paslėpčiai galima tvirtinti, kad žmogus pats siekia susilieti su Kūrėju, veikti Kūrėjo labui (*lišma*) be jokio savanaudiško intereso.

Visas mūsų darbas su savimi yra įmanomas tik tada, kai Kūrėjas pasislėpęs, nes vos Kūrėjas mums atsiveria, tučtuojau automatiškai tampame Jo vergais, visiškai paklusdami Jo didybės ir jėgos valdžiai. Ir neįmanoma nustatyti, kokie iš tiesų yra tikrieji žmogaus ketinimai.

Tad norėdamas suteikti žmogui veikimo laisvę, Kūrėjas turi paslėpti Save. Tačiau, kad sukurtų žmogui galimybę ištrūkti iš aklo pavaldumo egoizmui, Kūrėjas turi Save atverti.

Taip yra todėl, kad žmogus paklūsta tik dviem jėgoms pasaulyje: egoizmo valdžiai – kūnui arba Kūrėjo valdžiai – altruizmui.

Taigi būtina būsenų kaita: Kūrėjo paslėptis nuo žmogaus, kai žmogus jaučia tik save ir jame viešpataujančias egoistines jėgas, ir Kūrėjo atskleidimas, kai žmogus jaučia dvasinių jėgų valdžią.

Kad egoizmo valdžioje esantis žmogus galėtų pajausti artimiausią Aukštesnįjį objektą (savo Kūrėją), pastarasis dalį Savo savybių prilygina žemesniajam – ryšio su Kūrėju ieškančiam žmogui. Dėl to Jis daliai Savo altruistinių savybių suteikia egoizmo bruožų ir taip susilygina su žmogumi. (Aukštesnioji dalis pakelia *Malchut, Midat ha-Din* iki savo *Galgalta ve-Einaim (GE)* lygmens. Dėl to Aukštesniojo *ACHAP* įgauna egoistinių bruožų. Taip Jo *ACHAP* tarytum „nusileidžia" į žemesnįjį – žmogaus dvasinį lygmenį ir susilygina su juo Savo savybėmis.)

Pradžioje žemesnioji pakopa apskritai niekaip nejautė Aukštesnės dvasinės pakopos. Tačiau Kūrėjui paslėpus savo altruistines savybes po egoizmo prieranga ir taip nusileidus į žmogaus lygmenį, šis gali Jį pajausti.

Bet Aukštesniojo savybes patirdami kaip egoistines, negalime suvokti jų esmės. Atrodo, kad ir dvasiniame pasaulyje nėra nieko patrauklaus, kas žadėtų malonumą, įkvėpimą, pasitikėjimą ir ramybę.

Ir kaip tik čia atsiranda galimybė pasireikšti mūsų valios laisvei. Nepaisydami to, ką jaučiame, galime sau pasakyti, kad dvasiniame pasaulyje ir kabaloje malonumo ir skonio nejaučiame todėl, kad Kūrėjas specialiai paslėpė Save mūsų labui. Kadangi dar neturime būtinų dvasinių savybių, mums neįmanoma pajausti aukštesnių dvasinių malonumų, mat visus mūsų troškimus yra užvaldęs egoizmas.

Pradedantiesiems itin svarbu suprasti, kad depresijos ir tuštumos būsenos duodamos tam, kad jas įveiktume.

Jie gali prašyti pagalbos Kūrėjo, gali studijuoti arba daryti gerus darbus. Tai, kad tokie žmonės nejaučia malonumo ir gyvenimo dvasiniuose siekiuose, specialiai daroma iš Aukščiau. Tai jiems suteikia laisvą valią sakyti, kad malonumo dvasiniame gyvenime jie nejaučia, nes neturi tinkamų, altruistinių savybių. Todėl Aukštesnysis privalo slėpti nuo jų Savo tikrąsias savybes.

Tad turime atsiminti, kad dvasinio pasaulio pažinimas prasideda būtent nuo dvasinės tuštumos pojūčio.

Jeigu žmogus pajėgia suprasti, kad Aukštesnysis slepia Save dėl jų savybių nesutapimo, ir prašo padėti ištaisyti savo egoizmą keldamas maldą (*MAN*), tai Aukštesnysis šiek tiek atsiveria (pakelia Savo *ACHAP*), parodydamas Savo tikrąsias savybes, kurias anksčiau dangstė egoizmu. Tada žmogus ima jausti tą didybę ir dvasinį malonumą, kurį jaučia Aukštesnysis, turintis šias dvasines altruistines savybes.

Aukštesnysis, iškeldamas žmogaus akyse Savo altruistines savybes, dvasiškai pakelia žmogų iki pusės Savo pakopos (su Savo *ACHAP* pakelia žmogaus *GE*). Ši žmogaus dvasinė būsena vadinama mažuoju dvasiniu lygmeniu (*katnut*).

Aukštesnysis tarsi pakylėja žmogų iki Savo dvasinio lygmens, leisdamas jam pamatyti tiek Savo, tiek altruistinių savybių didingumą. Matydamas dvasinio pasaulio didybę ir lygindamas jį su materialiuoju, žmogus gali dvasiškai pakilti virš mūsų pasaulio. Dvasinio pasaulio jautimas nepriklausomai nuo žmogaus valios keičia jo egoistines savybes į altruistines, į Kūrėjo savybes.

Kad žmogus galėtų visiškai pasiekti virš jo esančią pirmąją pakopą, Aukštesnysis žemesniajam visiškai atveria Save, visas Savo dvasines savybes. Taip atskleidžia Savo didybę, sukuria būseną *gadlut*. Tada žmogus jaučia Aukštesnįjį kaip vienintelį, absoliutų visa ko Valdovą.

Taip žemesnysis įgyja aukščiausią kūrinijos tikslo bei jos valdymo pažinimą. Jam tampa aišku, kad negalima elgtis kitaip nei teigia kabala. Dabar jau tam įpareigoja jo protas.

Aiškiai pažinus Kūrėją, žmoguje atsiranda prieštaravimas tarp tikėjimo ir žinojimo, tarp dešiniosios ir kairiosios linijos. Jau turėdamas altruistines savybes, būdamas *katnut* būsenos, žmogus norėtų eiti vien tikėjimo Kūrėjo visagalybe keliu, nes tai yra jo nuoširdaus troškimo priartėti prie Kūrėjo rodiklis. Tačiau atskleisdamas Savo didybę (*gadlut*), Kūrėjas trukdo jam tą daryti. Taigi žmogus turi savo noru atsisakyti įgyto žinojimo.

Kai žmogus prašo, kad galėtų veikti aklai, vien tikėdamas Kūrėjo didingumu, o ne dėl to, kad suvokia Jo jėgą ir didybę, ir protą naudoti tik proporcingai turimam tikėjimui, tada Kūrėjas yra priverstas mažinti savo atsivėrimą.

Kai toks žmogaus elgesys priverčia Kūrėją mažinti visuotinio valdymo, visagalybės ir Šviesos (*Or Chochma*) atskleidimą, tai vadinama „ekranu *chirik*". Šis ekranas leidžia žmogui sumažinti Aukštesniojo proto (kairiosios linijos) atskleidimą iki tokio laipsnio, kiek geba atsverti ją savo tikėjimu (dešiniąja linija). Teisingas santykis tarp tikėjimo ir žinojimo vadinamas „dvasine pusiausvyra" (viduriniąja linija). Pats žmogus nulemia tą būseną, kurioje norėtų būti.

Tokiu atveju žmogus jau gali egzistuoti kaip dvasinis objektas, nes jį sudaro teisinga tikėjimo ir proto proporcija, vadinama viduriniąja linija, kuri padeda žmogui pasiekti tobulumą.

Ta atskleisto pažinimo dalis (kairioji linija), kuria žmogus gali naudotis tiek, kiek stiprus jo tikėjimas (dešinioji linija), eidamas tikėjimo aukščiau žinojimo keliu (vidurinioji linija), prisideda prie tų dvasinių savybių, kurias įgijo anksčiau, būdamas mažosios – *katnut* – būsenos. Naujai įgytas dvasinis lygmuo vadinamas *gadlut* – dideliu, pripildytu.

Visiškai įgijęs pirmąjį dvasinį lygmenį, žmogus savo savybėmis prilygsta pirmajai, žemiausiajai dvasinių laiptų pakopai.

Kadangi visos laiptų pakopos, kaip jau sakyta, iš dalies įeina viena į kitą, įsiskverbia viena į kitą savo savybėmis, tai žmogus, visiškai pasiekęs pirmąją pakopą, gali savyje atrasti aukštesnės pakopos dalį. Pagal tą patį principą jis gali palaipsniui kilti į kūrimo tikslą – visišką susiliejimą su Kūrėju pačioje aukščiausioje pakopoje.

Dvasiškai kylame, kai kaskart savyje atrandame vis didesnį blogį ir prašome Kūrėjo suteikti jėgų su juo susidoroti. Tada gauname pagalbą vis didesnės dvasinės Šviesos pavidalu. Tai tęsis, kol pasieksime tikrąją, pradinę savo sielos apimtį – kai visas mūsų ištaisytas egoizmas iki galo bus pripildytas Šviesos.

Kūrėjo paieškos

Kai žmogų blaško pašalinės mintys, jis jaučia, kad jos trukdo pažinti dvasinį pasaulį, nes tada jėgos ir protas tuščiai eikvojami pašalinėms mintims, o širdis prisipildo apgailėtinų troškimų. Tokiais atvejais žmogus praranda tikėjimą, kad tik *Toroje* slypi tikrasis gyvenimas.

Bet kai viso to nepaisydamas jis įveikia šią būseną ir juda Šviesos link, tai gauna Aukščiausiąją Šviesą, padedančią pakilti dar aukščiau. Taigi pašalinės mintys yra žmogaus pagalbininkės jo dvasinio tobulėjimo kelyje.

Įveikti kliūtis įmanoma tik padedant Kūrėjui. Juk žmogus gali dirbti, tik kai mato sau kokią nors naudą. O mūsų kūnas, širdis ir protas nesupranta, kokia jiems gali būti nauda iš altruizmo. Tad kai tik žmogus nori atlikti kad ir mažiausią altruistinį veiksmą, neturi jėgų veikti nei protu, nei širdimi, nei kūnu. Ir jam belieka tik viena – prašyti Kūrėjo pagalbos. Taip jis savaime, be jokio laisvo pasirinkimo artėja Kūrėjo link, kol visiškai su Juo susilieja.

Neturėtume skųstis, kad gimėme nepakankamai protingi, stiprūs ar drąsūs, arba kad neturime kokių nors savybių kaip kiti žmonės.

Jei neiname teisingu keliu, kokia nauda kad ir iš pačių geriausių polinkių bei gabumų?

Gali būti, kad talentingas žmogus netgi taps dideliu mokslininku, tačiau jei neatras ryšio su Kūrėju, tai neįvykdys savo paskirties, kaip ir daugelis kitų.

Svarbiausia – pasiekti teisiojo lygmenį, nes tik tokiu atveju visą savo potencialą galime panaudoti dėl teisingo tikslo ir neišsvaistyti jėgų veltui. Netgi menki ir riboti Kūrėjo mums suteikti gebėjimai gali būti panaudoti aukščiausiems tikslams.

Jeigu žmogus patiria dvasinio nuosmukio būseną, beprasmiška bandyti jį įkalbinėti, kad atsipeikėtų, versti klausyti išmintingų patarimų – niekas, ką išgirs iš kitų, jam nepadės. Jokie pasakojimai apie tai, ką kiti išgyveno, pajautė ir jam pataria, dabar jo nepažadins, nes jis visiškai prarado tikėjimą viskuo, įskaitant ir kitų pasiekimus.

Todėl toks žmogus turi pats sau priminti tai, ką įprastai kalba ir jaučia, išgyvendamas dvasinį pakilimą, kai yra pilnas gyvybės, o ne dvasiškai miręs kaip dabar. Jeigu jis prisimins savo dvasinius tikslus ir pasiekimus, – tai jam padės atsigauti.

Išeiti iš dvasinės mirties būsenos žmogus padės sau prisimindamas, kaip pats tikėjo ir ėjo tikėjimo aukščiau žinojimo keliu, ir taip sužadins savo paties pojūčius. Taigi jis visada turi remtis savo paties prisiminimais ir patirtimi. Tik tai jį paskatins pakilti iš depresinės būsenos.

Į bet kurią dvasinę pakopą pakilusio žmogaus darbas yra rūšiuoti daugybę jam kylančių malonumo pojūčių, ir tą malonumo dalį, kurios negali subalansuoti tikėjimu, iš karto atmesti kaip netinkamą vartojimui. Kabala tą malonumo dalį, kurią žmogus priima dėl Kūrėjo, kad sustiprintų savo tikėjimą, vadina „maistu". Tą dalį, kurios jis negali priimti, vadina „atliekomis". Jeigu žmogus nesugeba atsirinkti ir nori praryti visą maistą, kas kabaloje vadinama „apgirtimu" nuo malonumo pertekliaus, tai praranda viską ir lieka be nieko. Tokią būseną kabala vadina „elgeta".

Visiems mums nurodyta, ką galima ir ko negalima daryti, ir jeigu to nevykdome, esame baudžiami.

Tačiau jeigu iš anksto nesuvokiame, koks skausmas ir kančios mums gresia pažeidus įstatymą, tai būtinai jį pažeisime, jei tik dėl to patirsime malonumą. Aišku, po to sulauksime bausmės, kad ateityje žinotume, jog taip elgtis negalima.

Pavyzdžiui, yra įstatymas, kad negalima vogti. Tačiau jeigu žmogus jaučia didelį potraukį pinigams ir žino, kur jų galima pavogti, tai nusikaltimas bus įvykdytas. Net jei jam ir aišku, kad už vagystę bus nubaustas. Potencialus vagis vis dar nepajėgia įvertinti visų kančių, kurias patirs dėl nusikaltimo. Ir todėl jis nuspręs, kad malonumas, kurį suteiks pinigai, bus žymiai didesnis nei kančios, kurias sukels būsima bausmė. Bet kai patiria bausmės sukeltas kančias, tai mato, kad jos žymiai didesnės, nei manė, ir pranoksta malonumą, kurį patyrė vogdamas pinigus. Todėl dabar jis jau gali laikytis įstatymo.

Tačiau žmogui išeinant į laisvę jis įspėjamas, kad bausmė už kitą nusikaltimą bus daug didesnė. Taip jam primenama, kad neužmirštų patirtų kančių. Taigi, kai vėl panorės vogti, turės prisiminti ir buvusias kančias, ir įspėjimą, kad kita bausmė bus daug didesnė. Šie motyvai jį sulaikys nuo galimos vagystės.

Iš šio ir kitų kasdienių mūsų gyvenimo pavyzdžių matome, kad kančios nukreipia žmogų į tą kelią, kurio jis pats savo egoizmo noru niekada nesirinktų. Juk pavogti žymiai lengviau nei užsidirbti, ilsėtis lengviau nei galvoti ir dirbti, mėgautis maloniau nei kentėti.

Juolab žmogus, nusprendęs studijuoti kabalą, turi suvokti, kad tai – jo labui. Kitaip tariant, jis privalo suprasti, kad iš to laimės ir jo egoizmas. Niekas iš mūsų nėra pajėgus visiškai nesavanaudiškai prisiimti darbo naštos, kuri nežadėtų pinigų, neteiktų nei garbės, nei malonumų ar geresnės ateities vilčių.

Negana to, negalime dirbti nematydami jokių savo darbo padarinių ar vaisių, net nematydami, kad tai ką nors duoda kitiems, yra kam nors naudinga, kad tai daugiau nei beprasmiškos pastangos tuščioje erdvėje. Natūralu, kad mūsų egoistiniai protas ir kūnas nepasiruošę panašiems tikslams, nes Kūrėjo buvo sukurti tam, kad gautų malonumą!

Žmogus priverstas pradėti norėti ir elgtis „altruistiškai", kai savo kasdienybėje nuolat kenčia, kai visiškai praranda gyvenimo skonį ir net menkiausią pasitenkinimą, kai galutinai įsitikina, kad iš nieko, kas jį supa, negali gauti nė mažiausio malonumo. Tada su viltimi atrasti išsigelbėjimą jis bando žengti altruizmo keliu.

Ir nors šis naujas požiūris į gyvenimą dar nėra tikrasis altruizmas, nes veikimo tikslas – asmeninė sėkmė ir išsigelbėjimas, bet vis dėlto tai jau artina prie altruizmo. Iš tokios būsenos žmogus palaipsniui, veikiant jo veiksmuose slypinčiai

Šviesai, pereis prie altruizmo. Veikdamas altruistiškai, bet vis dar dėl savęs – duodamas tam, kad gautų, savo poelgiuose jis pradės jausti slypinčią Šviesą – malonumą. Šios Šviesos prigimtis tokia, kad ji taiso žmogų.

Panašius reiškinius galime stebėti ir gamtoje. Pavyzdžiui, gali stipriai lyti, bet ne tose vietose, kur lietaus nauda būtų didžiausia. Tarkim, gali lyti dykumoje, ir nebus iš to jokios naudos, tačiau laukuose ir negausūs krituliai užtikrins gerą derlių.

Taip pat ir žmogus gali uoliai studijuoti dvasinius tekstus, tačiau vaisių – dvasinio Kūrėjo suvokimo, kurį turėtų atnešti šios studijos, – taip ir neišvysti. Ir priešingai, įdėjęs daug mažiau triūso į kabalos studijas, iš savo pastangų jis gali sulaukti gausaus derliaus.

Taigi lygiai taip pat ir studijuojant pačią kabalą: jeigu visas studijų procesas nukreiptas į Kūrėjo paieškas, o ne į gryną žinių kaupimą, tai gyvybę teikiantys *Toros* vandenys išsilieja pačioje reikalingiausioje vietoje. Tačiau jei žmogus mokosi dėl žinių, arba (kas yra dar blogiau), kad pademonstruotų ir galėtų didžiuotis savo intelektu, tai net kabala neduos reikiamų rezultatų. Tačiau tokiu atveju ji gali atskleisti žmogui tinkamą studijavimo tikslą, ir tai jam padės telkti pastangas teisinga linkme.

Šis minties krypties ištaisymo procesas studijuojant kabalą vyksta nuolatos, nes visa žmogaus darbo esmė – nukreipti mintis ir veiksmus teisinga linkme ir taip susijungti su kūrimo tikslu. Tai ypač svarbu studijuojant kabalą, nes nėra veiksmingesnės suartėjimo su dvasiniu pasauliu priemonės.

„Egiptas" *Toroje* simbolizuoja mūsų egoizmo viršenybę (todėl hebrajų kalba vadinamas *Micraim*, iš žodžių *mic ra* – blogio koncentratas). „Amalekas" – tai gentis, kovojusi su „Izraeliu" (iš žodžių *jašar* – tiesiai ir *El* – Kūrėjas, tai yra tie, kurie nori save nukreipti tiesiai į Kūrėją). „Amalekas" įkūnija mūsų egoizmą, kuris jokiu būdu nenori mums leisti pasprukti nuo jo valdžios.

Egoizmas atsiskleidžia (puola) tik žmogaus, trokštančio išeiti iš Egipto nelaisvės (egoizmo), pojūčiuose. Beje, net jeigu toks žmogus yra pačioje kelio pradžioje, „Amalekas" tuoj pat atsistoja jam skersai kelio.

Staiga stiprėjantis egoizmo pojūtis yra duodamas būtent paties Kūrėjo išrinktiesiems. Tik tiems, kurie yra išrinkti pasiekti aukštesnį Kūrėjo suvokimą, siunčiamas „Amalekas". Tam, kad tokie žmonės pajustų tikrą Kūrėjo poreikį, o ne vien tik norą tobulinti savo savybes arba tiesiog „tapti gerais žmonėmis".

Pasirinktas žmogus, siekdamas save tobulinti, pradeda jausti didelius sunkumus. Anksčiau buvęs toks stiprus noras mokytis staiga pradingsta, kūną sunku priversti atlikti tai, kas būtina.

Kova su kūnu iš esmės vyksta dėl to, kad kūnas (protas, mūsų „aš") nori suprasti, kas toks yra Kūrėjas, kur ir dėl ko jam reikia eiti ir ar jis (kūnas) iš kiekvienos savo pastangos turės naudos. Kitaip, negaudamas naudos, nei mūsų protas, nei kūnas neturės energijos ir motyvacijos ką nors daryti. Ir jie teisūs, nes kvaila ką nors daryti iš anksto nežinant, kas gali iš to išeiti.

Nėra kito būdo išeiti iš mūsų prigimties rėmų į dvasinį antipasaulį, kaip tik įgyjant šiam antipasauliui būdingus protą ir troškimus. Jie absoliučiai priešingi mūsiškiams, nes visa tai, ką mes suvokiame ir jaučiame, visas „šio pasaulio" paveikslas yra mūsų egoistinio proto ir egoistinės širdies produktai. Todėl tik pakeitus esamas sąvokas priešingomis (protą – tikėjimu ir gavimą – davimu) galima patekti į dvasinį pasaulį.

Bet kadangi naudojamės tik tais įrankiais, su kokiais esame sukurti, – protu ir egoizmu, – be to, mūsų protas tik aptarnauja mūsų egoizmą, tai patys savyje negalime sukurti kitokių įrankių nei mūsų turimi protas ir jausmai. Juos turime gauti iš išorės, iš Kūrėjo. Todėl Jis ir traukia mus prie Savęs, kartu parodydamas, kad mes patys, be Jo pagalbos nepajėgūs perdaryti savęs. Ir nors kūnas tai atmeta, turime ieškoti ir kurti ryšį su Kūrėju, nes tik šis ryšys užtikrins mūsų dvasinį išgelbėjimą.

Žmogus neturi prašyti Kūrėjo gebėjimo matyti ir jausti stebuklus, apsigaudinėdamas, kad tai padės jam įveikti save ir suteiks jėgų vertinti (užuot aklai tikėjus) dvasinių dalykų didybę. *Tora* apie tai įspėja, pasakodama išėjimo iš Egipto istoriją: Kai išėjus iš Egipto Amalekas užpuola žmones, Mozė jį nugali tik pakėlęs rankas ir prašydamas tikėjimo jėgos.

Dvasinio tobulėjimo kelyje nuolat gauname vis aukštesnį protą, augantį su kiekviena pasiekta pakopa.

Todėl nuolatos turime stiprinti savo tikėjimo jėgą, kad ji visada pranoktų proto jėgą, kitaip vėl papulsime egoizmo valdžion. Šis procesas tęsis, iki visiškai susiliesime su Kūrėju.

Paskutiniame etape pasieksime absoliutų pažinimą, gausime maksimalią Šviesą (*Or Chochma*) be jokių apribojimų. *Toroje* Ji yra aprašyta kaip „Šviesa, kuri buvo sukurta pirmąją kūrimo dieną, kurioje pirmasis žmogus matė nuo vieno pasaulio krašto iki kito", arba, kaip sako kabala: „Kūrimo pradžioje viską buvo užliejusi Aukščiausioji Šviesa". Kitaip tariant, kai Šviesa visiems lygmenims šviečia vienodai, tada viskas tampa iki galo aišku. Šviesa neturi nei pradžios, nei pabaigos, jokių šešėlių, ir viskas yra absoliučiai suvokiama.

12
Šviesos kelias

Toros kelias – tai sunkus gyvenimo tikslo permąstymo, savęs, savo prigimties tyrimo periodas, tikslus savo troškimų krypties nustatymas, teisingas elgesio motyvų pajautimas, pastangos mėginant įveikti kūno norus ir proto reikalavimus, visiškas savo egoizmo įsisąmoninimas. Tai ilgas kentėjimų, ieškant norų patenkinimo, ir nusivylimo, nepajėgiant surasti tikrojo savo siekių tikslo, periodas. Tai metas, kai imi suprasti, kad vienintelis pabėgimas nuo kančių šaltinio – egoizmo – tai perėjimas prie altruistinių minčių, negalvojant apie save ir palaipsniui stiprėjant mintims apie Kūrėją. O šios, savo ruožtu, teikia tokius malonius jausmus, kad nebesinori mąstyti apie nieką kitą.

Tik praėjęs visus parengiamojo dvasinio vystymosi periodus, kas vadinama *Toros* keliu, žmogus ima suvokti pačią *Torą* – Aukščiausiąją Šviesą, kuri palaipsniui kylant dvasinėmis pakopomis, vedančiomis į visišką susiliejimą su Kūrėju, šviečia jam kaskart vis stipriau.

Todėl visą mūsų kelią sudaro dvi dalys: Toros kelias ir pati Tora.

Toros kelias – tai naujų minčių ir norų paruošimo periodas, kurio metu žmogus patiria kančias. Tačiau po to, kai pereina šį tiltą, vedantį į Kūrėjo menes, patenka į dvasinį pasaulį, į Šviesos karalystę, ir pasiekia kūrimo tikslą – visišką Kūrėjo suvokimą.

Tvano karta vadinamas „darbo širdimi periodas", o Babelio bokšto statytojų karta vadinamas „darbo protu periodas".

Visus skirtumus tarp žmonių lemia tai, kuo kiekvienas iš mūsų nori mėgautis, pradedant pirmąja gyvenimo akimirka ir baigiant paskutiniąja. Taigi skirtumą tarp mūsų lemia objektas, iš kurio norime gauti malonumą, o pats malonumas visada yra dvasinės prigimties. Ir tik išorinis apvalkalas sukuria mums jo materialumo iliuziją. Todėl nesąmoningai siekiame keisti išorinius malonumo apvalkalus (rūbus), tikėdamiesi patirti malonumą grynos, nepridengtos Kūrėjo Šviesos pavidalu.

O kadangi skiriamės potraukiu skirtingiems išoriniams malonumo apvalkalams, tai pagal šių apvalkalų pavadinimus ir sprendžiame apie žmogų. Kai kuriuos iš malonumo apvalkalų laikome normaliais, visuotinai priimtinais, pavyzdžiui, meilę vaikams, maisto, šilumos pomėgį ir pan. Kiti apvalkalai, kaip antai narkotikai, žudymas, vogimas, kur kas mažiau priimtini, todėl potraukis šioms malonumo rūšims slepiamas.

Tačiau visai žmonijai priimtina be jokios gėdos naudotis savo egoizmu, jeigu neperžengiamos sutartos ribos. Beje, ribos, apibrėžiančios, kiek kiekvienas gali panaudoti savo egoizmą, besivystant visuomenei nuolatos kinta, kaip ir geriausių apvalkalų mados. Kiekvienas mūsų per savo gyvenimą patirdamas augančio metų skaičiaus įtaką, t. y. visuotinę natūralią Kūrėjo įtaką iš Aukščiau, taip pat keičia apvalkalus, kurie padeda tenkinti malonumų poreikį.

Kartais stebina net ir tai, kaip keičiasi vienas žmogus, jo pasitenkinimo apvalkalai. Pavyzdžiui, mergaitė patiria malonumą žaisdama su lėle, bet negali patirti malonumo prižiūrėdama tikrą vaiką. O jos mamai lėlė jau nebegali suteikti malonumo, tačiau ji nepajėgs įtikinti dukros mėgautis tikru kūdikiu.

Mergaitės akimis, sprendžiant pagal jos pojūčius, mama, prižiūrėdama tikrą vaiką, sunkiai dirba, nepatirdama iš to jokio malonumo. Mergaitės manymu, tikras vaikas negali suteikti jokio malonumo, nes jis ne lėlė. Ji tiki, kad mamai už tai tikriausiai bus atlyginta būsimajame pasaulyje, tačiau pati malonumą nori patirti šiame pasaulyje ir todėl renkasi lėlę.

Taip galvoja vaikas, ir su juo neįmanoma nesutikti, kadangi jis dar nepriaugo iki tokios būsenos, kad galėtų mėgautis tikrais šio pasaulio dalykais. Tad jis mėgaujasi žaislais – apgaulingais, netikrais objektais.

Visi mes, būdami Dievo kūriniai, siekiame tik iš Kūrėjo kylančio malonumo. Ir visi mes galime norėti tik Jo ir tik šiame troškime galime pajausti gyvenimą. Tuo nesiskiriame nuo savo sielų, kokios jos buvo prieš nusileisdamos į mūsų pasaulį ir apsivilkdamos mūsų kūnais. Nesiskiriame ir nuo savo sielų, kokios jos bus, kai po visų persikūnijimų sugrįš pas Kūrėją.

Esame sukurti tokie, kad trokštame mėgautis iš Jo sklindančia Šviesa, ir šito nepakeisi, o ir nereikia!

Viskas, ko iš mūsų reikalaujama ir dėl ko Kūrėjas mus ir sukūrė, – kad pakeistume išorinį mūsų malonumų apvalkalą, kad lėlę pakeistume tikru vaiku ir patirtume tikrą malonumą!

Žmogus kaip maitinamas kūdikis nori gauti tik tai, ko trokšta. Tačiau jis sutinka stengtis, jeigu yra įsitikinęs, kad pastangas apvainikuos malonumas. Bet jeigu žmogus nori save tobulinti, studijuoti *Torą*, tai jo kūnas tuoj pat paklausia, kam to reikia?

Į šį klausimą yra keturi atsakymai:
1. Tam, kad suerzintų kitus – pats blogiausias tikslas, nes siekiama kitiems sukelti kančias.

2. Tam, kad gautų gerą tarnybą, užsitarnautų pagarbą, pinigų, sėkmingai vestų, – tikslas geresnis už pirmąjį, nes iš jo bus šiek tiek naudos ir kitiems. Tai vadinama „darbu dėl kitų", kadangi jie už pastangas jam užmoka.
3. Tam, kad tik Kūrėjas žinotų apie jo mokymąsi ir pastangas tobulinant save, bet ne žmonės. Norima ne žmonių pagarbos, bet vien atlygio iš Kūrėjo. Tai vadinama darbu Kūrėjo labui, nes atlygio laukiama tik iš Jo.
4. Tam, kad visus žmogaus darbo vaisius gautų Kūrėjas, už tai nelaukiant iš Jo jokio užmokesčio. Ir tik šiuo atveju egoizmas klausia: O kas gi tau bus už tai? Ir čia nėra ką atsakyti sau pačiam, belieka eiti prieš savo protą bei jausmus, kitaip tariant, aukščiau savo proto ir jausmų.

Taigi vienintelis tokio žmogaus darbas – nušalinti savo protą ir jausmus nuo savo būsenos kritinio vertinimo, pasitikint tik Kūrėju. Visas savo pastangas jis turi skirti tam, kad jo mintys ir jausmai nuolatos būtų apie Kūrėją bei dvasinio gyvenimo didybę. Į visus savo proto vidinio balso kreipinius su jo argumentais apie būtinybę rūpintis šio gyvenimo reikalais žmogus turi atsakyti, kad viską, ko iš jo reikalaujama, jis atlieka. Tačiau tuo pačiu metu visos jo mintys ir troškimai turi būti tik Kūrėjo labui. Maža to, jis turi atmesti savo vidinio balso kritiką. Taip žmogus tarsi pakimba ore be jokio racionalaus atspirties taško. Tokia būsena vadinama „aukščiau proto ir jausmų" (*lemala mi daat*).

Kuo daugiau malonumo žmogus patiria ką nors turėdamas, tuo labiau jis tai brangina. O kuo labiau brangina, tuo labiau bijo prarasti.

Tai kaipgi jis gali pradėti suvokti ir jausti dvasinio pasaulio svarbą, jeigu niekada jo nejautė? Šis suvokimas žmogui ateina būtent tada, kai jis patiria dvasinės tuštumos būsenas ir kai nerimauja, kad visiškai nejaučia dvasinio pasaulio didybės. Taigi jis jaučiasi labai nutolęs nuo Kūrėjo ir nepajėgus savęs pakeisti.

Būtent tokią būseną patiriančio žmogaus pastangos, vadinamos „kasdieniu darbu", pažadina jame dvasinio pojūčio, vadinamo šabu (hebr. *šabat*), svarbą. Šabas – kai jam jau nebereikia (draudžiama) dirbti su savimi, o tereikia laikytis šabo, kad neprarastų šios Kūrėjo dovanos.

Žinoma, kad jeigu žmogus yra asmeniškai kuo nors suinteresuotas, tai nori nenori jis jau nebegali objektyviai spręsti apie bet ką, kas su tuo susiję. Todėl jei tiesiai žmogui pasakysi, kad jo elgesys neteisingas, mažai tikėtina, kad jis su tuo sutiks, nes taip elgtis jam patogiau, ir todėl jis yra įsitikinęs, kad elgiasi teisingai.

Tačiau jeigu toks žmogus sutinka elgtis taip, kaip jam sakoma, tai pamažu pamato, kad teisingi yra ne jo ankstesni poelgiai ir mintys, o jam teikiami patarimai. Šis principas kabaloje vadinamas – „padarysime ir išgirsime" (po to suprasime).

Kadangi Kūrėjo tikslas – suteikti malonumą kūriniams (tokie esame tik mes, o visa kita Jo sukurta tik kaip pagalba), tai kol žmogus nepatiria tobulo malonumo ir kol nesiliauja jame matęs kokių nors trūkumų, tol dar nėra pasiekęs kūrimo tikslo.

Tačiau norint gauti malonumą, kas ir yra kūrimo tikslas, pirmiausia būtina ištaisyti savo norą gauti malonumą dėl savęs į norą gauti dėl to, kad to nori Kūrėjas. Be to, žmogui neturi rūpėti gauti malonumą, nes vos tik save ištaisęs, iškart jį pajus. Tad galvoti reikia tiktai apie tai, kaip save ištaisyti.

Panašiai kaip norėdami įsigyti butą, turime galvoti, ne kaip jį gauti, o kaip už jį atsiskaityti, kaip užsidirbti tam pinigų. Mat kai tik turėsime pinigus, butas jau bus mūsų. Taigi visos pastangos turi būti nukreiptos ne į butą, o į pinigus.

Taip pat ir su dvasinio pasaulio suvokimu: visas pastangas reikia nukreipti į sąlygų Šviesai gauti sukūrimą, o ne į pačią Šviesą. Kai susitelksime į altruistinių minčių bei norų kūrimą, tada dvasinį pasitenkinimą pajusime nedelsiant.

Žmonijos pažangos nauda yra ta, kad nepaisant to, jog žmonija nuolat klysta ir, regis, niekada iš savo klaidų nepasimoko, kančių kaupimosi procesas vyksta amžinojoje sieloje, o ne dūlančiuose kūnuose. Taigi nė viena kančia neprapuola. Galiausiai kurio nors sielos įsikūnijimo šiame pasaulyje metu jos atves žmogaus kūną iki suvokimo, kad kelių, kaip išsivaduoti iš kančių, būtina ieškoti dvasiškai tobulėjant.

Aukštesniuosius dvasinius pasaulius teisinga mūsų atžvilgiu pavadinti „antipasauliais", kadangi mūsų pasaulyje visų gamtos dėsnių pagrindas yra egoizmas, siekis pasisavinti ir suprasti. Aukštesniųjų pasaulių prigimtis, priešingai, – absoliutus altruizmas, siekimas duoti ir tikėti.

Šie du skirtingi dvasinės ir materialios prigimties poliai tokie priešingi, kad tarp jų nėra jokio panašumo. Taigi visi mūsų mėginimai įsivaizduoti, kas ten vyksta, neduos mums jokių rezultatų. Tik pakeitę širdies troškimą iš „pasisavinti" į „duoti" ir proto troškimą iš „suprasti" į „tikėti" nepaisant proto, įgysime dvasinius pojūčius.

Abu šie norai tarpusavy susiję, nors troškimas „pasisavinti" yra širdyje, o troškimas „suprasti" – prote. Taip yra todėl, kad jų pagrindas – egoizmas.

Kabala teigia, kad dvasinio objekto gimimas prasideda nuo to, kai „tėvas išveda motiną į išorę", kad gimtų sūnus: tobulumas išstumia protą iš aplinkos analizavimo proceso, kad būtų galima gauti naują, aukštesnįjį, protą, nepriklausomą nuo norų ir todėl iš tiesų objektyvų.

Paprasčiausio tikėjimo Kūrėju nepakanka. Šis tikėjimas dar turi būti dėl Kūrėjo, o ne savo paties labui.

Malda vadinamas toks kreipimasis į Kūrėją, kai siekiama sužadinti Kūrėjo norą padėti įgyti Jo reikšmingumo ir didingumo pojūtį tam, kuris meldžiasi. Tik į tokį troškimą Kūrėjas reaguoja pakeldamas besimeldžiantįjį į Aukštesnįjį pasaulį ir atskleisdamas jam visą Savo didybę. Tai suteikia jėgų pakilti aukščiau savosios prigimties.

Tik gavęs Kūrėjo Šviesą, suteikiančią jėgų pasipriešinti savo egoistinei prigimčiai, žmogus pajaučia, kad pasiekė amžinybę ir tikrumą. Dabar jame jau niekas nebegali pasikeisti ir jis niekada nebesugrįš į egoizmą, o jau amžinai gyvens dvasiniame pasaulyje. Todėl jo pojūčiuose dabartis bei ateitis prilygsta viena kitai ir atsiranda pasiektos amžinybės jausmas.

Noras gauti malonumą

Kadangi Kūrėjas nuolat yra absoliučios ramybės būsenos, tai ir mes, Jo kūriniai, veržiamės į ramybės būseną – siekdami patenkinti savo norus. Tam, kad vystytumės, Kūrėjas sukūrė dvi jėgas: stumiančią iš nugaros, t. y. kančias, priverčiančias mus bėgti nuo nepakeliamų būsenų, ir traukiančią – viliojančią malonumais priešakyje. Ir tik abi šios jėgos vienu metu, o ne kiekviena atskirai gali mus priversti judėti pirmyn.

Taigi žmogus jokiu būdu neturi skųstis, kad Kūrėjas sukūrė jį tingų, kad neva Kūrėjas kaltas, jog jam taip sunku pasijudinti iš vietos. Atvirkščiai, kaip tik todėl, kad yra tingus, žmogus nepuola neapgalvotai ir impulsyviai paskui bet kokius menkaverčius gyvenimo malonumus, bet ilgai svarsto, ar dėmesį patraukęs objektas vertas to, kad eikvotų dėl jo jėgas. Ir nuo kančių jis bėga ne iš karto. Pirmiausia įvertina, kodėl, kokiu tikslu jas gavo, mokosi, kaip jų išvengti ateityje, nes kančios jį verčia veikti ir judėti, ko jis mėgina išvengti.

Kiekvienoje gyvenimo situacijoje žmogus norėtų panaudoti visą savo egoizmą, tačiau aplinkiniai neleidžia jam taip elgtis. Socialinio elgesio taisyklės remiasi nerašytu visų susitarimu egoizmą naudoti taip, kad kiti dėl to nukentėtų minimaliai.

Šį susitarimą lemia mūsų noras iš bet kokio bendravimo gauti maksimalios naudos: juk pardavėjas norėtų gauti pinigus neatidavęs prekės, o pirkėjas norėtų gauti prekę nemokamai. Šeimininkas svajoja apie be atlygio dirbančius darbuotojus, o darbuotojas norėtų gauti atlyginimą nedirbdamas.

Mūsų norus galima išmatuoti tik pagal kančių, kurias patiriame neturėdami norimų dalykų, stiprumą. Kuo didesnė kančia dėl norimo dalyko stygiaus, tuo didesnis yra jo troškimas.

Sakoma: „Kūrėjas nori gyventi mažiausiuose kūriniuose". Sukurti sąlygas dieviškumo apsigyvenimui savyje ir yra kūrimo tikslas bei mūsų paskirtis.

Stabmeldystė (*avoda zara*) – tai paklusimas egoistiniams kūno norams. Dvasinis darbas (*avodat ha-Šem, avodat ha-kodeš*) – priešingai – kyla iš paklusimo altruistiniams norams arba tikslams (jeigu norų dar nėra).

„Dvasinis susiliejimas" įvyksta tada, kai dviejų dvasinių objektų savybės visiškai sutampa.

„Dvasinė meilė" – tai visiško dviejų priešingų savybių – žmogaus ir Kūrėjo – susiliejimo pojūtis. Jeigu žmogus nebenori valdyti pats, nebenori grąžinti valdžios savo norams, tai liudija, kad jis iš tikrųjų myli Kūrėją, o nėra vien tik Jam pavaldus.

Savybių sutapimas reiškia, kad lygiai kaip Kūrėjas patiria džiaugsmą darydamas pozityvų poveikį kūriniui, taip ir žmogus džiaugiasi dėl to, kad gali ką nors duoti Kūrėjui.

Sugrįžimas (*čuva*) reiškia, kad žmogus per savo gyvenimą šiame pasaulyje sugrįš į tą savo dvasinę būseną, kuri buvo kuriant jo sielą, t. y. pirmojo žmogaus – Adomo – būseną iki nuopuolio.

Mes turime du veikimo šaltinius ir du pradus – protą ir širdį, mintį ir norą. Ir vienų, ir kitų egoistinį pagrindą turime perkeisti į altruistinį. Visus savo malonumus jaučiame širdyje. Ir jeigu žmogus pajėgia atsisakyti bet kokio žemiško malonumo, jis nusipelno gauti tikrus malonumus iš Aukščiau, nes jau nebesinaudoja savo egoizmu.

Tačiau protas nejaučia malonumo dėl to, kad supranta tai, ką daro. Jeigu žmogus pajėgia veikti tikėjimo jėga, priešingai, nei jam sako protas (kas vadinama „aukščiau žinojimu"), nepaisydamas to, kad protu suvokė ir galvoja kitaip, vadinasi, jis ir iš proto pašalino savo egoizmą bei gali elgtis pagal Kūrėją, o ne pagal savo supratimą.

Kūrėjo Šviesa persmelkia visą kūriniją, taip pat ir mūsų pasaulį, nors mes to niekaip nejaučiame.

Ši Šviesa kūrinijai teikia gyvybę. Ji lemia kūrinijos ir pasaulių egzistavimą. Be jos ne tik sustotų gyvenimas, bet išnyktų ir pati pasaulio materija. Šios gyvybę teikiančios Šviesos veikimas mums pasireiškia per įvairiausius materialius mūsų pasaulio objektų ir reiškinių „apvalkalus".

Visa, kas mus supa, įskaitant ir mus pačius, ir pačią grubiausią kūriniją, – tai ne kas kita kaip Kūrėjo Šviesa. Mes tai suvokiame kaip daugybę objektų, nes reaguojame į išorinius apvalkalus, Šviesos rūbus. Iš tiesų visų kūrinių viduje veikia vienintelė jėga – Kūrėjo Šviesa.

Dauguma žmonių nejaučia Kūrėjo Šviesos, o tik išorinį jos apvalkalą. Yra tokių, kurie jaučia Kūrėjo Šviesą, bet tik *Toroje*. Tačiau yra žmonių, kurie Kūrėjo Šviesą jaučia visur, jaučia, kad viskas aplinkui – tai iš Kūrėjo kylanti ir viską užpildanti Šviesa.

Kūrėjas nusprendė sukurti žmogų mūsų pasaulyje, kad iš pačios pirmapradės savo būsenos žemumų šis galėtų dvasiškai pakilti iki Kūrėjo lygmens ir tapti kaip Jis. Todėl Kūrėjas sukūrė egoizmo savybę – norą gauti malonumą. Šis egoizmo jautimas ir vadinamas pirmuoju kūriniu.

Kūrimo pradžioje Šviesa (malonumas) buvo užpildžiusi visą sukurtą erdvę – egoizmą. Taigi ji buvo visiškai užpildžiusi visus, kokie tik egzistuoja, sukurto egoizmo norus patirti malonumą.

Po to Kūrėjas apribojo Šviesos plitimą ir ją paslėpė. Vietoj Šviesos kūrinyje, troškime patirti malonumą, egoizme, atsirado skausmas, tuštuma, tamsa, ilgesys – viskas, ką tik galima įsivaizduoti, kai visiškai nebelieka jokio malonumo.

Tam, kad palaikytų minimalų žmogaus norą gyventi ir kad šis nenusižudytų negaudamas jokio malonumo, Kūrėjas davė mums norą pasitenkinti mažu Šviesos kiekiu (*ner dakik*). Jis yra įvilktas į įvairius mūsų pasaulio objektus, kurių dėl to ir siekiame. Taip nesąmoningai ir automatiškai nuolat vaikomės Kūrėjo Šviesos. Ir esame šio prigimtinio troškimo vergai.

Tačiau turime tikėti, kad Kūrėjo paslėptį ir beviltiškumo jausmą, nepatiriant malonumo, Kūrėjas specialiai sukuria mūsų labui. Jeigu Kūrėjo Šviesa pripildytų egoizmą, mes neturėtume valios laisvės veikti savarankiškai. Tokiu atveju taptume mus pripildančio malonumo vergais.

Tik atskirti nuo Kūrėjo Šviesos ir patirdami Jo paslėptį, kai jaučiamės esą absoliučiai nepriklausomos ir savarankiškos būtybės, turime galimybę patys spręsti bei veikti. Bet ir šis savarankiškumas pasireiškia, esant tik tam tikroms sąlygoms. Juk nors Kūrėjas paslėpė Save nuo mūsų, egoizmas pasiliko mumyse ir vadovauja visiems mūsų sumanymams bei jausmams.

Todėl tikroji valios laisvė atsiranda tik tada, kai:

pirma, žmogus nejaučia Kūrėjo įtakos;

antra, jis gali elgtis nepriklausomai nuo savo kūno norų.

Galimybę naudotis laisva valia mums suteikia būtent mūsų žemiškas gyvenimas, todėl čia ir esame.

Kiekvienas žmogus turi tikėti tuo, kad pasaulyje nėra nieko kito, tik Kūrėjas.

Netgi jis pats tam tikrą savojo „aš" savarankiškumo laipsnį jaučia tik dėl jam Kūrėjo suteikto egoizmo. Tačiau jeigu atsikratytų šios savybės, vėl taptų Kūrėjo dalimi.

Turime tikėti, kad Kūrėjo paslėptį jaučiame tik mes ir tik savo jausmuose, ir kad tai sukurta specialiai mūsų labui. Todėl kol esame nepasiruošę sužinoti tiesą, turime tikėti, kad tiesa visiškai ne tokia, kokią ją jaučiame savo jausmais. Suprasti ją galima tik palaipsniui ir tik tiek, kiek žmogui pavyksta ištobulinti savo savybes.

Taigi visas dvasinis darbas galimas tik tol, kol dvasinio pasaulio malonumas nuo mūsų yra paslėptas, idant nepaisydami Kūrėjo paslėpties galėtume sau pasakyti, kad dvasingumas mūsų netraukia tik todėl, kad taip nori Kūrėjas, bet iš tikrųjų nėra nieko tobulesnio.

Ir jeigu žmogus, nepaisydamas tamsos, slegiančios būsenos ir tuštumos jausmo, nepaisydamas proto argumentų, siekia pajausti Kūrėją, eidamas aukščiau savo proto pagal principą – „tikėjimas aukščiau žinojimo", tada Kūrėjas jam atsiskleidžia. Mat iš tiesų išgyvendamas visas savo būsenas žmogus ieško ir laukia tik šio atsiskleidimo. Taip gimsta tikrasis jo troškimas pajausti Kūrėją, ir tai yra būtina Kūrėjo atsivėrimo sąlyga.

Tikėjimo, kad galima pajausti Kūrėją, stiprumą rodo žmogaus dvasinio kritimo gylis, iš kurio jis gali šauktis Kūrėjo.

Tačiau žmogus turi suprasti, kad jeigu jis dar nepasiruošęs pajausti Kūrėją, tai nevalingai mėgausis šiuo nežemišku jausmu egoistiškai. Todėl jis turi prašyti Kūrėjo:

1. kad būtų pasiruošęs pajausti aukščiausią malonumą;
2. kad Kūrėjas suteiktų jėgų išlaikyti tikėjimą aukščiau žinojimo ir Jam atsiskleidus.

Mumyse esančios netyros jėgos (*klipot*) sukelia dviejų rūšių kliūtis: sulaikymą (*achizat ha-klipot*) ir maitinimą (*jenikat ha-klipot*).

Kai studijuodami arba taisydami save nejaučiame jokio skonio ir sunkiai einame pirmyn, – tai *klipa* rodo mums įvairiausius dvasinės egzistencijos „trūkumus". Dėl to jaučiame, kad dvasinis gyvenimas nieko vertas. Taigi *klipa* turi galimybę sulaikyti žmogų nuo studijų, nes šis nemato dvasinio gyvenimo didingumo. Tokia būsena vadinama „Kūrėjas dulkėse" (*Šchina be-afar*).

O jeigu žmogus valios pastangomis vis dėlto ir toliau veržiasi pirmyn bei pradeda jausti dvasinio darbo su savimi skonį, *klipa* ima maitintis jo dvasiniais pasiekimais. Tai, ką žmogus uždirbo (dvasinio gyvenimo teikiamą malonumą), ji dabar nori pasiimti sau.

Klipa pasiekia savo tikslą įkvėpdama žmogui norą dirbti toliau, bet ne todėl, kad Kūrėjas nori, o savo paties malonumui. Ir jeigu žmogus pasiduoda šioms mintims, visas malonumas pereina į jo egoizmą. Tai vadinama „*klipot* maitinimu". Šiuo atveju žmogus turi prašyti Kūrėjo, kad Jis padėtų susidoroti su žalingų minčių pagunda.

Išvada: iš pradžių žmogus turi prašyti Kūrėjo, kad patirtų malonumą studijuodamas *Torą*, o po to melsti, kad šio malonumo neprarytų egoizmas. Kūno priešinimasis dvasiniam darbui, kuris neteikia nei malonumo, nei tikrumo dėl atlygio ateityje, vadinamas „piktžodžiavimu".

Tam, kad išvengtų pagundų, žmogus turi apsimesti kurčiu ir aklu kūno šauksmui, įsivaizduoti, tarsi Aukštesnioji Šviesa yra, bet tik jis Jos nemato. Tik po to Kūrėjas atveria žmogaus akis ir klausą, kad šis galėtų išvysti Jo Šviesą ir girdėti, ką Jis jam vienam kalba.

Pastangos, kurias žmogus įdeda į bet kurią savo veiklą siekdamas dvasingumo, palaipsniui susikaupia iki tokio lygio, kad jų kiekio pakanka susidaryti indui (*kli*) arba apdangalui (*levuš*), kuris reikalingas, norint priimti į vidų Kūrėjo Šviesą – žmogaus sielą.

13
Atskleidimas ir paslėptis

Nėra nieko kito, tik Šviesa (Kūrėjas) ir tai, kas Jos sukurta (žmogus, esantis šioje Šviesoje). Žmogus gali suvokti Šviesą, kai jo ir Kūrėjo savybės sutampa. Jeigu žmogaus ir Šviesos savybės nesutampa, žmogus Šviesos, t. y. Kūrėjo, suvokti negali.

Iš pradžių žmogus įkurdinamas būtent tokiomis visiško egoizmo viešpatavimo sąlygomis, kurios vadinamos „mūsų pasaulis".

Tik savo pastangomis jis gali palaipsniui užsiauginti tokį troškimą ir būtinumą suvokti Kūrėją (sukurti indą Kūrėjo Šviesai), kad pradės Jį jausti. Šios pastangos – tai bandymai ištaisyti pačiam save, tam skiriant visas turimas jėgas, kol paaiškėja, kad visos pastangos pasiekti norimą tikslą yra beprasmės. Tada metas maldoje šauktis, kad Kūrėjas padėtų išsigelbėti nuo egoizmo ir susilieti su Juo. Šis procesas gali trukti mėnesius ir netgi metus, jei jam vadovauja mokytojas kabalistas, arba keletą gyvenimų (*gilgulim*), jeigu žmogus eina savarankiškai, kančių keliu.

Tik tinkamos pastangos reikiama kryptimi sukuria sielos indą, kuriame žmogui atsiskleidžia Kūrėjas. Žmogaus poelgių priežastis kabala vadina „tėvais", o poelgių pasekmes – „sūnumis" (teisingi dvasiniai veiksmai).

„Ne savo valia žmogus gimsta": Kūrėjas jį priverčia dvasiškai gimti (gauti sielą – Kūrėjo Šviesą) patiriant kančias. Tačiau žmogaus jėgoms tai įgyvendinti savarankiškai, einant *Toros* keliu.

„Ne savo valia žmogus gyvena": jeigu jis elgsis (gyvens) ne pagal savo egoistinę valią, tada kaip atlygį gaus tikrą, amžiną dvasinį gyvenimą, kurį iš tikrųjų galima vadinti gyvenimu.

„Ne savo valia žmogus miršta": jeigu jis nenori (dvasiškai) numirti arba būti dvasiškai miręs (be sielos, be Kūrėjo Šviesos), turi elgtis ne pagal savo valią.

Darbas viduriniojoje sielos linijoje prasideda nuo dešiniosios linijos: kadangi ja naudotis draudžiama (apribojimas – *cimcum*), išminties Šviesa (*Or Chochma*) atskleidžia egoizmą kaip blogį (*avijut*), ir žmogus jaučia, kad nėra niekingesnio elgesio, kaip dirbti dėl savęs. Tačiau jis vis dar neturi nei noro, nei jėgų dirbti dėl kitų, t. y. duoti. Todėl reikalinga kairioji linija, suteikianti žmogui altruistinius troškimus ir jėgų.

Patys dvasinių pojūčių organai pagal analogiją su penkiais mūsų pojūčiais (regėjimu, klausa, uosle, skoniu ir lytėjimu) veikia vadovaudamiesi tam tikru mūsų pasirinktu tikslu. Veikiant išminties Šviesai žmogus suvokia, kad jam nenaudinga šiuos penkis pojūčius naudoti dėl savęs, kad nėra prasmės dirbti savo egoizmui.

Kai nėra noro patenkinti save, kuris paprastai skatina penkis pojūčius dirbti, visiškai nelieka ir energijos, reikalingos bet kokiam veiksmui atlikti, ir tai lemia pasyvumą bei neveiklumą. Šiame lygmenyje žmogus dar nėra įsisąmoninęs, kad jo pastangų tikslas gali būti darbas dėl davimo, kitaip tariant, jo veiksmai gali būti altruistiniai.

Todėl reikia dar vienos dvasinės savybės, vadinamos „raudona šviesa", kairiąja linija, poveikio. Ši savybė reikalinga tam, kad įtikintų žmogaus norus dirbti altruistinį darbą (*Binos* savybė). Kai žmogus gauna dvasinės energijos ir ima veikti altruistiškai, jis tai daro derindamas tiek dešiniosios, tiek kairiosios linijos savybes. Tada į savo naujus norus gauna Kūrėjo Šviesą (vidurinioji linija) ir taip toliau mėgaujasi tobulumu.

Jeigu žmogus yra pasiruošęs priimti tikėjimo ir altruizmo jėgą, vėliau jis galės gauti ir aukštesnįjį protą.

Malonumo dėl savęs išsižadėjimo principas, pasirinktas vienos iš pasaulinių religijų, ir malonumo siekimo principas, pasirinktas kitos, kyla iš dvasinio tobulėjimo dešiniosios ir kairiosios linijų netyrų (egoistinių) jėgų (*klipot*). Taigi ten, kur *Toroje* kalbama apie savęs apribojimą, omeny turima paruošiamoji darbo su savimi stadija: mėginimas savo paties jėgomis atmesti ketinimą patirti malonumą dėl savęs.

Skirtingų tikėjimų, dvasinių srovių, grupių, religinių filosofijų šaknyse galima aiškiai įžvelgti įvairias netyras jėgas (*klipot*). Pastarosios supa kairiąją ir dešiniąją tyras dvasines linijas ir naudojasi jomis prisikabindamos bei sulaikydamos (*achiza*) arba maitindamosi (*jenika*).

Tačiau bet kokio darbo tikslas – pasiekti viduriniąją liniją, pakilti iki pabaigos ir ribų neturinčios begalybės ir taip pasiekti Kūrėjo suvokimą, kurio neriboja jokios mūsų savybės.

Dvasiniame žodyne noras vadinamas „vieta". Noro nebuvimas vadinamas „vietos nebuvimu". Kaip ir mūsų pasaulyje – žmogus sako, kad skrandyje nėra vietos maistui, nes nebeturi noro valgyti.

Dvasinė vieta, arba žmogaus noras pajausti Kūrėją, vadinamas jo sielos „indu" (*kli*), arba *Šchina*. Į šį indą jis gauna Kūrėjo Šviesą, Kūrėjo atsiskleidimą, vadinamą žmogaus „siela". Pats Kūrėjas vadinamas *Šochen*.

Kadangi visus mūsų norus persmelkia egoizmas (noras gauti), Kūrėjo Šviesa yra paslėpta. Palaipsniui savo norus apvalydami nuo egoizmo, sukuriame vis daugiau laisvos vietos. Neištaisyti norai vadinami „gojais", o kadangi jų daug, tai jie vadinami „pasaulio tautomis". Ištaisytas noras vadinamas „Izraeliu".

Išlaisvintoje vietoje – ištaisytame nore – atsiskleidžia Kūrėjo Šviesa, bet pats Kūrėjas ir toliau veikia pasislėpęs nuo mūsų.

Ištaisę ir išvalę savo norus (vietas, indus) Kūrėjo atsiskleidimą suvokiame kaip Šviesos atėjimą. Nors realiai jokio judėjimo nėra, bet panašiai kaip ryškinant fotojuostą, Šviesa palaipsniui išryškėja mūsų pojūčiuose.

Kadangi suvokiame ne pačią Šviesą, o Jos poveikį mūsų indui, tai ir patį Kūrėją (*Šochen*) vadiname Jo atsiskleidimo vardu – *Šchina*. Tačiau apie patį Kūrėją galime spręsti tik pagal tuos pojūčius, kuriuos Jis mums sukelia.

Todėl Kūrėjo atsiskleidimas vadinamas *Šchina*. Jeigu Jis slepia save, sakoma, kad „*Šchina* yra tremtyje", *Šochen* slepiasi. O jeigu žmogus nusipelnė Kūrėjo atsiskleidimo, tai vadinama „sugrįžimu iš tremties".

Besikeičiantis Kūrėjo atsiskleidimo žmoguje laipsnis vadinamas žmogaus „siela" (*nešama*).

Vos tik bent vieną iš savo norų žmogus sugeba ištaisyti į altruistinį, tuoj pat pradeda jausti Kūrėją.

Todėl sakoma, kad žmogaus siela – tai paties Kūrėjo dalis.

Pasiekus galutinio ištaisymo būseną Kūrėjas užpildys visus mūsų norus, t. y. atsiskleis mums tiek, kiek Jis nori atsiskleisti Savo kūriniams. Visi mūsų norai ir buvo sukurti šiam galutiniam tikslui dar kūrimo pradžioje.

Šchina – tai visų pavienių sielų suma. Kiekviena siela yra bendro Kūrėjo atsiskleidimo dalis. Atsiskleisdamas Kūrėjas išreiškia norą suteikti Savo kūriniams malonumą. Taip supranta tie, kurie suvokė Kūrėją.

Mes negalime atsakyti į klausimą, kokia priežastis sukėlė Kūrėjo norą sukurti mus tam, kad suteiktų malonumą, nes šis klausimas susijęs su procesu iki kūrimo pradžios. O mes suvokiame ne daugiau negu tai, kas gali būti mums atskleista, taigi tik tai, kas išsivystė po sukūrimo.

Pradinė pakopa, nuo kurios imame suvokti kūrimą – tai Kūrėjo teikiamo malonumo pojūtis. Todėl kūrimo tikslu vadiname „Kūrėjo norą suteikti malonumą kūriniams", kurie Jį suvokia.

Visi aukščiau šio lygmens esantys klausimai pranoksta mūsų suvokimo galimybes. Turime nuolat atminti, kad visos žmogiškos sąvokos ir žinios yra pagrįstos tik asmeniniu suvokimu.

Vienintelis dalykas, iš kurio esame sudaryti, – tai mūsų noras patirti malonumą.

Visas mūsų fizinis ir protinis potencialas, visi mūsų gebėjimai ir raida – visa tik tam, kad leistų mums patirti malonumą iš įvairiausių objektų, kuriuos išrandame, laikome būtinais, madingais ar priimtinais. Ir visa tai dėl to, kad galėtume nuolatos gauti malonumą pagal kiekvieno skonį ir būdą.

Negalime skųstis neribotomis noro patirti malonumą variacijomis. Kūrėjui užteko sukurti tik vieną šį norą, kad po to dėl šio vienintelio mūsų instinkto rinktis maksimalų malonumą pasijustume savarankiškomis (norinčiomis) būtybėmis ir galėtume savarankiškai veikti.

Renkantis maksimalų malonumą dalyvauja visi mūsų protiniai, pasąmoniniai, fiziniai, doroviniai ir daugelis kitų išteklių. Tai apima ir visų lygmenų atmintį – nuo molekulinės ir biologinės iki aukščiausių mūsų proto gebėjimų.

Paprastas pavyzdys: žmogus mėgsta pinigus, bet iškilus mirties grėsmei yra pasiruošęs visą savo turtą atiduoti užpuolikui. Taip vieną malonumo šaltinį (turtą) jis keičia į kitą, dar didesnį (gyvybę).

Neįmanoma atlikti veiksmo, jeigu nebūsime įsitikinę, kad lyginant su dabartine savo būsena, ką nors iš to laimėsime. Beje, laimėjimas gali būti bet kokios rūšies, pavidalo, tačiau svarbiausia, kad galutinis malonumas būtų didesnis už dabartinį – tik tada galėsime veikti.

Koks gi skirtumas, ar malonumas gaunamas iš egoizmo – gavimo, ar iš altruizmo – davimo? Esminis skirtumas tas, kad kai malonumą gauname naudodamiesi egoizmu, mūsų pasitenkinimą visada lydi gėdos jausmas. Tačiau jeigu gauname dėl duodančiojo, tada gėda nejaučiama, o malonumas – tobulas.

Pradinis dvasinis kūrinys, vadinamas „bendrąja siela" arba „pirmuoju žmogumi", gaudamas iš Kūrėjo milžinišką malonumą nesugebėjo įvykdyti tokio savo ketinimų perkeitimo ir suskilo į 600 000 dalių (sielų). Kiekviena dalis, kiekviena siela, gauna egoizmo naštą, kurią turi ištaisyti. Kai visos dalys išsitaisys, jos vėl susilies į „bendrą ištaisytą sielą". Tokia bendros sielos būsena vadinama „Galutiniu ištaisymu" – *Gmar tikun*.

Panašiai kaip mūsų pasaulyje – žmogus gali susilaikyti nuo nedidelės pinigų sumos vagystės, kadangi tai – nedidelis malonumas. Tokiu atveju bausmės baimė, sumišusi su gėdos jausmu, pranoksta malonumą vogti. Tačiau jeigu pinigų suma pakankamai didelė, tada malonumo trauka didesnė nei visa žmogaus pasipriešinimo jėga. Taip Kūrėjas sukuria laisvo pasirinkimo sąlygas, kurios reikalingos, norint įveikti egoizmą.

Jis padalijo sielą į daugybę dalių, o kiekvieną dalį – į daugelį viena po kitos einančių taisymosi stadijų, kurias sudaro daugkartiniai įsikūnijimai į žmonių kūnus. Tada kiekvieną žmogaus būseną padalijo į daugybę pakilimų ir nusileidimų, kurie reikalingi siekiant pakeisti savo prigimtį.

Jeigu žmogus jaučia meilę Kūrėjui, nedelsiant prie šio jausmo turi mėginti prijungti ir baimės jausmą – ar kartais jo meilės jausmas nėra egoistinis? Ir tik esant abiem šiems jausmams siekis priartėti prie Kūrėjo yra tobulas.

Besiilgintis dvasinio suvokimo, bet dar nejaučiantis Kūrėjo žmogus yra pilnas dvasinių abejonių ir baimės. Ir nors iš Aukščiau jam duotas troškimas pažinti Kūrėją, vis vien žmogus nėra pasirengęs savarankiškai žengti bent žingsnį į tą pusę. Užuot tai daręs jis laukia, kol iš Aukščiau jam bus duotas stiprus troškimas. Tai jį pastūmėtų ir leistų suprasti, kad visi jo pojūčiai ir gyvenimo aplinkybės yra persmelkti Kūrėjo noro atkreipti į Save dėmesį ir paskatinti eiti Jo link. Tada visoje supančioje aplinkoje galima įžvelgti Kūrėjo kreipimąsi į kiekvieną mūsų asmeniškai.

Juk kaip tik todėl mes itin individualiai suvokiame pasaulio vaizdą ir savaip interpretuojame viską, kas vyksta. Taisyklė „kiek žmonių, tiek nuomonių" kaip tik ir pabrėžia kiekvieno iš mūsų unikalumą.

Įsiklausydamas į savo jausmus žmogus gali pradėti dialogą su Kūrėju pagal principą „kiekvienas žmogus – Kūrėjo šešėlis". Kaip šešėlis juda kartu su žmogumi ir visi šešėlio judesiai tik pakartoja žmogaus judesius, taip ir vidiniai žmogaus judesiai – jo norai, siekiai, suvokimai, visa jo dvasinė esmė ir požiūris į pasaulį – pakartoja Kūrėjo judesius (norus) žmogaus atžvilgiu.

Todėl jeigu staiga panorome suvokti Kūrėją, turime nedelsiant įsisąmoninti, kad tai – ne kokių nors mūsų veiksmų rezultatas, o Kūrėjo žingsnis mūsų link, siekiant sužadinti polinkį ir trauką Jam.

Kelio pradžioje Kūrėjas kiekviena palankia proga kreipiasi į žmogų, sukeldamas jame kankinantį dvasinių išgyvenimų ilgesį. Bet kaskart į suteiktą žmogui potraukį Kūrėjas tokios pačios reakcijos laukia ir iš jo. Taigi jeigu žmogus supranta, kad taip pat stipriai, kaip jis nori pajausti Kūrėją, Kūrėjas nori jį priartinti prie Savęs, tai turėtų mėginti išugdyti ir stiprinti savyje šiuos jausmus. Tokiu būdu jis gali priartėti prie Kūrėjo, kol galiausiai su Juo susijungs visais savo troškimais ir savybėmis.

Tačiau kelio pradžioje žmogus dar nejaučia ir nesupranta Kūrėjo. Todėl po nesėkmingų bandymų prie Jo priartėti staiga žmogui ima atrodyti, kad kai tik jis nori suartėti, Šis jį ignoruoja.

Ir užuot sustiprinęs savo siekius iki susiliejimui su Kūrėju reikiamo laipsnio, žmogus širdyje ima Jį kaltinti, kad yra ignoruojamas. Jis pyksta ir visiškai užmiršta, kad Kūrėjas nori jo lygiai tiek pat ir todėl davė jam tokį ilgesį su Juo suartėti.

Kol neturėsime absoliutaus tikėjimo, kad yra tik Kūrėjas, neišvengiamai nuolat sugrįšime prie tų pačių klaidų. Tai tęsis tol, kol Kūrėjas leis suvokti, kad visą savo potraukį Jam gauname iš paties Kūrėjo ir kad Jis, sulaukęs reikiamo kiekio žmogaus pastangų, padės atsiverdamas jam – atskleisdamas visą tikrą pasaulių paveikslą ir patį Save.

Visiškai susilieti su Kūrėju galėsime tik tuo atveju, jeigu džiaugsmingai nukreipsime į Jį visus savo siekius, kas vadinama „visa širdimi". Tai apima netgi tuos norus, kurie nebūtinai turi supanašėti su Kūrėju.

Jeigu žmogus pajėgia visiškai nuslopinti visus savyje atskleistus egoistinius norus ir tai darydamas širdyje jaučia džiaugsmą, jis sukuria sąlygas, kad jo širdis būtų pripildyta Kūrėjo Šviesos.

Taisant save svarbiausia – pasiekti džiaugsmą dėl to, kad ką nors malonaus darai Kūrėjui, nes visa tai, kas daroma dėl savęs, nuo Jo atitolina. Todėl visas pastangas reikia skirti tam, kad pajustum, kaip malonu kreiptis į Kūrėją, kokie saldūs su Juo susiję jausmai ir mintys.

Kai jaučiame vidinę tuštumą, – tuomet ir yra tinkamas laikas ieškoti Kūrėjo didybės ir atramos Jame. Kuo tuštesni ir bejėgiškesni jaučiamės ir kuo didingesnį įsivaizduojame Kūrėją, tuo aukščiau galime pakilti prašydami, kad Jis padėtų mums dvasiškai tobulėti ir atskleistų Savo didybę, taip suteikdamas jėgų eiti pirmyn. Kai esame tokios būsenos, mums reikia Kūrėjo ir Jo pagalbos, kadangi tuomet protas mus veda visiškai priešinga linkme. Todėl vidinės tuštumos jausmas ištinka būtent dėl to, kad užpildytume ją Kūrėjo didybės pajutimu, vadinamu „tikėjimu".

Teisuoliu vadinamas toks žmogus, kuris, kad ir ką jaustų, nesvarbu – gėris tai ar blogis, neatsižvelgdamas į kūnu, širdimi ir protu patiriamus išgyvenimus, visada pateisina Kūrėjo veiksmus. Pateisindamas bet kokius Kūrėjo jam siunčiamus pojūčius, jis tarsi žengia žingsnį pirmyn Kūrėjo link, vadinamą „dešiniuoju" žingsniu.

Tačiau toks žmogus jokiu būdu neužsimerkia prieš savo tikrąją padėtį ir pojūčius, kad ir kokie nemalonūs jie būtų. Net jeigu ir nesupranta, kodėl reikalingos tokios būsenos, nemėgina jų anuliuoti. Taip elgdamasis jis tarsi žengia pirmyn „kairiuoju" žingsniu.

Dvasinis kilimas yra tobulas tada, kai žmogus visą laiką eina pirmyn kaitaliodamas šias dvi būsenas.

Absoliučiu teisuoliu vadinamas tas, kuris pateisina visus Kūrėjo veiksmus tiek savo paties, tiek ir visos kūrinijos atžvilgiu.

Žmogus, kuris pasiekė galimybę visus pojūčius priimti ne į savo egoistinius norus ir jau yra atitrūkęs nuo jų, tenori būti laimingas duodamas. Toks žmogus negali patirti dvasinių kritimų, nes viso to, kas su juo vyksta, nevertina asmeninės naudos požiūriu. Taigi, kad ir kas vyktų, – viskas į gerą.

Tačiau kadangi ne tai yra Kūrėjo tikslas kūrinio atžvilgiu, bet greičiau, kad kūriniai būtent savo pojūčiais patirtų malonumą, teisiojo lygmens pasiekimas – dar ne galutinė žmogaus būsena.

Pasiekęs teisuolio pakopą žmogus turi palaipsniui vėl susigrąžinti savo egoizmą, kurį nuslopino siekdamas šio lygmens. Tačiau dabar jo vėl susigrąžintas egoistinis noras gali būti pridėtas prie dvasinėmis pastangomis įgyto troškimo džiuginti Kūrėją. Ir todėl žmogus jau gali ne tik duoti, bet ir priimti malonumus į savo susigrąžintus egoistinius norus, tačiau visada tik su ketinimu džiuginti Kūrėją.

Tai galima palyginti su mūsų pasaulio altruistu, kuris siekia daryti gera, nes gimė su tokiais polinkiais. Iš tiesų altruistas negavo jų iš Kūrėjo kaip atlygio už darbą su savimi. Jis nieko nenori dėl savęs, nes malonumas, kurį patiria atiduodamas kitiems, pripildo jo ego, ir jis negali elgtis kitaip.

Tai primena situaciją, žmogui svečiuojantis pas savo draugą: kuo su didesniu apetitu ir pasitenkinimu jis vaišinasi tuo, kas jam siūloma, tuo didesnį malonumą teikia duodančiajam. Šio malonumo pastarasis negautų, jei svečias nebūtų alkanas.

Tačiau kadangi svečias dėl viso gaunamo malonumo gali jausti gėdą, tai jis gali atsisakyti kitų siūlymų. Atsisakęs vaišių pakankamai daug kartų, svečias pradės jausti, kad sutikdamas vaišintis jis daro paslaugą šeimininkui. Tada gėdos jausmas dingsta ir patiriamas pasitenkinimas yra visavertis.

Dvasiniuose pojūčiuose nėra saviapgaulės, tarsi teisusis nenorėtų gauti jokių malonumų dėl savęs. Įveikdamas teisumo pakopas jis atsisakys egoistinių malonumų padedamas Kūrėjo, Kuris jo egoistinę prigimtį keičia į altruistinę. Tada iš tiesų sieks teikti džiaugsmą tik Kūrėjui.

Suvokdamas, jog Kūrėjui malonumą teikia tik tai, kad Jo kūriniai mėgaujasi Jo teikiamu malonumu, kurio gėdos jausmas negali sumažinti ar sunaikinti, teisus žmogus yra priverstas vėl panaudoti savo egoizmą. Tačiau šįkart jau dėl kito tikslo – kad patirtų malonumą dėl Kūrėjo.

Galiausiai Kūrėjas ir žmogus visiškai susilygina savo ketinimu ir veiksmu: kiekvienas stengiasi suteikti malonumą kitam ir dėl to jaučia pasitenkinimą. Nėra jokių apribojimų gaunant malonumą tokiu būdu. Atvirkščiai – kuo patiriamas malonumas didesnis, tuo pasiekiamas aukštesnis dvasinis lygmuo. Negana to, patiriamas ir papildomas malonumas suvokiant begalinę jėgą, galybę ir valdžią be jokio rūpesčio savimi.

Tačiau teisuolio lygmens nepakanka, kad būtų pasiektas kūrimo tikslas. Mėgavimasis iš Kūrėjo sklindančia Šviesa – tai tik būtina mūsų ketinimų – „dėl ko norime patirti malonumą" – ištaisymo pakopa. Teisiojo pakopos pasiekimas teleidžia atsikratyti gėdos jausmo gaunant malonumus iš Kūrėjo.

Nors egoizmą šiame pasaulyje laikome žmogaus prigimtimi, o altruizmą – utopine kategorija, tačiau pasiekusieji dvasinį pasaulį juos suvokia priešingai. Sunkumai kyla dėl Kūrėjo paslėpties. Malonumą patiriame tik patenkindami savo norus, tačiau kabala moko, kad tai – blogis, kuris mums nenaudingas. Taigi nesuprantame, kodėl taip yra, juk kentėdami malonumo nepatiriame ir vis dėlto turime tikėti, kad tai mums yra gėris. Todėl kiekvienas veiksmas ar mintis sukelia daugybę svarstymų.

Be to, kuo labiau artėjame prie įėjimo į dvasinį pasaulį (*machsom*), tuo situacija sudėtingesnė. Ir akivaizdi tampa tik viena tiesa: „Daug minčių žmogaus širdyje, bet tik Kūrėjo patarimas jį nuramins."

Skirtumas tarp žmogaus, siekiančio dvasiškai pakilti (įgyti dvasinių savybių, panašių į Kūrėjo savybes), ir žmogaus, pildančio Kūrėjo norus dėl atlygio (dėl to, kad taip išauklėtas), yra tas, kad pastarasis tiki atlygiu ir bausme ir dėl to pildo Kūrėjo norus. Tokiu atveju Kūrėjas jam nelyg darbdavys, mokantis atlyginimą, o jis pats nelyg darbuotojas, kuriam rūpi ne šeimininkas, bet atlygis: apdovanojimas malonumu arba nubaudimas kančia šiame arba būsimajame pasaulyje. Tai žmogui suteikia jėgų vykdyti priesakus, neklausinėjant savęs, dėl ko pildo Kūrėjo valią, nes jis tiki atlygiu.

Tačiau tas, kuris nori Kūrėjo norus vykdyti ne dėl užmokesčio, nuolatos savęs klausinėja, dėl ko gi jis tai daro. Juk jeigu to nori Kūrėjas, kam Jam šito reikia? Jis tobulas ir Jam nieko netrūksta, tai ką Jam pridės mūsų veiksmai? Akivaizdu, kad to reikia mums patiems. Ir žmogus pradeda mąstyti, kokia gi jam nauda, jei pildys Kūrėjo valią. Pamažu jis suvokia, kad užmokestis už Kūrėjo valios vykdymą yra jo paties taisymasis, kol gaus iš Aukščiau savo sielą (*nešama*) – Kūrėjo Šviesą.

Tora moko, kad nusidėjėliams blogi polinkiai (egoizmas) atrodo kaip nedidelė kliūtis, panaši į siūlelį, o teisuoliams ji – tarsi aukštas kalnas.

Tora kalba apie žmogų, kurio savybės, mintys ir troškimai vadinami įvairiais mūsų pasaulio vardais. Taigi ir kalbant apie nusidėjėlius bei teisuolius, galvoje turimos vieno žmogaus būsenos.

Paslėptis reiškia ne tik Kūrėjo, bet ir žmogaus esmės paslėptį nuo jo paties. Mes nepažįstame patys savęs, savo tikrųjų savybių – jos mums atsiskleidžia tik tiek, kiek galime jas ištaisyti. (Žmogus panašus į atliekų dėžę: kuo labiau kapstosi savyje, tuo stipresnį tvaiką jaučia).

Todėl tiems, kurie dar tik kelio pradžioje, nusidėjėliams, Kūrėjas parodo, kad jų egoizmas ne toks jau ir neįveikiamas, idant žmogui nenusvirtų rankos dėl jo jėgas pranokstančio darbo. O tiems, kurie jau kelyje, priklausomai nuo to, kiek jie pajautė išsitaisymo svarbą ir įgijo jėgų pasipriešinti egoizmui, Kūrėjas atskleidžia vis didesnį jų blogio (egoizmo) mastą. Galiausiai tiems, kurie nori tapti teisuoliais, Kūrėjas atskleidžia visą jų egoizmo dydį, ir jis jiems atrodo kaip aukštas, neįveikiamas kalnas.

Taigi žmogui tobulėjant jo paties blogis jam atskleidžiamas kaskart vis labiau ir tiek, kiek jis gali jį ištaisyti. Todėl jeigu žmogus staiga atranda savyje kokią nors naują neigiamą savybę, tai rodo, kad dabar jau įmanoma ją ištaisyti. Užuot nusiminęs, jis turi prašyti Kūrėjo ją ištaisyti.

Pavyzdžiui, kai pradedame dirbti su savimi, galime jausti tik dešimt gramų visų supančio pasaulio malonumų ir pajėgiame juos ignoruoti. Po to Kūrėjas mums duoda pajusti penkiolikos gramų malonumo skonį.

Darbo pradžioje, augant malonumų skoniui, pasijuntame menkesni (jausdami potraukį anksčiau netraukusiems malonumams) ir silpnesni (dėl skirtumo tarp traukos malonumams ir savo pasipriešinimo jiems jėgos).

Tačiau patirdami tokią būseną privalome sau pasakyti: kadangi malonumų, gaunamų iš mus supančio pasaulio, skonį Kūrėjas padidino penkiais gramais, tai dabar nepajėgiame savęs ištaisyti ir todėl turime prašyti Kūrėjo pagalbos. Tačiau įgijus jėgų susidoroti su penkiolikos gramų malonumu mums beregint pridedami dar penki gramai malonumo skonio, ir vėl jaučiamės blogesni bei silpnesni, ir taip procesas tęsiasi.

Perkeičiant egoizmą į altruizmą

Tas, kas nori paragauti tikro gyvenimo skonio, ypatingą dėmesį turi skirti dvasiniam taškui, esančiam savo širdyje. Kiekvienas žmogus turi tašką širdyje, bet paprastai šis nerodo gyvybės požymių, nešviečia, ir todėl žmogus jo nejaučia. Tokiu atveju jis vadinamas „juodu tašku". Šis taškas yra žmogaus sielos užuomazga.

Dvasinio taško savybė altruistinė, nes jis – būsimojo sielos indo ir jo Šviesos užuomazga, Kūrėjo dalis. Tačiau pradžioje šis taškas nuo mūsų yra paslėptas, mat jo nebranginame, ir todėl tokia būsena vadinama „*galut ha-Šchina*" (Kūrėjas tremtyje) arba „tašku" (*nekuda*).

Jeigu žmogus šio taško svarbą iškelia aukščiau savojo „aš", aukščiau galvos, kaip ženklelius virš raidžių, tada prilygina jį ne dulkėms ant kojų, bet karūnai ant savo galvos.

Tada šis taškas išlieja Šviesą į kūną ir iš potencialaus taško tampa žmogaus dvasinio tobulėjimo jėgų šaltiniu.

Todėl vietoj visų prašymų, kad Kūrėjas padėtų, vienintele mūsų malda turi būti prašymas suvokti Kūrėjo jautimo svarbą, kuri yra mūsų išsitaisymo priemonė.

Galimybė atlikinėti gerus (altruistinius) veiksmus yra ne priemonė, bet apdovanojimas tam, kuris siekia būti panašus į Kūrėją.

Žmogaus išėjimo iš savo egoizmo į dvasinį pasaulį procesą Biblija aprašo kaip išėjimą iš Egipto. „Išėjimu iš Egipto" vadinamas žmogaus altruistinių troškimų atsiradimas. Altruistiniai troškimai (davimo indai) reiškia, kad žmogus teikia pirmenybę tikėjimo, o ne žinojimo keliui. Išeiti iš egoizmo įmanoma tik jaučiant dvasinį pasaulį, suvokiant Kūrėją ir kai išminties Šviesa perskiria Raudonosios jūros (*Jam Suf*) vandenis. Tada įveikiama siena tarp dviejų pasaulių.

Kad tai įvyktų, Kūrėjas padaro stebuklą. Jis duoda žmogui išminties Šviesą (*Or Chochma*), nors šis dar ir neturi šiai Šviesai priimti tinkamo indo. Išminties Šviesai padedant žmogus įveikia barjerą (*machsom*). Stebuklui pasibaigus jis, vieną kartą įėjęs į dvasinį pasaulį, jau nebesugrįžta į mūsų pasaulio lygmenį.

Kitame etape dabar jau pats žmogus turi įgyti indą išminties Šviesai gauti. Tai vyksta keliaujant sunkiu dvasinės dykumos keliu, kol žmogus, pakilęs ant „Sinajaus kalno", nusipelno gauti Kūrėjo Šviesą. Tada priesakai vykdomi veikiant tikėjimo aukščiau žinojimo jėgai, kai savo mintis ir norus žmogus laiko mažiau vertais už tikėjimą. Tai vadinama mažąja būsena (*katnut*), kurios pakopoje *Malchut* tėra *Keter* taškas. Būdami tokios minimalios būsenos netyri (egoistiniai) žmogaus polinkiai negali jo nugalėti, nes tikėjimą jis iškėlė aukščiau žinojimo ir pojūčių.

Mažąja tokia būsena vadinama dėl to, kad žmogus, neturėdamas jėgų pasipriešinti egoizmui, tiesiog nekreipia į jį dėmesio. Tai galima palyginti su situacija, kai neturėdamas jėgų apsiriboti nedideliu maisto kiekiu žmogus visiškai atsisako visos porcijos.

Tačiau ryšys su Kūrėjo Šviesa tegali atsirasti tokiu atveju, jeigu žmogus sugeba šią Šviesą priimti į save, t. y. gali dirbti su savo egoizmu altruistiškai. Kai žmogus perkeičia savo egoizmą į altruizmą, ištaisyti indai pripildomi Kūrėjo Šviesos. Tokia žmogaus dvasinio indo (ištaisyto egoizmo, *kli*) būsena vadinama *gadlut* – didžiąja. *Malchut* nusileidžia iš *Keter* iki tokio lygmens, kuriame žmogus pajėgus pasipriešinti norui mėgautis ir gali gauti, bet ne dėl to, kad suteiktų malonumą sau.

Gauti visą Kūrėjo Šviesą, suvokti Kūrėją visais savo gebėjimais, visiškai prie Jo prisišlieti įmanoma tik iki galo pajungiant egoizmą tarnauti altruizmui. Tokia būsena vadinama ištaisymo pabaiga, ir tai yra kūrimo tikslas.

Visi mūsų pojūčiai itin subjektyvūs ir mūsų matomas pasaulio vaizdas priklauso nuo mūsų vidinės dvasinės ir fizinės būsenos, nuo nuotaikos ir pan. Bet dvasiniuose išgyvenimuose pojūtis – tai pati tikrovė, nes dabartį suvokiame iš savo dvasinės pozicijos.

Dabartinis mūsų pojūtis vadinamas mūsų pasauliu. Tai, ką pajausime ateinančią akimirką, vadinama būsimuoju pasauliu. Laiko nėra, yra tik pojūčių kaita. Jeigu žmogus viską priima tikėjimu aukščiau žinojimo, jis visiškai gyvena ateityje.

Mūsų kasdieniame gyvenime, pavyzdžiui, savo verslą turintis žmogus periodiškai vertina savo darbo rezultatus ir pelną. Ir jeigu mato, kad jo išlaidos ir pastangos nepasiteisina, t. y. pelnas mažesnis už išlaidas, šį verslą baigia ir pradeda naują, nes prieš akis regi būsimą pelną. Ir jokiu būdu neapgaudinėja pats savęs, o tiksliai skaičiuoja savo pelną tokia forma, kokia nori jį turėti, – pinigų, pagarbos, šlovės, ramybės ir pan.

Kodėl lygiai taip pat žmogus neįvertina bendro savo gyvenimo rezultato, sakykim, kartą per metus – dėl ko jis juos pragyveno? Tačiau kodėl, jeigu nors truputį ima rūpintis savo dvasiniu tobulėjimu, pradeda kas minutę savęs apie tai klausinėti?

Mūsų pasaulis yra melo pasaulis, ir todėl pats kūnas nenori šių klausimų, nes negali į juos atsakyti. Ir išties, ką jis gali atsakyti žmogui metų arba gyvenimo pabaigoje? Viskas praėjo – ir gera, ir bloga, o kas jam liko? Kodėl dirbo savo kūnui? Atsakymo nėra, nes nėra užmokesčio už pragyventą laiką. Ir todėl kūnas neleidžia uždavinėti tokių klausimų.

O dvasia, kadangi tai tiesa, o jos atlygis amžinas, kaskart pati užduoda žmogui klausimą apie jo dvasinį pelną, kad sužadintų žmogaus norą gauti dar didesnį pelną už savo pastangas. Taip jis galės labiau išsitaisyti ir gauti daugiau amžinojo atlygio.

Kodėl gi Kūrėjas mums šiame pasaulyje duoda apgaulingus užsiėmimus? Dvasinio indo sukūrimo procesas yra itin sudėtingas ir todėl ilgai trunkantis. Juk turime patirti visą pasaulio egoizmą, pajausti jį visą, visą jo niekingumą, ir iki pat dugno išragauti visus apgaulingus jo malonumus. Šis patirties kaupimo darbas vyksta ne per vieną sielos gyvenimą mūsų pasaulyje. Visa informacija kaupiasi mūsų sielose ir reikiamu momentu atsiskleidžia.

O iki tol kaupimo procesas nuo žmogaus paslėptas, ir jis jaučia tik dabartinę savo būseną. Kadangi visa mūsų esmė – noras patirti malonumą, tai tiems, kurie dar nesubrendo dvasiniam tobulėjimui, kad turėtų iš kur paimti jėgų gyventi, Kūrėjas duoda „gyvenimą", vadinamą melu.

Yra Šviesa, taisanti norus-indą, ir yra žinojimą bei malonumą teikianti Šviesa. Iš tiesų tai – viena ir ta pati Kūrėjo Šviesa, bet žmogus pats išskiria tą Jos savybę, kurią nori panaudoti dvasiniam tikslui.

„Palik blogį ir kurk gėrį". Pirmasis išsitaisymo darbo etapas yra blogio įsisąmoninimas, nes vos tik įsitikinsime, kad egoizmas – mūsų pikčiausias, mirtinas priešas, pradėsime jo neapkęsti ir paliksime. Tačiau nuo blogio reikia ne bėgti, o tik giliai pajausti, kas yra blogis, – tada instinktyviai pasitrauksime nuo to, kas kenkia.

Suvokti, kas gi yra blogis, padeda būtent geri poelgiai – priesakų laikymasis ir kabalos studijavimas, nes patirdamas pozityvią jų įtaką žmogus pradeda siekti dvasinio tobulumo ir jaučia, kas tiksliai jam trukdo pradėti dvasinį gyvenimą.

Kūrėjo paslėptis nuo mūsų, kurią patiriame kaip kančią, abejojimą Aukštesniuoju valdymu, kaip pasitikėjimo Kūrėju trūkumą, trukdančias mintis, – vadinama „naktimi".

Kūrėjo atsiskleidimas mums, patiriamas kaip malonumas, pasitikėjimas Aukštesniuoju valdymu, kaip priklausymo amžinybei jausmas, supratimas, kad visi gamtos dėsniai kyla iš Aukštesniojo Šaltinio, vadinamas „Diena".

Kol Kūrėjas vis dar pasislėpęs, turime dirbti, siekdami įgyti tikėjimą, kad tokia būsena – mūsų labui, nes kad ir kokias būsenas patirtume, Kūrėjas daro tik tai, kas mums geriausia ir naudingiausia.

Ir jeigu būtume jau pasirengę nepakenkdami sau priimti Kūrėjo Šviesą, Kūrėjas, be abejo, mums atsivertų.

Tačiau kadangi nepajėgiame susilaikyti ir nuo tų malonumų, kuriuos jaučiame, Kūrėjas neprideda tokių milžiniškų savo Šviesos sukeliamų malonumų, kurie tuoj pat mus pavergtų ir jau niekada nebegalėtume išsivaduoti iš savo egoizmo pančių. Dėl to dar labiau nutoltume nuo Kūrėjo.

Kiekvienos kartos dauguma iš naujo nusistato daiktų, objektų, reiškinių ir kategorijų vertę bei grožį. Tai darydama kiekviena karta atmeta ankstesniosios standartus. Taigi nėra absoliutaus standarto, bet kiekvienos tautos ir kiekvienos kartos dauguma diktuoja savo standartus, o visi stengiasi jų laikytis. Todėl nuolat gimsta naujos mados ir nauji mėgdžiojimo objektai. Visa tai, ką diktuoja dauguma, laikoma gražiu, o to besilaikantieji gerbiami. Tad žmogus yra pasiryžęs labai stengtis, kad pasiektų to, ką visuomenė itin vertina.

Ir tik todėl taip sunku pasiekti dvasinių savybių, kad dauguma nelaiko šio tikslo prestižiniu, nesivaiko jo, kaip kad naujų madų. Bet ar iš tikrųjų taip svarbu suvokti dvasinį pasaulį? Tiesą sakant, dvasinis pasaulis labai svarbus.

Jei taip yra, kodėl Kūrėjas jį paslėpė? Atsakymas – kad jo nesugadintume. Tam yra sukurta speciali priemonė, vadinama „paslėptimi", kuri neleidžia matyti visos dvasinio pasaulio didybės, kadangi negalime kontroliuoti net ir turimų jausmų, kaip kad buvo paaiškinta anksčiau.

Ir kadangi tai nuo mūsų paslėpta, tegalime vadovautis tikėjimu, kad yra be galo svarbu jausti Kūrėją. Tačiau, daugumos nuomone, dvasinio pasaulio suvokimo svarba lygi nuliui ir todėl iš tiesų visų niekinama.

Taip yra, nepaisant to, kad savo akimis matome, kaip apgailėtinos asmenybės visiems nustatinėja grožio etalonus, prioritetus, elgesio normas, visuomenės įstatymus bei kitus standartus ir nuolatos juos keičia. Tai tik įrodo diktuojančiųjų nepajėgumą ir standartų apgaulingumą.

14
Laipsniškas dvasinis taisymas

Tikėjimas aukščiau žinojimo suteikia žmogui galimybę būtent protu suvokti savo pikčiausią priešą, kuris jam trukdo pasiekti gėrį. Ir kiek žmogus aukščiau proto tiki dvasiniu malonumu, tiek jis jaučia ir suvokia blogį.

Objektyviai žiūrint, nėra nieko, tik Kūrėjas, bet tai – aukščiausias kabalistinio suvokimo lygmuo. Nepasiekęs šio lygmens žmogus pasaulyje taip pat jaučia ir save. Pažinimo proceso metu jis ima išskirti, kad yra:

1. Kūrėjas;

2. pirmasis kūrinys;

3. kūriniai;

4. malonumas, kurį Kūrėjas nori suteikti kūriniams.

Žinoma, visa seka skleidžiasi ne laike, o kaip „priežasties ir pasekmės" grandinė. Egzistuoja Kūrėjas. Kūrėjas nori sukurti kūrinį, kad suteiktų jam malonumą. Kūrėjas sukuria troškimą patirti būtent tokį malonumą (tokios kiekybės ir rūšies), kokį Jis nori suteikti. Kūrinys priima malonumą ir absoliučiai pasitenkina, nes gauna kaip tik tai, ko trokšta.

Šis pirmasis kūrinys vadinamas *Malchut*. Jo patiriama absoliutaus malonumo būsena vadinama „begalybės pasauliu", nes *Malchut* be apribojimo mėgaujasi visiškai ją užpildančia Kūrėjo Šviesa. Bet kartu su patiriamu malonumu jausdama ir patį Kūrėją, Jo norą duoti, *Malchut* siekia tapti panaši į Jį. Todėl galiausiai *Malchut* atsisako priimti Šviesą ir Ją išstumia.

Šis *Malchut* veiksmas vadinamas „apribojimu" (Šviesos gavimo ribojimas – *cimcum*). Kūrėjui nieko netrūksta, todėl *Malchut* negali duoti Kūrėjui taip pat, kaip Jis duoda jai. Panaši į Kūrėją *Malchut* gali tapti gaudama malonumą dėl Kūrėjo. Tokiu atveju iš gaunančiosios ji pavirsta savo paties valia duodančiąja Kūrėjui. *Malchut* tegali pakeisti formą, į kurią ji gauna. Šį pokytį galima pasiekti, kai prie gavimo veiksmo pridedamas ketinimas suteikti malonumą Kūrėjui.

Pirma pakopa, siekiant šios naujos formos, yra apribojimas – Šviesos atstūmimas. Ištuštėjusi *Malchut* dalijasi į daugybę dalių – sielų, kurių kiekviena atskirai turi ištaisyti savo egoizmą. Šios *Malchut* mikrodalelės, netekusios Kūrėjo Šviesos, gyvena tokiomis sąlygomis, kurios vadinamos „mūsų pasauliu". Pamažu šios dalelės atsisako noro patirti malonumą dėl savęs ir dar „šiame pasaulyje" įgyja norą duoti. Jėga, padedanti sielai atsisakyti egoizmo norų, vadinama „gelbstinčia" (*Mesiju*).

Laipsniško dvasinio išsitaisymo lygmenys vadinami dvasiniais pasauliais, o jų vidinės pakopos – *sfiromis*. Išsitaisymo pabaiga – tai sugrįžimas į pirminę būseną iki apribojimo, kurioje pasitenkinimas gaunamas ne dėl savęs, o dėl Kūrėjo. Tokia būsena vadinama „ištaisymo pabaiga".

Visus mums iškylančius klausimus apie kūrimo ir mūsų pastangų tikslą – „ar tai būtina?", „vis tiek Kūrėjas padarys pagal savo planą ir norą, tai kodėl kažko iš manęs reikalauja?" ir pan., mums tiesiogiai siunčia Kūrėjas. Ir iškyla dar vienas klausimas – dėl ko?

Jeigu visi klausimai stiprintų žmogų jam keliaujant į dvasinį pasaulį, tai jų prasmė būtų aiški. Bet pradedančiajam nuolat kyla minčių apie tokio kelio sunkumus, beviltiškumą ir nenaudingumą.

Nėra jokios kitos jėgos ir noro, tik Kūrėjas. Viskas Jo sukurta, kad suprastume kūrimo tikslą, taip pat ir tie „trukdantys" klausimai, mintys ir jėgos, besipriešinančios mūsų artėjimui Jo link.

Numatytame dvasinio tobulėjimo kelyje Kūrėjas sukūrė daug kliūčių. Būtent tam, kad įgytume baimės jausmą, jog nepasieksime tikslo – suvokti Kūrėjo didybę ir visam laikui pasiliksime savo niekingoje būsenoje. Tai gali įtikinti mūsų širdis pasiduoti altruizmui.

Turime suprasti, kad tik Kūrėjas gali atverti mūsų akis ir širdis, leisdamas pajausti dvasinio pasaulio didybę. Kad pajaustume šią būtinybę, mums ir kyla „trukdantys" klausimai.

Vienas iš pagrindinių klausimų, iškylančių pradedančiajam, formuluojamas taip: „Jeigu Kūrėjas panorėtų, Jis man atsivertų. O jeigu man atsivertų, tai aš (mano kūnas – egoizmas – šiandieninis mano diktatorius) iš karto, automatiškai sutikčiau savo egoistinius poelgius pakeisti altruistiniais, ir mano diktatoriumi taptų Kūrėjas. Aš nenoriu pats laisvai rinktis savo poelgių. Tikiu, kad Kūrėjas yra teisus, kad man geriau negalvoti apie savo naudą. Tik tada laimėsiu iš tikrųjų, visiems laikams. Bet juk negaliu pats savęs pakeisti. Tad tegul ateina Kūrėjas ir tai padaro. Juk tai Jis sukūrė mane tokį, kad tik Pats gali ištaisyti."

Žinoma, Kūrėjas gali duoti žmogui dvasinio gyvenimo troškimą, kas vadinama „pažadinimu iš Aukščiau". Tačiau jei Jis taip padarytų, mes niekada negalėtume pabėgti nuo savo egoistinio noro suteikti sau malonumą diktatūros ir būtume priversti dirbti dėl malonumo be pasirinkimo. O toks darbas vadinamas „ne dėl Kūrėjo" (*lo lišma*), bet dėl gaunančiojo malonumą.

Kūrėjo tikslas – kad žmogus pats, savo laisva valia pasirinktų teisingą gyvenimo kelią, tuo pateisindamas Kūrėjo veiksmus kūrinijoje. O tai įmanoma suvokti tik būnant visiškai nepriklausomam nuo egoizmo ir asmeninių malonumų.

Todėl Kūrėjas tikėjimą Juo ir Jo valdymo teisingumu iškėlė kaip dvasinio tobulėjimo sąlygą. Taigi mūsų darbas toks:

1. Tikėti, kad yra pasaulio Valdovas.
2. Įsisąmoninti, kad nors tikėjimas mums ir nesvarbus, tačiau Kūrėjas išrinko mums būtent šį kelią.
3. Tikėti, kad eiti reikia „davimo", o ne „gavimo" keliu.
4. Dirbant „dėl Kūrėjo" tikėti, kad Jis priima mūsų darbą nepriklausomai nuo to, kaip mes patys jį vertiname.
5. Savo tobulėjimo kelyje praeiti dvi „tikėjimo aukščiau žinojimo" formas: a) kai renkamės tikėjimo aukščiau žinojimo kelią, nes neturime kitos išeities; b) kai renkamės šį kelią, net jei ir įgyjame žinių ir jau nebeturime kliautis tikėjimu aukščiau žinojimo.
6. Žinoti, kad jeigu dirbame egoizmo rėmuose, visų laimėjimų, kurių tikimės savo vaizduotėje, vaisiai tarnauja tik mūsų pačių labui. Tačiau kai tai darome iš meilės Kūrėjui, tada visų savo pastangų teikiamą naudą skiriame Jam, o vaisius atiduodame kitiems.
7. Dėkoti Kūrėjui už praeitį, nes nuo to priklauso ateitis, kadangi kiek branginame praeitį ir už ją dėkojame, tiek branginame tai, ką gavome iš Aukščiau. Tada galėsime išsaugoti iš Aukščiau gautą pagalbą ir jos neprarasti.
8. Daugiausiai dirbti kylant dešiniąja linija, t. y. jaučiant tobulumą. Būti laimingiems net ir dėl savo silpno ryšio su dvasiniu pasauliu ir kad nusipelnėme iš Kūrėjo gauti jėgų bei noro bent šį tą padaryti dvasiniame lygmenyje.
9. Eiti ir kairiąja linija. Bet tam užtenka 30 min. per dieną, kad pamąstytume, kiek meilę Kūrėjui vertiname labiau nei meilę sau. Ir kiek pajausime savo trūkumus, atitinkamai šiems pojūčiams turime malda kreiptis į Kūrėją, kad priartintų prie Savęs teisingu keliu, būtent derinant dvi linijas.

O pačiame darbe turime sukoncentruoti savo mintis ir troškimus tokia tvarka:

1. Pažinti Kūrėjo kelius ir *Toros* paslaptis, kad šios žinios padėtų vykdyti Kūrėjo valią. Tai – pagrindinis žmogaus tikslas.
2. Siekti visiškai ištaisyti savo sielą ir taip sugrįžti į jos šaknį – Kūrėją.
3. Trokšti pasiekti Kūrėją ir susilieti su Juo suvokiant Jo tobulumą.

Apie Kūrėją sakoma, kad Jis yra absoliučios ramybės būsenos. Tokia yra ir žmogaus būsena, kai jis pasiekia kūrimo tikslą. Aišku, kad ramybės būseną galima įvertinti tiktai tokiu atveju, jeigu iki tol buvo judėjimas, pastangos, darbas. O kadangi kalbama apie dvasinę ramybę, tai akivaizdu, kad žmogaus judėjimas, pastangos ir darbas taip pat yra dvasinės prigimties.

Dvasinis darbas – tai pastangos džiuginti Kūrėją.

Visas mūsų darbas prasideda tada, kai mūsų kūnas (noras gauti) priešinasi veiksmams, kurie mums visiškai nenaudingi. Taip yra todėl, kad kūnas (egoizmas) nesupranta altruistinio darbo prasmės ir nejaučia iš to jokio atlygio.

Žmogui reikia milžiniškų pastangų, kad pasipriešintų iš principo teisingiems kūno skundams: Štai jau daug laiko tu kankini save, mėgindamas pasiekti kažkokių dvasinių dalykų, o ką už tai gauni? Ar pažįsti ką nors, kas to pasiekė? Nejaugi Kūrėjas nori, kad tu štai taip kankintumeisi? Pasimokyk iš savo patirties, na ir ko tu pasiekei? Ar tai su tavo sveikata taip tyčiotis iš savęs? Pagalvok apie save ir apie šeimą, apie augančius vaikus. Jeigu Kūrėjas norės, tai kaip atvedė tave į kabalą, taip ves ir toliau, juk tik Jis viską valdo!

Visi čia išvardyti ir dar daug panašių kūno skundų (girdimų kartais iš artimųjų, kurie taip pat priklauso kūno sąvokai) absoliučiai teisingi, ir nėra kaip jiems paprieštarauti. O ir nereikia, nes jeigu norime peržengti savo kūno norų rėmus, į šiuos argumentus tiesiog turime nekreipti dėmesio. Vietoj to turime sau pasakyti: Kūnas teisus, jo argumentai logiški, jo skundai teisingi, bet aš nenoriu klausyti kūno, tai reiškia klausyti jo norų. Todėl elgiuosi remdamasis tikėjimu, o ne sveiku protu. Tik mūsų pasaulyje mano samprotavimai laikomi logiškais. Tačiau dvasiniame pasaulyje, nors aš to nesuprantu, nes dar neturiu dvasinio proto ir matymo, viskas vyksta pagal kitokį dėsnį, kuris tik mums atrodo keistas, nes negrindžiamas fizine tikrove. Viskas vyksta pagal Kūrėjo visagalybės ir visiško bei savanoriško paklusimo Jam protu ir jausmais dėsnį, absoliučiai tikint Jo pagalba, nepaisant kūno noro gauti ir jo pasipriešinimo.

Toks žmogaus darbas su savimi vadinamas „duoti dėl davimo". Tai yra grynai altruistinis veiksmas – dešinioji linija. Duoti viską tik todėl, kad norima duoti. Malonumas, gaunamas iš tokio darbo, kyla dėl panašumo į Kūrėją, nes yra tik duodama, kaip tai daro Kūrėjas. Tai vadinama „tikėjimo arba gailestingumo Šviesa" (*Or Chasadim*).

Ir jeigu žmogus stengiasi taip elgtis, tai Kūrėjas atsiskleidžia, leisdamas jam patirti begalinį Jo didingumą ir visagalybę. Tikėjimas užleidžia vietą žinojimui, kūnas pradeda jausti Kūrėjo reikšmingumą ir yra pasiryžęs viską dėl Jo daryti, nes dabar jaučia Aukščiausiojo svarbą ir Jo sutikimą priimti bet ką iš žmogaus. Tai patiriama kaip malonumo gavimas.

Bet tokiu atveju žmogus jaučia, kad vėl yra vedžiojamas savo kūno. Ir ne Kūrėjo didingumas, bet malonumas ir pasitikėjimas savimi, dirbant pačiam Aukščiausiajam, nulemia jo veiksmus. Taigi jis vėl puola į egoizmo ir asmeninio suinteresuotumo glėbį.

Būtent visiškas Kūrėjo nejautimas leidžia žmogui tvirtinti, kad jis viską daro dėl Kūrėjo, altruistiškai ir dvasingai. Kūrėjo atsiskleidimas, atitinkantis kairiąją liniją, vadinamas „išminties Šviesos pažinimu". Šis atsiskleidimas sukelia būtinybę griežtai apriboti pažinimo, valdymo ir Jo didybės suvokimo priėmimą. Tai proporcingai subalansuoja tikėjimą ir žinojimą, pojūčių nebuvimą ir mėgavimąsi Kūrėju, kad vėl nebūtų patenkama egoizmo valdžion.

Pridėdamas prie pirminės savo būsenos dar truputėlį egoizmo, kurį jau gali panaudoti (bet vis tiek eiti pirmyn tarsi būtų nieko ir nesužinojęs, kaip būdamas pirminės būsenos), žmogus, dešiniąją liniją atsverdamas nedidele dalimi kairiosios, kuria viduriniąją liniją.

Kairiosios linijos dalis viduriniojoje lemia žmogaus dvasinės pakopos aukštį. Pati ši būsena vadinama „didžiąja" (*gadlut*). Tolimesnė pažanga veda iki pat aukščiausios, paskutinės pakopos, kur žmogus visiškai susilieja su Kūrėju savybėmis ir norais. Tai vyksta laipsniškai, pakaitomis didėjant iš pradžių dešiniajai, o po to kairiajai linijai ir jas subalansuojant ant kiekvienos dvasinių laiptų pakopos.

Dešiniosios linijos būseną patiriantis žmogus turi būti laimingas be jokios priežasties, tik dėl vienos minties, kad jo pasaulyje egzistuoja Kūrėjas. Ir laimei jam nereikalingos jokios kitos sąlygos. Tokia būsena vadinama „laimingas dėl to, ką turi". Jeigu niekas negali išmušti jo iš šios būsenos, tai ji vadinama tobula.

Bet jeigu toks žmogus ima tikrinti savo dvasinę būseną, tai pamato, kad prie Kūrėjo taip jis visai nesiartina. O kadangi jau patyrė, kad pats nepajėgia savęs ištaisyti, tai prašo tai padaryti Kūrėjo. Žmogui kūno egoizmą (norą gauti) padedanti įveikti Kūrėjo Šviesa vadinama siela.

Patikimiausias būdas patikrinti, ar poelgis altruistinis, ar egoistinis, – pažiūrėti, ar žmogus jaučiasi esąs pasiryžęs nepaisyti jokių rezultatų, malonumų, atlygio, nors ir labai trokšta patirti malonumą iš savo darbo vaisių.

Tik tokiu atveju gaudamas malonumą žmogus gali tvirtinti, kad tai daro dėl Kūrėjo, o ne dėl savęs.

Visas laipsniško dvasinio kilimo kelias – tai nuoseklus vis didesnių malonumų gavimo atsisakymas: iš pradžių mūsų pasaulio malonumų, o po to ir tikrų dvasinių malonumų – Kūrėjo jautimo.

Tam, kad suteiktų žmogui galimybę palaipsniui prisitaikyti prie šios užduoties, Kūrėjas save paslėpė. Todėl Kūrėjo paslėptį reikia suprasti kaip mūsų ištaisymo dalį ir prašyti Jo mums atsiskleisti, nes kai tik galėsime jausti Jį be jokios žalos sau, Jis beregint pats mums atsivers.

Jeigu pasitenkinimą, kurį suteikia Kūrėjo jautimas, patirtume būdami pradinės, egoistinės būsenos, mums niekada neužtektų jėgų išsiskirti su egoizmu – prašyti Kūrėjo suteikti valios stiprybės atsispirti malonumams. Kaip naktiniai drugeliai, skrisdami į ugnį, joje žūva, taip ir mes sudegtume malonumų ugnyje, bet nepajėgtume jų atsisakyti. Kas nors kartą gyvenime pajuto savo bejėgiškumą didelio malonumo akivaizdoje, supranta, kad nepajėgs susilaikyti nuo malonumo, jeigu pasitenkinimas bus didesnis už valios stiprybę ir blogio suvokimą.

Kūrėjas yra pasislėpęs specialiai dėl mūsų gėrio, kad galėtume veikti „neparsiduodami" malonumui ir taip eiti tikėjimo keliu bei įgyti davimo indus. Tačiau kai ką nors norime atlikti ne savo naudai, mūsų kūnas (egoizmas) nedelsiant reikalauja tikslaus įvertinimo, ar verta tai daryti. Be tikslo – atlygio malonumu – jis nepajėgus dirbti ir mūsų dvasiniuose siekiuose ieško įvairiausių trūkumų bei juodina mūsų tikslus.

Mūsų kūnas iš pradžių klausia, „kodėl man reikia tuo užsiimti?" Tokiu atveju jis vadinamas „blogio pradu". Po to jis trukdo mums atlikti tai, ką sumanėme. Tokiu atveju jis vadinamas „šėtonu", nes nori išvesti mus iš kelio (hebr. žodis *satan* kilęs iš veiksmažodžio *listot* – išklysti iš kelio). O vėliau jis dvasiškai žudo tuo, kad iš mūsų kabalos studijų ir įsitraukimo į ją pašalina visus dvasinius pojūčius ir leidžia patirti malonumą mėgaujantis būtent šio pasaulio objektais. Tokiu atveju jis vadinamas „mirties angelu".

Atsakymas į visas kūno pretenzijas gali būti tik vienas: „Einu pirmyn, nepaisydamas to, ką sakai, pasitelkęs tikėjimo jėgą, nes to reikalauja Kūrėjas." Ši Kūrėjo sąlyga vadinama „dvasinio pasaulio įstatymu".

Mes neturėsime jėgų susilaikyti nuo malonumo, jeigu neįtikinsime savęs, kad tai mums kenkia. Kitaip tariant, jeigu širdžiai nepasipriešinsime protu. Bet tokiu atveju tai bus vien tik paprastas išskaičiavimas, kas mums yra naudingiau: ar malonumas nedelsiant ir vėlesnės kančios, ar malonumo atsisakymas pasiliekant dabartinėje situacijoje. Tačiau atsisakydami malonumų visada privalome savo kūnui tiksliai paaiškinti, kodėl neverta mėgautis tuo, kas mums prieinama.

Tai padaryti galime ta kalba, kurią mūsų kūnas supranta. Arba malonumų kalba – kad dabar verta atsisakyti beverčių ir atsitiktinių malonumų dėl kito pasaulio malonumų ateityje. Arba kančių kalba – kad neverta dabar mėgautis, o paskui kęsti pragaro kančias. Taip turime apsiginti nuo savo kūno.

Tačiau reikia žinoti, kad malonumų troškulys vis tiek gali apgauti blaivų išskaičiavimą ir piešti klaidingą malonumų ir kančių santykį. Vienintelis patikimas sprendimas – atsakyti kūnui, kad nusprendėme dirbti dėl dvasinių dalykų be jokios asmeninės naudos.

Tokiu atveju nutraukiamas bet koks ryšys tarp veiksmų ir kūno, ir pastarasis jau nebegali kištis į svarstymus – verta ar neverta dirbti. Šis atsakymas vadinamas „širdies darbu", nes širdis trokšta malonumų.

O atsakymas protui turi būti toks: „Tikiu, kad Kūrėjas girdi visus mano prašymus – maldas padėti." Jeigu pajėgsime tvirtai laikytis savo atsakymų ir protui, ir širdžiai, Kūrėjas mums atsiskleis tiek, kad matysime ir jausime tik Jį.

15

Vidinės savybės ir išoriniai aspektai

Žmogų sudaro septyniasdešimt pagrindinių norų. Jie vadinami „septyniasdešimt pasaulio tautų". Todėl mūsų sielos atitinka dvasinį objektą (*parcufą Zeir Ampin*) *Acilut* pasaulyje, kurį sudaro septyniasdešimt *sfirų*. Kai tik žmogus pradeda siekti suartėti su Kūrėju ir gauna *Toros* Šviesą, kartu jis gauna ir jausmus bei troškimus, apie kurių buvimą nė neįtarė.

Visi septyniasdešimt norų turi dvi šaknis, nes žmogus eina pirmyn derindamas dvi linijas – kairiąją ir dešiniąją. Žmogaus veikimui dešiniojoje linijoje, darbui širdyje, priešinasi jo netyri (egoistiniai) polinkiai (žievė – *klipa*), vadinami *klipa* Izmaelis. Žmogaus veiksmams kairiojoje linijoje, proto darbui, priešinasi jo netyra jėga, vadinama *klipa* Ezavas.

Dirbdamas toliau žmogus mato, kad norėdamas patekti į dvasinį pasaulį jis privalo atsikratyti šių dviejų netyrų jėgų (*klipot*), nes jos nenori priimti dvasinio pasaulio dėsnių. Kaip sakoma *Toroje*, Kūrėjas prieš duodamas dvasinio pasaulio įstatymus – *Torą* – Izraeliui siūlė ją Ezavui ir Izmaeliui, bet šie atsisakė ją priimti.

Tik po to, kai žmogus pamato, kad nei iš dešinės, nei iš kairės jėgos negaus *Toros* – Kūrėjo Šviesos, jis laikosi tik viduriniosios linijos – Izraelio, vadovaudamasis dėsniu – „padarysime, o po to išgirsime", kas reiškia – „gauti dėl davimo".

Kadangi visomis savo mintimis, ketinimais ir norais esame visiškai pasinėrę į savo egoizmą, tai nepajėgiame nepriklausomai, objektyviai, neegoistiškai mąstyti ir todėl neįstengiame savęs kritikuoti.

Iš esmės nėra būtinybės save kritikuoti, iš anksto žinant, kad viskas, ką galvojame ir darome, grindžiama egoistiniais norais. Bet dirbant su savimi ir stengiantis išvystyti dvasinius siekius reikia pasitikrinti savo būseną. Reikia mums patiems, o ne Kūrėjui, kuris ir taip puikiai ją žino.

Patikimiausias būdas patikrinti savo dvasinę būseną – pažiūrėti, ar džiaugiamės dirbdami dėl Kūrėjo. Šio pasitikrinimo tikslas nėra nustatyti, ar mūsų fizinės arba emocinės pastangos yra pakankamos, bet patikrinti savo vidinę būseną. Ar išlaikome tą patį džiaugsmą ir tada, kai gauname iš Kūrėjo tai, ką manome esant mums būtina, ir tada, kai negauname?

Kabala apie žmogų kalba kaip apie visą pasaulį, nes žmoguje yra viskas, kas yra aplinkui mus: visata, tautos-norai, gojai, pasaulio tautų teisuoliai, Izraelis, šventykla ir net pats Kūrėjas – dvasinis taškas širdyje.

Tora pirmiausiai mums kalba apie šias vidines mūsų savybes, o jau po to, kaip apie jų pasekmes, apie išorinius objektus, vadinamus šiais pavadinimais. Beje, nuo dvasinės šių vidinių savybių būsenos tiesiogiai priklauso išorinių objektų dvasinė būsena ir jų poveikis mums.

Pradinė dvasinė žmogaus būsena vadinama „gojumi". Jeigu žmogus ima siekti suartėti su Kūrėju, jis vadinamas „pasaulio tautų teisuoliu". Kaip galima pasitikrinti, ar jau esi ant šios pakopos? Kadangi „gojaus" lygmenyje yra tik egoistiniai norai, tai viską, ko jam trūksta savo egoizmui pasotinti, jis jaučia kaip tai, kas iš jo atimta, – tarsi turėjo tai, ko norėjo, o po to prarado.

Šis jausmas kyla iš mūsų dvasinės „praeities": aukščiausiame dvasiniame lygmenyje mūsų sielos buvo visiškai pripildytos gėrio, bet dvasiškai nukritusios į mūsų pasaulį viską prarado. Todėl, kai tik žmogus pajaučia kokį nors norą, tai tolygu tam, kad tuo momentu yra kupinas pretenzijų Kūrėjui už tai, kas iš jo buvo atimta, arba niekad nebuvo duota tai, ko jis nori.

Tad jeigu žmogus pajėgia savo širdyje pareikšti, kad visa, ką daro Kūrėjas, yra jo labui, ir džiaugtis bei mylėti Kūrėją tarsi išties būtų gavęs iš Jo viską, ko tik galėjo panorėti, pateisindamas visą Kūrėjo valdymą, tada jis sėkmingai praeina ketinimo (*kavana*) išbandymą ir yra vadinamas „pasaulio tautų teisuoliu".

Jeigu žmogus ir toliau dirba su Kūrėjo pagalba taisydamas egoizmą, tai vertinamos jau ne jo mintys, o veiksmai: Kūrėjas jam duoda viską, ko tik nori, tačiau žmogus turi būti pasiruošęs visa tai grąžinti, išskyrus tą dalį, kurią pajėgia priimti dėl Kūrėjo.

Be to, išbandymai dažnai patiriami kaip vienos iš dviejų galimybių pasirinkimas: žmogus jaučia, kad pusė jo norų jį traukia į vieną pusę, o pusė – į kitą. Paprastai žmogus savyje nejaučia jokios priešingų gėrio ir blogio jėgų kovos, nes jame viešpatauja tik blogio jėgos ir jam tereikia apsispręsti, kokia iš jų naudingiau pasinaudoti.

O esant jėgų pusiausvyrai, žmogus neturi jokios galimybės pasirinkti teikti pirmenybę vienai iš jų. Jis jaučiasi esąs tarp dviejų jį veikiančių jėgų ir tada vienintelis galimas sprendimas – kreiptis pagalbos į Kūrėją, kad patrauktų jį į gerąją pusę.

Todėl į visa tai, kas su mumis atsitinka, turime žiūrėti kaip į išbandymą iš Aukščiau.

Taip elgdamiesi greitai pakilsime į kūrimo tikslą. Suprasti visą kūriniją ir tai, kas vyksta atskirai su kiekvienu mūsų, galima tik supratus jos galutinį tikslą. Tada suprasime Kūrėjo veiksmus, nes visus juos sąlygoja tik galutinis tikslas. Kaip ir mūsų pasaulyje, jeigu nesame susipažinę su būsimu rezultatu, negebame suprasti žmogaus veiksmų prasmės. Kaip sakoma: „Kvailiui nereikia rodyti nebaigto darbo."

Kūrėjas – tai visa kūrinija, Šviesa. Ir Jo tikslas – šia Šviesa suteikti malonumą žmogui. Todėl Kūrėjas turi sukurti tik viena – norą patirti malonumą. Visa, kas egzistuoja, yra Šviesa ir noras patirti malonumą. Visa, kas sukurta, išskyrus mus, sukurta tik tam, kad padėtų mums pasiekti kūrimo tikslą.

Mes esame paties Kūrėjo viduje, viską užpildančiame Šviesos vandenyne, tačiau Kūrėją pajausti galime tik tiek, kiek esame panašūs į Jį savo savybėmis. Šviesa gali įeiti tik į tuos mūsų norus, kurie panašūs į Kūrėjo norus.

Kiek savo savybėmis ir norais skiriamės nuo Kūrėjo, tiek Jo nejaučiame, nes Jo Šviesa nepatenka į mūsų vidų. O jeigu visos mūsų savybės priešingos Jo savybėms, tai apskritai Jo nejaučiame ir įsivaizduojame esantys vieni šiame pasaulyje.

Kūrėjas nori suteikti mums malonumą per Savo savybę – „norą duoti". Todėl Jis sukūrė visus pasaulius ir jų gyventojus su priešinga savybe – „noru gauti".

Visas egoistines mūsų savybes sukūrė Kūrėjas, ir ne mūsų kaltė, kad tokia mūsų prigimtis. Tačiau Kūrėjas nori, kad mes patys ištaisytume save ir taip taptume panašūs į Jį.

Šviesa teikia gyvybę visai kūrinijai – negyvajai, augalinei, gyvūninei ir žmogiškajai materijai. Mūsų pasaulyje Šviesa yra pritemdyta ir todėl jos nejaučiame. Jeigu mums plaukiojant Kūrėjo Šviesos vandenyne į mus įeina tam tikra Šviesos dalis, ji vadinama siela.

Kadangi Kūrėjo Šviesa teikia gyvybę, gyvybinę jėgą ir pasitenkinimą, tai tas, kuris negauna Šviesos, o tik menką švytėjimą fizinės egzistencijos palaikymui, vadinamas dvasiškai mirusiu ir neturinčiu sielos.

Kabala (iš žodžio *lekabel* – gauti) – tai mokymas apie tai, kaip gauti Šviesą, ir tik vienetai mūsų pasaulyje, vadinami kabalistais, įgyja šią galimybę.

Kiekvienas mūsų pradeda nuo savo pirmapradės būsenos, kai visiškai nejaučia Šviesos vandenyno, kuriame plaukioja, ir turi pasiekti visišką prisipildymą Šviesa. Tokia būsena vadinama „kūrimo tikslu" arba „Galutiniu ištaisymu". Beje, šią būseną žmogus turi pasiekti dar tebegyvendamas šiame pasaulyje, viename iš savo įsikūnijimų.

Dvasinės pakopos

Stadijos, žmogui laipsniškai prisipildant Kūrėjo Šviesos, vadinamos „dvasinėmis pakopomis", arba „pasauliais".

Gyvenimo išbandymai ir kančios verčia mus judėti kūrimo tikslo link. Jeigu egoizmas vietoj malonumų patiria dideles kančias, tai siekdamas jas nutraukti jis pats ryžtasi atsisakyti noro „gauti", nes geriau nieko negauti nei gauti kančias. Įvairiausios kančios mus persekios tol, kol visiškai neatsisakysime „gavimo" ir nepanorėsime tik „duoti".

Žmonės vieni nuo kitų skiriasi tik tuo, kad kiekvienas nori gauti skirtingos rūšies malonumus, kurie gali būti: gyvūniniai (kūniški, kuriuos turi ir gyvūnai), žmogiški (įžymumas, garbė, valdžia), pažinimo (moksliniai atradimai, pasiekimai). Kiekvieno žmogaus siekiami šių rūšių malonumai susijungia savita, tik jam būdinga proporcija. Žmogaus protas tėra pagalbinis instrumentas pasiekti tam, ko nori. Norams keičiantis tas pats protas padeda rasti, kaip pasiekti norimų dalykų.

Veikiamas kančių egoizmas atsisako noro gauti malonumus ir įgyja polinkį „duoti". Periodas, būtinas visiškam egoizmo anuliavimui, vadinamas „6 000 metų". Tačiau tai neturi jokio ryšio su mūsų laiko samprata.

Egoizmas vadinamas „kūnu". Būdami jo įtakoje jaučiamės dvasiškai mirę. Penkiais etapais laipsniškai atsisakydami egoizmo nuo lengviausios jo dalies iki egoistiškiausios, kūną „nužudome".

Į tuos egoistinius norus, kuriems sugeba pasipriešinti, žmogus gauna Kūrėjo Šviesą. Taip paeiliui jis gauna penkias Šviesos rūšis, vadinamas: *Nefeš*, *Ruach*, *Nešama*, *Chaja*, *Jechida*.

Žmogaus dvasinio kilimo etapai yra tokie:

1. Šio pasaulio egoistinių malonumų vaikymasis. Tuo užsiimdamas žmogus gali nugyventi ir visą gyvenimą, jeigu nepradės studijuoti kabalos. Tokiu atveju jis pereina į antrąją stadiją.

2. Įsisąmoninimas, kad egoizmas yra blogis pačiam žmogui ir atsisakymas jį naudoti.
   Būtent žmogaus egoistinių norų centre yra dvasinio noro užuomazga. Tam tikru gyvenimo momentu žmogus pradeda jausti šį norą kaip siekį pažinti, suvokti, studijuoti dvasinį pasaulį.
   Jeigu žmogus su šiuo noru elgiasi atitinkamai – jį vysto, o ne slopina, tai šis pradeda augti. Vėliau pridėdamas teisingą ketinimą, gautą vadovaujant Mokytojui, žmogus jame atsiradusiuose naujuose dvasiniuose noruose pradeda jausti anksčiau nejaustą dvasinę Šviesą. Jos buvimas padeda jam įgyti pasitikėjimą ir jėgų toliau taisyti egoizmą.

3. Nesavanaudiško noro visais savo poelgiais vien tik džiuginti Kūrėją pasiekimas.

4. Įgyto noro „duoti" ištaisymas į norą „gauti dėl Kūrėjo". Tam į darbą žmogus pasitelkia savo norus gauti malonumą, bet tik su kitu ketinimu – „dėl Kūrėjo". Tokio darbo pradžia vadinama „prikėlimu iš numirusių", iš jau atstumtų egoistinių norų. Palaipsniui savo egoistinius norus keisdamas į priešingus, žmogus laimi dvigubai: mėgaujasi Kūrėju ir panašumu į Jį. Egoizmo ištaisymo į altruizmą užbaigimas vadinamas „Galutiniu ištaisymu".

Kaskart ištaisęs tam tikrą savo norų dalį žmogus gauna į juos savo sielos dalį, ir ši Šviesa padeda toliau taisyti norus, kol jis visiškai save pakeis ir atgaus visą savo sielą. Šviesos kiekis, Kūrėjo dalis, prilygsta žmogaus pirmapradžiam, Kūrėjo sukurtam egoizmui.

Perkeitęs visą savo egoizmą į altruizmą žmogus visiškai panaikina kliūtį gauti Kūrėjo Šviesą. Dabar jis gali prisipildyti Kūrėju ir taip visiškai su Juo susilieti, jausdamas visą aplink esantį Šviesos vandenyną ir juo mėgaudamasis.

Jau ne kartą buvo kalbėta apie ribotas mūsų galimybes pažinti pasaulį.

Kuo mažiau suprantame save, tuo mažiau galime suprasti Kūrėją.

Visas mūsų pažinimas yra subjektyvių pojūčių, o tiksliau, mūsų kūno reakcijų į išorinius poveikius, padarinys.

Kitaip tariant, mes gauname ir suvokiame tik tą informaciją, kuri siunčiama mums parinktinai, atsižvelgiant į mūsų suvokimo kokybines (savybės) ir kiekybines (gylis) galimybes.

Keturi pagrindiniai požiūriai

Neturėdami patikimos informacijos apie mums nesuprantamų aukštesniųjų substancijų, kurių negalime jausti, sandarą ir funkcionavimą, mes sau leidžiame filosofuoti bei ginčytis dėl to, kaip jos galimai sudarytos ir veikia. Tai primena vaikų ginčus – kas teisus dėl to, ko niekas nežino.

Visų religinių, pasaulietinių, mokslinių ir pseudomokslinių filosofijų bandymai paaiškinti, kas yra „siela" ir „kūnas", susiveda į keturis pagrindinius požiūrius:

Tikinčiojo

Bet kokiame objekte „egzistuoja" ne kas kita, kaip tik jo siela. Sielos skiriasi viena nuo kitos savo savybėmis, kurios vadinamos žmogaus „dvasinėmis savybėmis". Sielos egzistuoja nepriklausomai nuo kūno – iki jo gimimo, iki apsivilkimo juo ir po jo mirties. Pastaroji yra grynai biologinio baltyminės materijos suirimo į jos sudedamąsias dalis procesas. („Tikinčiojo" sąvoka nėra tapati „religingo" žmogaus sąvokai.)

Taigi fizinio kūno mirtis nedaro įtakos pačiai sielai, o tik atskiria sielą nuo kūno.

Siela yra tai, kas amžina, mat nesudaryta iš mūsų pasaulio materijos. Pagal savo prigimtį siela nedaloma. Jos nesudaro daugelis sudedamųjų dalių, ir todėl ji negali būti padalinta nei suirti, vadinasi – ir numirti.

Fizinis, biologinis kūnas yra išorinis sielos apvalkalas. Tai tarsi jos rūbas, kuriuo siela apsirengia ir per kurį veikdama atskleidžia savo savybes – protines, dvasines ir charakterio. Tai galima palyginti su žmogumi, kuris per jo vairuojamos mašinos veiksmus atskleidžia savo norus, charakterį ir intelektą.

Be to, siela suteikia kūnui gyvybę ir judėjimą bei rūpinasi jo išlikimu tiek, kad be jos kūnas neturi galimybės gyventi ir judėti. Pats kūnas – negyva medžiaga, kuo galime įsitikinti mirties akimirką sielai jį palikus. Mirties akimirka vadiname „sielos išėjimą iš kūno", taigi visus žmogaus kūno gyvybės požymius lemia siela.

Dualistinis

Išsivysčius mokslams atsirado naujas požiūris į žmogaus kūną: mūsų kūnas gali egzistuoti ir be jokio dvasinio komponento, teikiančio jam gyvybę. Kūnas gali egzistuoti absoliučiai savarankiškai, nepriklausomai nuo sielos. Tai galima įrodyti biologiniais ir medicininiais bandymais, kurie jau gali atgaivinti kūną arba jo dalis.

Bet tokios būsenos kūnas – tai tik savarankiškai egzistuojantis biologinis objektas, sudarytas iš baltyminės materijos. Tai, kas suteikia jam įvairių individualių savybių, kaip ir pirmojo požiūrio atveju, yra siela, nuleidžiama į ją iš Aukščiau.

Dualistinis požiūris nuo tikinčiojo požiūrio skiriasi tuo, kad, anot pirmojo, siela kūnui suteikia tiek gyvybę, tiek ir protą bei dvasines savybes, o anot antrojo, – siela kūnui suteikia tik dvasines savybes, nes bandymai rodo, kad kūnas gali pats egzistuoti be papildomų aukštesniųjų jėgų pagalbos. Ir todėl sielai belieka tik proto ir gerųjų savybių, priskiriamų dvasingumui, bet ne materijai, ištakų vaidmuo.

Negana to, remiantis šiuo požiūriu, teigiama, kad nors kūnas ir gali savarankiškai egzistuoti, jis yra pagimdytas sielos. Siela yra pirminė, nes yra kūno atsiradimo, jo gimimo priežastis.

Netikinčiojo

Netikintysis neigia bet kokių dvasinių struktūrų egzistavimą ir sielos buvimą kūne. Jis pripažįsta tik materiją ir jos savybes. O jeigu nėra sielos, tai žmogaus protas ir visos jo savybės taip pat kyla iš jo kūno. Anot šio požiūrio, kūnas yra sistema, kurią valdo nervų kanalais perduodami elektriniai signalai. („Netikinčiojo" sąvoka nėra tapati „nereligingo" žmogaus sąvokai).

Netikinčiojo požiūris teigia, kad visi kūno pojūčiai atsiranda nervų galūnėms sąveikaujant su išoriniais dirgikliais ir nervų kanalais perduodami į smegenis, kur analizuojami bei suvokiami kaip skausmas arba malonumas, ir pagal tai organui nurodo, kaip jis turi reaguoti.

Vadinasi, viskas sukonstruota kaip mechanizme su jutikliais, per kuriuos smegenys perduoda, apdoroja bei transliuoja signalus, valdomus ir grįžtamojo ryšio būdu. Smegenys veikia pagal atsitolinimo nuo skausmo ir priartėjimo prie malonumo principą. Skausmo ir malonumo signalai kuria žmogaus santykį su gyvenimu ir lemia jo veiksmus.

Mūsų jaučiamas protas yra ne kas kita kaip mūsų kūne vykstančių fizinių procesų atspindys, tarsi jų fotografija. Skirtumas tarp žmogaus ir gyvūno yra tik tas, kad žmogaus smegenys daug labiau išsivysčiusios. Visi jo organizme vykstantys procesai susidėsto į tokį išbaigtą vaizdą, kad žmogus tai jaučia kaip protą ir logiką. Tačiau visas mūsų protas – tik mūsų kūniškų pojūčių bei suvokimų rezultatas.

Be abejo, iš visų požiūrių pastarasis – blaiviausias, moksliškiausias ir suprantamiausias, nes grindžiamas tik patirtimi ir todėl domisi tik žmogaus kūnu, o ne kažkuo neapčiuopiamu, vadinamu „siela". Todėl toks požiūris yra patikimiausias, kalbant apie žmogaus kūną.

Tačiau šio požiūrio trūkumas tas, kad jis netenkina ir atstumia net netikinčiuosius. Žmogus čia suvokiamas kaip robotas aklos gamtos rankose (veikiamas iš anksto duotų būdo savybių, visuomenės raidos dėsnių, mūsų kūno reikalavimų palaikyti gyvybę, ieškoti malonumų ir pan.). Visa tai atima iš mūsų protingų būtybių statusą.

Juk jeigu žmogus – viso labo tik mechanizmas, priverstinai veikiantis pagal į jį pakrautus prigimtinius duomenis ir visuomenės jam diktuojamas taisykles, tai tuo paneigiama visa valios bei poelgių pasirinkimo laisvė, vadinasi, ir objektyvus mąstymas.

Tačiau nors žmogus ir sukurtas gamtos, save jis laiko išmintingesniu už ją.

Todėl tokio požiūrio negali priimti net netikintieji Aukščiausiuoju Protu. Juk tokiu atveju žmonės atrodo visiškai atiduoti valdyti aklai gamtai, kuri neturi jokios minties bei tikslo ir žaidžia su jais, protingomis būtybėmis, neaišku kaip ir kodėl. Tada nebelieka racionalios nei jų gyvenimo, nei mirties priežasties.

Kad kaip nors sušvelnintų tokį moksliškai patikimą, bet dvasiškai nepriimtiną požiūrį į savo egzistavimą, mūsų laikais žmonija palaipsniui pereina prie „šiuolaikinio" požiūrio į save.

Šiuolaikinis

Šis požiūris tapo madingas pastaruoju metu (nors ir priimam prieš tai aprašytą grynai materialistinį požiūrį į pasaulį kaip moksliškai patikimą ir suprantamą). Madinga sutikti su tuo, kad žmoguje egzistuoja kažkas amžina, nemirtinga ir dvasinga, kas apsivelka materialiu kūnišku apvalkalu. Tai ir yra mūsų dvasinė esmė, vadinama siela, o kūnas – tik jos rūbas.

Bet vis tiek šio požiūrio šalininkai negali paaiškinti, kokiu būdu siela apsivelka kūną, koks tarp jų ryšys, kas yra sielos šaltinis, kas yra ji pati. Ir todėl žmonija, užmerkusi akis į visas šias problemas, naudoja seną patikrintą nusiraminimo būdą – užsimiršta smulkių rūpesčių ir džiaugsmų sūkuryje šiandien lygiai taip pat, kaip ir vakar...

Kas gi gali suprasti tokius klausimus: Kas yra tas kūnas ir kas ta siela? Koks ryšys tarp jų? Kodėl suvokiame save kaip sudarytus iš dviejų – materialios ir dvasinės – dalių? Kurioje iš šių mūsų dalių esame mes patys, mūsų amžinasis „aš"? Kas vyksta su mūsų „aš" iki gimimo ir po mirties? Ar tai tas pats „aš", kuris jaučia save dabar, būdamas kūne, ir būdamas ne jame, iki gimimo ir po mirties?

Ir svarbiausia: visi šie klausimai ir įvairių sielos bei kūno virsmų ir sugrįžimo į šį pasaulį variantų vaizdiniai gimsta mūsų materialioje sąmonėje. Mūsų kūniškas protas tyrinėja, ar jie tikri, ar tik vaizduotės vaisius, pagamintas mūsų materialių smegenų. Protas kuria dvasinio pasaulio – atėjimo iš jo į mūsų ir išėjimo iš mūsų pasaulio į dvasinį – vaizdinius. Ir kuria juos pagal analogiją su savo žemišku supratimu, nes kitos informacijos neturi.

Mūsų protas gali dirbti vien vadovaudamasis jame įsirėžusiais pasaulio vaizdiniais ir taip kurti mūsų fantazijas bei prielaidas.

Pavyzdžiui, negebame įsivaizduoti būtybės iš kitos planetos, kuri būtų visiškai niekuo į mus nepanaši ir neturėtų mūsų kūno elementų.

Taigi susiduriame su klausimu: o kas, jeigu viskas, ką gebame įsivaizduoti ir kuo remdamiesi kuriame savo teorijas, yra ne daugiau nei mūsų protų bandymas suvokti tai, kas yra už mūsų suvokimo ribų? Jeigu kaip tiesą priimame sąvokas, kurias gamina mūsų protas, vadovaudamasis šio pasaulio patirtimi, tada (neturėdami geresnių alternatyvų) turime klausti, ar mūsų pasaulio suvokimo ribose egzistuoja atsakymas į klausimą „Kas yra dvasia ir kūnas"?

Jau anksčiau šioje knygoje rašiau apie mūsų pažinimo ribotumą. Lygiai tiek pat, kiek negalime teisingai pamatyti, pajausti bei ištirti nė vieno daikto mūsų pasaulyje, negalime ir teisingai spręsti ne tik apie mūsų sielas, bet ir apie mūsų kūnus.

Iš keturių objekto pažinimo kategorijų – objekto medžiaga, išorinė objekto forma, abstrakti objekto forma, objekto esmė – galime suvokti tik jo išorinę formą, kaip ją matome, ir medžiagą, iš kurios objektas sudarytas, kaip ją įsivaizduojame remdamiesi mūsų tyrimų rezultatais. Tačiau abstrakti objekto forma, t. y. jo savybės, neįvilktos į medžiagą, ir jo esmė mums nesuvokiamos.

16
Susiliejimas su Kūrėju

Kabala vadinama „slaptuoju mokymu", nes ją studijuojančiam žmogui atskleidžia tai, kas anksčiau nuo jo buvo paslėpta. Ir kaip rašo mūsų Mokytojas kabalistas Ašlagas, tik suvokiantysis mato jam atsiveriantį tikrąjį kūrinijos paveikslą:

Stebuklingai nušvis jums tiesa
Ir tik ją jūsų lūpos ištars,
O visa, kas jums atsivers,
Regėsit tik jūs – ne kiti!

Kabala – slaptas mokymas, nes paslėptas nuo paprasto skaitytojo ir atsiskleidžia, tik esant tam tikroms sąlygoms. Kabalos paslaptys palaipsniui aiškėja, esant ypatingam vadovavimui, kuris nukreipia skaitytojo norus ir mintis.

Ir tik tas, kuriam kabala iš slapto mokymo jau tapo atviru, mato bei supranta, kaip sudarytas „pasaulis" ir vadinamieji „siela" bei „kūnas". Tačiau jis nepajėgus kitiems perduoti savo suvokiamo kūrinijos paveikslo, negali ir neturi teisės to perduoti, išskyrus vieną vienintelę tiesą: tolydžio dvasiškai kylant atrandama pagrindinė kūrinijos tiesa – nėra nieko kito, tik Kūrėjas!

Mes sukurti su tokiais jutimo organais, kad iš visos kūrinijos jaučiame tik mažą jos dalį, vadinamą „mūsų pasauliu". Visi mūsų išrandami prietaisai tik praplečia mūsų jutimo organų diapazoną. Be to, negalime įsivaizduoti, kokių jutimo organų mums trūksta, nes nejaučiame jų stokos, kaip kad žmogus negali jausti poreikio turėti šeštą rankos pirštą.

O neturėdami organų, leidžiančių pajausti kitus pasaulius, mes jų pajausti negalime. Taigi, nors mus supa stulbinančiai turtinga aplinka, matome tik mažytį jos fragmentą. Negana to, ir šis mūsų jaučiamas fragmentas nepaprastai iškreiptas, nes pagauname tik mažąją jo dalį ir jos pagrindu kuriame savo sampratas apie visos kūrinijos sandarą. Kaip matantis tik rentgeno spektre įžvelgia tik rentgeno spindulius sulaikančio skeleto vaizdą, taip ir mes matome iškreiptą visatos vaizdą.

Kaip pagal rentgeninį matymą negalima spręsti apie tikrąjį visatos paveikslą, taip ir mes savo ribotais jutimo organais negalime suvokti tikrojo visatos paveikslo. Ir jokia vaizduote negalime pakeisti to, ko negalime pajausti, nes visos mūsų fantazijos taip pat grindžiamos mūsų ankstesniais pojūčiais.

Vis dėlto pabandykime savo vaizduotėje mums suprantama forma susikurti vadinamąjį anapusinį pasaulį, kuris egzistuoja anapus mūsų įsivaizdavimų ir yra nepasiekiamas mūsų jutimo organams.

Pirmiausiai įsivaizduokite, kad stovite tuštumoje. Prieš jus į šios tuštumos gilumą driekiasi kelias. Išilgai kelio tam tikrais intervalais stovi žymekliai – nuo nulinio, kur esate jūs, iki pabaigos. Šie žymekliai visą kelią dalija į tris dalis.

Pirmyn judame ne pakaitomis perstatinėdami kojas kaip mūsų pasaulyje, o kaskart kintant norams.

Dvasiniame pasaulyje nėra mūsų įprastai suprantamos vietos, erdvės, judėjimo. Dvasinis pasaulis – tai jausmų, kurie egzistuoja anapus fizinių kūnų, pasaulis. Objektai čia – jausmai. Judėjimas – savybių kaita. Vieta – tam tikra savybė.

Vietą dvasiniame pasaulyje nulemia jos savybės, todėl judama joms keičiantis. Panašiai ir mūsų pasaulyje dvasinį judėjimą suvokiame kaip jausmų, o ne kaip fizinį judėjimą.

Todėl kelias, kurį mėginame įsivaizduoti, – tai laipsniška mūsų vidinių savybių, mūsų norų kaita.

Nuotolis tarp dvasinių objektų nusakomas ir matuojamas jų savybių skirtumu. Kuo savybės artimesnės, tuo artimesni objektai. Objektų priartėjimą arba nutolimą lemia santykinis jų savybių pasikeitimas. O jeigu savybės visiškai sutampa, tai du dvasiniai objektai susilieja į vieną. Tačiau jeigu viename dvasiniame objekte staiga atsiranda nauja savybė, ji atsiskiria nuo šio objekto, ir taip gimsta naujas dvasinis objektas.

Kitame kelio gale yra pats Kūrėjas. Jo savybė – absoliutus noras duoti – lemia Jo atstumą nuo mūsų. Gimę mūsų pasaulyje su absoliučiai egoistinėmis savybėmis, esame nutolę nuo Kūrėjo kaip rytai nuo vakarų. Jo mums iškeltas tikslas – kad mes, gyvendami šiame pasaulyje, įgytume Jo savybes, t. y. dvasiškai su Juo susilietume. Mūsų kelias yra ne kas kita, kaip laipsniškas mūsų savybių pasikeitimas iki visiško sutapimo su Kūrėjo savybėmis.

Vienintelė Kūrėjo esmę apibūdinanti savybė – tai jokio egoizmo nebuvimas. Tai leidžia visiškai negalvoti apie save, savo būseną, savo įtaką ir valdžią – visa tai, apie ką sukasi visos mūsų mintys ir troškimai. Tačiau kadangi šiame pasaulyje esame tam tikrame materialiame apvalkale, tai rūpinimasis minimumu jo egzistencijai palaikyti yra būtinas ir nelaikomas egoizmo pasireiškimu.

Ir apskritai nustatyti, ar bet kuri mintis arba kūno noras yra egoistiniai, galima paprastai patikrinant – jeigu norėtume išsivaduoti nuo šios minties, bet nuo to priklauso mūsų išlikimas, tai tokia mintis arba veiksmas laikomi priverstiniais, o ne egoistiniais ir neatskiria nuo Kūrėjo.

Kūrėjas stumia į tikslą tokiu būdu: Jis duoda mums „blogą" norą arba kančią, kas panašu į įėjimą pirmyn kairiąja koja. Ir jeigu randame savyje jėgų prašyti Kūrėjo pagalbos, tai Jis mums padeda duodamas „gerą" norą arba malonumą, ką galima palyginti su ėjimu pirmyn dešiniąja koja. Ir vėl gauname iš viršaus dar stipresnį blogą norą arba abejonę Kūrėju, ir vėl dar didesnėmis valios pastangomis turime prašyti Kūrėjo padėti.

Kūrėjas mums padeda suteikdamas dar stipresnį gerą norą ir t. t.

Taip žmogus juda pirmyn. Judėjimo atgal nėra. Ir kuo žmogaus norai tyresni, tuo jis toliau nuo absoliutaus egoizmo pradžios taško.

Judėjimą pirmyn galima aprašyti įvairiais būdais, bet tai visada ėjimas per besikeičiančius jausmus. Patirtą dvasinį pojūtį, kai pasąmoningai jaučiamas Kūrėjo egzistavimas, lydi pasitikėjimo jausmas, kuris atneša džiaugsmą. Po to šis jausmas ima nykti, ir tai reiškia, kad žmogus pakilo į aukštesnę dvasinio tobulėjimo pakopą, kurios dar negali pajausti, nes neturi šios pakopos savybėms pajusti reikalingų jutimo organų. Šios aukštesnės pakopos pojūčiai dar negimė, nes žmogus jų dar neiškentėjo, neužsidirbo, nesukūrė juos atitinkančių suvokimo organų.

Naujus aukštesnės pakopos jutimo organus (t. y. šioje pakopoje patiriamo malonumo troškimą ir atitinkamą kančios jausmą dėl jo nebuvimo) savyje galima išvystyti dviem keliais:

1. Toros keliu: žmogus pradeda jausti Kūrėją, o po to ryšys pradingsta. Toje vietoje atsiranda kančia dėl nepatiriamo malonumo.

Kančia yra būtina, kad pagaliau pajaustume malonumą.

Tokiu būdu nauji jutimo organai, leidžiantys pajausti Kūrėją, gimsta kiekvienoje pakopoje. Kaip ir mūsų pasaulyje – netrokšdamas tikslo ar objekto žmogus negali patirti jų teikiamo malonumo. Skirtumą tarp žmonių ir tarp žmonių bei gyvūnų lemia tai, kokį malonumo nešėją jie renkasi. Todėl dvasinis tobulėjimas neįmanomas, jei prieš tai nepatiriamas stygius ir kančia dėl jo.

2. *Kančių keliu:* Jeigu žmogus nesugebėjo grupės draugų įkvėptomis pastangomis, mokymusi, prašymais, nukreiptais į Kūrėją, pakelti savęs iki naujų norų, į naują meilės Kūrėjui ir Jo baimės lygmenį, tada atsiranda lengvabūdiškos mintys, atsainus santykis su dvasingumu, potraukis primityviems malonumams, ir jis nusileidžia į blogio jėgų lygmenį. Šiuo atveju žmogus eis kairiąja linija, atitinkančia netyrų (egoistinių) pasaulių *ABJA* (*Acilut, Brija, Jecira, Asija*) lygmenį. Tačiau kančios gimdo tokį stiprų žmogaus troškimą jų atsikratyti, kad kančios jausmas ir tampa tuo indu, į kurį žmogus gali gauti naują Kūrėjo pojūtį.

Taigi tobulėjimas *Toros* keliu nuo kančių kelio skiriasi tuo, kad pirmuoju atveju žmogui duodama *Toros* Šviesa. Kitaip tariant, jam leidžiama patirti Kūrėjo buvimą, o po to tai atimama. Nebepatiriant malonumo atsiranda Šviesos trūkumo ir poreikio jausmas, kuris ir yra indas – nauji jutimo organai, į kuriuos žmogus siekia gauti Kūrėjo pojūtį. Šie tikslai traukia jį pirmyn, kol jis gauna tai, ko trokšta.

Eidamas pirmyn kančių keliu, žmogus iš nugaros raginamas kančiomis, o ne kaip pirmuoju atveju, kai tobulėja siekdamas malonumų.

Kūrėjas valdo mus pagal savo planą – šiame arba kituose mūsų gyvenimuose atvesti, perkelti kiekvieną iš mūsų ir visą žmoniją į galutinį šio kelio tašką, kuriame yra Jis. Visas mūsų kelias – tai suartėjimo savo savybėmis su Kūrėju etapai.

Tik savo savybėmis susilieję su Kūrėju mes iki galo suvoksime visą tikrąjį kūrinijos paveikslą, pamatysime, kad pasaulyje nėra nieko kito, tik Kūrėjas. Visi pasauliai ir jų gyventojai – viskas, ką jautėme aplink save, ir mes patys, yra tik Jo dalis, tiksliau – mes esame Jis.

Visas mūsų mintis ir veiksmus nulemia mūsų norai. Protas tik padeda pasiekti tai, ko norime.

Savo norus gauname iš Aukščiau, ir tik Kūrėjas gali juos pakeisti.

Kūrėjas tai padarė specialiai – kad suprastume, jog visa tai, kas su mumis vyko praeityje, vyksta dabar ir vyks ateityje visose gyvenimo srityse, absoliučiai priklauso tik nuo Jo. Mūsų situacija gali pagerėti, jei taip nori Kūrėjas, nes tik Jis yra priežastis to, kas su mumis vyksta. Tai yra būtina, kad pripažintume ir pajustume ryšio su Juo poreikį. Šis procesas prasideda absoliučiu Kūrėjo atmetimu kelio pradžioje ir baigiasi visišku susiliejimu su Juo kelio pabaigoje.

Jeigu staiga patiriame norą priartėti prie Kūrėjo, dvasinių dalykų poreikį ir jų trauką, – tai yra dėl to, kad Kūrėjas, duodamas tokius jausmus, traukia mus prie savęs.

Ir atvirkščiai, „kritus" mūsų ketinimams arba net materialinei, visuomeninei ir kitokiai padėčiai, per nesėkmes ir netektis palaipsniui imame suprasti, kad tai tikslingai daro Kūrėjas. Taip galime pajausti priklausomybę nuo visko, kas su mumis vyksta, Šaltinio ir įgyti supratimą, kad „tik Kūrėjas gali padėti, nes kitaip –žmogus pražuvęs".

Kūrėjas tai daro tikslingai, kad mes tvirtai pareikalautume Jo pakeisti mūsų dvasinę būseną ir kad prireiktų ryšio su Juo. Tada Kūrėjas jau priklausomai nuo mūsų noro gali priartinti mus prie Savęs.

Taigi Kūrėjas padeda išvaduodamas mus iš dvasinio miego ir pasitenkinimo esama būsena. Kad pastūmėtų pirmyn, Jo numatyto tikslo link, Kūrėjas per šeimą, draugus, kolegas, visuomenę mums siunčia tiek materialines, tiek dvasines kančias ir nesėkmes.

Kūrėjas mus sukūrė tokius, kad visa, ką jaučiame kaip malonius dalykus, jaučiame dėl priartėjimo prie Jo, ir priešingai, visi nemalonus pojūčiai – dėl nutolimo nuo Jo.

Dėl to mūsų pasaulis ir sukurtas toks, kad jame esame priklausomi nuo sveikatos, šeimos ir mus supančiųjų meilės bei pagarbos. Tam, kad Kūrėjas per šias gyvenimo aplinkybes tarsi per pasiuntinius galėtų mums siųsti neigiamus poveikius, versdamas ieškoti išėjimo iš slegiančių būsenų, kol galiausiai įsisąmoninsime, kad viskas priklauso tik nuo Jo.

Ir tada, jeigu atrasime savyje jėgų ir kantrybės, nusipelnysime viską, kas su mumis atsitinka, beregint susieti su Kūrėjo noru, o ne su kokiomis nors priežastimis arba net ne su savo praeities poelgiais ir mintimis. Tada taps aišku, kad tik Kūrėjas yra visko, kas vyksta, priežastis.

Kelias, kurį pavaizdavome, tai – tiek atskiro žmogaus, tiek ir visos žmonijos kelias. Pradedant nuo pradinio taško, vadinamo „mūsų pasauliu", kuriame esame priklausomi nuo šiandieninių savo norų, iki galutinio tikslo, vadinamo „būsimu pasauliu", kurį visi, net ir nenorėdami, turime pasiekti, mūsų kelias dalijasi į keturis etapus arba būsenas:

1. Absoliutus Kūrėjo nejautimas (paslėptis).

Šios būsenos padarinys: netikėjimas Kūrėju ir Aukštesniuoju valdymu, tikėjimas savo jėgomis, gamtos jėgomis, aplinkybėmis ir atsitiktinumu. Šiame etape (dvasiniame lygmenyje) yra visa žmonija. Žemiško gyvenimo metu mūsų sielos kaupia patirtį per mums siunčiamas įvairaus pobūdžio kančias.

Sielos patirties kaupimo procesas vyksta vienai ir tai pačiai sielai nuolat sugrįžtant į šį pasaulį skirtinguose kūnuose.

Sielai įgijus pakankamai patirties, žmogus gali pajusti pirmąjį dvasinį lygmenį.

2. Neaiškus Kūrėjo jautimas.

Šios būsenos padarinys: tikėjimas atlygiu ir bausme bei tuo, kad kančias sukelia nutolimas nuo Kūrėjo, o malonumus – artumas Kūrėjui.

Veikiamas didelių kančių žmogus gali kuriam laikui vėl sugrįžti prie pirmojo, neįsisąmoninto patirties kaupimo proceso. Tačiau šis procesas tęsiasi iki tol, kol jis suvokia, kad tik visiškas Kūrėjo valdymo jautimas suteiks jam jėgų eiti pirmyn.

Išgyvendamas pirmąsias dvi būsenas, žmogus turi tikėjimo Aukštesniuoju valdymu laisvę. Ir jeigu jis, nepaisydamas visų „iškylančių" – siunčiamų iš Aukščiau – kliūčių, stengiasi savyje sustiprinti tikėjimą ir Kūrėjo valdymo pojūtį, tai po tam tikro kiekio pastangų Kūrėjas jam padeda atsiskleisdamas Pats ir atskleisdamas visą kūrinijos paveikslą.

3. Dalinis pasaulio valdymo atskleidimas.

Šios būsenos padarinys: žmogus geba matyti atlygį už gerus poelgius ir bausmę už blogus. Todėl jis nepajėgia susilaikyti nedaręs gėrio ir neatsisakęs blogio, kaip niekas iš mūsų nepajėgia pasitraukti nuo to, kas malonu, arba aiškiai sau kenkti.

Bet šis dvasinio vystymosi etapas dar negalutinis, kadangi šiame etape visi žmogaus poelgiai priverstiniai dėl akivaizdžiai suvokiamų atlygio ir bausmės. Todėl yra dar vienas dvasinio vystymosi etapas – suvokimas, kad viskas, ką daro Kūrėjas, daroma su absoliučia ir amžina meile visiems kūriniams.

4. Visiškas pasaulio valdymo paveikslo atskleidimas.

Šios būsenos padarinys: aiškus suvokimas, kad Kūrėjo pasaulio valdymas grįstas ne atlygiu ir bausme už atitinkamus poelgius, o absoliučia begaline meile Jo kūriniams.

Ši dvasinė pakopa pasiekiama žmogui aiškiai pamačius, kad su visomis būtybėmis apskritai ir su kiekviena atskirai, neskirstant jų į geras ar blogas, esant bet kokioms aplinkybėms Kūrėjas visada elgiasi ir jas valdo tik su begaline meile.

Jausdamas Aukštesnijį dvasinį lygmenį, žmogus jau suvokia kiekvieno būsimą būseną. Jis gali suvokti visų jos dar nepasiekusiųjų situaciją ir tai, kad jie, kiekvienas atskirai ir visi bendrai, pasieks to paties.

Šią būseną žmogus pasiekia dėl to, kad Kūrėjas atskleidžia jam visą kūrinijos paveikslą ir Savo santykį su kiekviena siela kiekvienoje kartoje per visą visų pasaulių egzistavimo laiką. Šie pasauliai buvo sukurti su vieninteliu tikslu – suteikti Jo sukurtiems kūriniams malonumą. Tai yra vienintelė priežastis, lemianti visus Kūrėjo veiksmus mūsų atžvilgiu. Ir tai vyksta nuo kūrimo pradžios iki pabaigos taip, kad visi kartu ir kiekvienas atskirai gali pasiekti begalinį malonumą susiliedami su savo Ištakomis.

Taigi kai žmogus gali akivaizdžiai matyti, kad Kūrėjo veiksmai yra skirti tiktai teikti gėrį ir naudą savo kūriniams, jį pripildo begalinė meilė Kūrėjui, o jausmams visiškai supanašėjus Kūrėjas ir žmogus susilieja į vieną visumą. Kadangi ši pakopa ir yra kūrimo tikslas, tai trys pirmosios valdymo suvokimo pakopos yra tik parengiamosios siekiant ketvirtosios.

Visi žmogaus norai yra tarsi jo širdyje, nes čia jie jaučiami fiziologiškai. Todėl širdį laikome visų kūno troškimų, visos žmogaus esmės atstove. Širdies norų pasikeitimai byloja apie asmenybės pokyčius.

Nuo gimimo, t. y. nuo atsiradimo šiame pasaulyje, žmogaus širdis užimta tik kūno rūpesčiais. Ji pripildyta tik kūno norų ir gyvena tik jais.

Tačiau širdies gilumoje, visų troškimų gilumoje, yra vadinamasis vidinis taškas, kuris slypi po visais smulkiais bei laikinais norais, ir mes jo nejaučiame. Tai dvasinių pojūčių poreikis. Šis taškas yra paties Kūrėjo dalis.

Jeigu žmogus sąmoningai, valios pastangomis įveikdamas kūno pasyvumą ir tingumą *Toroje* ieško suartėjimo su Kūrėju kelių, tai šis taškas palaipsniui prisipildo gerų ir tyrų troškimų. Tada žmogus suvokia Kūrėją pirmajame dvasiniame lygmenyje, *Asija* pasaulio lygmenyje.

Po to, savo pojūčiais perėjęs visas *Asija* pasaulio pakopas, jis pradeda jausti Kūrėją *Jecira* pasaulio lygmenyje ir t. t., kol pasiekia aukščiausią pakopą – Kūrėjo suvokimą *Acilut* pasaulio lygmenyje. Ir kiekvieną sykį šiuos pojūčius žmogus patiria tame pačiame vidiniame savo širdies taške.

Praeityje, kai jo širdį valdė kūno norai, vidinis taškas širdyje Kūrėjo absoliučiai nejautė. Žmogus galėjo galvoti tik apie norus, apie kuriuos galvoti jį versdavo kūnas, ir atitinkamai norėti tik to, ko vertė norėti kūnas. O dabar, jeigu žmogus palaipsniui užpildo širdį tyrais ir altruistiniais norais, prašydamas ir reikalaudamas Kūrėjo jį dvasiškai išgelbėti, jis pradeda Jį jausti. Tada žmogus pajėgia galvoti tik apie Kūrėją, nes jam gimsta mintys ir troškimai, būdingi šiai dvasinei pakopai.

Vadinasi, mes visada norime tik to, ko norėti mus verčia tas dvasinis poveikis, kurį gauname iš pakopos, ant kurios esame.

Iš to aišku, kad neturime siekti patys pakeisti savo minčių, o tik prašyti, kad jas pakeistų Kūrėjas, nes visus mūsų norus ir mintis lemia tai, ką mes gauname, tiksliau, kokiu laipsniu jaučiame Kūrėją.

Kalbant apie visą kūriniją, akivaizdu, kad viskas kyla iš Kūrėjo, bet Kūrėjas sukūrė mus su tam tikra valios laisve. Gebėjimas valdyti savo norus atsiranda tik pasiekusiems *ABJA* pakopas, – kuo aukščiau žmogus dvasiškai pakyla, tuo aukštesnis jo laisvės laipsnis.

Kad būtų akivaizdžiau, dvasinės asmenybės vystymosi procesą galima palyginti su mūsų pasaulio materialios gamtos vystymusi. Visą gamtą ir visą kūriniją sudaro tik vienas, bet kiekviename kūrinyje individualaus dydžio noras patirti malonumą. Šiam norui augant mūsų pasaulyje atsiranda labiau išsivysčiusių būtybių, nes noras priverčia smegenis dirbti ir vystyti intelektą, kad patenkintų savo poreikius.

Mūsų mintis visada lemia norai. Mintys visada seka paskui norus, yra nukreiptos tik į tai, kaip pasiekti tai, ko trokštame, ir į nieką daugiau. Bet sykiu mintys turi ypatingą vaidmenį – jos gali padėti mums sustiprinti savo norą. Jeigu nuolat gilinsime bei plėtosime kokią nors mintį ir stengsimės nuolat prie jos grįžti, šis noras ims augti labiau nei kiti norai. Taip galime pakeisti savo norų santykį: nuolat galvodami apie mažą norą pajėgsime jį padidinti tiek, kad jis užgoš visus likusius norus ir nulems pačią mūsų esmę.

Atsiskleidimo fazės

Žemiausias dvasinio išsivystymo lygmuo – „negyvasis". Jis apima negyvąją gamtos dalį, kurią sudaro kosminiai kūnai, mineralai ir kt. Negyvasis dvasinio išsivystymo lygmuo nesuteikia galimybės veikti savarankiškai. Jame nėra nieko individualaus, nes čia noras patirti malonumą yra toks menkas, kad tesiekia išsaugoti nepakitusias savo savybes. Šiame lygmenyje nėra savarankiško judėjimo. Visa jo funkcija – aklai, automatiškai pildyti jį sukūrusio Kūrėjo norus, nes neturėdamas individualių savo norų jis negali apie nieką kitą galvoti.

Kadangi Kūrėjas panoro, kad negyvieji objektai elgtųsi tik taip, davė jiems žemiausią norų lygį, neverčiantį jų vystytis. Todėl jie, neturėdami jokių kitų norų, išskyrus tuos, kuriuos pradžioje jiems įdiegė Kūrėjas, aklai vykdo savo užduotis, rūpindamiesi tik savo dvasiškai negyvos prigimties poreikiais, nejausdami supančios aplinkos.

Lygiai taip pat ir žmonės, kurie kol kas dar dvasiškai negyvi, neturi jokių individualių norų. Juos valdo tik Kūrėjo norai, ir jų prigimtis įpareigoja šiuos norus besąlygiškai nesąmoningai tenkinti, paklūstant Kūrėjo jiems įdiegtai programai.

Todėl, nors Kūrėjas sukūrė tokią žmonių prigimtį dėl Savo tikslo, šios dvasinės būsenos žmonės negali jausti nieko kito, tik save. Taigi jie nieko negali daryti dėl kitų, o tik dėl savo naudos. Todėl šis dvasinio išsivystymo lygmuo ir vadinamas „negyvuoju".

Aukštesnę išsivystymo pakopą atitinka augalinė gamta. Kadangi Kūrėjas jos objektams suteikė didesnį, lyginant su negyvąja gamta, norą patirti malonumą, šis noras, siekiant patenkinti savo reikmes, verčia augalus atitinkamai judėti ir augti. Bet šis judėjimas ir augimas yra grupiniai, o ne individualūs.

Panašiai ir augalinių norų lygmeniui priklausantys žmonės turi tam tikro laipsnio dvasinę nepriklausomybę nuo programą nustatančio Kūrėjo. Kadangi Kūrėjas visą gamtą sukūrė absoliutaus egoizmo (siekio pasitenkinti) pagrindu, tai šiame lygmenyje pradeda vystytis individų polinkis atitolti nuo juose įdiegtų norų. Taigi jie ima daryti ką nors dėl kitų, kitaip tariant, elgtis lyg ir prieš savo pačių prigimtį.

Tačiau kaip augalai mūsų pasaulyje, nors ir auga į aukštį bei plotį ir turi tam tikrą judėjimo laisvę, bet šie judesiai – kolektyviniai. Juk nė vienas augalas nepajėgus (nes neturi reikiamo noro) net įsivaizduoti, kad įmanomas individualus judėjimas.

Lygiai taip pat ir „augaliniam" norų lygmeniui priklausantis žmogus nepajėgus siekti individualios raiškos, prieštaraujančios kolektyvo, visuomenės normoms ir auklėjimui. Priešingai, toks individas tenori išsaugoti bei paklusti visiems savo „augalinės" prigimties, tos pačios „augalinio" išsivystymo lygmens žmonių grupės norams bei įstatymams.

Taigi, kaip ir augalas, šio norų lygmens žmogus neturi individualaus, asmeninio gyvenimo, bet gyvena kaip visuomenės dalis tarp daugelio kitų, panašių į jį savo prigimtimi. Tiek visi augalai, tiek visi tokio lygmens žmonės gyvena vieną bendrą, o ne kiekvienas savo individualų gyvenimą.

Visus augalus galima prilyginti vienam augaliniam organizmui, kur kiekvienas jų panašus į atskirą augalo šaką. Taip ir dvasinio „augalinio" lygmens žmonės, nors jau kartais ir gali kažkuo pasipriešinti savo egoistinei prigimčiai, tačiau kadangi dvasinis jų išsivystymas dar menkas, tai jie lieka visuomenės arba savo aplinkos įstatymų nelaisvėje ir neturi individualių norų. Todėl neturi ir jėgų pasipriešinti visuomenei ar auklėjimui, bet jau gali šiek tiek pasipriešinti savo pačių prigimčiai ir veikti kitų labui.

Aukščiau savo dvasiniu išsivystymo lygmeniu yra vadinamasis „gyvūninis" lygmuo. Kūrėjo šiam lygmeniui suteikti norai taip išvysto jų turėtojus, kad siekiant savo poreikių juos patenkina tik galimybė nepriklausomai nuo kitų judėti ir dar savarankiškiau, nei būdinga augaliniam lygmeniui, mąstyti.

Kiekvienas gyvūnas turi savo individualų charakterį ir jausmus, nepriklausomus nuo supančios aplinkos. Ir todėl šio išsivystymo lygmens žmogus labiau pajėgia priešintis savo egoistinei prigimčiai ir jau gali veikti kitų labui.

Tačiau nors ir nebepriklausomas nuo kolektyvo bei turintis savo asmeninį gyvenimą, nepriklausomą nuo visuomenės nuomonės, jis vis dar nepajėgia jausti nieko kito, tik save.

Būdamas žmogiškajame („kalbančiojo") išsivystymo lygmenyje, žmogus jau pajėgia veikti prieš savo prigimtį ir nepaklūsta kolektyvui (priešingai nei augalas).

Tokių žmonių norai visiškai nepriklauso nuo visuomenės. Jie gali jausti bet kurį kitą kūrinį ir todėl rūpintis kitais. Gali padėti jiems išsitaisyti tapatindamiesi su jų kančiomis. Esantieji šiame lygmenyje, skirtingai nei gyvūnai, gali jausti praeitį bei ateitį ir todėl pajėgia veikti atsižvelgdami į galutinį tikslą.

Visi pasauliai ir pakopos, į kurias jie skirstomi, yra tarsi vienas po kito stovintys ekranai, slepiantys nuo mūsų Kūrėją (Šviesą).

Tolydžio įgyjant dvasinių jėgų pasipriešinti savo pačių prigimčiai, kiekvienai jos jėgai, atitinkamas ekranas pradingsta tarsi ištirptų.

Ekranų seka slepia nuo mūsų Kūrėją. Ekranai egzistuoja mumyse pačiuose, mūsų sielose, o be mūsų sielų su sulaikančiais ekranais, visa, kas ne mumyse, – tai pats Kūrėjas.

Mes galime pajausti tik tai, kas prasiskverbia į mus pro ekraną. Viso to, kas ne mumyse, visiškai nejaučiame. Kaip mūsų pasaulyje matome tik tai, kas patekęs į mūsų regėjimo lauką atsispaudžia vidiniame akies paviršiuje.

Visos mūsų žinios apie dvasinius pasaulius kyla iš to, ką suvokė bei pajautė kabalistų sielos, ir kas po to buvo perduota mums.

Bet ir jie suvokė tai, kas buvo jų dvasinio regėjimo lauke. Todėl visi mums žinomi pasauliai egzistuoja tik šių sielų atžvilgiu.

Iš to, kas pasakyta, išplaukia, kad visą kūriniją galima suskirstyti į 3 dalis:

1. Kūrėjas

Apie Jį negalime kalbėti todėl, kad galime spręsti tik apie tai, kas praeina pro sulaikančius ekranus ir patenka į mūsų dvasinio regėjimo lauką.

2. Kūrimo tikslas

Tai pradžios taškas, nuo kurio galime pradėti suvokti Kūrėjo ketinimą. Tvirtinama, kad tai – noras suteikti malonumą Savo kūriniams. Dėl informacijos stokos apie

Kūrėją negalime pasakyti nieko daugiau kaip tik apie Jo ryšį su mumis. Kūrėjas panoro, kad mes Jo poveikį mums jaustume kaip malonumą, ir mūsų jutimo organus sukūrė tokius, kad Jo poveikiai teiktų mums pasitenkinimą.

O kadangi viską jaučia tik sielos, negalime kalbėti apie pačius pasaulius atsietai nuo to, kas juos jaučia, nes be sielų suvokimo patys pasauliai neegzistuoja. Sulaikantys ekranai, esantys tarp mūsų ir Kūrėjo, ir yra pasauliai. *Olam* (pasaulis) kilęs iš žodžio *alama* (paslėptis). Pasauliai egzistuoja tik tam, kad perduotų tam tikrą iš Kūrėjo išeinančio malonumo (Šviesos) dalį sieloms.

3. Sielos

Tai Kūrėjo sukurtos esybės, kurios jaučia save pačias kaip individualiai egzistuojančias. Šis itin subjektyvus jausmas, kurį siela, t. y. mes, jaučia kaip savąjį „aš", specialiai mumyse yra taip sukurtas Kūrėjo. Tačiau išties paties Kūrėjo atžvilgiu esame integrali Jo dalis.

Visas žmogaus kelias nuo jo pradinės būsenos iki visiško susiliejimo savo savybėmis su Kūrėju dalijasi į 5 pakopas. Kiekvieną jų savo ruožtu sudaro 5 pakopos, kurių kiekviena taip pat sudaryta iš 5 pakopų. Ir iš viso yra 125 pakopos.

Kiekvienas, esantis ant atitinkamos pakopos, gauna iš jos tuos pačius pojūčius bei poveikį, kaip ir visi kiti, esantieji ant tos pakopos. Kiekvienas čia turi vienodus dvasinius jutimo organus ir todėl jaučia tą patį, ką ir visi, esantieji ant tos pačios pakopos. Panašiai kaip visi, kurie gyvena mūsų pasaulyje, turi vienodus jutimo organus bei juos atitinkančius vienodus pojūčius ir negali jausti kitų pasaulių.

Todėl kabalos knygas gali suprasti tik tie, kurie pasiekė autoriaus pakopą, nes tada skaitantysis ir autorius turi tas pačias patirtis. Lygiai kaip ir paprastos knygos skaitytojas bei jos autorius, aprašantis tai, kas vyksta mūsų pasaulyje.

Iš dvasinių pasaulių siela gauna Kūrėjo artumo pojūtį, dvasinį pasitenkinimą ir prašviesėjimą, kurie lydi susiliejimą su Juo. Suprasdama Kūrėjo norus bei valdymo dėsnius, siela taip pat gauna vadinamąją „Kūrėjo Šviesą", arba gebėjimą jausti Jį Patį.

Eidami pirmyn dvasiniu keliu palaipsniui suvokiame, kad artėjame prie Kūrėjo, kuris kiekviename kelio etape atsiskleidžia naujai. Suvokiantiems tik mūsų pasaulį *Tora* atrodo kaip įstatymų ir istorinių pasakojimų knyga, aprašanti žmogaus elgesį mūsų pasaulyje. Tačiau dvasiškai pažengęs žmogus už mūsų pasaulio objektų ir veiksmų pavadinimų pradeda matyti dvasinius Kūrėjo veiksmus.

Iš viso to, kas pasakyta, aišku, kad kūrinijoje tėra du dalyviai – Kūrėjas ir Jo sukurtas žmogus. Visi kiti priešais mus iškylantys vaizdai, tiek jaučiant mūsų pasaulį, tiek ir suvokiant Aukštesniuosius pasaulius, yra tik įvairūs Kūrėjo pasireiškimo ir atsiskleidimo lygmenys Jam artėjant prie mūsų.

17
Dvasiniai lygmenys

Visą kūriniją galima nusakyti kaip keturių parametrų – laiko, sielos, pasaulio ir egzistavimo Šaltinio – funkciją. Juos iš vidaus valdo Kūrėjo valia ir noras.

Laikas: įvykių, atsitinkančių su kiekviena siela ir su visa žmonija, priežasčių ir padarinių seka, panaši į istorinį žmonijos vystymąsi.

Siela: visa tai, kas gyva, įskaitant žmogų.

Pasaulis: visa negyvoji visata. Dvasiniuose pasauliuose tai atitinka negyvasis norų lygmuo.

Egzistavimo šaltinis: įvykių, atsitinkančių su kiekvienu iš mūsų ir bendrai su visa žmonija, vystymosi planas. Tai visos kūrinijos atvedimo į iš anksto numatytą būseną valdymo planas.

Nusprendęs sukurti pasaulius ir žmogų juose, kad palaipsniui priartintų jį prie Savęs, Kūrėjas palaipsniui jį nuo Savęs tolino, silpnindamas Šviesą, Savo artumo jautimą, ir taip sukūrė mūsų pasaulį.

Laipsniško Kūrėjo buvimo paslėpties etapai (iš viršaus į apačią) vadinami pasauliais:

Acilut: pasaulis, kuriame esantieji absoliučiai susilieję su Kūrėju.

Brija: pasaulis, kuriame esantieji turi ryšį su Kūrėju.

Jecira: pasaulis, kuriame esantieji jaučia Kūrėją.

Asija: pasaulis, kuriame esantieji beveik arba visiškai nejaučia Kūrėjo. Šis lygmuo apima ir mūsų pasaulį, kaip paskutinį, žemiausią ir labiausiai nutolusį nuo Kūrėjo.

Šie pasauliai atsirado vienas iš kito ir yra tarsi vienas kito kopija. Tik kiekvienas žemiau esantis, taigi labiau nutolęs nuo Kūrėjo, yra grubesnė, bet tiksli aukštesniojo kopija. Be to, kiekvienas pasaulis yra kopija pagal visus keturis parametrus: pasaulį, sielą, laiką ir egzistavimo Šaltinį.

Taigi viskas mūsų pasaulyje yra tiesioginis jau anksčiau aukštesniame pasaulyje įvykusių procesų padarinys, o tai, kas vyksta pastarajame, savo ruožtu vyko anksčiau dar aukštesniame pasaulyje ir t. t. iki vietos, kur visi keturi parametrai – pasaulis, siela, laikas ir egzistavimo Šaltinis – susilieja viename viso, kas egzistuoja, Šaltinyje – Kūrėjuje! Ši „vieta" vadinama *Acilut* pasauliu.

Kūrėjo prisidengimas pasaulių *Acilut, Brija, Jecira* apvalkalais (Jo pasireiškimas mums per švytėjimą susilpninančius šių pasaulių ekranus) vadinamas kabala. Kūrėjo prisidengimas mūsų pasaulio, *Asija* pasaulio, apvalkalu, vadinamas rašytine *Tora*.

Tačiau iš ties nėra skirtumo tarp kabalos ir mūsų pasaulio Toros. Visa ko šaltinis yra Kūrėjas.

Kitaip tariant, galimybė mokytis ir gyventi pagal *Torą* arba mokytis ir gyventi pagal kabalą priklauso nuo dvasinio paties žmogaus lygmens. Jei žmogus dvasiškai yra mūsų pasaulio lygmenyje, tai jis mato ir suvokia mūsų pasaulį ir *Torą* kaip visi.

Tačiau jei jis dvasiškai pakils, tai išvys kitą paveikslą. Mūsų pasaulio apvalkalas nukris ir liks tik *Jecira* ir *Brija* pasaulių apvalkalai. Tada *Tora* ir visa tikrovė jam atrodys kitaip – taip, kaip tai mato pasiekusieji *Jecira* pasaulį.

Apie gyvūnus, karus, mūsų pasaulio dalykus kalbanti *Tora* virs kabala, pasakojančia apie *Jecira* pasaulį. O jeigu žmogus pakils dar aukščiau, į *Brija* arba į *Acilut* pasaulį, tai pamatys kitokį pasaulio ir jo valdymo paveikslą – atitinkantį jo dvasinę būseną.

Nėra skirtumo tarp mūsų pasaulio *Toros* ir kabalos – dvasinio pasaulio *Toros*. Skiriasi tik dvasiniai tuo užsiimančių žmonių lygmenys.

Išties vienas iš dviejų tą pačią knygą skaitančių žmonių joje ras žydų tautos istorijos įvykius, o kitas – paveikslą, atskleidžiantį, kaip jo aiškiai jaučiamas Kūrėjas valdo pasaulių sistemą.

Tie, kurie visiškai nejaučia Kūrėjo, egzistuoja *Asija* pasaulyje. Todėl galiausiai viskas pasaulyje jiems atrodo negerai: pasaulis pilnas kančių, nes Kūrėjui esant nuo jų pasislėpusiam, jie negali jausti kitaip. O jeigu ir patiria kokį nors malonumą, tai tik prieš tai patyrę kančią.

Ir tik žmogui pasiekus *Jecira* pasaulį, Kūrėjas iš dalies jam atsiskleidžia ir leidžia pamatyti valdymą atlygiu ir bausme. Dėl to žmogus patiria meilę (priklausomą nuo atlygio) ir baimę (dėl bausmės).

Kita, trečioji pakopa – nuo nieko nepriklausoma meilė – gimsta žmogui suvokus, kad niekada Kūrėjas nedarė jam blogo, o tiktai gėrį. Ir tai atitinka *Brija* pasaulio lygmenį.

O kai Kūrėjas atskleidžia jam visą pasaulių sistemos ir visos kūrinijos valdymo paveikslą, žmogus patiria absoliučią meilę Kūrėjui, nes pamato absoliučią Jo meilę visiems kūriniams. Ir šis suvokimas pakelia jį į *Acilut* pasaulio lygmenį.

Taigi mūsų gebėjimas suprasti Kūrėjo veiksmus priklauso tik nuo to, kiek Kūrėjas mums atsivers, mat esame sukurti tokie, kad Jo poveikiai veikia mus (mūsų mintis, savybes, poelgius) automatiškai. Tad mes tegalime prašyti Kūrėjo mus pakeisti.

Nors visi Kūrėjo veiksmai iš esmės geri, egzistuoja Jo specialiai sukurtos jėgos, kurios veikia neva prieš Kūrėjo norą. Šios jėgos dažnai provokuoja mus kritikuoti Jo veiksmus ir todėl yra vadinamos „netyromis".

Kiekvienoje pakopoje, nuo mūsų kelio pradžios iki jo pabaigos, egzistuoja dvi priešingos Kūrėjo sukurtos jėgos – tyra ir netyra. Netyra jėga specialiai sukelia mūsų nepasitikėjimą ir atstumia nuo Kūrėjo. Tačiau jeigu to nepaisydami susikaupiame prašydami Kūrėjo mums padėti, taigi priešindamiesi šiai jėgai stipriname ryšį su Kūrėju, tai vietoje jos gauname tyrą jėgą. Tai pakelia mus į aukštesnį dvasinį lygmenį, ir tada netyroji jėga nustoja veikusi, nes jau atliko savo vaidmenį.

Netyra *Asija* pasaulio (pirmoji pakopa) jėga siekia visa tai, kas vyksta, traktuoti kaip Kūrėjo buvimo neigimą.

Netyra *Jecira* pasaulio (antroji pakopa) jėga mėgina įtikinti mus, kad pasaulis valdomas ne atlygiu ir bausme, o chaotiškai.

Netyra *Brija* pasaulio (trečioji pakopa) jėga siekia panaikinti Kūrėjo meilės mums suvokimą, kuris savo ruožtu sukelia mūsų meilę Kūrėjui.

Netyra *Acilut* pasaulio (ketvirtoji pakopa) jėga siekia mums įrodyti, kad ne su visais kūriniais arba ne visada Kūrėjas elgiasi su begaline meile, bandydama neleisti mums pajusti absoliučios meilės Kūrėjui.

Taigi matome, kad siekdami pakilti į kiekvieną naują dvasinę pakopą, atskleisti Kūrėją ir priartėdami prie Jo patirti malonumą, prieš tai turime įveikti atitinkamas besipriešinančias jėgas. Jos pasireiškia kaip mintis arba noras. Tik tada galima užlipti ant dar vienos pakopos ir žengti dar vieną žingsnį pirmyn mūsų keliu.

Iš to, kas pasakyta, aišku, kad visą keturių pasaulių – *Asija, Jecira, Brija, Acilut* – dvasinių jėgų ir jausmų gamą atitinka priešingų ir paralelių jėgų bei jausmų gama – keturi netyri *Asija, Jecira, Brija, Acilut* pasauliai. Be to, judėjimas pirmyn vyksta pakaitomis. Tik prašydamas Kūrėjo atsiskleisti, kad pajėgtų atsilaikyti prieš netyras jėgas, mintis bei norus, ir įveikęs netyrą Kūrėjo jam siunčiamą jėgą žmogus gali pasiekti atitinkamą tyrą pakopą.

Nuo gimimo kiekvienas mūsų yra tokios būsenos, kad absoliučiai nejaučia Kūrėjo. Norint pradėti eiti aprašytu dvasiniu keliu, būtina:

1. pajausti dabartinę savo būseną kaip nepakeliamą;
2. bent silpnai pajausti, kad Kūrėjas egzistuoja;
3. aiškiai pajausti, kad priklausome tik nuo Kūrėjo;
4. įsisąmoninti, kad tik Jis gali mums padėti.

Bent šiek tiek atskleisdamas Save, Kūrėjas gali beregint keisti mūsų norus, kurti mumyse kokybiškai naują protą. Atsiradę stiprūs troškimai akimirksniu pažadina jėgas, reikalingas jiems pasiekti.

Vienintelis dalykas, nusakantis mūsų esmę, – tai mūsų norų rinkinys ir jų derinys.

Mūsų protas egzistuoja tik tam, kad padėtų pasiekti mums to, ko norime. Iš tiesų protas yra ne daugiau negu pagalbinė priemonė.

Žmogus nueina savo kelią etapais, su kiekvienu žingsniu judėdamas pirmyn, pakaitomis veikiamas netyros (kairiosios) egoistinės jėgos ir tyros (dešiniosios) altruistinės. Su Kūrėjo pagalba įveikęs kairiąją jėgą, žmogus įgyja dešiniosios savybių.

Šis kelias kaip du bėgiai – kairysis ir dešinysis, dvi jėgos, kurios ir atstumia, ir traukia prie Kūrėjo, kaip ir du norai – egoistinis ir altruistinis. Kuo toliau einame šiuo keliu, tuo šios dvi priešybės tampa stipresnės.

Supanašėdami su Kūrėju savo norais ir meile, einame pirmyn. Juk Kūrėjo meilė – tai vienintelis Jo jausmas mūsų atžvilgiu, iš kurio išplaukia visa kita: daryti mums tik gera, atvesti mus į idealią būseną, o tokia gali būti tik būsena, panaši į Kūrėjo. Tai yra nemirtingumo būsena, pripildyta neribojamo malonumo, patiriamo jaučiant begalinę meilę Kūrėjui, Kuris spinduliuoja tokį pat jausmą.

Kadangi pasiekti šią būseną yra kūrimo tikslas, tai visi pašaliniai norai vadinami netyrais. Kūrėjo tikslas – atvesti mus į panašumo su Juo būseną – privalomas kiekvienam mūsų ir visai žmonijai, norime to ar ne.

Norėti šito negalime, nes būdami mūsų pasaulyje nematome tų milžiniškų malonumų ir galimybės išsivaduoti iš visų kančių, kuriuos mums gali suteikti susiliejimas su Kūrėju.

Kančias mums siunčia Jis Pats, kad stumtų pirmyn, priverstų mus panorėti pakeisti savo pažiūras, aplinką, įpročius ir poelgius, nes instinktyviai siekiame išsivaduoti iš kančių. Be to, negalime patirti pasitenkinimo, prieš tai nepatyrę kančios, kaip ir negali būti atsakymo be klausimo, sotumo be prieš tai patirto alkio jausmo. Taigi kad patirtume bet kokį pojūtį, turime prieš tai patirti jam priešingą. Todėl, norėdami pajausti trauką ir meilę Kūrėjui, turime pajausti ir visiškai priešingus jausmus, tokius kaip neapykanta, priešingos pažiūros, įpročiai ir norai.

Joks jausmas negali atsirasti tuštumoje – būtinai turi būti aiškus noras šį jausmą pajausti. Pavyzdžiui, žmogų reikia išmokyti suprasti, o jau tada ir mėgti muziką. Nenusimanantis negali suprasti mokslininko džiaugsmo, po ilgų pastangų atradusio kažką naujo, ko taip ilgai ieškojo.

Ko nors troškimas kabaloje vadinamas „indu" (*kli*), nes būtent stokos pojūtis ir yra būtina sąlyga, siekiant patirti prisipildymo malonumą. Būsimo malonumo dydis priklauso nuo indo dydžio.

Net mūsų pasaulyje matome, kad ne nuo skrandžio dydžio, o nuo noro, nuo alkio jausmo priklauso maisto teikiamo pasitenkinimo dydis. Būtent kančios dėl trokštamo dalyko stygiaus stiprumas nulemia indo dydį, taigi būsimo malonumo dydį.

Malonumas, pripildantis norą mėgautis, vadinamas Šviesa, nes suteikia indui pilnatvės ir pasitenkinimo jausmą.

Taigi troškimas turi būti toks stiprus, kad trokštamo dalyko stoka sukeltų kančią. Tik tada indas yra pasiruošęs priimti pripildymą, kurio žmogus taip laukė.

Netyrų jėgų (norų), vadinamų *klipot*, uždavinys kūrinijoje kaip tik ir yra sukurti begalinio dydžio žmogaus troškimą. Jeigu ne šie netyri norai, niekada neužsinorėtume daugiau, negu reikia kūnui, ir pasiliktume vaikiškame išsivystymo lygmenyje. Būtent *klipot* mus stumia ieškoti naujų malonumų, nes nuolatos kuria vis naujus norus, reikalaujančius patenkinimo ir verčiančius mus vystytis.

Acilut pasaulio savybių pasiekimas vadinamas „mirusiųjų prisikėlimu", nes taip žmogus visus savo buvusius netyrus (mirusius) norus perkeičia į tyrus. Iki pasaulio *Acilut* žmogus, eidamas tarsi dviem kelio bėgiais, gali tik kaitalioti savo norus į priešingus, bet negali jų perkeisti į tyrus.

Įeidamas į *Acilut* pasaulį, jis gali vėl pasiimti savo ankstesnius norus bei ištaisyti ir taip pakilti dar aukščiau. Šis procesas vadinamas „mirusiųjų (norų) prisikėlimu". Žinoma, kad čia nekalbama apie mūsų materialius kūnus. Jie, kaip ir visų kitų gyvenančių šiame pasaulyje kūrinių kūnai, išėjus iš jų sielai, suyra ir be sielos neturi jokios vertės.

Jeigu taisydamas save žmogus pasiekia tokią būseną, kai netyri norai jo nebevaldo ir neatitraukia nuo ryšio su Kūrėju, nors vis dar jį blaško, ši vidinė būsena vadinama „šabu" (hebr. *šabat*).

Bet jeigu jis nukreipia savo mintis ir siekius nuo Kūrėjo pats arba veikiamas pašalinių minčių, kurias įsileidžia į save, tai vadinama „šabo nesilaikymu". Tada šias iš išorės gautas mintis žmogus laiko jau nebe pašalinėmis, o savomis, ir yra įsitikinęs, kad teisingos mintys yra kaip tik šios, o ne tos, kurios anksčiau vedė jį tiesiai, neabejojant Kūrėjo link.

Jeigu didelis kokio nors amato specialistas patenka tarp prastų savo srities darbuotojų, įtikinėjančių jį, kad naudingiau dirbti vidutiniškai, o ne įdedant visą sielą, tai dažniausiai toks specialistas palaipsniui praranda savo meistriškumą. Bet jeigu jį supa prasti kitos srities darbuotojai, tai jam nekenkia, nes skirtingas darbo pobūdis tarp jų nesukuria jokio ryšio. Todėl tas, kuris iš tikrųjų savo amate nori ko nors pasiekti, turi stengtis patekti į specialistų, žiūrinčių į savo darbą kaip į meną, aplinką. Be to, akivaizdus skirtumas tarp specialisto ir paprasto amatininko yra tas, kad specialistui didesnį malonumą suteikia pats darbas ir jo rezultatas nei atlygis už atliktą darbą.

Todėl norintieji dvasiškai tobulėti privalo kruopščiai tikrinti, kokia aplinka, kokie žmonės juos supa. Jeigu tai žmonės, netikintys Kūrėju, tada siekiantieji dvasinio tobulėjimo yra tarsi meistrai tarp kitų sričių darbuotojų. Meistrų tikslas – dvasiškai tobulėti, o paprastų darbuotojų – mėgautis šiuo pasauliu. Ir dėl to pastarųjų nuomonė nekelia didelio pavojaus. Net jeigu akimirkai jų požiūris ir būtų priimtas, tai čia pat paaiškėtų, kad ši nuomonė gauta iš netikinčiųjų. Todėl ji būtų atmesta ir vėl būtų sugrįžta prie pirminių gyvenimo tikslų.

Tačiau reikia saugotis tų, kurie tiki, bet per daug nekreipia dėmesio į tai, ar priežastis, dėl kurios jie laikosi priesakų, yra teisinga.

Šie žmonės jau iš anksto mėgaujasi būsimo pasaulio atlygiu ir tik dėl šio tikslo laikosi priesakų. Todėl būtina jų vengti.

Turėtų keistai atrodyti, kad žmonėms, kuriuos visas pasaulis vadina žydais, kyla klausimas, kas gi jie tokie. Ir pats klausimas, jau nekalbant apie daugybę atsakymų, įtartinai neaiškus ir tiems, kurie turi vadintis žydais, ir tiems, kurie juos taip vadina.

Ką gi kabaloje reiškia žodžiai *jehudi* (judėjas), *ivri* (hebrajus), *israeli* (izraelitas), *bnei Avraam* (Abraomo palikuonys) ir kiti *Toroje* naudojami tam tikros žmonių grupės apibūdinimai?

Kabala teigia, kad kūriniją sudaro tik dvi dalys: Kūrėjas ir Jo sukurtas noras mėgautis Jo artumu. Šis noras mėgautis begalinio, absoliutaus malonumo Šaltiniu vadinamas „siela". Jis panašus į visus kitus mūsų norus, tik egzistuoja be fizinio apvalkalo.

Kūrimo priežastis ir tikslas – Kūrėjo noras suteikti mūsų sieloms malonumą. Siela trokšta mėgautis Kūrėju. Kūrėjo noras ir sielos noras išsipildo jiems suartėjant ir susiliejant.

Susiliejimas ir suartėjimas įvyksta sutapus savybėms ir norams. Kaip, beje, ir mūsų pasaulyje artimu vadiname žmogų, kurį jaučiame kaip artimą, o ne tą, kuris yra arti mūsų. Ir kaip šiame pasaulyje – kuo didesnis pradinis nuotolis, kuo didesni sunkumai įveikiami siekiant trokštamo objekto, tuo didesnis malonumas patiriamas su juo susijungiant.

Todėl Kūrėjas įkurdina sielą labiausiai nuo Jo nutolusiame ir priešingame taške: Jis visiškai slepia Save kaip visų malonumų Šaltinį ir įvelka sielą į kūną, norintį mėgautis viskuo, kas jį supa.

Nepaisydamas Kūrėjo paslėpties ir trukdančių kūno norų, žmogus savyje turi vystyti norą artėti ir susijungti su Kūrėju. Būtent dėl kūno priešinimosi jis gali pajusti daug didesnį norą mėgautis Kūrėju, nei buvo įmanoma prieš jo sielai apsivelkant kūnu.

Santykio su Kūrėju atkūrimo metodika, arba instrukcija, vadinama kabala. Šis pavadinimas kilęs iš veiksmažodžio *lekabel* – „gauti" (malonumą iš Kūrėjo). Kabala mūsų pasaulio žodžiais ir sąvokomis kalba mums apie dvasinio pasaulio veiksmus.

Paschos pasakojime sakoma, kad pradžioje mūsų protėviai buvo stabmeldžiai. O paskui Kūrėjas išsirinko vieną iš jų – Abraomą – ir liepė jam atsiskirti nuo savo genties ir apsigyventi kitoje vietoje. Vietiniai gyventojai Abraomą vadino *Abraam-ivri* dėl to, kad atėjo pas juos iš už upės (*mi ever*).

Iš čia žodis „hebrajus". (Žodis žydas yra kilęs ne iš ivrito, o tikriausiai iš rusų kalbos žodžio ožydat' – „laukti" Mesijo atėjimo). Pasak kabalos, visa, ką pasakoja *Tora*, yra skirta tam, kad išmokytų mus pasiekti kūrimo tikslą.

Kabala šiuose žodžiuose mato tokią prasmę: „pradžioje" (pradėję dirbti su savimi, pradėję artėti Kūrėjo link) „mūsų protėviai" (pirminė žmogaus norų būsena) „buvo stabmeldžiai" (visi žmogaus norai buvo orientuoti tik į mėgavimąsi šiuo neilgu gyvenimu), „o paskui Kūrėjas išsirinko vieną iš jų" (iš visų savo norų žmogus pasirinko troškimą susivienyti su Kūrėju) „ir liepė jam atsiskirti nuo savo krašto bei genties ir apsigyventi kitoje vietoje" (kad pajustų Kūrėją, žmogus privalo virš visų savo norų iškelti vieną – norą pajausti Kūrėją ir atsitraukti nuo kitų norų).

Jeigu žmogus sugeba išskirti vieną iš savo norų, sustiprinti jį ir gyventi tik noru susivienyti su Kūrėju, tai tarsi pereina į kitokį, į dvasinį gyvenimą, ir yra vadinamas *ivri* (hebrajus).

Jei žmogus užsibrėžia tikslą visiškai susilieti su Kūrėju, tai jis, jei kol kas to dar ir nepasiekė, vadinamas *jehudi* (judėjas) – iš žodžio *ichud* (vienybė).

Jei žmogus nori eiti pirmyn arba jau eina tiesiai Kūrėjo link, tai jis vadinamas *Israel* – iš žodžių *jašar* (tiesiai) ir *El* (Kūrėjas).

Tokia yra autentiška šių žodžių kilmė ir jų dvasinė prasmė. Deja, nėra galimybių aiškiai nusakyti, kuo šie vardai skiriasi, nes tam prireiktų aiškinti dvasinio tobulėjimo etapus, su kuriais siejasi vienas ar kitas vardas.

18
Grįžimas pas Kūrėją

Pasaulio kūrimas, apimantis jo sukūrimą ir valdymą, leidžia pasauliui egzistuoti ir judėti pagal iš anksto nustatytą planą į tą tikslą, dėl kurio jis sukurtas.

Tam, kad būtų įgyvendintas valdymas iš Aukščiau ir užtikrinta žmogaus poelgių pasirinkimo laisvė, sukurtos dvi valdymo sistemos. Prieš bet kurią teigiamą, tyrą jėgą yra jai priešinga neigiama, netyra jėga. Buvo sukurti keturi teigiami *ABJA* pasauliai ir jiems priešingi – keturi neigiami *ABJA* pasauliai.

Mūsų pasaulyje nesimato skirtumo tarp teigiamos ir neigiamos jėgos, kaip ir skirtumo tarp žmogaus, dvasiškai kylančio Kūrėjo link, ir to, kuris dvasiškai nesivysto. Ir mes patys nepajėgiame teisingai suprasti, ar tobulėjame, ar stovime vietoj, ir negalime nustatyti, teigiama ar neigiama troškimo jėga veikia mus šiuo metu. Todėl įkvėpimas ir tikėjimas kelio teisingumu – apgaulingi ir paprastai nėra įrodymas, kad pasirinktas kelias teisingas.

Bet jeigu tik pradedame savo dvasinį kelią, tai kaip galime teisingai judėti tokia kryptimi, kad pasiektume kūrimo ir savo egzistavimo tikslą? Kaip aiškiai nesuprasdami, kas yra gėris ir blogis mūsų galutiniam tikslui, mūsų tikrai ir amžinai gerovei, o ne apgaulingam laikinam pasitenkinimui, sugebėsime šiame pasaulyje surasti savo teisingą kelią?

Visa žmonija klaidžioja tarsi miške, kurdama klaidingas egzistavimo prasmės teorijas ir rinkdamasi kelius, kaip tai pasiekti.

Ir netgi tas, kuris stovi teisingo kelio pradžioje, neturi jokio aiškiai matomo orientyro ir nepajėgia nustatyti, ar visos jo mintys ir norai teisingi.

Argi galėjo Kūrėjas sukurti mus ir palikti be jokios pagalbos, be išeities, beviltiškoje padėtyje? Juk net mūsų sveikas protas kužda, kad būtų neprotinga sukurti ką nors turint aiškų tikslą, o po to visą procesą palikti tokių aklų ir silpnų kūrinių kaip mes rankose.

Žinoma, Kūrėjas negalėjo taip pasielgti. Taigi, matyt, Jis suteikė mums galimybę bet kokiose situacijose surasti teisingą kelią. Iš tiesų vienintelis kelias – eiti aukščiau žinojimo. Visuose savo keliuose patirdami nesėkmes mokomės, kaip nereikia elgtis. Kad ir ką darytume, mums nesiseka, kol nesuklumpame. Tik kai pajuntame, kad pasiekėme nevilties būseną, mums prireikia Kūrėjo.

Iš tiesų yra vienas labai svarbus patvirtinimas, kad pasirinktas kelias teisingas, ir tai – Kūrėjo pagalba! Tie, kurie eina egoistiniu, netyru *ABJA* keliu, nepasiekia dvasinio tikslo, pakeliui praranda visas jėgas ir galiausiai atsitrenkia į nevilties sieną, nes nėra verti, kad Kūrėjas jiems atskleistų visą pasaulių sistemą.

Ir atvirkščiai – tie, kurie eina tyru *ABJA* pasaulių keliu, kaip Kūrėjo palaiminimu apdovanojami tuo, kad ima matyti ir suvokti visą kūrinijos paveikslą. Šie žmonės pajėgia pasiekti aukščiausias dvasines būsenas.

Taigi mūsų pasaulyje (esant tokios kaip mūsų būsenos) tai – vienintelis patikrinimas, kokiu keliu eiti, kaip elgtis, kokias mintis siekiant tikslo pasirinkti, nepaisant visų minčių ir norų, gaunamų tiek iš tyro *Asija* pasaulio, tiek ir iš netyro *Asija* pasaulio.

Pasirinkusieji teisingą kelią nuo pasiklydusiųjų skiriasi tuo, kad Kūrėjas jiems atsiveria ir priartina prie Savęs.

Todėl, jeigu matome, kad *Toros* paslaptys mums neatsiskleidžia, vadinasi, šis kelias neteisingas, nors įkvėpimas, tvirtas įsitikinimas ir gali mums leisti įsivaizduoti, kad jau pasiekėme tam tikras dvasines aukštumas. Toks likimas įprastas mėgėjiškai studijuojant kabalą arba „mistines" filosofijas.

Visą mūsų dvasinio kilimo *ABJA* pasaulių pakopomis kelią galima pavaizduoti kaip besikeičiantį jėgų, kylančių iš kiekvienos naujos mūsų pasiektos pakopos, poveikį. Kiekvieną šių jėgų žymi atitinkama hebrajų abėcėlės raidė. Kitaip tariant, kiekviena abėcėlės raidė simbolizuoja dvasinę jėgą, kuri *ABJA* pasauliuose valdo atitinkamą pakopą.

Tačiau tik viena jėga pajėgi išgelbėti mus ir išvesti iš egoistinių norų valdų. Tai – Kūrėjo laiminimo jėga, žymima raide *bet*. Netyruose *ABJA* pasauliuose nėra atitinkamos jai priešingos jėgos, nes palaiminimas kyla iš vienintelio Kūrėjo, ir todėl netyruose *ABJA* pasauliuose niekas negali Jam prilygti.

Todėl tik Kūrėjo laiminimo galia leidžia egzistuoti pasauliui ir tik ji leidžia iš tikro atskirti gėrį ir blogį, tiksliau, kas žmogui naudinga, o kas jam kenkia. Tik su Kūrėjo palaiminimu galima atskirti tyrąsias jėgas nuo netyrųjų ir įveikinėti netyrąsias jėgas visame žmogaus gyvenimo kelyje kūrimo tikslo link. Tai tiksliai parodo, ar žmogus save apgaudinėja, ar iš tiesų įžengia į dvasinius pasaulius.

Kiekviena jėga netyrų blogio jėgų sistemoje egzistuoja tik todėl, kad ją palaiko atitinkama priešinga tyrųjų jėgų sistemos jėga. Vienintelė išimtis – jėga, kylanti iš Kūrėjo laiminimo. Ši jėga nesilpnėdama persmelkia visus pasaulius iki žemiausios pakopos – mūsų pasaulio. Iš Kūrėjo kylanti jėga pajėgi ištaisyti kūrinius, suteikdama jiems jėgų tobulėti ir pradėti kilti dvasiškai. Padedant tokiai jėgai sukurtas pasaulis, todėl netyros egoistinės jėgos negali nei sumažinti jos poveikio, nei jos panaudoti savo tikslams, nes netyros jėgos gali trukdyti tik ten, kur tyros jėgos yra silpnos.

Taigi galiausiai tyra jėga padeda mums išsiaiškinti, kokios mūsų mintys yra tyros, o kokios – ne, nes nukreipiant mintis nuo Kūrėjo, laiminimo jėga beregint išnyksta.

Taškeliai (*nekudot*), kurie įbalsina raides, simbolizuoja Šviesos sklidimą, Kūrėjo suvokimą. Kiekvienas Kūrėjo pojūtis, kiekvienas dvasinis jausmas yra laipsniuojamas, sudarytas iš dešimties *sfirų*. Pradedant aukščiausia iš jų (*Keter*), balsiai jas atitinka taip: 1 – *kamac*, 2 – *patach*, 3 – *segol*, 4 – *ceire*, 5 – *šva*, 6 – *cholam*, 7 – *chirek*, 8 – *kubuc*, 9 – *šuruk*, 10 – be įbalsinimo, tai yra atitinka *Malchut* – paskutinę pakopą, niekada neprisipildančią suvokimo.

Kartais siekdamas tikslo priartėti prie Kūrėjo žmogus staiga pasijunta bejėgis, nes jam trūksta kabalos žinių ir jis nepajėgia atlikti jokių neegoistinių veiksmų. Negana to, visos jo mintys – tik apie laimėjimus šiame pasaulyje.

Tada žmogui nusvyra rankos ir jis mano, kad priartėti prie Kūrėjo duota tik ypatingoms asmenybėms, kurios iš prigimties turi ypatingų galių ir savybių, minčių ir norų, atitinkančių šį tikslą, o jų širdys siekia pažinti kabalą ir tobulinti save.

Bet paskui žmogų aplanko kitas jausmas – suvokimas, kad kiekvienam paruošta vieta šalia Kūrėjo ir kad anksčiau ar vėliau visi taps verti dvasinių susiliejimo su Kūrėju malonumų. Tada jis supranta, kad negalima nusivilti, o reikia tikėti tuo, kad Kūrėjas – visagalis ir planuoja kiekvieno kelią, girdi ir jaučia viską, ką jaučia kiekvienas mūsų, veda mus ir laukia mūsų prašymo su Juo suartėti.

Vėliau žmogus prisimena, kad jau ne kartą sakė tai sau, ir vis tiek niekas nepasikeitė. Galiausiai jis lieka paskendęs mintyse apie savo paties niekingą silpnumą ir nereikšmingumą. Tai tęsiasi, kol žmogus supranta, jog šią būseną jam siunčia Kūrėjas specialiai tam, kad ji būtų įveikta.

Tada jis visomis valios pastangomis pradeda save taisyti ir netikėtai gauna įkvėpimo ir jėgų iš būsimosios būsenos, kurios link veržiasi. Tai reiškia, kad būsimosios žmogaus būsenos Šviesa šviečia jam iš tolo, nes dar negali šviesti jame pačiame, kadangi jo norai kol kas egoistiniai. Šviesa (dvasinis malonumas) negali įeiti ir šviesti (suteikti mums malonumo) tokiuose noruose.

Mes, kūriniai, esame koncentruota egoistinių norų sankaupa, vadinama „žmogumi".

Tačiau Kūrėjui bet koks egoizmas absoliučiai svetimas. Todėl sugrįžimas pas Kūrėją, susiliejimas su Juo ir Jo suvokimas yra ne kas kita, kaip sutapimas su Juo vienokiomis ar kitokiomis savybėmis. Šis grįžimas pas Kūrėją vadinamas „didžiuoju sugrįžimu" (*čuva*).

Žmogus galės teigti, kad jis šitai atliko, kai tai „patvirtins" pats Kūrėjas. Kas yra šis patvirtinimas? Tai žmogaus gebėjimas nuolat jausti Kūrėjo artumą, kuris leidžia visomis mintimis būti su Kūrėju. Taip žmogus gali atsiplėšti nuo savo kūno norų.

Tik pats žmogus gali pajausti, ar jis tikrai grįžta pas Kūrėją.

Padedamas jėgų, kurias teikia Kūrėjo jautimas, žmogus pajėgia palaipsniui visiškai sugrįžti pas Jį ir visus egoistinius savo norus pakeisti altruistiniais. Ir kuo daugiau „blogų" norų jis turėjo savo kelio pradžioje, tuo labiau gali save ištaisyti ir taip labiau priartėti prie Kūrėjo. Todėl neturime apgailestauti dėl savo blogų savybių, bet tik prašyti jų ištaisymo. Taip elgtis reikia kaskart, kai aplanko mintys apie savo menkumą.

Visos šios mintys kyla todėl, kad jaučiamės nutolę nuo Kūrėjo, ir Kūrėjas jas siunčia mums, ne kitiems, bet tik tada, jeigu esame pasiruošę jas priimti. Kiti žmonės nesijaučia esantys blogi ir nesuvokia savo egoizmo, bet atvirkščiai, yra įsitikinę, kad jie jau beveik teisuoliai.

Šias mintis Kūrėjas mums siunčia ne tam, kad kentėtume ar pultume į neviltį, o tam, kad padrąsintų Jo šauktis, reikalaujant išlaisvinti nuo savęs pačių ir savo silpnumo. Kaskart, kai vėl pajuntame savo silpnumą ir nevertingumą, nors jau ir anksčiau esame patyrę tokius jausmus, mums atrodo, kad neturime iš naujo kartoti jau išgyventų nesėkmių ir kritimų. Tačiau reikia atminti, kad kaskart kartodami šį procesą atliekame naujus ištaisymus, kurie kaupiasi, kol juos visus Pats Kūrėjas surenka į vieną.

Visus šiuos neigiamus nutolimo nuo Kūrėjo pojūčius, nepasitenkinimą savo dvasiniu keliu, pretenzijas dėl nevilties būsenų patiriame tokiu laipsniu, koks būtinas, kad užsitarnautume Kūrėjo ir iš Jo kylančio malonumo pojūtį. Būtent tada atsiveria „ašarų vartai", nes tik pro juos galima įeiti į Kūrėjo menes.

Net ir priblokšti galingos savo egoizmo reakcijos ir tvirtumo, neturime teisės teigti, kad Kūrėjas nedavė mums pakankamai jėgų pasipriešinti egoizmui arba kad iš prigimties turime mažai gebėjimų, kantrybės, dvasinės pusiausvyros ar proto aštrumo. Negalime ir skųstis, kad iš Aukščiau mums neduotos tinkamos sąlygos išsitaisymui ir todėl negalime pasiekti to, ką mūsų vietoje padarytų bet kas kitas.

Taip pat neturime teisės teigti, kad taip kenčiame už buvusias nuodėmes ar už veiksmus ankstesniame gyvenime arba kad taip jau mums lėmė likimas. Mums draudžiama ir nusivilti bei nieko neveikti, nes jeigu teisingai panaudosime savo mažas jėgas ir gebėjimus, tai labai daug pasieksime.

Mums reikia visų būdo bruožų ir savybių, kurias suteikė Kūrėjas, netgi pačių blogiausių, ir šiandien, ir ateityje, kad pasiektume tikslą – ištaisytume savo sielą. Panašiai kaip grūdas, jeigu bus mestas į gerą dirvą ir tinkamai prižiūrimas, tai išaugs ir duos vaisių. Todėl mums reikia gero vadovo ir tinkamos dirvos (aplinkos), kad visos mūsų savybės būtų išvystytos ir subalansuotos taip, jog kiekviena jų ir visos kartu teisingame tarpusavio santykyje galėtų padėti pasiekti pagrindinį tikslą.

Visus žmogaus sąmonėje iškylančius klausimus siunčia Kūrėjas ir laukia iš žmogaus teisingo atsakymo. O į tokius egoistinius kūno ir proto klausimus kaip „O kam?" ir „Kokia man iš to nauda?" – atsakymas tik vienas: „Tai Kūrėjo valia, kad būtent šiuo keliu ateičiau pas Jį". Ir kūnas, aišku, tokio atsakymo nesupranta.

Visi *Toros* žodžiai ir patarimai tik apie tai, kaip priartėti prie Kūrėjo ir su Juo susilieti. Visus mūsų trūkumus lemia tik tai, kad nejaučiame Kūrėjo didybės. Juk vos pradėję siekti prie Jo priartėti, jau norime pajusti Jį savo pojūčiais.

Bet tai neįmanoma, kol nesame įgiję Kūrėjo Šviesą atspindinčio ekrano (*masach*), kol neturime altruistinių indų. O kol neturime tokių altruistinių savybių, Kūrėją jausti galime tik iš tolo, kaip vadinamąją „Supančiąją Šviesą", kuri iš toli gali šviesti žmogui, dar labai nutolusiam savo savybėmis nuo Kūrėjo.

Supančioji Šviesa visada didesnė už Vidinę Šviesą, kuri gaunama, kai žmogui įgijus tam tikrų altruistinių savybių sukuriamas ekranas. Supančioji Šviesa – tai Pats Kūrėjas, o Vidinė Šviesa (siela) – tai viso labo tik ta Kūrėjo „dalis", kurią žmogus sugebėjo gauti vienu ar kitu laipsniu ištaisęs savo savybes.

O kaip galime gauti Kūrėjo Šviesos tuomet, kai dar nesame ištaisę savo savybių? Atsakymas paprastas – tik stiprindami Supančiosios Šviesos švytėjimą. Kitaip tariant, galime tai gauti tik aukštindami ir didindami savo akyse Kūrėjo svarbą, nuolatos siekdami pajausti Jį kaip viso, kas vyksta, Šaltinį.

Visais atvejais turime suvokti, kad tai, kas su mumis vyksta, – Kūrėjo veiksmai, ir pasaulyje nėra nieko kito, tik Jis. Visas savo pastangas turime nukreipti į tai, kad jokiomis aplinkybėmis nepradėtume manyti, jog tai, kas mums atsitinka, – atsitiktinumas arba likimas, arba mūsų buvusių poelgių padariniai, arba kitų žmonių valia ir norai. Turime stengtis niekada neužmiršti Kūrėjo.

Jokiu būdu jokios *Toros* dalies neturėtume interpretuoti pagal mūsų suvokimą, prilygindami tai mūsų pasaulio įvykių aprašymui. Pavyzdžiui, kaip jau rašiau anksčiau, *Toroje* minimas piktavalis Lavanas – tai pats aukščiausias sielos užpildymo Kūrėjo Šviesa lygmuo, o faraonas – viso mūsų egoizmo simbolis.

Kitas pavyzdys pasakoja apie į miestą atvykusį žmogų, vardu Ptachija, kuris subūrė aplinkui save „tuščius" žmones ir visi jie pasitraukė į dykumą. Ptachijos vardas kyla iš veiksmažodžio *liftoach* (atverti) – tas, kuris atveria žmonėms akis. Jis subūrė aplinkui save „tuščius" (jautusius savo gyvenimo tuštumą) žmones ir išvedė juos iš miesto į dykumą – atskleidė jiems jų egzistencijos dykumą, kaip sakoma Psalmėse: *„Lech acharai ba midbar."*

„Lech" (eik), sako žmogui Kūrėjas, *„acharaij ba midbar"* (paskui mane į dykumą) – jausdamas, kad tavo gyvenimas be dvasinių pojūčių kaip išdžiūvusi dykuma be lašo vandens, kad mažiausia viltis išsigelbėti iš tuštumos jausmo tau pasirodytų kaip „gaivus šaltinis nuvargintai sielai".

Svarbiausias mūsų pasakojimas – apie išėjimą iš Egipto, iš dvasinės faraono – mūsų egoizmo vergovės. „Ir štai mirė faraonas" – pagaliau žmogus pamatė, kad egoizmas jam nėra naudingas, kad žudo jį ir verčia jam vergauti visą savo gyvenimą. Šis simbolis ir principas žmogaus akyse „miršta". Tačiau kol egoizmo nesuvokė kaip vienintelio savo priešo, savo gyvenimą ir darbą Egipte (kūno norų vergovėje) jis vertino kaip gerą būseną. Net ir vėliau kartkartėmis (dvasinių kritimų metu) žmogus ilgisi „mėsos puodų ir duonos", kurių apsčiai turėjo Egipte (tarnaudamas savo egoizmui).

Kol faraonas (egoizmas žmogaus širdyje), Egipto valdovas (vadovavęs visoms žmogaus mintims ir norams), dar buvo gyvas, jis prieš žmogaus valią diktavo visas jo mintis ir norus. Tai ir reiškia būti Egipto (*Micraim* – iš žodžių *mic ra* – „blogio koncentracija") vergovėje, visų galimų egoistinių norų vergovėje.

Mes patys nepajėgiame suprasti, kad mus valdanti prigimtis mums yra blogis. Ir tai trunka tol, kol Kūrėjas suteikia mums šią paslaugą – „ir mirė Egipto valdovas". Jis siunčia mums tokias gyvenimo patirtis, kurios leidžia suvokti, kad egoizmas – mūsų priešas. Tik tada šis blogio simbolis mirs ir iškart pajusime, kad daugiau nebegalime egzistuoti kaip anksčiau, dirbdami tuščiai.

Ir „pradėjo Izraelio sūnūs dejuoti lažo slegiami" – supratę, kad negali net pajudėti be egoistinės naudos sau ir dar nėra įgiję dvasinės, altruistinės prigimties.

„Ir pasiekė ši jų malda Kūrėją, ir Jis ją išgirdo" – tai atsitinka tik tada, jei žmogus iš tiesų šaukiasi iš pačių širdies gelmių, o tai įmanoma tik tada, jei jis pasiekia paskutinę savo kantrybės ir kančių ribą. Tik tada Kūrėjas jam siunčia pagalbą, ir ši pagalba visada ateina netikėtai. Žmogus niekada iš anksto negali nujausti, kuri jo ašara bus paskutinė; kiekviena jų turi būti tarsi paskutinė. O Kūrėjo pagalba (*ješuat ha-Šem ke-heref ain*) pasirodo staiga ir visada netikėtai!

Knygą „Zohar" daugelis vadina moraliniu, kabala grindžiamu mokymu, nes ji parašyta priesakų – nurodymų, kaip žmogus turi elgtis, kalba. Suprantama, kad toks knygos „Zohar" apibūdinimas neigia jos mistinę, paslėptą esmę.

„Zohar" autoriai šią knygą, kuri kalba tik apie dvasinių pasaulių sistemą ir veikimą, specialiai parašė scholastine ir legalistine kalba. Tuo siekiama, kad skaitytojui neliktų jokių abejonių, jog pagrindinis kabalos tikslas – ne pati išmintis, o šios „išminties Šaltinis". Iš tiesų svarbiausias kabalos ir dvasinių dėsnių tikslas – išugdyti mumyse Kūrėjo poreikį ir norą priartėti prie Jo dvasinėmis sielos savybėmis.

Visos kliūtys, kurias sutinkame kelyje Kūrėjo link, siekdami patekti į dvasines erdves, – tai ne kas kita kaip ženklas, kad artėjame prie Jo, prie dvasinio pasaulio vartų. Taip yra todėl, kad nėra labiau nuo Kūrėjo nutolusios būsenos nei tokia, kai apskritai neįtariame apie dvasinio pasaulio egzistavimą arba neturime noro jį pajausti.

O kai jaučiame, kad esame tolimi dvasiniam pasauliui, vadinasi, Kūrėjas mums leidžia pajausti savo tikrąją būseną, taip žadindamas troškimą su Juo suartėti. Ir jeigu nepatirtume panašių nutolimo nuo Kūrėjo pojūčių, neturėtume jokios galimybės pradėti artėti Jo link. Todėl nutolimo pajautimas ženklina suartėjimo pradžią. Ir taip visą kelią Kūrėjo link: nuolat jaučiame įvairiausias mums trukdančias kliūtis. Iš tiesų tai ne kas kita, kaip Kūrėjo teikiama pagalba, kurios tikslas – sužadinti mūsų pasipiktinimą, nepasitenkinimą esama situacija, kad prašytume Kūrėjo ją pakeisti.

O visos kliūtys, kurias turime įveikti dvasiškai tobulėdami, reikalingos tam, kad priprastume eiti pirmyn, jausdami atstumą tarp savęs ir Kūrėjo, ir vis labiau suvoktume savo egoizmą ir atotrūkį nuo Jo. Šis jausmas neturi pakeisti mūsų veiksmų. Turime iš anksto žinoti, kad tai ir yra mūsų tikrosios būsenos atskleidimas, kad ir ankstesnioji nebuvo geresnė už dabartinę, tik apie tai nežinojome.

Ir taip iki tol, kol liausimės rūpinęsi savo būsena, o visą dėmesį nukreipsime į tai, kokius mus mato Kūrėjas. Šis siekis turi lemti visus mūsų veiksmus bei mintis. O ką kiekviename mūsų Kūrėjas nori matyti, paaiškėja, kai siekdami galutinio tikslo studijuojame kabalą ir laikomės dvasinių įstatymų. Tada visi dvasiniai dėsniai tampa suartėjimo su Kūrėju įrankiu.

Kol nepradedame matuoti visų savo poelgių ir minčių pagal Kūrėjo norą, – kad ir ką darytume, viską deriname su kitų norais, kurie mums primeta savo valią ir nulemia mūsų mintis ir elgesį. Niekada nesame laisvi elgtis taip, kaip norime. Arba mums įtaką daro kiti, kurie nulemia mūsų elgesį ir veiksmus, arba mūsų mintis ir veiksmus diktuoja Kūrėjo valia, bet niekada nesielgiame absoliučiai laisvai.

Kūrėjas pasislėpęs nuo mūsų – dėl mūsų pačių. Kaip mūsų pasaulyje visi dar iki galo nepažinti objektai vilioja labiau nei jau ištirti, taip ir dvasinio pasaulio paslėptis būtina tam, kad žmogui dvasinio pasaulio suvokimas taptų svarbus.

Mes niekada nepajėgiame deramai įvertinti Kūrėjo ir dvasinių pasaulių, kurie yra dalinis Kūrėjo atsiskleidimas, didybės. Bet kaip tik paslėptis, – tiek, kiek Kūrėjas mums leidžia pajusti, kad yra pasislėpęs ir nutolęs, budina mūsų siekį pajusti Jį, o sykiu ir svarbą suvokti tai, kas paslėpta.

Kita vertus, paslėpties dydį nulemia poreikis pažinti tai, kas paslėpta. Taigi žmogus palaipsniui įsisąmonina, kaip svarbu pasiekti tai, kas nuo jo paslėpta. Dėl to jam netgi ima atrodyti, kad jis be galo nutolęs nuo to, ko aistringai trokšta.

Kabalos kelias pasiekti tai, kas paslėpta, skiriasi nuo visų kitų šio pasaulio patirčių. Pavyzdžiui, žmogui rodoma pagarba pripildo jo ego ir atitinkamai jo sielai pridaro daug žalos. Ši žala tokia didelė, kad tie didieji teisuoliai, kurie tapo plačiai žinomi ir turėjo sekėjų, tokį išgarsėjimą laikė Kūrėjo bausme.

Tačiau yra didžių žmonių, kuriuos Kūrėjas nori apginti taip, kad šie neprarastų nė mažiausios savo dvasinio lygmens dalies. Jiems Kūrėjas siunčia ne tik sekėjus, bet ir tuos, kurie jų neapkenčia, priešinasi jų pažiūroms ir yra pasirengę juos visaip juodinti. Taigi Kūrėjas atsveria jiems rodomą pagarbą kančiomis, kurias jie patiria iš savo amžininkų.

Žmogui, dar neįžengusiam į dvasinius pasaulius ir dar nejaučiančiam dvasinių jėgų bei norų, sunku nulaikyti savo veiksmus ir mintis, nukreiptus reikiama kryptimi. Ir priešingai, jam lengva ir natūralu elgtis pagal dvasinių pasaulių prigimtį, gavus dvasinių jėgų ir įžengus į dvasinius pasaulius, taigi įgijus kitą, aukštesnę prigimtį.

Dvasinio kritimo metu pradingsta visi buvę dvasiniai suvokimai.

Noras tarnauti Kūrėjui ir susilieti su Juo, noras kovoti su savimi ir būti tik dvasinio pakilimo būsenos pradingsta. Kaip ir pats dvasinių laimėjimų prisiminimas ir suvokimas, kad apskritai gali egzistuoti noras dvasiškai tobulėti. Žmogus jaučia, kad jei šie dalykai iš tiesų egzistuoja, juos galima palaikyti tik aukštesnėmis mintimis apsisaugant nuo daugybės tegul ir mažų šio pasaulio malonumų. Bet paprasti žmonės, koks jis ir jaučiasi esąs dvasinio kritimo metu, be dvasinių siekių šiame pasaulyje turi dar ir kitų tikslų.

Galų gale, kaip jis, paprastas žmogus, išvis gali svajoti apie ryšį su Kūrėju, juo labiau apie galimybę su Juo susilieti? Jau pati mintis apie tai jam dabar atrodo keista ir tolima.

Apie tokius momentus pasakyta: „Ten pat, kur yra Kūrėjo didybė, atrasi ir Jo kuklumą", nes Kūrėjas kiekvienam kūriniui suteikia galimybę su Juo susivienyti. Ir kai vėl po kiek laiko žmogus pakils dvasia, jis turi niekada nepamiršti šių jo patirtų dvasinio nuopuolio būsenų, kad deramai įvertintų dvasiškai pakylėtas troškimo susilieti su Kūrėju būsenas kaip asmeninę, individualią Kūrėjo dovaną.

Tokiu atveju ateityje nebeiškils būtinybė patirti dvasinio nuopuolio būsenų, nes nuolat dirbdamas su savimi, tikėjimą iškeldamas aukščiau proto, mokydamasis ir laikydamasis nustatytos veiksmų bei minčių tvarkos, žmogus savyje sukurs laipsniškam dvasiniam kilimui reikalingą dvasinį indą.

Šviesos kelias

Pageidautinas dvasinio kilimo kelias – tai *Toros* kelias. Kančių kelias laukia tik tokiu atveju, jeigu nėra kito būdo paveikti žmogų, kad šis pasiektų tobulumą.

Kaip jau buvo sakyta, *Toros* kelias – tai iš Aukščiau kiekvienam žmogui suteikiama galimybė sukurti savyje dvasiniam augimui būtinus norus, per dvasinį kilimą ir kritimą jam parodant, kad dvasinė Šviesa – tai malonumas, o jos nebuvimas – kančia.

Taip imame trokšti Šviesos, dvasinio kilimo ir Kūrėjo suvokimo. Tačiau nepatyrę, kaip dvasinė Šviesa mus pripildo, o po to išnyksta, negalime šios Šviesos trokšti. Ir kuo daugiau Šviesos pradžioje Kūrėjas mums leidžia pajusti, o po to Ją „atima", tuo stipriau trokšime vėl patirti šią Šviesą. Šis kelias vadinamas *Toros,* arba Šviesos, keliu.

Bet yra ir kančių kelias – kai žmogus, užuot siekęs susigrąžinti prarastus malonumus, ieško, kaip pabėgti nuo gyvenime jį užgriūvančių nepakeliamų kančių. *Toros* kelias sužadina norą tapti pripildytam dvasinės Šviesos, kuri yra tarsi gaivinantis išsigelbėjimo Šaltinis. Abu keliai veda į tą patį tikslą, bet vienas traukia malonumu ir tobulumu iš priekio, o antras stumia iš nugaros, versdamas bėgti nuo skausmo.

Tam, kad žmogus gebėtų analizuoti išorinius poveikius ir vidinius pojūčius, jam duoti du jų suvokimo būdai: kartu ir saldu – jaučiant širdimi, melaginga ir teisinga – suvokiant protu.

Dvasinio pasiekimo neįmanoma įvertinti širdimi, nes tai visiškai priešinga jos prigimčiai. Ir todėl jis visada patiriamas kaip kartumas, o bet koks asmeninis malonumas jaučiamas kaip saldumas. Todėl darbas su savimi keičiant norų kryptį vadinamas širdies darbu.

Proto darbas visai kitoks, nes analizuodami tai, kas vyksta aplinkui, negalime pasikliauti savo protu ir logika. Juk apmąstydami įvykius esame priversti kliautis savo įgimtu egoistiniu protu, nuo kurio neišgalime atsiplėšti, nes tokius mus sukūrė Kūrėjas.

Todėl yra tik vienas kelias – visiškai atsisakyti įprastų polinkių analizuoti aplinkybes ir sutikti su išminčių patarimais, kurie išdėstyti kabalos knygose ir paaiškinti mokytojų, pasiekusių dvasinį pažinimo lygmenį.

Jeigu pajėgtume Kūrėjui padedant atlikti kad ir mažiausią analizę tikėjimu, o ne protu, ir širdimi pajausti egoizmo kartumą, beregint gautume pasiekto lygmens dvasinį suvokimą, kuris apima tiek dvasinę Šviesą, tiek jėgą (ekraną).

Po to Kūrėjas atskleidžia kitą, žemesnį egoizmo lygmenį. Jis anksčiau buvo paslėptas, kad žmogus, iš karto pajutęs visą savo egoizmo bedugnę ir dar neturėdamas jėgų su tuo susidoroti, nepultų į neviltį, matydamas tokią neįveikiamą užduotį. Tačiau turime suprasti, kad šis gigantiškas egoizmas glūdi mumyse jau nuo pat pradžių, tik jis buvo paslėptas ir atskleidžiamas palaipsniui tiek, kiek Kūrėjas duoda jėgų ir gebėjimų jį ištaisyti.

Todėl tas, kuris kyla dvasinėmis pakopomis palaipsniui įveikinėdamas „savo" protą, su kiekvienu žingsniu pasijunta vis labiau sumišęs ir nesuprantantis kabalistinių knygų išminties ir kabalos mokytojų nurodymų. Tačiau kiek toks žmogus pažemina „savo" suvokimo reikšmę, tiek jam suteikiama aukštesniojo suvokimo. Galiausiai, užuot tapęs kvailesniu, nes atsisakė naudotis šio pasaulio egoistine logika, – jis tampa nepalyginamai išmintingesnis.

Jeigu mes dar nepasiekėme aukštesniojo suvokimo, nepakeitėme savo analizės būdo, nepradėjome jausti neegoistinių minčių saldumo vietoje kartumo ir tikėjimo tiesos vietoje savo melagingo proto, ribojamo mūsų pasaulio prigimties, tai galime tobulėti naudodamiesi savo mokytojo jau ištaisytu analizės metodu, visada jo klausydami ir eidami jo pėdomis.

Toks yra ir *Toros* patarimas – klausyti išminčių patarimų. Juk jeigu bent vienas kabalistas, turėdamas teisingą dvasinį suvokimą protu ir širdimi, ims vesti paskui save žmoniją, kiekvienas galės pasiekti kūrinijos tikslą ne kančių keliu, o lengvu ir neskausmingu Šviesos keliu!

Bet vargas ir nuolatinės nesėkmės bus mūsų dalia, jei tie, kurie buvo pasirinkti pirmi eiti šiuo keliu, su kuriais Kūrėjas pirmiausiai aiškinasi santykius ir iš kurių daugiausiai reikalauja, savo vadovais pasirenka nieko apie aukštesnįjį sumanymą ir valdymą nesuprantančius žmones.

Tik karų, katastrofų ar kitų didelių nelaimių metu, kai jau, regis, nebeįmanoma išspręsti mūsų problemų, visi aiškiai imam matyti Kūrėjo ranką ir Jo pagalbą. Tačiau taip nutinka tik kritiniais momentais, kurie mus ištinka, kai nenorime pažinti ir naudotis kabalos žiniomis, kad įžvelgtume dievišką pasaulio valdymą.

Kodėl žmonės gimsta su skirtingais gebėjimais jausti subtilias mus supančias jėgas ir su skirtingais gebėjimais racionaliai bei logiškai įžvelgti daiktų prigimtį? Ir kuo gi kaltas žmogus, jei jis nesukurtas toks kaip genijai arba giliamintės ir jausmingos asmenybės? Kodėl gimdami iš Kūrėjo gauname nevienodus protinius bei dvasinius norus ir gebėjimus?

Žmonės, gimę su dideliais siekiais, plačia širdimi ir aštriu protu, *Toroje* vadinami „protingais", nes jie sugeba įgyti aukštesnįjį suvokimą. Ir priešingai – tie, kurie gimsta su ribotais protiniais ir dvasiniais gebėjimais, *Toroje* vadinami „kvailais žmonėmis". Bet kadangi kiekviena siela turi savo ypatingą paskirtį, dėl kurios ji ir „nusileido" į šį pasaulį, nė vienam mūsų nėra ko gėdytis įgimtų savo polinkių – tokius mus sukūrė Kūrėjas. Nėra ko gėdytis ir savo blogų minčių – jas taip pat mums siunčia Kūrėjas.

Tačiau ypatingą dėmesį turime kreipti į tai, kaip reaguojame į blogas mintis, ar kovojame su jomis, ar aklai joms paklūstame, ar kiekvienas pagal įgimtus savo gebėjimus norime save ištaisyti ir ką dėl to darome.

Būtent dėl to turime gėdytis ir būtent už tai turėsime atsakyti Kūrėjui. Bet vis dėlto, kokiu būdu kvailas žmogus gali pasiekti dvasinių aukštumų? Pasakė Kūrėjas: „Aš sukūriau išmintingus ir aš sukūriau kvailus. Ir kiekvienoje kartoje apgyvendinau išmintingų, norėdamas padėti kvailiesiems, kad visa širdimi prisišlieję prie tų, kurie kopia aukštyn, ir jie galėtų pasiekti visišką susiliejimą su Manimi."

Bet kam vis dėlto pasaulyje reikalingi kvailiai? Juk, palyginus su keliais pasaulio išminčiais, jų absoliuti dauguma! Esmė ta, kad kiekvienai dvasinei savybei yra būtinas atskiras nešėjas. Būtent ribotų dvasinių galimybių žmonės yra egoizmo nešėjai. O išminčiai, trokštantys begalinio dvasinio kilimo tarnaudami Kūrėjui, pabaigę taisyti savo egoizmą turi padėti kvailiesiems dirbti su jų egoizmu.

Kad galėtų nuolat kilti, išminčius turi nuolat absorbuoti „svetimą" egoizmą ir jį taisyti. Taigi abiem – ir kvailam, ir išmingam reikia vienam kito.

Bet kadangi masės išminčiui gali duoti vien savo nereikšmingą egoizmą (norus patirti smulkius, laikinus mūsų pasaulio malonumus), tai kiekvienam išminčiui pasaulyje tenka milijardai kvailių. Tačiau elgdamiesi pagal išminčių nurodymus, sąmoningai jais sekdami, visi gali pasiekti savo egzistavimo tikslą – absoliutų susiliejimą su Kūrėju.

Nors dvasinis darbas altruizmą iškeliant virš egoizmo vyksta širdyje, o tikėjimą iškeliant virš proto teiginių – prote, bet visa tai susiję su žmogaus atsisakymu naudotis savu, jam nuo gimimo suteiktu intelektu ir su atsisakymu mėgautis bei save įtvirtinti. Juk netgi dirbdamas jau altruistiniais tikslais žmogus vis tiek nori matyti ir žinoti, kam jis duoda ir kas gauna jo darbo vaisius, – ir tokiu atveju žmogus neturi nieko, išskyrus tikėjimą Kūrėjo egzistavimu ir tuo, kad Jis priima jo pastangų vaisius.

Čia susiduriame su Kūrėjo vienatinumo sąvoka, kuri grįsta principu „nėra nieko, tik Kūrėjas". Turime pripažinti Kūrėją kaip Tą, kuris siunčia visa, ką jaučiame ir suvokiame savo mintyse, kuris kuria būtent tokią mūsų minčių seką, vedančią mus prie tam tikrų išvadų ir sprendimų. Tik pripažinę tai, kas pasakyta, galime lengviau rasti teisingą požiūrį į visa, kas vyksta. Tada galime koreguoti savo norus ir mintis pagal Kūrėjo sumanymą.

Visa *Tora* kalba tik apie Kūrėją ir Jo veikimą. Todėl *Tora* ir vadinama Kūrėjo vardais. Lygiai kaip žmogaus vardas nurodo, apie ką būtent kalbama, taip ir bet kuris žodis *Toroje* – tai Kūrėjo vardas, nes išreiškia tam tikrą Jo veiksmą ir nurodo, ką kiekvienu momentu Jis mums siunčia.

O apie mus *Tora* kalba kaip apie Kūrėjo dalį, kurią Jis nutolino nuo Savęs, suteikdamas mums egoizmą. Todėl žmogaus sielą sudaro dvi priešingos dalys. Dieviškoji dalis (kai kuriuose iš mūsų) rodo savo norą jausti Kūrėją, skatinantį žmogų ieškoti ko nors dvasingo, kas jį pripildytų. Visa tai, kuo mėgaujasi ir prisipildo aplinkiniai, jo jau nebetenkina.

Antroji sielos dalis – specialiai sukurta mūsų egoistinė prigimtis, kurią žmogus jaučia visiškai aiškiai – noras viską užvaldyti, viską sužinoti ir padaryti, pamatyti savo veiksmų rezultatą, t. y. visoje savo aplinkoje matyti savojo „aš" dalį. Ši egoistinė mūsų sielos dalis yra vienintelis sukurtas dalykas, nes altruistinė sielos dalis – tai Paties Kūrėjo dalis. Paėmęs Savo troškimą ir suteikęs jam papildomo egoizmo, Kūrėjas atskyrė nuo Savęs šią dalį, ir ji tapo siela, atskirai nuo Jo egzistuojančiu kūriniu.

Siela laikoma kūriniu būtent dėl to, kad joje yra nauja dalis – jos egoizmas, sukurta savybė, anksčiau neegzistavusi, nes pats Kūrėjas tokio noro neturi. *Toroje* ir kalbama apie šį objektą – sielą, sudarytą iš Kūrėjo dalies ir iš naujai sukurto egoistinio jausmo „viską gauti sau" dalies. Kalbama apie sielą, o ne apie kūną, sudarytą iš mėsos ir kaulų, kuris toks pat kaip ir visų gyvūnų kūnai ir kurio lemtis – supūti ir vėl pavirsti šio pasaulio elementais.

Mes save jaučiame kaip kūnus todėl, kad nejaučiame savo sielų.

Bet kuo labiau žmogus pradeda jausti savo sielą, kuo stipriau ji jame prabyla, tuo mažiau jis jaučia savo fizinį kūną, jo norus, skausmus. Dar labiau patobulėjęs žmogus apskritai nebejaučia savo kūno norų, nes įsiklauso tik į tai, ką jam sako siela – jame esanti Kūrėjo dalis. Taigi „kūnas" pradeda reikšti jo dvasinius norus, jo įgytą esmę, o ne kūniškus norus, kurių žmogus daugiau beveik nebejaučia.

Tora pasakoja ne apie mūsų fizinius kūnus, mėsą ir kaulus, o apie du sielos troškimus – apie dieviškosios dalies norą jausti Kūrėją, susilieti su Juo ir apie egoistinės dalies norą mėgautis, prisipildyti, jausti save vietoje Kūrėjo. Abu šie norai *Toroje* vadinami „kūnu" – arba egoistiniu, fiziniu, taigi mūsų pasaulio kūnu, nes tik mūsų pasauliui būdingas egoizmas, arba dvasiniu kūnu, nes altruistiniai norai – tai Kūrėjo norai, būdingi dvasiniam pasauliui.

Visada ir visur *Tora* kalba apie tai, kas vienais ar kitais atvejais vyksta su mūsų siela ir su mūsų norais – kaip juos keičia Kūrėjas ir kaip mes galime juos keisti, tiksliau, prašyti Jo, kad pakeistų, nes patys nesame pajėgūs to padaryti.

Pagrindinis iššūkis pradedančiajam – valios pastangomis atkakliai laikytis minties, kad nepaisant daugybės įvairiausių minčių ir norų, visa tai kyla iš Kūrėjo; kad visas tas mintis ir norus, pačius įvairiausius ir kartais pačius žemiausius, jam siunčia Jis. Kūrėjas tai daro tam, kad nepaisydamas visų šių kliūčių žmogus atkakliai laikytųsi ryšio su Juo, nepaliaudamas tikėti, kad visas šias mintis ir norus jam siunčia Kūrėjas. Taigi kovodami su kliūtimis stipriname savo tikėjimą, kad viskas kyla iš Kūrėjo.

Tolydžio stiprindami savyje šį įsitikinimą, galėsime pasiekti tokią būseną, kai tai jausime nuolatos, nepaisydami vis didėjančių kliūčių, kurias Kūrėjas nuolat siųs būtent tam, kad sustiprintų šį pojūtį. Tada šį nuolatinį tikėjimo visur esančiu Kūrėju jausmą papildys pojūtis, kad Jis yra ir mumyse, ir Kūrėjas „įsivilks" į mus, taip nulemdamas visas mūsų mintis bei norus. Tokiu atveju tapsime Kūrėjo dalimi.

Turime suprasti, kad nutolimo nuo Kūrėjo jausmas ir yra kaip tik ta priemonė, kuri mums leidžia pajausti Kūrėją. Būtent šie du jausmai kabaloje ir vadinami indu (*kli*) ir Šviesa (*Or*).

Indas – tai noras pajausti Kūrėją, kuris palaipsniui gimsta žmoguje, veikiant trukdančioms mintims ir norams. Šie specialūs trukdžiai nukreipia nuo minčių apie Kūrėją ir nuo suvokimo, kad yra tik Jis, ir todėl skatina žmogų valios pastangomis stiprinti tikėjimo jėgą ir išlaikyti mintis apie Kūrėją.

Šviesa – tai jau atsakas į žmogaus norą pajausti Kūrėją. Kai pats Kūrėjas apsivelka tuo žmogaus noru, Šviesa įeina į indą.

Dvasinis augimas vyksta žmoguje prabundant dvasingumo troškimui, norui jausti Kūrėją, poreikiui pažinti save veikiant vien tiktai Šviesai, kai jis jaučia gyvenimą, įkvėpimą priartėjus prie dvasinių pojūčių, kai jaučia vienybę.

Bet po to neišvengiamai žmogų pradeda lankyti pašalinės mintys. Dėl jų įtakos jis ima leistis iš pasiekto lygmens iki įprastų savo minčių ir norų. Po kiek laiko žmogus pradeda apgailestauti dėl savo laikinų ir mažų rūpesčių bei minčių.

Tai pagimdo apmaudą ir pyktį ant savęs, o kartais net ir ant Kūrėjo, kad siunčia jam nuo dvasingumo atstumiančias mintis ir norus.

Ir kaip atsaką į skausmingą apgailestavimo dėl savo dvasinės būsenos jausmą žmogus iš Aukščiau gauna Šviesą, suartėjimo su Aukščiausiuoju jausmą. Tada jis pajunta pasiryžimą viską atiduoti už šį Kūrėjo pojūtį, už saugumo, pasitikėjimo, nemirtingumo jausmus, kuriuos patiria besiartindamas prie Kūrėjo spinduliuojamos amžinybės ir tobulybės. Tuomet dingsta visa gėda dėl savo buvusių minčių bei jausmų kartu su bet kokių šio pasaulio dalykų baime.

Kai žmogus jaučia savo nemirtingą sielą kaip amžinojo Kūrėjo dalį ir visiškai sutinka su Kūrėju, pateisina Jo veiksmus su Savo kūriniais ir yra pasiryžęs atsisakyti savo proto ir sekti paskui savo Kūrėją, jo sielą pripildo Kūrėjo Šviesa ir jis savo valia tampa visišku dvasinių pojūčių vergu.

Bet ir vėl po kiek laiko žmogų aplanko pašalinė mintis. Ir taip palaipsniui – dėl daugelio tolydžio jį aplankančių trukdančių minčių ir įkandin jų einančių dvasinio pakilimo pojūčių – dvasingumo poreikis tampa toks tvirtas, kad žmogus pagaliau gauna nuolatinę Kūrėjo Šviesą.

Kartą Rabis Baruchas paklausė savo senelio Baal Šem Tovo: „Žinoma, kad senais laikais tie, kurie troško pažinti Kūrėją, nuolat visaip save ribodavo, o tu atšaukei tokią praktiką, vadovaudamasis nuostata, kad jei kas nors laisva valia save riboja, tai nusižengia dvasiniams dėsniams ir turi už tai atsakyti. Tai kas gi yra svarbiausia žmogui dirbant su savimi?" Baal Šem Tovas atsakė: „Aš atėjau į šį pasaulį parodyti kitą kelią; žmogus turi stengtis išmokti trijų dalykų: meilės Kūrėjui, meilės žmonėms ir meilės dvasingumui. Tada nebelieka būtinybės pačiam save riboti."

Galimybė dėkoti Kūrėjui jau pati savaime yra Kūrėjo suteiktas gėris.

Kūrėjo geranoriškumą rodo tai, kad mes galime Jį mylėti, o Jo jėgą – tai, kad galime Jo bijoti.

Dėl kokios priežasties žmogus, siekiantis priartėti prie Kūrėjo ir jaučiantis, kad jau yra Jam kažkiek artimas, staiga pajunta nutolimą? Baal Šem Tovas atsako taip: „Tai panašu į vaiko mokymą vaikščioti; prilaikomas kūdikis žengia keletą žingsnių tėvo link, bet tėvas, norėdamas išmokyti vaiką vaikščioti savarankiškai, atsitraukinėja, kol sūnus išmoksta vaikščioti pats."

Anot Baal Šem Tovo, „Žmogaus darbas su savimi yra nuolatinė, iki paskutinio atodūsio trunkanti kova su egoizmu, kaskart savyje į jo vietą įsileidžiant Kūrėją."

Kūrėjas tarsi didis valdovas sėdi savo rūmų centre. Aplink save Jis pristatė daug sienų ir kliūčių, savo rūmus pripildė turtų bei garbės ir titulais apdalija tuos, kurie įveikia kliūtis. Gaudamas visa tai, žmogus pasitenkina. Bet tik tas, kuris atsisako visko, norėdamas būti šalia Paties Kūrėjo, nusipelno prie Jo priartėti.

Gamtoje yra būtina pereinamoji būsena tarp grūdo ir želmens, prasikalančio iš jo, kai grūdas visiškai susiskaido ir išnyksta. Lygiai taip pat ir mes, kol nepasieksime visiško savojo „aš" neigimo būsenos, tol negalėsime gauti naujos dvasinės prigimties.

Kūrėjas žmogaus „aš" sukūrė iš „nieko", taigi norėdami su Juo susilieti turime sugrįžti iš būsenos „aš" atgal į „nieką". Todėl sakoma, kad gelbėtojas (Mesijas) gimė Šventyklos sugriovimo dieną. Kiekvieną kartą priėję visiško nusivylimo būseną suvokiame, kad „viskas yra dulkės ir tuštybių tuštybė". Būtent iš tokios būsenos prasideda nauja dvasinio augimo pakopa, nes tada galime visko išsižadėti.

Didis XVIII a. kabalistas Magidas iš Mežirečiaus įvardijo dešimt dvasinio darbo taisyklių.

Trijų taisyklių galima išmokti iš kūdikio, kuris:
1. džiaugiasi nepriklausomai nuo nieko;
2. nė minutės nebūna ramus;
3. to, ko nori, reikalauja iš visų jėgų.

Septynių taisyklių galima išmokti iš vagies, kuris:
1. dirba naktimis;
2. tai, ko nepasiekė praėjusią naktį, bando gauti kitą;
3. yra ištikimas savo draugams;
4. rizikuoja savo gyvybe, kad įgytų net menkaverčių daiktų;
5. to, ką pavogė, nevertina ir parduoda už skatikus;
6. nors ir gauna smūgių, bet neišsuka iš savo kelio;
7. mato savo užsiėmimo pranašumus ir nenori jo keisti.

Ir pridėjo: kiekviena spyna turi savo raktą, bet jeigu spyna neatsirakina, drąsus vagis ją sulaužo. Kūrėjas myli žmogų, laužantį savo širdį, kad patektų į Jo namus.

Tik pasiekęs dvasines pakopas žmogus tampa menkas savo paties akyse ir gali nusilenkti prieš Kūrėją jausdamas, kad jam nieko nereikia: nei savojo dvasinio išsigelbėjimo, nei dvasinio pakilimo, nei amžinybės, o tiktai Kūrėjo.

Dvasiškai nupuolus gali atrodyti, jog Kūrėjas slepiasi ir sunku išlaikyti tikėjimą, kad Jis egzistuoja ir viską valdo. Bet jeigu žmogus jaučia, kad Kūrėjas nuo jo slepiasi, tada tai jau nebe Kūrėjo paslėptis, o būsena, kuriai esant Kūrėjas laukia žmogaus pastangų su Juo suartėti.

Kūrėjas vadinamas Vieta (*Makom*) būtent todėl, kad žmogus turi įeiti į Jį visa savo esybe taip, kad Kūrėjas jį apsuptų ir taptų jo buvimo vieta. (Kaip jau minėta, mes egzistuojame Kūrėjo Šviesos vandenyne ir turime tai suvokti.)

19
Taisant egoizmą

Visi dvasiniai įstatymai skirti tam, kad padėtų įveikti mūsų egoizmą. Todėl dvasinis priesakas „mylėk savo artimą kaip pats save" natūraliai kyla iš susiliejimo su Kūrėju, nes nėra nieko kito, tik Jis. Kai žmogus tai suvokia, – visa kūrinija, apimanti ir mūsų pasaulį, susilieja Vienintelio Kūrėjo suvokime. Taigi tampa aišku, kaip mūsų protėviai galėjo paklusti visiems dvasiniams įstatymams gerokai anksčiau nei apie juos sužinojo.

Viena iš dvasinio pakilimo pasekmių yra dar ir ta, kad žmogus ima mylėti pačius aršiausius priešus ir nekentėjus iš visų tautų. Todėl pats didžiausias darbas gali būti malda už savo priešus.

Kai rabiną Levį Jicchaką iš Berdičevo pradėjo pulti dėl jo plačios veiklos mokant teisingai tarnauti Kūrėjui, gandai apie tai pasiekė rabiną Elimelechą iš Lizensko. Šis sušuko: „Ko čia stebėtis! Tai vyksta nuolat! Jei to nebūtų, nė viena tauta nepajėgtų mūsų pavergti."

Yra du kovos su egoistiniais norais periodai: iš pradžių sekame jiems iš paskos, o kai pradedame nuo jų bėgti, pamatome, kaip šie nepaliaujamai mus vejasi.

Tie, kurie neigia Kūrėjo vienatinumą, dar nesupranta, kad Kūrėjas ir visa, kas vyksta pasaulyje (taip pat ir su kiekvienu žmogumi), yra viena.

Rabinas Jicchielis Michalis (Magidas iš Zoločevo), praeito amžiaus kabalistas, gyveno labai skurdžiai. Mokiniai jo paklausė: „Kaip tu gali šlovinti Kūrėją, kad davė tau viską, kas būtina?" Šis atsakė: „Galiu šlovinti Kūrėją, davusį man viską, nes akivaizdu, jog būtent skurdas man būtinas, kad su Juo suartėčiau, todėl man ir duotas."

Nėra nieko, kas labiau neigtų Kūrėjo valdymą kaip liūdesys. Beje, šis jausmas bet kurį žmogų apima dėl įvairiausių priežasčių: kančių, savo bejėgiškumo pojūčio, neturint norimų dalykų ir pan. Neįmanoma džiaugtis kenčiant smūgius, kol neįsisąmonini jų būtinumo bei didžios naudos ir kol kiekvieno smūgio nepriimi jau kaip vaistų. Vienintelis dalykas, dėl kurio žmogus turėtų nerimauti, – kodėl jis nerimauja. Apie kančias, pasak rabino Mozės iš Kobryno, reikia sakyti, kad jos ne blogos, kadangi blogio pasaulyje nėra, bet karčios, nes toks ir yra tikrasis vaistų skonis.

Būtina labai pasistengti, kad išsigydytume liūdesį, nes tikėjimas teikia džiaugsmą, ir tik didindami tikėjimą galime išsigelbėti nuo liūdesio. Todėl Mišnos teiginį, kad „Žmogus privalo dėkoti už bloga", Talmudas tuoj pat papildo: „Privalo priimti su džiaugsmu", nes pasaulyje blogio nėra!

Kadangi žmogus suvokia tik tai, kas pasiekia jo jausmus, o ne tai, kas lieka išorėje, tai ir Kūrėją mes suvokiame tik pagal Jo poveikį mums. Todėl reikalingi pojūčiai, neigiantys, kad jų šaltinis yra vienas; jie tarnauja būtent tam, kad galiausiai būtų pajausta ir atsiskleistų, jog yra tik Kūrėjas.

Pasakyta, kad perėję per Raudonąją jūrą žmonės patikėjo Kūrėju ir ėmė dainuoti. Tik tikėjimas suteikia galimybę uždainuoti.

Jeigu žmogus mano, kad dirbdamas su savimi gali save ištaisyti, jis turi patikrinti savo tikėjimą Kūrėjo visagalybe ir vienatinumu, nes tik per Kūrėją, meldžiant pakeitimo, galima ką nors savyje pakeisti.

Pasakyta, jog pasaulis sukurtas tam, kad kūriniai galėtų juo mėgautis. Žodis *olam* (pasaulis) kilęs iš žodžio *alama* (paslėptis). Būtent jausdamas priešingybę tarp paslėpties ir atverties žmogus patiria malonumą. Todėl pasakyta: „Sukūriau pagalbą prieš tave" (*ezer ke-negdo*).

Egoizmas sukurtas padėti žmonėms.

Kovodamas su juo žmogus palaipsniui įgyja dvasinei pajautai būtinus jutimo organus. Todėl su kliūtimis ir kančiomis kiekvienas turime sutikti iki galo įsisąmonindami jų tikslą – pastūmėti mus prašyti Kūrėjo, kad padėtų išsigelbėti nuo kančių. Tada egoizmas ir visi nemalonumai pavirsta „pagalba prieš tave" – prieš patį egoizmą.

Galima įsivaizduoti ir kitaip: kad egoizmas stovi „priešais mus" vietoj Kūrėjo, uždengdamas ir slėpdamas Jį nuo mūsų. Apie tai pasakyta: „Aš stoviu tarp Kūrėjo ir jūsų" – žmogaus „aš" stovi tarp jo ir Kūrėjo. Todėl ir egzistuoja priesakas pirmiausiai „žinoti, ką mums padarė" *Amalekas*, o po to „ištrinti visus prisiminimus" apie jį.

Neturime savyje ieškoti trukdančių minčių, o geriau tai, kas pirmiausiai gimsta širdyje ir mintyse vos pabudus, susieti su Kūrėju. Taip „kliūtys" padeda mums sugrąžinti mintis apie Jį. Pats blogiausias dalykas – užmiršti Kūrėją.

Kiek egoizmas skatina mus nusidėti, tiek pat jis skatina ir būti perdėtais „teisuoliais" – abiem atvejais tai atitolina mus nuo tiesos. Kai vaidiname prieš kitus teisuolius, gali nutikti, kad net nepastebėdami, jog apgaudinėjame save, pradėsime tikėti iš tiesų esą teisuoliai.

Rabis Jakovas Jicchakas iš Liublino yra pasakęs: „Labiau myliu nusidėjėlius, žinančius, kad jie nusidėjėliai, nei teisuolius, žinančius, kad jie teisuoliai. Bet nusidėjėliai, laikantys save teisuoliais, apskritai niekada negalės atrasti teisingo kelio, nes netgi ant pragaro slenksčio jiems regis, kad ten juos atvedė gelbėti kitų."

Tikras kabalistas siekia, kad jo mokinys gerbtų ir bijotų Kūrėjo labiau nei savo mokytojo, tikėtų ir norėtų priklausyti nuo Kūrėjo labiau nei nuo savo mokytojo.

XVIII a. kabalistas Nachumas iš Ružino, užtikęs mokinius žaidžiant šaškėmis, papasakojo jiems apie šio žaidimo ir dvasinių taisyklių panašumus: pirma, draudžiama daryti du ėjimus vienu metu; antra, galima eiti tik pirmyn, bet ne atgal; trečia, pasiekęs galą turi teisę eiti kaip nori.

Jei manome, kad kas nors apie mus kalba, mums pasidaro įdomu tai išgirsti. Trokštami, bet paslėpti dalykai vadinami „paslaptimi". Jeigu skaitome *Torą* ir jaučiame, kad ten kalbama apie mus, vadinasi, pradėjome studijuoti slaptąją *Toros* dalį, kur bus kalbama apie mus, nors mums tai dar nėra akivaizdu.

Dvasiškai tobulėdami suprasime, kad *Tora* kalba apie mus, ir tada jos slaptas turinys atsiskleis. Kas skaito *Torą* neklausdamas apie save, negali įžvelgti joje nei slaptosios, nei atvirosios dalies, tam ji atrodo kaip istorija arba teisinių įstatymų rinkinys. Talmude sakoma, kad visa *Tora* kalba tik apie dabartį.

Egoistiniu požiūriu nėra nieko keistesnio ir nenatūralesnio, nerealesnio ir absurdiškesnio, kaip „parsiduoti" Kūrėjo vergijon, ištrinti savyje visas savo mintis bei norus ir atiduoti visą save Jo valiai, kad ir kokia ji būtų, nežinant jos iš anksto.

Žmogui, nutolusiam nuo Kūrėjo, visi dvasiniai reikalavimai atrodo vienodai beprasmiai.

Ir priešingai, kai tik jis jaučia dvasinį pakilimą, tuoj pat be jokio pasipriešinimo ir proto kritikos sutinka su šia būsena. Ir jau nesigėdija savo minčių bei poelgių, kuriais siekia atsiduoti Kūrėjui.

Šios prieštaringos būsenos duodamos mums specialiai, kad padėtų suvokti, jog išsigelbėjimas nuo egoizmo pranoksta mūsų prigimties galimybes ir yra dovanojamas tik Kūrėjo valia. O iki tol jaučiame nepasitenkinimą, nes arba lyginame dabartinę savo būseną su buvusia, arba su ateities viltimis, ir todėl kenčiame neturėdami to, ko trokštame.

Bet jei tik žinotume, kokius milžiniškus malonumus galėtume gauti ir negauname iš Aukščiau, kentėtume nepalyginamai labiau. Tačiau dvasinių malonumų atžvilgiu esame tarsi nesąmoningos būsenos ir nejaučiame jų trūkumo. Todėl svarbiausia – pajausti Kūrėją. Po to, net jeigu šis pojūtis dingsta, jau natūraliai vėl Jo ilgėsimės. Kaip pasakyta 42 psalmėje, „Kaip elnė ilgisi tekančio vandens, taip aš ilgiuosi Tavęs, Dieve".

Troškimas pajausti Kūrėją vadinamas troškimu „pakelti" Kūrėjo artumą iš pelenų – iš žemiausios, mūsų požiūriu, būsenos, kai viskas mūsų pasaulyje mums atrodo daug vertingiau už galimybę jausti Kūrėją.

Tie, kurie laikosi priesakų dėl to, kad yra atitinkamai išauklėti (tai irgi – Kūrėjo noras), daro tai kaip ir tie, kurie nori suvokti Kūrėją. Skiriasi tik paties žmogaus pojūčiai. Tačiau tai ir yra svarbiausia, nes Kūrėjas nori, kad kūriniai mėgautųsi Jo artumu.

Todėl tam, kad liautųsi automatiškai vykdęs priesakus ir taptų savarankiškas, žmogus privalo aiškiai suvokti, ką jam įskiepijo auklėjimas bei visuomenė ir kokie yra jo paties, kaip nepriklausomo individo, siekiai.

Pavyzdžiui, žmogus buvo išauklėtas pagal „Musar" sistemą, teigiančią, kad mūsų pasaulis yra niekas. Tokiu atveju dvasinis pasaulis atrodo viso labo tik šiek tiek didesnis negu niekas. Kita vertus, kabala moko, kad šis pasaulis, kaip ir jaučiame, yra pilnas malonumų, bet dvasinis pasaulis – pasaulis, kuriame jaučiamas Kūrėjas, – nepalyginamai nuostabesnis. Taigi dvasingumas atrodo ne paprasčiausiai didesnis už niekią, o didesnis už visus mūsų pasaulio malonumus.

Neįmanoma savęs priversti džiuginti Kūrėją, kaip Jis džiugina mus, nes žmogus neturi tokių altruistinių polinkių. Nepaisant to, reikia išsiaiškinti, „kieno link" turime veržtis. Taip patikriname mūsų noro priartėti prie Kūrėjo tikrumą, juk nuoširdžiai trokštant Kūrėjo visos kitos mintys ir norai pradingsta, nelyginant žvakės šviesa pradingsta fakelo šviesoje.

Kol neatsiranda Kūrėjo pojūtis, kiekvienas žmogus jaučiasi esąs tarsi vienintelis pasaulyje. Tačiau tik Kūrėjas yra Vienintelis, nes tik Jis gali duoti ir duoda visam pasauliui, o mes absoliučiai priešingi šiam norui. Todėl jau su pirmuoju Kūrėjo pojūčiu žmogus, kad ir laikinai, įgyja tas pačias savybes, kaip buvo paaiškinta palyginime apie žvakę ir fakelą.

Gyvendami pagal dvasinio pasaulio dėsnius galime realizuoti visa, kas būtina, dar šiame pasaulyje.

Tikėdami, kad viskas, net ir mūsų jaučiamas blogis, yra siųstas Kūrėjo, išliekame nuolat su Juo susieti.

Yra Kūrėjas ir kūrinys – žmogus, nejaučiantis Kūrėjo, o tegalintis „tikėti" Kūrėjo egzistavimu ir tuo, kad yra tik Jis, ir kad iš tiesų egzistuoja ir viską valdo tik Kūrėjas (žodis „tikėti" paimtas į kabutes, nes tikėjimas kabalistine prasme reiškia būtent Kūrėjo jautimą).

Vienintelis dalykas, kurio žmogus nori, – tai patirti malonumą. Tokį jį sukūrė Kūrėjas. Toks yra kūrimo tikslas, Kūrėjo valia. Tačiau žmogus turi patirti malonumą tokiu pačiu būdu kaip ir Kūrėjas.

Visa, kas kada nors vyko, vyksta arba vyks su kiekvienu iš mūsų, visa – gera ir bloga, iš anksto planuoja ir mums siunčia Kūrėjas. Ištaisymo pabaigoje taps visiškai aišku, kad visa, kas įvyko, buvo būtina mūsų gerovei.

Bet kol kiekvienas mūsų esame išsitaisymo kelyje, šis kelias mums atrodo trunkantis tūkstantmečius, neįtikėtinai ilgas, sunkus, kruvinas ir nepaprastai skausmingas. Kad ir kaip būtume pasiruošę eiliniam smūgiui, vos tik pajuntame artėjantį išbandymą, užmirštame, kad tai kyla iš tos pačios vienintelės pasaulyje Jėgos, iš kurios kyla viskas. Užmirštame, kad esame tik medžiaga Kūrėjo rankose, ir imame įsivaizduoti esą savarankiškai veikiantys individai. Todėl tikime, kad nemalonių aplinkybių priežastis yra kiti žmonės, užuot pripažinę juos esant Kūrėjo valios įrankiais.

Taigi svarbiausia, ko turime išmokti šiame pasaulyje, – ne vien tik iš anksto suprasti, kad viskas kyla tik iš Kūrėjo. Pačiomis sunkiausiomis akimirkomis turime nepasiduoti žalingiems jausmams ir mintims. Neturime staiga pradėti mąstyti „nepriklausomai" ir manyti, kad to, kas su mumis šiuo metu vyksta, priežastis yra kiti žmonės, o ne Kūrėjas; kad bet kokios situacijos baigtis irgi priklauso nuo žmonių arba aplinkybių, o ne nuo Kūrėjo.

Išmokti to galima tik iš savo patirties, bet mokydamiesi esame linkę užmiršti, dėl ko viskas su mumis vyksta. Viskas mūsų gyvenime vyksta tam, kad skatintų ir vystytų dvasinį augimą. Jeigu tai užmirštame, galime nugrimzti į apgaulingą valdymo nebuvimo ir visiškos Kūrėjo paslėpties pojūtį.

Šis procesas vyksta tokiu būdu: Kūrėjas leidžia žmogui suvokti, kad tik Jis valdo pasaulį, o po to žmogui pasiunčia bauginančias, kupinas nemalonių pasekmių gyvenimo aplinkybes. Nemalonūs pojūčiai taip užvaldo žmogų, kad jis užmiršta tai, Kas ir kokiu tikslu siunčia jam šiuos smūgius.

Vykstant šio „eksperimento" procesui kartkartėmis žmogui duodamas supratimas, kodėl tai su juo vyksta, bet nemaloniems poveikiams stiprėjant šis pojūtis pradingsta. Net staiga „prisiminęs", Kas ir kodėl jam siunčia tokias kančias, žmogus nepajėgus savęs įtikinti priskirti jas Kūrėjui ir tik Jo prašyti išgelbėjimo. Ir nors žino, kad tai kyla iš Kūrėjo, vis tiek bando pats sau padėti. Šį procesą galima pavaizduoti taip:

1. Žmogaus kelyje Kūrėjo link atsiranda netyra, blaškanti, bauginanti jėga arba mintis, pro kurią jis turi brautis Kūrėjo link, kad prie Jo prisišlietų.
2. Kai žmogus yra taip arti Kūrėjo kaip vaikas ant motinos rankų, pašalinės jėgos-mintys nori atplėšti jį nuo Kūrėjo, kad nebejaustų Jo ir Jo valdymo.
3. Kūrėjas tarsi duoda žmogui kažką svarbaus, kas jį apsaugotų nuo priešo. Pastarajam puolant žmogus narsiai su juo kovoja.
4. Pasibaigus kovai su priešu, žmogui paaiškėja, kad jis tekovojo su kliūtimis, paties Kūrėjo jam siųstomis tam, kad jį pamokytų ir pakylėtų. Ši vidinė kova suteikia žmogui žinių apie save ir apie Kūrėjo valdymą bei ugdo meilę Jam, o galiausiai leidžia suprasti, kodėl Kūrėjas siuntė visas kliūtis.

Žmogų auklėti reikia ne prievarta ir slopinimu, bet ugdant įgūdžius, būtinus savikritiškam požiūriui į savo vidines būsenas ir norus. Teisingas auklėjimas turėtų ugdyti mąstymo ir analizės įgūdžius, tačiau tradicinis auklėjimas, priešingai, paprastai siekia įskiepyti automatinius būsimus poelgius ir reakcijas. Iš tiesų auklėjimas turėtų formuoti įpročius nuolatos savarankiškai analizuoti ir vertinti savo paties nepriklausomus, iš išorės arba auklėjimo neprimestus veiksmus.

Kokiu būdu galime pasiekti tiesą, kai ego tiesą jaučia kaip kartėlį arba skausmą? Kas gali norėti tokių pojūčių?

Gyvybinės jėgos ir energijos gauname iš malonumo, garbės ir pavydo.

Pavyzdžiui, apsivilkę suplyšusiais drabužiais gėdijamės dėl to, kad kito drabužiai geresni. Bet jeigu kito drabužiai irgi suplyšę, tai lieka tik pusė nemalonaus pojūčio. Todėl sakoma, kad „pasidalinta nesėkmė – pusė paguodos".

TAISANT EGOIZMĄ

Jeigu pasitenkinimą gautume tik iš kurio nors vieno minėtų šaltinių, niekada negalėtume dvasiškai vystytis. Pavyzdžiui, jei siektume tik malonumo ir mums nerūpėtų garbė, tai karštą dieną vaikščiotume nuogi, nes nejaustume gėdos.

Garbės, aukštos padėties visuomenės akyse siekis gali sumažėti, jeigu visa visuomenė sumažins savo poreikius, pavyzdžiui, rimtų išbandymų ir karo laikotarpiais. Tačiau siekdami patirti malonumus arba sumažinti kančias nesame tokie priklausomi nuo aplinkinių nuomonės, pavyzdžiui, dantų mums mažiau neskauda dėl to, kad skauda dar kažkam. Todėl darbo „dėl Kūrėjo" pagrindas turi būti malonumas, o ne garbė, kitaip žmogus gali nusiraminti ir sustoti pusiaukelėje.

Sakoma: „Mokslininkų pavydas gausina žinias." Net jei žmogus nenori garbės, jam visuomet rūpės, kodėl gerbia kitą, o ne jį. Dėl to ir negaili pastangų mokslo srityje, kad tiktai kiti nebūtų gerbiami labiau už jį. Šie siekiai gausina žinias. Taip yra ir tarp pradedančių mokinių: matydamas, kad kiti keliasi prieš aušrą studijuoti, žmogus taip pat prisiverčia atsikelti, nors širdyje nori, kad niekas nesikeltų, tada ir jam nereikėtų to daryti.

Jeigu suprastume, kad visos mūsų mintys nepriklauso mums, o ateina iš aplinkos, būtų lengviau joms pasipriešinti. Visuomenė veikia mus taip, kad iš kitų gaunamas mintis ir norus jaučiame kaip savus. Todėl svarbu, kad išsirinktume sau tinkamą aplinką, atitinkančią mūsų tikslus ir idealus.

Tačiau jeigu žmogus nori būti veikiamas ir gauti tik atitinkamos aplinkos žmonių mintis, patikimiausia priemonė – būti tarp jų, o dar geriau – patarnauti jiems ir padėti, nes gauti gali tik žemesnis iš aukštesnio. Todėl mokslo draugų grupėje labai svarbu kitus laikyti tobulesniais ir išmintingesniais už save.

Tai vadinama „gavimu iš autorių" („*mi pi sofrim*"), nes gaunama per bendravimą su kitais. Be to, būnant tarp kitų žmonių darbe ir namuose pageidautina mintimis būti su savo moksladraugiais. Tada jokios pašalinės mintys nevalingai neprasiskverbs į žmogų, ir jis staiga nepradės samprotauti kaip jo kaimynai, sutuoktinis ar kolegos.

Dvasinių savybių troškimas

Pradedančiajam visiškai neįmanoma atskirti tikro kabalisto nuo netikro, nes visi dėsto vienas ir tas pačias tiesas apie būtinybę išsitaisyti ir išsižadėti egoizmo.

Bet šie žodžiai, kaip Kūrėjo Šviesa, kuri šviečia visiems, gali būti palyginti su Šviesa be indo. Kitaip tariant, žmogus gali sakyti pačius prasmingiausius žodžius, bet neturėdamas *kėlim* – indų, galinčių priimti Šviesos pojūčius, negali suprasti jų vidinės prasmės.

Žymiai sunkiau perimti mintis ir savybes iš kabalisto parašytų knygų („*mi sfarim*") nei tiesiogiai iš mokytojo. Mat jeigu nori perimti autoriaus mintis, privalai tikėti, kad autorius – didis kabalistas. Ir kuo labiau žmogus gerbia autorių, tuo daugiau galės suprasti iš jo knygų.

Iš tūkstančių suvokusių Kūrėją tik Rabiui Šimonui Bar Jochajui (RAŠBI), Rabiui Izaokui Aškenazi (ARI) ir Rabiui Jehudžiui Ašlagui (Baal Sulam) buvo leista rašyti apie kabalą tokia kalba, kurią suprastų neįgijusieji dvasinių pakopų pojūčio. Kitos kabalistinės knygos naudoja tik dvasinius pasaulius pasiekusiems suprantamus įvaizdžius ir todėl nėra tinkamos pradedantiesiems.

Padedamas pasirinktos studijų bendrijos ir išsirinktų knygų žmogus palaipsniui išmoksta savarankiškai mąstyti. Iki tol jo padėtis tokia pati, kaip ir visų egzistuojančių šiame pasaulyje – nori būti savarankiškas, bet negali.

Pasakyta, kad pavydas, malonumas ir garbės troškimas išveda žmogų iš šio pasaulio. Turima omenyje, kad šie trijų rūšių žmogaus troškimai priverčia jį veikti. Nors ir nelaikomi gerais, tačiau šie troškimai verčia žmogų keistis, augti, norėti pasiekti vis daugiau, kol šis supras, kad vieninteliai dalykai, kuriuos jis išties gali įgyti, – dvasiniai – ir nuspręs palikti šį pasaulį dėl dvasinio.

Todėl ir pasakyta, kad šie trys norai „išveda" žmogų iš šio pasaulio į dvasinį, būsimą pasaulį. Įgijęs žinių ir proto žmogus pradeda suprasti, kas pasaulyje visų vertingiausia ir kad verta bandyti tai pasiekti. Taip jis tolsta nuo noro „dėl savęs" ir pasiekia norą „dėl Kūrėjo".

Visą kūriniją galima suvokti kaip siekį patirti malonumą arba kančią, negaunant Kūrėjo teikiamo malonumo. Kad būtų patirtas malonumas, būtinos dvi sąlygos:

1. Malonumas turi atsirasti ir išnykti, palikdamas įspūdį, prisiminimą (*rešimo* iš žodžio *rošem* – įrašas).
2. Žmogus turi įgyti būtiną pažinimą ir jėgą, kad prasiveržtų pro išorinę žievę ir taptų vertas pasiekti vaisių.

Egzistuoja kelios rūšys netyrų, nukreipiančių jėgų, vadinamų „žieve" arba „lukštu" (*klipot*). Šis pavadinimas nusako jų paskirtį. Šios jėgos: 1) saugo dvasiškai tyras jėgas (patį vaisių po žieve), kad į dvasinį pasaulį nepatektų galintys jam pakenkti elementai – tie, kurie dar nepasiruošę ir kurie pasiekę dvasinį lygmenį galėtų pakenkti sau ir kitiems; 2) sukuria kliūtis tiems, kurie tikrai nori turėti vaisių. Kovodamas su jomis žmogus įgyja reikalingų žinių ir jėgų įsiskverbti pro išorinį apvalkalą ir nusipelno paragauti paties vaisiaus.

Jokiu būdu nereikia manyti, kad bet kokios mintys prieš Kūrėją, pasirinktą kelią ir tikėjimą kyla iš kito šaltinio nei Jis. Kūrėjas – vienintelė Jėga, veikianti visoje kūrinijoje, įskaitant ir žmogų, kuriam telieka aktyvaus stebėtojo vaidmuo. Kitaip tariant, žmogui lieka patirti visą jį veikiančių jėgų įvairovę ir kaskart kovoti su mintimi, kad šios jėgos kyla ne iš Kūrėjo. Iš tiesų, jeigu Kūrėjas nesiunčia minčių, kurios trukdo studijuoti kabalą ir taisyti save, žmogus negali tobulėti.

Pagrindinės netyrosios jėgos yra *klipat Micraim* (Egiptas), kuri atstumia žmogų nuo noro toliau eiti dvasiniu keliu, ir *klipat Noga*, kuri jam teikia klaidinantį pojūtį, kad ir taip gerai ir nėra būtinybės tobulėti. Tokiu atveju žmogus jaučiasi tarsi miegotų, nors jo širdis nesutinka su tokia būsena (*ani jašena ve libi er* – aš miegu, bet širdis būdrauja).

Autentiški kabalistiniai tekstai, ypač Rabio Jehudžio Ašlago, parašyti taip, kad žmogus, gerai į juos įsigilinęs ir supratęs kūrinijos tikslą, jau nebegali patirti malonumo iš netyros jėgos *klipat Noga* apgaulingo švytėjimo.

Bet tiems vienetams, kuriuos Kūrėjas pasirenka priartinti prie Savęs, Jis siunčia meilės kančias (*isurei ahava*). Jos padeda šiems žmonėms įveikti jų būsenos sunkumus ir priartėti prie Kūrėjo. Šis vidinis žmogaus troškimas, kurį jis jaučia kaip savą, vadinamas „spaudimu iš vidaus" (*dachav pnimi*).

Mūsų veiksmai vadinami „atvirais", nes visi juos gali matyti ir nelieka vietos jokioms interpretacijoms. Kita vertus, mūsų mintys ir ketinimai (*kavana*) laikomi „slaptais", nes gali būti visiškai kitokie, nei atrodo stebėtojui iš šalies, ir netgi skirtis nuo to, kaip mes patys juos suvokiame.

Kartais ir mes patys tiksliai nežinome, kas mus paskatina vienam ar kitam poelgiui. Mūsų tikrieji vidiniai ketinimai, kurie verčia mus veikti, dažnai paslėpti nuo mūsų pačių lygiai kaip ir nuo pašalinių. Todėl kabala vadinama slapta *Toros* dalimi, slapta išmintimi, nes moko mus apie ketinimus ir apie tai, kaip juos nukreipti į Kūrėją. Taigi šis pažinimas turi būti paslėptas nuo visų, o kartais net ir nuo paties vykdytojo.

Būtina tikėti tuo, kad viskas, kas vyksta pasaulyje, vyksta Kūrėjo valia, yra Jo valdoma, Jo siunčiama ir Jo kontroliuojama.

Yra tvirtinančių, kad mūsų kančios – ne kančios, o dovana.

Tai teisinga tik kalbant apie tuos teisuolius, kurie visas aplinkybes ir jų padarinius gali priskirti Kūrėjo valdymui. Tik tokiu atveju, kai žmogus pajėgia išlaikyti tikėjimą Aukštesniojo valdymo teisingumu, nepaisydamas pačių didžiausių išmėginimų ir kančių, prakeikimai virsta palaiminimais.

Tačiau patirdami išmėginimus, kuriuose nepajėgiame pakilti aukščiau savo proto, dvasiškai krentame, nes padėti mums gali tik tikėjimo iškėlimas aukščiau proto. O kai krentame iš tikėjimo į priklausomybę nuo proto, tada jau mums reikia pagalbos. Kita vertus, tie, kurie pajėgia pereiti šiuos išmėginimus, pakyla, nes būtent kančios ir išmėginimai sustiprina jų tikėjimo jėgą. Todėl tokiais atvejais išmėginimai ir kančios virsta palaiminimu.

Tikra malda turi kilti iš pačių širdies gelmių, kas reiškia, kad visa širdis turi sutikti su tuo, ką ji nori pasakyti Kūrėjui. Pasakyti ne žodžiais, bet jausmais, nes Kūrėjas girdi tik tai, kas vyksta žmogaus širdyje. Kūrėjas girdi netgi daugiau, negu pats žmogus norėtų pasakyti, nes supranta visas priežastis ir visus jausmus, kuriuos Pats ir siunčia.

Nė viena būtybė niekaip negali išvengti iš anksto numatyto tikslo – panorėti įgyti dvasinių savybių. Bet ką gi daryti žmogui, kuris jaučia, kad jo noras atsisveikinti su šio pasaulio malonumais dar nėra pakankamai stiprus? Ką jam daryti su mintimi, kad jis turi atsiskirti nuo savo artimųjų, šeimos, nuo viso gyvenimo kupino pasaulio su jo mažais džiaugsmais, su visu tuo, ką egoistiniai norai taip vaizdžiai piešia jo prote? Ir ką gi jis gali daryti, jeigu prašydamas Kūrėjo pagalbos pats jaučia, kad iš tiesų nenori, jog Kūrėjas išgirstų ir atsilieptų į jo maldą?

Todėl tokią būseną patiriančiam žmogui padėti gali ypatingas pasiruošimas ir įsisąmoninimas, kaip gyvybiškai svarbu įgyti altruistines savybes. Šis noras bręsta palaipsniui, žmogui suvokiant, kaip jis nutolęs nuo iš tolo viliojančių dvasinių malonumų ir ramybės.

Tai primena tokį atvejį, kai svečius kviečiantis namų šeimininkas vakarienės pradžioje turi pasirūpinti jų apetitą sužadinančiais užkandžiais, kad šie panorėtų jiems paruoštų vaišių. Be išankstinio paruošimo net ir labai gardžios bei gausios vaišės nesuteiks svečiams tikro malonumo. Juolab tai tinka kalbant apie apetito sužadinimą tokiems nenatūraliems, neįprastiems skanėstams kaip mėgavimasis altruizmu.

Mūsų poreikis suartėti su Kūrėju palaipsniui gimsta veikiamas tų pastangų, kurias dedame, kai esame labiausiai nutolę nuo dvasinio išsigelbėjimo. Tai tinka ir patiriant tuštumos bei tamsos būsenas, kai Kūrėjas reikalingas, kad asmeniškai išgelbėtų, ištrauktų mus iš beviltiškų situacijų, į kurias Pats ir įstūmė. Ir jei mums iš tiesų reikia Kūrėjo pagalbos, tai yra požymis, kad esame pasiruošę ją priimti, nes sužadinome savyje „apetitą", kad gautume būtent tą malonumą, kurį Jis mums paruošė. Ir tokiu laipsniu, kokiu patyrėme kančias, galėsime patirti ir malonumą.

Bet jeigu žmogus turi patirti kančias ir tokiu laipsniu, kokiu kentėjo, iš Aukščiau gaus malonumą, tai reiškia – šis kelias kančių, o ne *Toros*. Be to, kyla klausimas, ar apskritai reikia ko nors prašyti Kūrėjo? Galbūt verta patirti kančias, kad pats kūnas panorėtų visiško išgelbėjimo ir imtų šauktis Kūrėjo su tokia jėga, kad Jis būtų priverstas žmogų išgelbėti?

Atsakymas paprastas: malda, net jei ji ir nekyla iš širdies gelmių, vis tiek ruošia žmogų išgelbėjimui.

Melsdamiesi mes tarsi pažadame Kūrėjui, kad įgiję dvasinių jėgų sutelksime visas savo pastangas grįžti prie dvasinių troškimų, kurių šiuo metu stokojame. Čia ir slypi didžioji maldos jėga. Kūrėjas priima tokį prašymą ir vietoj kančių kelio pirmyn einame *Toros* keliu.

Todėl jokiu būdu neturime taikytis su kančiomis, net jei ir esame įsitikinę, kad jas siunčia Kūrėjas; ir netgi jeigu tvirtai tikime, kad visa, ką siunčia Kūrėjas, yra dėl mūsų gėrio. Kūrėjas iš mūsų laukia ne nuolankaus kančių priėmimo. Priešingai, Jis tikisi, kad mes jų saugosimės ir vengsime tokių aplinkybių, kurioms esant Jis turėtų mus stumti pirmyn kančiomis. Jis nori, kad mes patys stengtumės veržtis pirmyn tikėjimo keliu ir patys prašytume šios galimybės.

Net jeigu dar neturime tikro noro pasiekti teisingą būseną, vis tiek turėtume prašyti Kūrėjo, kad duotų mums tikrą norą ir tikėjimą maldos galia. Taigi turime prašyti Kūrėjo suteikti norą prašyti, kurio kol kas mums stinga.

Mūsų sielos, kiekvieno mūsų „aš", yra tobulos būsenos nuo tos akimirkos, kai Kūrėjas sukurdamas mus nusprendė, kokios jos turi būti. Šią būseną galima apibūdinti kaip absoliučios ramybės būseną (nes bet kokį judėjimą lemia noras pasiekti tobulesnę būklę) ir absoliučios laimės būseną (nes visi mumyse Kūrėjo sukurti norai yra visiškai patenkinami).

Norėdami pasiekti šią būseną, turime panorėti ją pasiekti. Kitaip tariant, turime panorėti pakeisti esamus savo siekius tobulais, altruistiniais. Alternatyvos nėra: „Taip kalba Kūrėjas: jeigu patys nepanorėsite, tai duosiu jums žiaurius valdytojus, kurie jėga privers jus sugrįžti pas Mane."

Kiekviename žmoguje vienu metu egzistuoja dvi tobulos būsenos – dabartinė ir būsimoji. Bet kuriuo metu jaučiame tik savo dabartį, tačiau pereiti į „būsimąją" būseną įmanoma per vieną akimirką – pakeitus mūsų prigimtį iš egoistinės, materialios, į altruistinę, dvasinę. Kūrėjas tokį stebuklą gali padaryti su kiekvienu iš mūsų bet kurią kitą akimirką, nes šios dvi būsenos egzistuoja vienu metu. Skirtumas toks, kad tik vieną iš jų galime suvokti dabar, o tobulos, paraleliai egzistuojančios, nejaučiame (nors ir esame ten), nes pagal savybes-norus jos neatitinkame. Kaip kalba Kūrėjas: „Negalime Aš ir jūs būti vienoje vietoje", nes mūsų norai yra priešingi.

Ir todėl kiekvienas mūsų turi dvi būsenas arba, kaip tai vadinama kabaloje, du kūnus. Mūsų fizinį kūną, kuriame esame šiuo metu, kabaloje priimta vadinti tiesiog „materialiu apvalkalu". O kūnu kabala vadina mūsų norus ir savybes, nes būtent juose yra mūsų siela – Kūrėjo dalis. Jeigu mūsų dabartinės būsenos kūną sudaro grynai egoistiniai norai ir mintys, tai į jį gali prasiskverbti tik mikroskopiškai maža mūsų tikrosios sielos dalis, vadinama *„ner dakik"* – kibirkštėlė tos didžios Šviesos, kuri ir teikia mums gyvenimą.

Antrasis kūnas, paraleliai egzistuojantis greta pirmojo, – tai mūsų dvasinis kūnas, kurio kol kas nejaučiame. Jį sudaro mūsų būsimieji altruistiniai norai ir savybės, kuriuose yra visa mūsų siela – ta Kūrėjo dalis, kuri bus atskleista ateityje, pabaigus išsitaisymo procesą.

Ir egoistinio, ir altruistinio kūnų savybės, jų gyvybę teikianti jėga dalijasi į jausmus ir protą, kuriuos atitinkamai jaučiame savo širdyje ir prote. Egoistiniame kūne – tai širdies noras gauti ir proto noras suprasti, o altruistiniame kūne – širdies noras duoti ir proto noras tikėti.

Mes nepajėgūs pakeisti nė vieno iš šių kūnų: dvasinis negali būti pakeistas, nes jis – visiškai tobulas, o mūsų dabartinis – visiškai nepataisomas, nes tokį jį sukūrė Kūrėjas. Bet egzistuoja dar vienas, trečiasis kūnas, jungiantis du pirmuosius. Vidurinįjį kūną sudaro nuolat mumyse besikeičiantys, iš Aukščiau duoti norai ir mintys, kuriuos turime mėginti taisyti patys ir prašyti, kad juos ištaisytų Kūrėjas. Taip sujungiame savo vidurinįjį kūną, vadinamą *„klipat Noga"*, su savo dvasiniu kūnu.

TAISANT EGOIZMĄ

Ir kai tapsime pajėgūs susieti visus nuolat kintančius viduriniojo kūno norus su dvasiniu kūnu, mūsų egoistinis kūnas atkris ir įgysime dvasinį kūną. O tada pats Kūrėjas pakeis visas egoistinio kūno savybes priešingomis, ir visas pirmapradis egoizmas pavirs absoliučiu altruizmu.

Visose gyvenimo situacijose turime stengtis matyti, kad visa, kas vyksta, ateina tiesiai iš Kūrėjo, ir į viską žvelgti tarsi Jo akimis. Turime manyti, kad „tai Jis stovi tarp visų ir manęs, per Jį aš žiūriu į visus žmones pasaulyje, įskaitant ir patį save. Viskas, ką suvokiu, ateina iš Jo, ir viskas, ką skleidžiu aš, eina tik pas Jį. Todėl viskas aplinkui – tai Jis." Kaip pasakyta: „Iš priekio ir iš nugaros esi Tu ir padėjai ant manęs Savo ranką." „Visa, kas yra manyje, – turi sakyti žmogus, – viskas, ką galvoju ir jaučiu, ateina iš Tavęs ir yra pokalbis su Tavimi."

Pats siaubingiausias išgyvenimas – tai begalinės bedugnės pojūtis.

Tai mus ištinka, kai staiga, regis, tiesiog po mūsų kojomis atsiveria tuštuma. Nevilties, baimės, jokios atramos nebuvimo, visiško Supančiosios Šviesos, leidžiančios mums jausti ateitį, rytdieną, būsimą akimirką, išnykimo tuštuma.

Visi kiti ne tokie baisūs neigiami išgyvenimai kyla iš šio jausmo ir gali būti laikomi įvairiais jo aspektais. Visi jie mums siunčiami iš to paties šaltinio – *Malchut*, Kūrėjo sukurtos tuščios sielos, kurios kiekvieną dalį kiekvienas mūsų turės pripildyti Šviesos. Visi mūsų patiriami tamsos pojūčiai kyla iš šios tuščios sielos ir gali būti įveikti tik tikint Kūrėju, Jį jaučiant. Tuo tikslu Kūrėjas ir siunčia visas šias kančias.

Karalius Dovydas, įkūnijantis visų mūsų sielas, kiekvienoje savo psalmių eilutėje aprašinėja sielos būseną, ką ji jaučia įvairiuose kilimo etapuose. Stulbina, kiek turime patirti, kol suprasime, įsisąmoninsime ir surasime teisingą kelią. Niekas negali nurodyti mums kito žingsnio – tik spiriami būtinybės, suklupę ant ankstesnio laiptelio, pasirinksime teisingą veiksmą. Ir kuo dažniau mus stimuliuoja sunkumai, tuo greičiau galime augti dvasiškai, kaip sakoma: „Laimingas tas, kurį persekioja Kūrėjas."

Mums nereikia žinoti savo būsimo žingsnio ar savo ateities; ne veltui egzistuoja *Toros* draudimas aiškintis ateitį. Dvasinis augimas vyksta augant tikėjimui, kad visa tai, ką šiuo metu išgyvename, ir visa, kas su mumis atsitiks kitą akimirksnį, kyla iš Kūrėjo ir gali būti įveikta tik suartėjant su Juo. Tai įvyksta tik jaučiant būtinybę, nes mūsų prigimtis nenori pripažinti Jo kaip savo valdovo. Savo būsimos būsenos žinojimas arba tiesiog įsitikinimas, kad ją žinome, atima iš mūsų galimybę užmerkti akis, nutilti ir priimti bet kokią netikėtą Aukštesniojo valdymo apraišką kaip gerą ir teisingą. Tai įmanoma tik artėjant prie Kūrėjo.

Visos viena po kitos einančios mūsų dvasinio tobulėjimo būsenos *Toroje* aprašomos buitine mūsų pasaulio kalba. Kaip jau žinome, kūrinijoje yra tik dvi savybės – altruizmas ir egoizmas, Kūrėjo savybė ir Jo kūrinių savybė. Kabala apie kilimą dvasinėmis pakopomis kalba atvirų jausmų kalba, kaip šioje knygos dalyje, arba *sfirų* kalba – dvasinius objektus aprašinėdama fizikos ir matematikos kalba. Ši kalba universali, kompaktiška ir tiksli. Jos išorinė forma suprantama pradedantiesiems, ji padeda suprasti vieniems kitus, nes kalbama apie abstrakčius dvasinius objektus ir veiksmus, kurie tam tikru laipsniu yra nutolę nuo mūsų.

Tas, kuris artėja prie dvasinių pakopų, savo veiksmus ir jausmus taip pat gali išreikšti šia „moksline" kalba, nes pačioje jo pasiektoje Šviesoje yra informacija apie veiksmą, jo pavadinimą ir dvasinį lygmenį. Tačiau perduoti savo jausmus, kurios nors dvasinės pakopos pojūčius kabalistas gali tik tam, kas patyrė tą pačią pakopą, nes kitas asmuo jo nesupras. Panašiai kaip mūsų pasaulyje žmogus, neišgyvenęs tam tikro arba bent į jį panašaus jausmo, yra nepajėgus jo suprasti.

TAISANT EGOIZMĄ

Yra dvi paeiliui einančios egoizmo taisymo pakopos. Pirmoji pakopa – visiškai jo nenaudoti, galvoti ir veikti tik su ketinimu „duoti" be jokios minties apie naudą iš savo veiksmų rezultatų. Kai žmogus jau pajėgia veikti tokiu būdu, jis pereina prie antrosios pakopos – palaipsniui naudodamas savo egoizmą pradeda mažomis dozėmis jį įjungti į savo altruistinius veiksmus ir mintis, taip jį ištaisydamas.

Pavyzdžiui, viską, ką turi, žmogus atiduoda kitiems, nieko už tai negaudamas, – tai pirmasis vystymosi žingsnis. Jeigu jis sugeba taip elgtis visais atvejais, tai tam, kad turėtų galimybę dar daugiau duoti, jis uždirba arba gauna iš turtingųjų dar daugiau ir perleisdamas per save didelį turtą atiduoda jį kitiems.

Kiek žmogus gali gauti iš kitų, priklauso nuo to, ar jis sugebės atiduoti visa tai, ką gauna, nesusigundydamas pasilikti ką nors sau. Tokiu atveju egoizmas įdarbinamas kilniam tikslui – kuo daugiau žmogus gaus, tuo daugiau galės atiduoti. Tačiau ar įmanoma kitiems atiduoti viską?

Per žmogaus rankas praeinantis turtų dydis parodo jo išsitaisymo lygį.

Pirmoji pakopa vadinama kūrinio (egoizmo) ištaisymu, o antroji vadinama kūrinio tikslu, arba žmogaus gebėjimu panaudoti egoizmą atliekant altruistinius veiksmus altruistiniais tikslais. Kabala ir telkia dėmesį į šias dvi mūsų dvasinio vystymosi pakopas. Tačiau tiek norai, tiek ir malonumai, kuriuos mini kabala, milijardus kartų didesni už visus kartu sudėtus mūsų pasaulio malonumus.

Šios dvi pakopos taip pat nuolat konfliktuoja tarpusavyje, nes pirmoji visiškai atmeta egoizmo naudojimą ir jo taisymą, o antroji naudoja egoizmą nedideliais kiekiais, atitinkančiais žmogaus pajėgumo jam pasipriešinti jėgą, kad jį ištaisytų. Todėl šių dviejų būsenų veiksmai priešingi vienas kitam, nors abiejų tikslas – altruistinis. Juk net ir mūsų pasaulyje žmogus, kuris viską atiduoda, elgiasi priešingai nei tas, kuris gauna, nors ir dėl to, kad atiduotų.

Šioje šviesoje daugelis *Toroje* aprašomų prieštaravimų ir konfliktų tampa daug suprantamesni. Pavyzdžiui, Sauliaus ir Dovydo priešprieša, Šamajaus ir Hilelio mokyklų ginčai bei prieštaravimai, konfliktas tarp Mašiacho ben Josefo (kabalistas ARI) ir Mašiacho ben Davido, beveik visi ginčytini klausimai ir karai, kuriuos nepažįstantieji dvasinio pasaulio interpretuoja kaip tautų, giminių, šeimų ir egoistinių asmenybių susidūrimus.

Po kurio laiko, intensyviai save taisant, studijuojant ir siekiant dvasinio suvokimo, žmogui kyla poreikis pamatyti savo darbo rezultatus. Jam atrodo, kad po viso jo atlikto darbo (ypač palyginus su jį supančiais žmonėmis) jis nusipelnė, kad Kūrėjas jam atsiskleistų, kad dvasiniai dėsniai, kuriuos jis taip karštai studijuoja, jam atsivertų, ir jis imtų jausti dvasinių pasaulių malonumus.

Tačiau iš tikrųjų žmogus mato, kad viskas vyksta kaip tik priešingai jo lūkesčiams: jis jaučia tarsi regresuotų, užuot tobulėjęs, lyginant su tais, kurie apskritai nestudijuoja kabalos. Ir užuot pajautęs Kūrėją ir buvęs Jo išgirstas, jis jaučiasi vis labiau tolstąs nuo Kūrėjo. Beje, didėjantis atotrūkis nuo dvasinių laimėjimų ir dvasinių siekių mažėjimas žmogui gali pasirodyti kaip tiesioginis jo studijų padarinys.

Ir žmogui kyla pagrįstas klausimas: žvelgdamas į studijuojančius *Torą* įprastu būdu jis mato, kad šie jaučiasi aukštesni už kitus, o jam studijuojant kabalą nepasitenkinimas savimi auga su kiekviena diena, matant, kad jo norai ir mintys tampa vis blogesni ir kad jis nutolo nuo tų gerų dvasinių troškimų, kurie jį atvedė prie kabalos! Galbūt geriau būtų buvę išvis nepradėti šių studijų! Ir, ko gero, jis veltui praleido visą šį laiką!

Bet, kita vertus, žmogus jau jaučia, kad tik čia gali rasti tiesą ir atsakymus į savo vidinius klausimus. Šis jausmas sukuria papildomą įtampą: jis negali palikti kabalos, nes tai – tiesa, tačiau jam atrodo, kad neturi su ja nieko bendro ir tolsta nuo jos, jausdamas, kad jo norai yra daug menkesni nei kitų jo kartos atstovų.

Žmogui atrodo, kad jeigu kas kitas būtų jo vietoje, tai Kūrėjas jau seniai būtų atsiliepęs ir priartinęs jį prie Savęs. Kitas nesiskųstų ir nesikrimstų, kad Kūrėjas jo nepaiso arba galbūt apskritai nereaguoja į jo veiksmus.

Tačiau esmė ta, kad tokius jausmus išgyvena tik tie, kurie jau pradėję tikro dvasinio darbo su savimi procesą, o ne tie, kurie gilinasi į *Toros* studijas tik tam, kad sužinotų jos turinį ir laikytųsi priesakų. Taip yra todėl, kad trokštantis pakilti žmogus nori pasiekti tokią dvasinę būseną, kai visų jo siekių, minčių ir norų nebelems jo asmeniniai interesai. Todėl jam iš Aukščiau atskleidžiama, kokios iš tiesų yra jo mintys ir kas lemia visus jo veiksmus.

Galime įrodyti, kad gebame įveikti šį išmėginimą, kai pereiname per kančias, kai atrandame savyje savo egoizmo dydį ir pamatome, kaip esame nutolę net nuo pačios menkiausios dvasinės savybės. Galime įrodyti, kad esame verti pajausti dvasinį pasaulį, jeigu nepaisydami viso to, ką išgyvenome, pajėgiame nutildyti širdį ir išreikšti savo meilę Kūrėjui, neprašydami atlygio už savo pastangas ir kančias. Esame verti, jeigu nepaisant visko, ką patiriame, šios būsenos mums mielesnės už gyvūniškus malonumus ir ramybę.

Apskritai, vos tik pradedame tikrąjį darbą su savimi, tuoj pat imame matyti kliūtis kelyje į dvasinio pasaulio pajautimą.

Šios kliūtys pasireiškia kaip įvairiausios pašalinės mintys ir norai, kaip nykstantis tikrumas dėl pasirinkto kelio teisingumo, kaip drąsos praradimas išvydus savo tikruosius norus.

Visos šios kliūtys mums siunčiamos kaip išbandymai iš Aukščiau. Jos parodys, ar mes iš tiesų trokštame šios tiesos, kad ir kokia priešinga mūsų egoistinei prigimčiai ji būtų, kad ir kaip būtų skausminga atsisakyti asmeninio komforto dėl Kūrėjo.

Kita vertus, paprastam žmogui tokių išbandymų niekas nesiunčia ir jis savo įprastame gyvenime jaučiasi labai patogiai, netgi mano, kad jam užtikrintas dar ir būsimasis pasaulis, nes jis laikosi *Toros* priesakų. Taigi jis jaučiasi turįs ir šį, ir būsimąjį pasaulį ir jau iš anksto džiaugiasi būsimu apdovanojimu, manydamas, kad tai jam priklauso, nes jis mat vykdo Kūrėjo valią ir todėl užsidirbo atlygį ir šiame, ir būsimajame pasaulyje. Taigi tokio žmogaus egoizmas išauga daug kartų, lyginant su netikinčiojo, kuris nesitiki iš Kūrėjo atlygio dvasiniame pasaulyje.

Tačiau Kūrėjas bando mus ne tam, kad sužinotų, kokia mūsų dvasinė būsena. Jis žino tai ir be jokių patikrinimų, nes juk Pats šias būsenas kiekvienam ir duoda. Jis bando mus tam, kad mes patys suvoktume savo dvasinę būseną. Sukurdamas mumyse žemiškų malonumų norus, Kūrėjas atstumia nevertuosius, o tiems, kuriuos nori priartinti prie Savęs, suteikia galimybę įveikiant visas kliūtis priartėti prie dvasinio pasaulio vartų.

Tam, kad pasirinktas žmogus imtų nekęsti egoizmo, Kūrėjas palaipsniui atskleidžia jam *tikrąjį priešą* ir parodo, kas iš tiesų jam neleidžia patekti į dvasinius pasaulius, kol žmogaus neapykantos jausmas išsivysto iki tokio laipsnio, kad jam pavyksta visiškai atplėšti nuo egoizmo.

Visa, kas egzistuoja mūsų „aš" išorėje, yra Pats Kūrėjas, nes tik kūrinio pagrindą sudaro savojo „aš" suvokimas. Ši savojo „aš" iliuzija būdinga tik kūriniui – taip jaučiame mes vieni. Tačiau šio „aš" pojūčio išorėje egzistuoja tik Kūrėjas. Todėl mūsų požiūris į pasaulį ir į kiekvieną iš aplinkinių yra ne kas kita kaip požiūris į Kūrėją. Ir jeigu žmogus pripranta prie tokio požiūrio į aplinką, jis atkuria tiesioginį ryšį su Kūrėju.

Bet jeigu nėra nieko kito, tik Kūrėjas, tai kas gi tasai „aš"? „Aš" – tai savęs, savo būties, kuri iš tiesų neegzistuoja, pojūtis. Vis dėlto Kūrėjui panorėjus siela (kuri yra Jo Paties dalis) taip save jaučia, nes yra nuo Jo atitolinta. Kūrėjas slepiasi nuo sielos, bet palaipsniui vis stipriau jausdama Kūrėją ši Jo dalis, mano jaučiamas „aš", pradeda vis labiau jaustis esanti ne savarankiškas kūrinys, o Kūrėjo dalis. Kūrėjo laipsniško jautimo pakopos vadinamos „pasauliais" arba *sfiromis*.

Paprastai gimstame visiškai nejausdami Kūrėjo ir tai, ką matome aplinkui save, laikome „tikrove". Tokia būsena vadinama „mūsų pasauliu".

Jeigu Kūrėjas mus nori priartinti arčiau Savęs, mes kartkarčiais imsime jausti neaiškų Aukštesniosios jėgos buvimą. Dar nematome Jos savo vidinėmis akimis, bet jaučiame, kad iš tolo, iš išorės mums šviečia kažkas, kas teikia pasitikėjimo, dvasinio pakylėtumo ir įkvėpimo jausmus.

Tačiau Kūrėjas vėl gali nutolti ir tapti nejaučiamas. Tokiu atveju tai suvokiame kaip grįžimą į savo pradinę būseną ir apskritai užmirštame, kad kažkada buvome tikri Kūrėjo egzistavimu ir netgi Jį jautėme. Kūrėjas gali nutolti ir taip, kad jaučiame dingus dvasinį Jo artumą, ir tai mus prislegia. Šį pojūtį Kūrėjas siunčia tiems, kuriuos nori dar labiau prie Savęs priartinti, nes išnykusio nuostabaus jausmo ilgesys verčia mus stengtis šį pojūtį susigrąžinti.

Jeigu stengiamės, pradedame studijuoti kabalą, susirandame tikrą mokytoją, Kūrėjas pakaitomis tai dar labiau mums atsiskleidžia, suteikdamas dvasinio pakilimo pojūtį, tai slepiasi, tuo skatindamas mus ieškoti išeities iš nuopuolio būsenos.

Jeigu valios pastangomis sugebame patys įveikti šią nemalonią Kūrėjo paslėpties būseną, tai iš Aukščiau gauname paramą kaip dvasinį pakilimą ir įkvėpimą. Tačiau jeigu nemėginame išeiti iš šios būsenos savo jėgomis, tai Kūrėjas gali Pats prisiartinti arba visiškai mus palikti (po kelių bandymų pažadinti mus pačius artėti Jo link), kadangi dar negebame Jo jausti.

20

Dvasinė raida

Visa, ką norime žinoti apie mūsų pasaulį, galima apibūdinti esant kūrinijos ir jos valdymo rezultatu arba, kaip vadina mokslininkai, „gamtos dėsniais". Žmonija savo išradimais mėgina pakartoti kai kurias kūrinijos detales ir praktiškai pritaikyti gamtos dėsnių pažinimą. Kitaip tariant, ji mėgina pakartoti Kūrėjo veiksmus žemesniame lygmenyje ir su grubesne medžiaga.

Žmogaus galimybės pažinti gamtą gan ribotos, nors šios ribos palaipsniui plečiasi. Vis dėlto iki šiol žmogaus kūnu laikomas jo materialus kūnas. Tačiau toks požiūris nemato tarp žmonių jokių skirtumų, nors juk visą kiekvieno asmens individualumą nulemia būtent dvasinės jo galios ir savybės, o ne kūno formos.

Tada galima teigti, kad visi kūnai, nepaisant jų daugybės, žvelgiant iš kūrinijos požiūrio taško, sudaro tik vieną kūną, nes tarp jų nėra individualių vieną nuo kito skiriančių skirtybių. Vadinasi, vadovaujantis šiuo požiūriu, norint suprasti kitus ir visą supantį pasaulį, žinoti, kaip žiūrėti į viską, kas yra už mūsų kūno ribų, mums pakanka įsigilinti į save ir suprasti save. Taip mes ir elgiamės, nes esame sukurti suvokti tai, kas įeina į mus iš išorės, tiksliau, reaguoti į išorinių jėgų poveikį.

Todėl jeigu niekuo dvasiškai nuo kitų nesiskiriame, ir visi mūsų veiksmai standartiniai – materialių kūnų, turinčių įvairias gyvūnines savybes, rėmuose, – tai mes tarsi išvis neegzistuojame. Nesant mus skiriančių individualių dvasinių bruožų, esame tarsi vieno bendro kūno, atstovaujančio visų mūsų kūnams, dalis.

Kitaip tariant, vienintelis dalykas, kuo galime skirtis vienas nuo kito, – tai mūsų sielos. Taigi jeigu sielos neturime, tai negalime sakyti, kad individualiai egzistuojame. Ir kuo daugiau dvasinių skirtumų turime, tuo svarbesni esame, o jeigu šių skirtumų išvis nėra, tai nėra ir mūsų.

Bet vos tik žmoguje atsiranda pati mažiausia pirma dvasinė skirtybė – ši akimirka, ši dvasinė būsena vadinama jo gimimu, nes pirmą kartą jame atsirado kažkas individualaus, kas būtent jį išskiria iš visų kitų.

Taigi individualumo gimimas vyksta per individualų dvasinį atsiskyrimą iš bendros masės. Panašiai kaip į dirvą pasėtame grūde paeiliui vyksta du vienas kitam priešingi procesai – degradavimas ir vystymasis. Vyksta visiškas išsivadavimas iš prigimtinės pradinės formos. Ir kol žmogus visiškai jos neatstums, kol savo fizinės formos neanuliuos, tol negalės iš fizinio kūno pavirsti dvasine jėga. Kol nebus praeitos visos šios būsenos (vadinamos „vaisiaus gimimu iš viršaus į apačią"), jame negalės gimti pirmoji dvasinė jėga iš apačios į viršų, negalės augti ir pasiekti ją Pagimdžiusiojo lygį ir formą.

Panašūs procesai vyksta negyvojoje, augalinėje, gyvūninėje gamtoje ir žmoguje, nors ir esant skirtingoms išorinėms formoms.

„Dvasinį gimimą" kabala apibrėžia kaip pirmąjį pačios žemiausios paties žemiausio dvasinio pasaulio savybės atsiradimą žmoguje, kaip žmogaus išėjimą už „mūsų" pasaulio ribų į pirmąją žemiausią dvasinę pakopą. Tačiau, skirtingai nei žemiškasis naujagimis, dvasiškai pagimdytasis ne miršta, o nuolatos vystosi.

Pradėti save suvokti žmogus gali tik nuo savimonės atsiradimo akimirkos, bet ne anksčiau. Pavyzdžiui, mes neprisimename ankstesnių savo būsenų – apvaisinimo, gimimo akimirkų, juolab buvusių prieš tai. Galime suvokti tik savo vystymąsi, bet ne ankstesnes savo formas.

Tačiau kabala aprašo visas ankstesnes kūrinio stadijas, pradėdama nuo vieno Kūrėjo egzistavimo būsenos, vėliau to, kaip Jis sukūrė bendrą sielą – dvasinę būtybę, kaip laipsniškai dvasiniai pasauliai nusileido iš aukščiausio iki paties žemiausio dvasinio lygmens – iki paskutinės žemiausio dvasinio pasaulio pakopos.

Kabala neaprašinėja visų tolimesnių stadijų (kaip mūsų pasaulio žmogus, suvokęs žemiausią dvasinio pasaulio pakopą, toliau kyla iš apačios į viršų ligi pat savo galutinio tikslo – sugrįžimo prie kūrinijos pradžios taško). Taip yra todėl, kad kylama pagal tuos pačius dėsnius ir tomis pačiomis pakopomis, kuriomis siela nusileido, ir kiekvienas, kuris siekia tai suvokti, turi savarankiškai pats patirti visas šias dvasinio gimimo stadijas, iki galutinai pasieks visišką dvasinę brandą.

Bet pasibaigus augimui visos sielos, pasiekusios absoliučiai ištaisytą savo pirminių savybių būseną, sugrįš pas Kūrėją ir dėl įgyto visiško panašumo susilies su Juo iki absoliučios vienybės būsenos. Kitaip tariant, nuo žmogaus dvasinio gimimo akimirkos iki visiško susiliejimo su Kūrėju siela turi pakilti iš apačios į viršų tomis pačiomis 125-iomis nusileidimo iš viršaus į apačią, nuo Kūrėjo iki mūsų, pakopomis.

Kabaloje pirmoji apatinė pakopa vadinama „gimimu", paskutinioji viršutinė – „Galutiniu ištaisymu", o visos tarpinės pakopos žymimos *Toros* vietovių ir asmenų vardais arba kabalistiniais simboliais – *sfirų* ir pasaulių pavadinimais.

Iš to, kas pasakyta, aiškėja, kad nesame pajėgūs iki galo suvokti kūriniją ir save joje, kol neturime visiško supratimo apie kūrimo tikslą, kūrimo aktą ir apie visas vystymosi stadijas iki pat išsitaisymo pabaigos. O kadangi pasaulį tyrinėjame tik iš vidaus, tai pajėgiame ištirti tik tą savo būties dalį, kurią suvokiame. Ir todėl neturime galimybės iki galo savęs pažinti.

Negana to, mūsų pažinimas ribotas, nes norėdami pažinti objektą turime ištyrinėti ir jo neigiamas savybes, o mes nesugebame matyti savo trūkumų. Taip yra todėl, kad mūsų prigimtis automatiškai, nepriklausomai nuo priešingo mūsų noro, išstumia juos iš mūsų sąmonės, iš mūsų regėjimo lauko, nes jei suvoktume šiuos trūkumus, jaustume milžinišką skausmą, o mūsų prigimtis nevalingai vengia tokių jausmų.

Ir tik kabalistai, siekdami ištaisyti savo prigimtį, kad įgytų Kūrėjo savybes, palaipsniui atskleidžia savos prigimties trūkumus tokiu laipsniu, kiek yra pajėgūs išsitaisyti. Kadangi šie būdo bruožai jau patiria ištaisymą, taigi žmogui tarsi nebepriklauso, kabalistų protas ir prigimtis leidžia jiems pripažinti šiuos trūkumus.

Mūsų polinkis kituose pirmiausiai matyti neigiamas savybes nepadeda mūsų savityrai. Kadangi žmogaus prigimtis nevalingai vengia neigiamų pojūčių, mes nepajėgūs pripažinti savyje tų neigiamybių, kurias įžvelgiame kituose. Mūsų prigimtis niekada neleis savyje pajausti tų pačių neigiamų savybių.

Iš tiesų gebame aptikti kitų neigiamas savybes būtent todėl, kad tai teikia mums pasitenkinimą!

Todėl galima drąsiai tvirtinti, kad nėra šiame pasaulyje nė vieno žmogaus, kuris pažintų save.

Kita vertus, kabalistas iki galo suvokia žmogaus prigimties, jo šaknies esmę, atskleisdamas pirmapradę žmogaus formą, vadinamą siela.

Kaip jau sakyta, norint teisingai suvokti kūrinį, būtina jį tyrinėti iš viršaus į apačią, nuo Kūrėjo iki mūsų pasaulio, o po to iš apačios į viršų. Kelias iš viršaus į apačią vadinamas „laipsnišku sielos nusileidimu į mūsų pasaulį" arba sielos gimimu (*ibur*). Šią sampratą ir sielos raidą atitinka mūsų pasaulio analogija, kai iš tėvo sėklos motinos kūne užsimezga gemalas.

Kol žmoguje neišryškėja jo paskutinioji žemiausia pakopa, kai jis visiškai atitrūksta nuo Kūrėjo (kaip vaisius nuo tėvų, kaip grūdas, visiškai praradęs savo pirmapradę formą), jis negali tapti fiziškai savarankišku organizmu. Bet kaip ir mūsų pasaulyje, taip ir dvasiniame, žmogus ir toliau lieka visiškai priklausomas nuo savo Šaltinio, kol galiausiai tampa savarankiška dvasine būtybe.

Gimęs dvasiškai, žmogus patenka į labiausiai nuo Kūrėjo nutolusį dvasinį lygmenį ir palaipsniui išmoksta kilti pakopomis Kūrėjo link. Kelias iš apačios į viršų vadinamas „asmeniniu suvokimu ir kilimu" dvasinio augimo pakopomis pagal dvasinių pasaulių dėsnius. Mūsų pasaulyje tai atitinka naujagimio vystymasis pagal šio pasaulio dėsnius. Beje, visas žmogaus augimo pakopas iš apačios į viršų tiksliai atitinka jo sielos nusileidimo nuo Kūrėjo iki mūsų pasaulio pakopos iš viršaus į apačią.

Todėl kabaloje studijuojamas sielos nusileidimo kelias, o kilimo pakopas kiekvienas kylantysis, kad galėtų dvasiškai augti, turi pasiekti savarankiškai. Dėl to jokiu būdu negalima mokiniui trukdyti, primesti dvasinių veiksmų – juos turi diktuoti tai, kaip jis pats suvokia, kas su juo vyksta. Tik tokiu atveju mokinys galės ištyrinėti ir ištaisyti visas taisytinas savo savybes. Tai viena iš priežasčių, kodėl kabalistams draudžiama dalytis informacija apie savo asmeninius pakilimus ir nusileidimus.

Kadangi abu keliai – iš viršaus į apačią ir iš apačios į viršų – visiškai tapatūs, suvokiant kelią iš apačios į viršų, galima suprasti ir kelią iš viršaus į apačią. Taip vystydamasis žmogus pradeda suprasti savo būseną iki gimimo.

Kūrimo programa nusileidžia į mūsų pasaulį iš viršaus į apačią; aukštesnysis lygmuo pagimdo žemesnįjį iki pat mūsų pasaulio, kur kokiu nors momentu gimsta šio pasaulio žmoguje, viename iš jo gyvenimų. Nuo tos akimirkos procesas pakeičia kryptį ir verčia žmogų dvasiškai augti iki pat aukščiausios pakopos.

Tačiau dvasiškai augantis žmogus pagal savo pasiektą lygį turi prisidėti asmeninėmis pastangomis ir veiksmais prie kūrinijos vystymosi ir užbaigimo. Šie veiksmai yra ne kas kita kaip visiškas kūrimo proceso pakartojimas, nes žmogus negali išrasti to, ko nėra gamtoje, tiek fizinėje, tiek dvasinėje. Visa, ką mes darome, yra ne kas kita, kaip iš gamtos paimtų idėjų ir modelių pakartojimas. Todėl visas dvasinės raidos kelias tėra siekis visiškai pakartoti ir atkurti dvasinį pasaulį, kas jau buvo Kūrėjo įskiepyta į dvasinę prigimtį.

Kaip jau minėta pirmoje dalyje, visi šio pasaulio kūriniai ir visa juos supanti aplinka sukurti visiškai atitinkant kiekvienai rūšiai būtinas sąlygas. Kaip mūsų pasaulyje gamta paruošė saugią ir tinkamą vietą vaisiaus vystymuisi, ir atsiradus naujagimiui tėvams sukelia poreikį juo rūpintis, taip ir dvasiniame pasaulyje iki žmogaus dvasinio gimimo viskas vyksta be jo žinios ir kišimosi. Bet vos tik žmogus ūgteli, jam tuoj pat kyla sunkumai ir sumaištis, reikalaudami jo pastangų, kad galėtų toliau egzistuoti.

Žmogui bręstant išryškėja daugybė neigiamų jo savybių.

Lygiai kaip ir dvasiniame pasaulyje – žmogui palaipsniui dvasiškai augant, kaskart vis labiau išryškėja jo neigiamos savybės. Tokia struktūra specialiai Kūrėjo per gamtą sukurta ir paruošta tiek mūsų, tiek ir dvasiniuose pasauliuose. Tai veda mus iki būtino išsivystymo lygmens, kai per nepaliaujamus praradimus suvoksime, kad tik pamilę savo artimą kaip patys save galime pasiekti laimę. Tik tada vėl atrasime atitikimą tarp savęs ir „gamtos" veiksmų iš viršaus žemyn, nes taip prilygsime aukštesniajai prigimčiai.

Todėl kaskart, kai aptinkame gamtos „klaidas" ar Kūrėjo paliktus „defektus", turime galimybę ištaisyti savo pačių prigimtį ir santykį su mus supančiu pasauliu.

Turime pamilti visus ir viską, kas yra mūsų išorėje, kaip save pačius atitinkamai dvasinių pakopų nusileidimui iš viršaus į apačią.

Tada visiškai prilygsime Kūrėjui ir taip pasieksime kūrimo tikslą – absoliutų malonumą ir gėrį. Esame pajėgūs tai pasiekti, ir Kūrėjas jokiu būdu nepakeis savo plano, nes visa tai Jo sukurta dėl mūsų, norint mums suteikti visišką malonumą ir gėrį.

Mūsų uždavinys tik toks: studijuojant dvasinio nusileidimo iš viršaus į apačią lygmenis, įgyti supratimą, kaip elgtis kylant iš apačios į viršų.

Mums atrodantis nenatūralus iš mūsų reikalaujamas meilės jausmas į save panašiems (ne tiems, kurie arti mūsų, bet tiems, kurie kaip mes, nes artimus ir taip branginame bei mylime), kaip ir bet kuris kitas altruistinis jausmas ar bet koks kitas egoizmo atsisakymas, verčia mus pajusti vidinį savo „aš" apribojimą.

Bet jeigu pajėgiame atsisakyti arba apriboti savo asmeninius interesus, tai į nuo egoizmo išlaisvintą dvasinę vietą galime gauti Aukštesniąją Šviesą, kuri atsiradusi vakuumą pripildys ir išplės. Šie du veiksmai kartu vadinami „gyvenimo pulsacija" arba siela ir jau yra pajėgūs sukelti kitus apribojimo ir išplėtimo veiksmus. Tik tokiu būdu žmogaus dvasinis indas gali gauti Kūrėjo Šviesą ir taip plėsdamas sielą kilti.

Apribojimas gali būti atliekamas veikiant išorinei jėgai arba vidinėms paties indo savybėms. Tuo atveju, kai apribojimas vyksta veikiant skausmingam išorinės jėgos spaudimui, indo prigimtis verčia jį priešintis apribojimui. Jis plečiasi ir taip grįžta į savo pirmapradę būseną, nutoldamas nuo šio išorinio poveikio. Tuo atveju, kai apribojimą atlieka pats indas, jis nepajėgia pats išsiplėsti iki savo pirmapradės būsenos. Bet jeigu Kūrėjo Šviesa įeina į jį ir pripildo, pastarasis tampa pajėgus išsiplėsti iki ankstesnės būsenos. Ši Šviesa vadinama „gyvenimu".

Pats gyvenimas yra jo esmės suvokimas, kuris gali būti pasiektas tik dėl prieš tai buvusių apribojimų, nes žmogus negali išeiti už savo dvasinių ribų, kuriose buvo sukurtas. Atlikti pirmąjį apribojimą žmogus pajėgia tik veikiamas išorinės jėgos arba melsdamas Kūrėjo aukštesniųjų dvasinių jėgų pagalbos. Juk kol jo siela negauna pirmosios pagalbos – gyvybės, žmogus neturi jėgų pats atlikti tokį nenatūralų dvasinį veiksmą. Ir kol ne jis pats, o išorinė jėga verčia jį „apsiriboti", žmogus laikomas negyvu, nes gyvos gamtos bruožas yra sugebėjimas savarankiškai veikti.

Kabalos mokymas suprantamai apibūdina visą kūriniją. Visa, kas ją sudaro, kabala skirsto į dvi sąvokas: Šviesa (*Or*) ir indas (*kli*). Šviesa – tai malonumas, o indas – tai noras patirti malonumą. Kai malonumas įeina į norą patirti malonumą, jis suteikia tam norui atitinkamą siekį pasitenkinti būtent juo. Nesant Šviesos indas nežino, kuo jis norėtų mėgautis. Taigi pats indas niekada nėra savarankiškas ir tik Šviesa diktuoja jam siektino malonumo rūšį – mintis, siekius ir visas jo savybes. Taigi indo svarbą bei dvasinę vertę visiškai nulemia jį pripildančios Šviesos kiekis.

Negana to, kuo didesnis noras patirti malonumą glūdi inde, tuo šis „grubesnis", nes labiau priklauso nuo Šviesos ir yra nesavarankiškesnis. Kita vertus, kuo jis „grubesnis", tuo didesnį malonumą gali gauti. Augimas ir vystymasis priklauso būtent nuo didelių norų. Ir šis prieštaravimas atsiranda kaip tik dėl skirtingų Šviesos ir indo savybių.

Apdovanojimas už mūsų dvasines pastangas yra Kūrėjo pripažinimas, tačiau būtent mūsų „aš" mums užstoja Kūrėją.

Kadangi žmogų apibūdina noras, o ne jo fiziologinis kūnas, tai su kiekvienu naujo noro atsiradimu tarsi gimsta naujas žmogus. Būtent taip galima suprasti sielų persikūnijimų koncepciją: su kiekviena nauja mintimi ir noru žmogus gimsta iš naujo, nes jo noras – naujas.

Vadinasi, jeigu žmogaus noras kaip gyvūno, tai sakoma, kad jo siela įsikūnijo į gyvūną. Bet jeigu noras kilnus, tai sakoma, kad jis tapo išminčiumi. Tik taip reiktų suprasti sielų persikūnijimus. Žmogus pajėgus akivaizdžiai pats pajausti, kokie priešingi skirtingu metu yra jo požiūriai ir norai, tarsi jis būtų ne vienas, o keli skirtingi žmonės.

Ir kaskart, kai žmogus jaučia savo norus, jeigu tie norai išties stiprūs, jis nepajėgia įsivaizduoti, kad gali būti kitokia, visai priešinga būsena nei šiuo metu. Taip yra dėl to, kad žmogaus siela, būdama Kūrėjo dalimi, – amžina. Todėl patirdamas kiekvieną savo būseną jis įsivaizduoja, kad ji tęsis amžinai. Bet Kūrėjas iš Aukščiau keičia žmogaus sielą – tai ir yra sielų persikūnijimas. Buvusi būsena miršta ir „gimsta naujas žmogus".

Taip pat ir išgyvendami savo dvasinius pakilimus, įkvėpimus ir nuopuolius, džiaugsmus ir depresijas nepajėgiame įsivaizduoti, kad galime pereiti iš vienos būsenos į kitą: būdami dvasinio pakilimo būsenos negalime įsivaizduoti, kuo dar galima domėtis, jei ne dvasiniu tobulėjimu. Kaip numirėlis negali įsivaizduoti, kad yra tokia būsena kaip gyvenimas, taip ir gyvasis negalvoja apie mirtį. Ir visa tai dėl mūsų sielos dieviškumo ir jo nulemto amžinumo.

Visa mūsų tikrovė specialiai sukurta tam, kad visaip mums trukdytų suvokti dvasinius pasaulius. Tūkstančiai minčių nuolat nukreipinėja mus nuo tikslo, ir kuo kryptingiau stengiamės susikaupti, tuo didesnes kliūtis patiriame. Vienintelė pagalba prieš visas kliūtis – Kūrėjas. Kaip tik dėl to Jis ir kuria kliūtis – kad ieškodami išsigelbėjimo kelio būtume priversti kreiptis į Kūrėją.

Kaip siekdami pamaitinti mažus vaikus mėginame juos nukreipti nuo svarbiausio – nuo valgio sekdami pasakas, taip ir Kūrėjas, kad atvestų mus prie to, kas gera, yra priverstas altruistinę tiesą aprengti egoistiniais apvalkalais, dėl kurių panorėtume pajausti dvasinį pasaulį. Tada, kartą to paragavę, jau patys norėsime būtent šio dvasinio maisto.

Visas mūsų išsitaisymo kelias pagrįstas susiliejimo su Kūrėju, susijungimo su dvasiniais objektais principu, siekiant iš jų perimti dvasines savybes. Tik kaip nors susiliesdami su dvasiniu pasauliu, galime iš jo gauti. Todėl taip svarbu turėti mokytoją ir to paties tikslo siekiančių draugų: net ir kasdieniškai bendraujant galima palaipsniui, pačiam to nepastebint ir todėl kūnui nesipriešinant, įgyti dvasinius norus. Be to, kuo labiau žmogus stengiasi būti kartu su tais, kurie aukština dvasinius tikslus, tuo didesnė tikimybė būti paveiktam jų minčių ir norų.

Kadangi tikra pastanga laikoma tik tokia, kuri nukreipta prieš kūno norus, tai lengviau pasistengti, jeigu yra pavyzdys ir daugelis tai daro, net jei tai atrodo nenatūralu. (Sąmonę lemia dauguma: ten, kur visi vaikšto apsinuoginę, sakykim, pirtyje arba primityvioje bendruomenėje, nė vienam nereikia jokių pastangų nusimesti rūbus.) Bet ir draugų grupė bei mokytojas – tai viso labo tik pagalbinės priemonės. Tolydžio dvasiškai kylant, Kūrėjas padaro taip, kad žmogus vis tiek bus priverstas kreiptis pagalbos tik į Jį.

Kodėl yra ir rašytinė *Tora* (dvasinių dėsnių, atskleistų *Toroje*, rašytinė forma), ir žodinė *Tora*? Atsakymas paprastas: rašytinė forma pateikia dvasinių procesų, vykstančių iš viršaus žemyn, aprašymą. Joje kalbama tik apie tai, nors ji naudoja pasakojimų, istorinių kronikų, juridinių dokumentų kalbą, pranašystes ir kabalos mokymą perteikiančią kalbą.

Tačiau svarbiausia, dėl ko duoti dvasiniai įstatymai, – kad žmogus dvasiškai pakiltų iš apačios aukštyn iki pat Kūrėjo, ir tai individualus kiekvieno kelias, priklausantis nuo žmogaus sielos savybių ir ypatybių. Todėl kiekvienas kilimą dvasinių pasaulių pakopomis suvokia savitai. Šis individualus dvasinių dėsnių atsiskleidimas iš apačios aukštyn vadinamas žodine *Tora*, nes nėra nei būtinybės, nei galimybės duoti vienintelį jos variantą visiems. Kiekvienas turi ją pasiekti individualiai, melsdamas to (žodžiu) Kūrėją.

Visos mūsų pastangos mokantis ir tobulinant save reikalingos tik tam, kad pajaustume visą savo bejėgiškumą ir kreiptumės pagalbos į Kūrėją. Tačiau žmogus negali įvertinti savo veiksmų ir prašyti Kūrėjo pagalbos, kol nepajaučia, kad ši pagalba jam būtina.

Ir kuo daugiau mokomės bei taisome save, tuo didesnės mūsų pretenzijos Kūrėjui.

Nors galiausiai pagalba ateina iš Kūrėjo, tačiau nemelsdami jos negausime. Todėl tas, kuris nori patobulėti, turi visais įmanomais būdais stengtis, o apie tą, kuris sėdi ir laukia, pasakyta: „Kvailys sėdi sudėjęs rankas ir graužia pats save."

Pastanga vadinama visa tai, ką žmogus daro prieš kūno norą nepriklausomai nuo to, koks tai veiksmas. Pavyzdžiui, jeigu žmogus miega prieš kūno norą, tai irgi pastanga. Bet svarbiausia problema ta, kad žmogus visuomet tikisi atlygio už pastangą, o norint įveikti egoizmą būtina siekti atlikti pastangą neatlygintinai. Todėl reikia prašyti Kūrėjo jėgų tai padaryti, nes mūsų kūnas be atlygio dirbti negali.

Bet kaip mėgstantis savo amatą meistras darbo metu galvoja apie patį darbą, o ne apie atlyginimą, taip ir mylintis Kūrėją žmogus nori gauti jėgų tam, kad įveiktų egoizmą. Tada jis būtų arčiau Kūrėjo, nes Šis to nori, o ne todėl, kad būdamas artimas Kūrėjui patirs beribį malonumą.

Tuo atveju, kai žmogus nesiekia atlygio, jis nuolat laimingas, nes kuo daugiau jis gali nuveikti padedamas Kūrėjo, tuo daugiau dėl to džiaugsmo tiek jam, tiek Kūrėjui. Ir todėl jis tarsi nuolat gauna atlygį.

Taigi jeigu žmogus jaučia, kad jam dar sunku save taisyti ir toks užsiėmimas neteikia džiaugsmo, tai yra požymis, kad jis dar neatsikratė egoizmo. Toks žmogus dar nepasitraukė iš visuomenės masių ir netapo vienu iš tų vienetų pasaulyje, kurie dirba Kūrėjui, o ne sau. Bet tas, kuris jaučia, kiek daug kainuoja kad ir mažiausia nesavanaudiška pastanga dėl Kūrėjo, jau yra pusiaukelyje tarp masių ir kabalistų.

Tačiau masių neįmanoma iš tikro išauklėti, nes jos nepajėgios suprasti, kad galima dirbti be atlygio. Masių auklėjimas grindžiamas egoizmo gaunamu atlygiu. Ir todėl šioms nesunku laikytis griežčiausių priesakų ir netgi ieškoti papildomų sunkumų. Taigi visiems būtina pereiti pirminį – paprasto tikinčiojo – etapą. Kaip rašo didis XII amžiaus kabalistas RAMBAM'as, pradžioje visi mokomi kaip maži vaikai. Jiems aiškinama, kad laikytis priesakų yra naudinga egoizmui, nes už tai atlyginama būsimajame pasaulyje. O po to, kai vienetai iš jų užaugs, taps išmintingesni ir iš mokytojo sužinos tiesą, palaipsniui juos bus galima mokyti, kaip išeiti iš egoizmo.

Apskritai atlygiu vadinama žmogaus noras matyti savo veiksmų rezultatus, nesvarbu kokiose veiklos srityse. Niekas nepajėgus dirbti be atlygio, tačiau gali pakeisti patį atlygį – egoistinį malonumą pakeisdamas altruistiniu.

Pavyzdžiui, malonumas, kurį vaikas patiria žaisdamas su žaislu, nesiskiria nuo malonumo, kurį suaugusiajam teikia dvasiniai dalykai. Skiriasi tik išorinė malonumo forma, jo apvalkalas. Tačiau norint pakeisti formą, kaip ir mūsų pasaulyje, žmogui reikia užaugti. Ir tada vietoj žaislo noro atsiras potraukis dvasiniams dalykams, egoistinę malonumo formą pakeis altruistinė.

Todėl visiškai neteisinga teigti, kad *Tora* moko susilaikyti nuo malonumų. Kaip tik priešingai, remiantis *Toros* principais, žmogus, kuris atsisako kai kurių malonumo formų, turi paaukoti auką – tarytum baudą už tai, kad nenaudoja visko, ką Kūrėjas jam suteikė.

Kūrimo tikslas kaip tik yra pripildyti sielas absoliutaus malonumo, o toks malonumas gali būti tik altruistinės formos. Kabala duota tam, kad padėtų mums įsitikinti, jog būtina pakeisti išorinę mūsų malonumo formą, ir tada tiesa mums imtų atrodyti saldi, o ne karti, kaip kad atrodo dabar.

Keisti išorinius malonumo apvalkalus gyvenime mus priverčia branda arba visuomenė. Mūsų žodyne nėra žodžio, nusakančio malonumą, o tik žodžiai, apibūdinantys, kokia forma, kaip įvilktą, kas jį mums suteikė – valgis, gamta, žaislas. Ir malonumo siekimą apibūdiname pagal jo apvalkalo pobūdį, pavyzdžiui, sakome – „mėgstu žuvį".

Studijuojančiųjų *Torą* patiriamo malonumo rūšį galima nustatyti klausimu – ar žmogui svarbi pati *Tora*, ar Duodantysis *Torą*? Ar *Tora* jam svarbi dėl to, kad ji kyla iš Kūrėjo? Ar svarbus pats Kūrėjas, ar svarbiausia dvasinių priesakų vykdymas ir atlygis už tai?

Bėda ta, kad yra trumpas ir lengvas kelias dvasinei būsenai pasiekti, bet mūsų egoizmas neleidžia šiuo keliu eiti. Paprastai esame linkę rinktis sunkų ir kankinantį kelią, kurį mums įperša egoizmas. Po daugybės kančių grįžtame į pradžios tašką ir tik po to einame teisingu keliu. Trumpas ir lengvas kelias vadinamas tikėjimo keliu, o sunkus ir ilgas – kančių keliu. Bet kaip sunku pasirinkti tikėjimo kelią, taip pasirinkus lengva juo eiti.

Kliūtis, pasireiškianti kaip žemesniojo proto reikalavimas – pirmiausiai suprasti, ir tik po to vykdyti, vadinama „suklupimo akmeniu" arba paprasčiausiai „akmeniu" (*even*). Ant šio akmens suklumpa visi.

Kabala kalba tik apie vieną sielą, kiekvieno mūsų sielą, ir apie jos kilimą iki aukščiausios pakopos. *Toroje* sakoma, kad Mozės (Mošė – iš veiksmažodžio *limšoch* – traukti, ištraukti save iš egoizmo) rankoms (tikėjimui) nusilpus, jis ėmė pralaiminėti kovoje su priešais (su tais, kuriuos laikė priešais – su savo egoistinėmis mintimis ir troškimais). Tada seniūnai (jo išmintingos mintys) pasodino jį (nužemino jo paties protą) ant akmens (virš egoizmo) ir pakėlę jo rankas (tikėjimą) padėjo po jomis akmenį (pakėlė tikėjimą virš sveiko egoistinio proto reikalavimų), kad Izraelis (siekis dvasiškai tobulėti) laimėtų.

Taip pat yra sakoma, kad mūsų protėviai buvo stabmeldžiai (pirminiai žmogaus siekiai yra egoistiniai ir tarnauja tik savo kūnui), ir kad jie buvo pabėgėliai (Sionas – kilęs iš žodžio *jecija*, kuris sako, kad per *jecijot* – išėjimą iš egoizmo – gaunama Šviesa).

Pradedančiojo kabalisto pasaulyje yra tik dvi būsenos – arba kančios, arba Kūrėjo jautimo.

Tačiau, kol žmogus neištaiso savo egoizmo ir negali visų savo minčių bei norų nukreipti vien tik Kūrėjo labui, aplinkinį pasaulį jis suvokia tik kaip kančių šaltinį.

Bet po to, pradėjęs jausti Kūrėją, jis pamato, kad Kūrėjas Savimi užpildo visą pasaulį, kurį sudaro ištaisyti dvasiniai objektai. Tačiau toks pasaulio vaizdas atsiskleidžia tik įgijus dvasinį regėjimą. Ir tada visos buvusios kančios atrodo būtinos ir malonios, nes per jas atėjo ištaisymas.

Bet svarbiausia – žmogus privalo žinoti, kas yra pasaulio Šeimininkas, ir suvokti, kad viskas pasaulyje vyksta tiktai pagal Jo norus, nors kūnas, paklusdamas Kūrėjo valiai, nuolatos tvirtins, kad viskas pasaulyje tėra atsitiktinumas.

Tačiau, priešingai kūno balsui, žmogus privalo tvirtai tikėti, kad visus veiksmus pasaulyje lydi arba bausmė, arba atlygis. Pavyzdžiui, jeigu staiga jis pajaučia norą dvasiškai kilti, turi suvokti, kad tai ne atsitiktinumas, o atlygis už jo gerus veiksmus praeityje, už tai, kad prašė Kūrėjo padėti gerai pasielgti. Žmogus tik užmiršo apie tai, nes nesureikšmino savo buvusios maldos, kadangi Kūrėjas į ją tuoj pat neatsakė.

Arba kai žmogus apie save sako, kad štai dabar, kai jis jaučia dvasinį pakilimą ir jam gyvenime nerūpi niekas kitas, tik aukštesnieji dalykai, jis turi suprasti, kad: 1) šią būseną jam siunčia Kūrėjas atsiliepdamas į ankstesnius jo prašymus; 2) tuo jis dabar tvirtina, kad yra pajėgus dirbti nepriklausomai. Tai reiškia, kad jo dvasinė pažanga priklauso nuo jo pastangų, o ne nuo Kūrėjo.

Taip pat ir tuomet, kai studijuodamas staiga pradeda jausti tai, ką studijuoja, žmogus turi suprasti, kad tai irgi vyksta ne atsitiktinai, o Kūrėjas jam duoda tokią būseną. Ir todėl studijuodami turime jausti savo priklausomybę nuo Kūrėjo valios, kad sustiprintume savo tikėjimą Aukštesniuoju valdymu. Tapdami priklausomi nuo Kūrėjo, kuriame ryšį su Juo, kuris galiausiai atves į susiliejimą su Kūrėju.

Mus veikia dvi priešingos jėgos: altruistinė tvirtina, kad Kūrėjo valios įgyvendinimas turėtų būti galutinis tikslas šiame pasaulyje, ir kad viskas turėtų būti dėl Jo; egoistinė teigia, kad viskas pasaulyje sukurta žmonėms ir dėl jų.

Ir nors bet kuriuo atveju laimi aukštesnioji altruistinė jėga, egzistuoja ilgas kančių kelias. Tačiau yra ir trumpas – *Toros* kelias.

Žmogus turėtų savo noru siekti maksimaliai sutrumpinti savo kelią ir išsitaisymo laiką, kitaip norom nenorom jis bus priverstas eiti kančių keliu, kad pasiektų tą patį tikslą. Kūrėjas vis tiek privers jį sutikti su *Toros* keliu.

Pats natūraliausias žmogaus jausmas – tai meilė sau, kurios pačią atviriausią formą galime matyti žvelgdami į naujagimius ir vaikus. Bet ne mažiau natūralus iš meilės sau gimstantis meilės kitam jausmas, begalinėmis variacijoms maitinantis meną ir poeziją. Nėra mokslinio meilės ir ją gimdančių procesų paaiškinimo.

Visi mes ne kartą savo gyvenime susidūrėme su tokiu natūraliu reiškiniu kaip abipusė meilė, šio jausmo išsiskleidimas ir, kad ir kaip keista, išnykimas. Beje, būtent abipusės meilės atveju, kuo ji stipresnė, tuo greičiau praeina.

Ir atvirkščiai, silpnas vieno meilės jausmas dažnai sukelia labai stiprų kito jausmą, bet staiga pajaustas atsakomasis meilės jausmas gali stipriai susilpninti pirminę meilę. Šį paradoksą matome įvairiuose meilės formų pavyzdžiuose – tarp lyčių, tarp tėvų ir vaikų ir pan.

Negana to, galima netgi sakyti, kad jeigu vienas asmuo kitam rodo didelę meilę, jis nesuteikia kitam galimybės jo ilgėtis ir stipriau jį pamilti. Kitaip tariant, didelės meilės parodymas neleidžia mylimajam atsakyti visu jausmų stiprumu ir palaipsniui meilės jausmą paverčia neapykanta. Taip yra todėl, kad mylimas asmuo nebebijo prarasti jį mylinčiojo, kai jaučia šio begalinę ir besąlyginę meilę.

Bet jeigu mūsų pasaulyje retai pavyksta mylėti kitą net ir egoistiškai, tai nenuostabu, kad altruistinė meilė mums yra absoliučiai nepažįstama ir nepasiekiama. O kadangi būtent tokia meile mus myli Kūrėjas, tai Jis savo jausmą slepia tol, kol mes įgysime gebėjimą iki galo ir nuolat atsakyti Jam tuo pačiu.

Kol žmogus apskritai nejaučia, kad jį kas nors myli, jis sutinka su bet kokia meile. Bet vos tiktai patiria ir pasisotina šiuo jausmu, pradeda priklausomai nuo pasisotinimo laipsnio rinktis ir norėti tik neįprasto stiprumo jausmų. Čia slypi nuolatinio siekio stiprinti meilę Kūrėjui galimybė.

Nuolatinė negęstanti abipusė meilė yra įmanoma tik tuo atveju, jeigu ji nuo nieko nepriklauso. Todėl Kūrėjo meilė paslėpta nuo mūsų ir kabalisto jausmuose atsiskleidžia palaipsniui, priklausomai nuo to, kiek jis išsivaduoja iš egoizmo, kuris ir yra vienintelė priežastis, dėl kurios nyksta abipusės meilės jausmas mūsų pasaulyje.

Mes sukurti kaip egoistai tam, kad turėtume galimybę išplėsti savo jausmų ribas, leidžiant mums vis stipriau jausti atsiskleidžiančią Kūrėjo meilę. Nes tik jausdami Kūrėjo meilę, norėdami susijungti su Juo, iš tiesų trokštame išsivaduoti iš egoizmo kaip bendro priešo. Galima sakyti, kad egoizmas yra trečiasis narys kūrimo trikampyje (Kūrėjas, mes, egoizmas), leidžiantis mums pasirinkti Kūrėją.

Negana to, galutinio kūrimo tikslo ir visų Kūrėjo veiksmų, kad ir kaip mes juos suvoktume, pagrindas yra absoliuti ir pastovi meilė. Iš Kūrėjo sklindanti Šviesa, sukūrusi visus pasaulius ir mus, kurios mikrodozės mūsų kūnuose ir yra mūsų gyvybė, primena, kokios mūsų sielos bus jas ištaisius. Ši Šviesa ir yra Jo meilės jausmas.

Mūsų sukūrimo priežastis – natūralus noras kurti gėrį, noras mylėti ir teikti malonumą, natūralus altruizmo noras (todėl mums ir nesuvokiamas), noras, kad mes – Jo meilės objektai – jaustume visą Kūrėjo meilę ir mėgautumės ja, kaip ir savo meile Jam. Tik vienu metu jausdami abu šiuos jausmus, tokius priešingus mūsų pasaulyje, galime pasiekti tą malonumo pilnatvę, kuri ir yra Kūrėjo tikslas.

Visą mūsų prigimtį galime apibūdinti vienu žodžiu – egoizmas. Vienas iš ryškiausių egoizmo pasireiškimų – tai savojo „aš" jautimas. Žmogus gali iškęsti viską, tik ne pažeminimo jausmą. Kad išvengtų pažeminimo, jis dažnai pasiryžęs net mirti.

Esant bet kokioms aplinkybėms – patirdami skurdą, nesėkmę, pralaimėjimą, išdavystę ir pan., mes visuomet stengiamės surasti ir surandame pašalines, nuo mūsų nepriklausomas priežastis ir aplinkybes, kurios įstūmė mus į tokią padėtį. Kitaip niekada negalėtume pasiteisinti nei patys prieš save, nei prieš kitus, nes to mūsų prigimtis neleis. Ji niekada neleis savęs pažeminti, kadangi taip sunaikintume, pašalintume iš pasaulio kūrinijos dalį, mūsų jaučiamą kaip „aš".

Ir todėl egoizmo neįmanoma panaikinti natūraliu būdu, be Kūrėjo pagalbos. Savo noru pakeisti jį galima tik savo akyse aukščiau už viską pasaulyje išaukštinus kūrimo tikslo svarbą.

21

Dvasinis darbas

Tai, kad Kūrėjo prašome dvasinių suvokimų, bet neprašome Jo išspręsti įvairiausių gyvenimiškų problemų, byloja, koks silpnas mūsų tikėjimas Kūrėjo jėga ir Jo buvimu visuose dalykuose. Sykiu tai rodo, kad stokojame supratimo, jog visos problemos mums duodamos su vieninteliu tikslu – kad bandytume išspręsti jas patys, bet tuo pačiu metu prašytume Kūrėjo padėti jas įveikti, visiškai tikėdami, jog kiekviena problema mums siunčiama sustiprinti mūsų tikėjimui, kad nėra nieko kito, tik Jis.

Jeigu išties tikime, kad viskas priklauso tik nuo Kūrėjo, tai privalome Jo prašyti. Bet ne tam, kad Kūrėjas išspręstų mūsų problemas.

Problemas turime panaudoti kaip progas tapti priklausomiems nuo Kūrėjo.

Todėl, kad neapsigautume dėl savo motyvų, privalome tuo pačiu metu ir patys, kaip visi aplinkiniai, kovoti su problemomis.

Dvasinis kritimas duodamas iš Aukščiau dėl būsimo dvasinio augimo. Kadangi jis siunčiamas iš Aukščiau, tai aplanko žmogų akimirksniu, pasireiškia staiga ir beveik visada užklumpa jį nepasiruošusį. O išėjimas iš šios būsenos, dvasinis kilimas, vyksta lėtai, tarsi sveikimas po ligos, nes turime išgyventi šią kritimo būseną ir pamėginti patys ją įveikti.

Jeigu dvasinio kilimo metu pajėgsime išanalizuoti savo blogąsias savybes, prijungti kairiąją liniją prie dešiniosios, tai išvengsime daugelio dvasinių kritimų, tarsi peršokdami per juos.

Bet tai gali ne visi, o tik tie, kurie jau pajėgia laikytis dešiniosios linijos – pateisinti Kūrėjo veiksmus nepaisydami egoistinių kančių.

Ir tai panašu į *Toroje* nurodytą taisyklę apie privalomą karą (*milchemet micva*) ir savanorišką karą (*milchemet rešut*): privalomą karą prieš egoizmą ir savanorišką, jeigu žmogus pajėgus ir nori prisidėti savo pastangomis.

Mūsų vidinis darbas su savimi, darbas kovojant su egoizmu, virš visko iškeliant Kūrėją, stiprinant tikėjimą Jo valdymu, turi būti mūsų paslaptis, kaip ir visos kitos dvasinės būsenos, kurias išgyvename.

Taip pat negalime vienas kitam nurodinėti, kaip elgtis. O jeigu kituose matome pasireiškiant egoizmą, privalome prisiimti tai sau, nes nėra pasaulyje nieko kito, tik Kūrėjas. Kitaip tariant, visa tai, ką matome ir jaučiame, kyla iš Kūrėjo noro, kad taip matytume ir jaustume.

Viskas, kas mus supa, sukurta tik tam, kad suvoktume, jog būtina nuolatos galvoti apie Kūrėją, prašyti Kūrėjo materialių, fizinių, visuomeninių ir kitų kūrinijos būsenų pakeitimo.

Kiekvienas turime begalę trūkumų, kurių šaltinis vienas – mūsų egoizmas, troškimas patirti malonumą ir bet kokiomis aplinkybėmis užsitikrinti komfortą. Moralinių pamokymų rinkinys (*Musar*) kalba apie tai, kaip reikia kovoti su kiekvienu trūkumu, ir moksliškai grindžia savo metodus.

Kabala net pradedantįjį supažindina su Aukštesniųjų dvasinių jėgų veikimo sfera ir kiekvienam mūsų leidžia suvokti skirtumą tarp savęs ir dvasinių objektų. Taip tyrinėdamas save žmogus supranta, kas jis toks ir koks turi tapti. Taigi nebelieka jokios pasaulietinio auklėjimo būtinybės, ypač matant, kad tai neduoda laukiamų rezultatų.

Stebėdami asmeninę vidinę kovą tarp dviejų jėgų – egoistinės ir dvasinės – palaipsniui priverčiame savo kūną užsinorėti pakeisti savo prigimtį į dvasinę, savo savybes Kūrėjo savybėmis be išorinio mokytojų spaudimo.

Užuot taisius kiekvieną savo trūkumą, kaip tai daryti siūlo Musar sistema, kabala žmogui siūlo ištaisyti tik savo egoizmą kaip viso blogio pagrindą.

Praeitį, dabartį ir ateitį jaučiame dabartyje. Mūsų pasaulyje tai suvokiame viename esamajame laike, bet kaip tris skirtingus pojūčius. Juos mūsų protas išdėlioja pagal savo vidinę laiko skalę ir sukuria mums tekančio laiko įspūdį.

Kabalos kalba tai apibūdinama kaip įvairūs „Šviesos-malonumo" poveikiai. Šią akimirką mūsų jaučiamą malonumą vadiname dabartimi. Jeigu jo vidinis, tiesioginis poveikis mums jau praėjo, malonumas pradingo, šviečia iš tolo ir jaučiame jį kaip nutolusį, tai sukuria mums praeities pojūtį.

Jeigu palikusio mus malonumo spinduliavimas baigiasi ir daugiau jo nejaučiame, tai visiškai užmirštame apie jo egzistavimą. Bet jei malonumo Šviesa iš tolo vėl sušvinta, jis tampa pamiršta praeitimi, kurią ką tik prisiminėme.

Jeigu tam tikros Šviesos-malonumo mes dar niekada nejautėme ir staiga iš tolo ji pasiekia mūsų jutimo organus, tai suvokiame kaip ateitį („pasitikėjimo Šviesą").

Kitaip tariant, dabartį jaučiame kaip vidinį gavimą, kaip Šviesą, informaciją ir malonumą, o praeitį ir ateitį jaučiame dėl tolimo išorinio atsimenamo arba laukiamo malonumo švytėjimo. Tačiau bet kokiu atveju negyvename nei praeityje, nei ateityje, o tik šią akimirką, jausdami skirtingo pobūdžio Šviesos poveikius, kuriuos suvokiame kaip skirtingus laikotarpius.

Jei dabartyje nejaučiame jokio malonumo, ieškome, iš ko galėtume gauti malonumą ateityje, laukiame būsimos akimirkos, suteiksiančios kitokį pojūtį. Tačiau savęs taisymo pastangas sudaro tolimo išorinio švytėjimo įtraukimas į savo jausmus dabartyje.

Mus veikia dvi jėgos: kančios stumia iš nugaros, o malonumai kreipia ir traukia pirmyn.

Paprastai nepakanka tik vienos jėgos; vien būsimo malonumo nuojautos negana, kad judėtume į priekį, nes jeigu tam pasiekti reikia pastangų, tai gali sutrukdyti tokie faktoriai kaip tingumas arba baimė prarasti tai, ką jau turime. Todėl būtina papildoma jėga, stumianti iš nugaros, – kančių jautimas dabartyje.

Visų nusižengimų šaknį sudaro tik vienas nusižengimas – siekis patirti malonumą. Nusižengęs žmogus paprastai nesigiria tuo, kad nepajėgė atsilaikyti prieš pagundą, buvo silpnesnis už išorinį masalą. Tik malonumu, kurį suteikia pyktis, žmogus didžiuojasi atvirai, nes tai įtvirtina jo teisumą. Kaip tik šis išdidumas beregint nubloškia žmogų žemyn. Taigi pyktis yra pats stipriausias egoizmo pasireiškimas.

Patirdami materialias, kūniškas arba dvasines kančias, turime apgailestauti, kad Kūrėjas skyrė mums tokią bausmę. O jeigu dėl to nesikremtame, tada tai – ne bausmė, nes bausmė – tai skausmo pojūtis ir apgailestavimas dėl savo neįveikiamos būsenos, ar tai būtų sveikata, ar materialiniai poreikiai ir pan. Jeigu dar nejaučiame skausmo dėl savo būsenos, vadinasi, dar nesulaukėme Kūrėjo mums siunčiamos bausmės. Kadangi bet kokia bausmė – tai sielos taisymas, nepajutę bausmės prarandame galimybę išsitaisyti.

Bet tas, kuris jaučia bausmę ir pajėgia prašyti Kūrėjo, kad išvaduotų jį iš šių kančių, – išsitaiso kur kas labiau, nei tai įmanoma patiriant kančias ir nesimeldžiant.

Taip yra todėl, kad Kūrėjas skiria mums bausmes dėl visiškai kitų priežasčių, nei skiriamos bausmės mūsų pasaulyje. Bausmė skiriama ne už tai, kad veikėme prieš Jo valią, o tam, kad kurtume ryšį su Juo, kad būtume priversti kreiptis į Jį ir prie Jo priartėti.

Todėl, jeigu meldžiame Kūrėjo išvaduoti mus iš kančios, tai nereiškia, kad prašome Jo išvaduoti mus iš galimybės išsitaisyti. Malda, siekiant užmegzti ryšį su Kūrėju, – tai nepalyginamai didesnis išsitaisymas nei patiriant kančias.

„Ne savo valia gimei, ne savo valia gyveni, ne savo valia miršti." Matome, kad taip vyksta mūsų pasaulyje. Bet viskas, kas vyksta mūsų pasaulyje, yra pasekmė to, kas vyksta dvasiniuose pasauliuose. Tačiau tiesioginės analogijos arba panašumo tarp šių dviejų pasaulių nėra.

Todėl ne savo valia (prieš kūno norą) gimsti (dvasine prasme – gauni pirmuosius dvasinius pojūčius) – reiškia, kad prasideda mūsų atsiskyrimas nuo savojo „aš", su kuo mūsų kūnas niekada savo noru nesutinka. Iš Aukščiau gavę dvasinius veikimo ir suvokimo organus (*kėlim*), pradedame dvasiškai gyventi ir suprasti savo naująjį pasaulį. Tačiau net ir išgyvendami šią būseną priešinamės kūno norui pačiam mėgautis dvasiniais malonumais, ir todėl – „prieš savo valią gyveni". Galiausiai „ne savo valia miršti" – reiškia, kad prievartą dalyvauti kasdieniame gyvenime jaučiame kaip dvasinę mirtį.

Kiekvienoje kartoje kabalistai savo pastangomis ir kabalos knygomis sukuria vis geresnes sąlygas pasiekti tikslui – suartėti su Kūrėju. Iki didžiojo Baal Šem Tovo tik vienetai visame pasaulyje galėjo pasiekti tikslą. Po jo, veikiant jo atliktam darbui, aukščiausiąjį tikslą pasiekti jau galėjo tiesiog dideli *Toros* žinovai. Vėliau Baal Sulamas (rabis Jehudis Ašlagas) mūsų pasaulyje atliko tokį darbą, kad šiandien kiekvienas norintis pasiekti kūrimo tikslą gali tai padaryti.

Toros kelias ir kančių kelias skiriasi tuo, kad kančios keliu žmogus eina tol, kol suvokia, kad greičiau ir lengviau eiti *Toros* keliu. Pastarojo kelio esmė ta, kad dar nepajutęs kančių žmogus atsimena tas kančias, kurias jau išgyveno ir kurios vėl gali jį užgriūti. Tada jam nebereikia išgyventi naujų, nes buvusių kančių prisiminimo pakanka, kad suvoktų ir pasirinktų teisingų veiksmų kelią.

Išmintis – analizuoti visa tai, kas vyksta, ir įsisąmoninti, kad visų mūsų nelaimių šaltinis – egoizmas.

Tada reikia elgtis taip, kad vėl neišeitume į egoizmo sukeliamų kančių kelią. Savanoriškai atsisakę naudoti egoizmą, turime pasirinkti *Toros* kelią.

Kabalistai jaučia, kad visas pasaulis sukurtas tik dėl jų, tam, kad tarnautų jiems siekiant tikslo. Visi norai, kuriuos kabalistai gauna iš aplinkinių, tik padeda jiems tobulėti, nes jie nedelsiant atsisako juos panaudoti asmeninei gerovei.

Jei žmogus mato neigiamas aplinkinių savybes, tai reiškia, kad jis dar neišsivadavo iš savo trūkumų, ir tai jam leidžia suprasti, kad dar turi save taisyti. Šia prasme visas supantis pasaulis sukurtas tarnauti žmonių tobulėjimui, nes padeda jiems matyti savo pačių trūkumus.

Tik jausdami savo dvasinio nuopuolio gelmes ir begalinį nuotolį nuo to, ko aistringai trokštame, galime pajusti, kokį stebuklą padarė Kūrėjas, pakeldamas mus iš šio pasaulio prie Savęs, į dvasinį pasaulį. Kokią milžinišką dovaną gavome iš Kūrėjo! Tik iš savo būsenos dugno galime iš tiesų įvertinti tokią dovaną ir atsakyti tikra meile bei troškimu susilieti.

Yra atskleistoji *Toros* dalis, šakų kalba aprašanti dvasinių priesakų vykdymą. Ir yra paslėptoji, t. y. paslėpta nuo aplinkinių, *Toros* dalis – tikslai, kurių siekia žmogus, vykdydamas *Toros* priesakus, jo mintys ir norai. Rašytinėje *Toroje* nieko negalima pridėti, tik vykdyti kaip nurodyta, tačiau žodinėje *Toroje* yra nuolatinė galimybė vykdant gerinti ketinimus, ir ją kiekvienas rašo savo širdyje kaskart iš naujo...

Neįmanoma įgyti jokio žinojimo be išankstinės pastangos. Tai savo ruožtu sukelia dvi pasekmes: pažinimo, kuris yra proporcingas įdėtoms pastangoms, būtinybės suvokimą ir supratimą, kad mūsų pareiga šias žinias įgyti. Taip pastanga žmogui pagimdo dvi būtinas sąlygas: norą – širdyje ir mintis, arba pasiruošimą įsisąmoninti bei suprasti tai, kas nauja, – prote. Todėl pastanga – būtina.

Iš mūsų reikalaujama tik pastangų, ir tik jos nuo mūsų priklauso, nes pats pažinimas suteikiamas iš Aukščiau, ir jo nusileidimui mes neturime įtakos. Beje, įgydami dvasinį pažinimą ir pojūčius, iš Aukščiau gauname tik tai, ko prašome ir kam viduje esame pasirengę. Bet kai prašome Kūrėjo ką nors mums suteikti, argi nenaudojame savo norų, savojo ego? Ar Kūrėjas gali į tokius norus atsakyti dvasiškai mus pakeldamas? Negana to, kaip galime prašyti to, ko dar niekada nepatyrėme?

Jeigu prašome išvaduoti mus iš egoizmo, visų mūsų kančių šaltinio, arba prašome suteikti dvasines savybes, net ir nežinodami, kas tai yra, kol nesame jų gavę, Kūrėjas suteiks mums šią trokštamą dovaną.

Jeigu kabala koncentruojasi tik į dvasinį darbą mūsų prote ir širdyje, tvirtindama, kad tik nuo jų priklauso mūsų dvasinis tobulėjimas, tai kaip tada religinių ritualų atlikinėjimas siejasi su kūrimo tikslu?

Kadangi visi *Toros* priesakai išties yra kabalisto dvasinių veiksmų Aukštesniuosiuose pasauliuose aprašymas, tai vykdydamas juos fiziškai mūsų pasaulyje, nors tai ir niekaip nepaveikia dvasinių pasaulių, žmogus fiziškai vykdo Kūrėjo valią. Žinoma, Kūrėjo noras – dvasiškai pakelti kūrinius iki Savo lygmens. Tačiau perduoti iš kartos į kartą mokymą, paruošti dirvą, iš kurios gali išaugti vienetai dvasios milžinų, įmanoma tik masėms atliekant tam tikrą darbą.

Kaip ir mūsų pasaulyje tam, kad išaugtų vienas didis mokslininkas, reikalingi ir visi kiti. Nes norint perduoti žinias iš kartos į kartą būtina sukurti tam tikras sąlygas, įsteigti akademines institucijas, kur bus ugdomas bei lavinamas ir būsimasis didis mokslininkas. Taip visi prisideda prie jo pasiekimų, o vėliau gali naudotis jo darbų vaisiais.

Lygiai taip pat ir kabalistai, kartu su savo bendraamžiais išauklėti tokioje aplinkoje, kur mechaniškai vykdomi priesakai ir paprasčiausiai tikima Kūrėju, toliau auga dvasiškai, palikdami savo bendraamžius pradiniuose dvasinio augimo lygmenyse. Vis dėlto pastarieji, kaip ir visa žmonija, nesąmoningai dalyvauja kabalistų darbe ir todėl nesąmoningai naudojasi dalimi bet kokių dvasinių laimėjimų, kuriuos pasiekia kabalistai.

Negana to, nesąmoningos kabalistų amžininkų dvasinių savybių dalys taip pat yra nesąmoningai ištaisomos, ir tai jiems patiems suteikia galimybę galbūt per kelias kartas prieiti iki sąmoningo dvasinio tobulėjimo.

Ir netgi apie mokinius, atėjusius studijuoti kabalos (vienus dėl bendro pažinimo, kitus dėl dvasinio tobulėjimo), pasakyta: „Tūkstantis įžengia į mokyklą, bet tik vienas pasiekia Šviesą." Tačiau visi yra vieno sėkmės dalininkai ir dalyvaudami visi gauna savo išsitaisymo dalį.

Įžengusiam į dvasinį pasaulį ir ištaisiusiam savo egoistines savybes kabalistui ir vėl reikalingi kiti: gyvendamas mūsų pasaulyje iš aplinkinių jis prisirenka egoistinių norų ir juos taiso, taip padėdamas visiems kitiems kada nors ateityje įgyti galimybę sąmoningai atlikti dvasinį darbą.

Beje, jeigu paprastas žmogus gali kuo nors padėti kabalistui, netgi pasitarnaudamas jam grynai mechaniškai, jis kartu leidžia kabalistui įjungti savo asmeninius norus į jo atliekamus ištaisymus.

Todėl Talmude ir pasakyta, kad „mokiniui tarnauti išminčiui daug naudingiau nei mokytis iš jo".

Mat mokymosi procesas pajungia mūsų egoizmą ir naudoja mūsų žemišką protą, o tarnavimas kyla iš tikėjimo išminčiaus didingumu, jausmo, kurio mokinys negali suvokti. Todėl mokinio tarnystė daug artimesnė dvasinėms savybėms, taigi mokiniui naudingesnė.

Vadinasi, tas, kuris buvo arčiau savo mokytojo ir daugiau jam patarnavo, turi didesnę galimybę tobulėti dvasiškai. Todėl *Toroje* ir pasakyta, kad Ji perduodama ne paveldint, o tik iš mokytojo mokiniui. Taip ir buvo visose kartose iki pat paskutiniosios.

Tačiau dabartinė karta dvasiškai taip nupuolė, kad net jos vedliai perduoda savo žinias kaip šeimos paveldą savo šeimos nariams, nes visos jų žinios yra kūniško lygmens. Tačiau tie, kurie gyvena palaikydami dvasinį ryšį su Kūrėju ir su mokiniais, perduoda savo palikimą tik tiems, kurie gali jį priimti, t. y. savo artimiausiems mokiniams.

Kai siekdami artėti Kūrėjo link jaučiame kliūtis, turime prašyti:

1. Kad Kūrėjas taip pašalintų visas šias kliūtis, kurias Pats ir siunčia, kad patys savo jėgomis pajėgtume su jomis susidoroti ir mums neprireiktų didesnių nei turime dvasinių jėgų;
2. Kad Kūrėjas mums suteiktų stipresnį dvasinio suvokimo norą ir įsisąmoninimą, koks svarbus dvasinis tobulėjimas. Tada kliūtys, keliaujant Jo link, negalės mūsų sustabdyti.

Žmogus pasiryžęs viską pasaulyje atiduoti už savo gyvenimą, jeigu šis jam brangus. Todėl turime prašyti Kūrėjo, kad leistų pajusti dvasinio gyvenimo skonį, ir tada mūsų nesulaikys jokios kliūtys.

Dvasinis noras – tai noras duoti ir naudoti savo norą tik tam, kad suteiktum malonumą kitiems. Noro patirti malonumą pačiame dvasiniame pasaulyje nėra. Materialus pasaulis yra visiška dvasinio pasaulio priešingybė.

Bet jeigu nėra jokio bendro pagrindo ar bendrų savybių tarp dvasinio (altruizmo) ir materialaus (egoizmo), tai kaip galima ištaisyti egoizmą? Juk dvasinė Šviesa, kuri pajėgi perkeisti egoizmą į altruizmą, negali įsiskverbti į egoistinį norą. Mūsų pasaulis nejaučia Kūrėjo būtent dėl to, kad Kūrėjo Šviesa patenka į objektą tiek, kiek objekto savybės prilygsta Šviesos savybėms.

Tiktai Kūrėjo Šviesa, įsiskverbdama į egoistinį indą, gali perkeisti jį į dvasinį. Kito kelio nėra.

Ir todėl Jis sukūrė žmones, kurie iš pradžių yra valdomi egoistinių jėgų ir gauna iš pastarųjų savybes, atskiriančias juos nuo dvasinio pasaulio. Tačiau po to papuola dvasinių jėgų įtakon ir palaipsniui, dirbdami su savo dvasiniu tašku širdyje, padedami kabalos, jie turi ištaisyti tuos norus, kuriuos gavo iš egoistinių jėgų.

Kūrėjo vardas *AVAJA* reiškia Jo Šviesą dar prieš ją gaunant žmogui, t. y. Šviesą pačią savaime, ir todėl vadinamas rašytine *Tora* – tokia *Tora*, kokia kilo iš Kūrėjo. Kūrėjo vardas *ADNI* reiškia žmogaus suvokiamą Šviesą ir vadinamas sakytine *Tora*, nes pereina dvasinio suvokimo keliais: regėjimo (skaitymas), klausos ir apmąstymo.

22
Tikėjimas

Toroje pasakojama, kad Abraomas pasakė, neva Sara – jo sesuo, o ne žmona, bijodamas būti nužudytas, siekiant ją paveržti. Kadangi kabala visą pasaulį prilygina vienam žmogui, nes siela pasidalijo į 600 000 dalių tik tam, kad būtų lengviau pasiekti galutinį tikslą, tai Abraomas įkūnija mūsų tikėjimą.

Žmona priklauso tik vyrui, priešingai nei sesuo, kuri uždrausta tik broliui, bet ne visiems kitiems. Abraomas mato, kad jis (tikėjimas) vienintelis (vienintelė žmogaus savybė) gali padaryti Sarą (kūrimo tikslą) savo gyvenimo pagrindu. Taip pat jis suvokia, kad kiti žmonės (kitos žmogaus savybės) gali jį (tikėjimą) nužudyti, apakę nuo Saros (kūrimo tikslo) grožio ir trokšdami gauti amžinas gėrybes egoistinei savo naudai. Todėl Abraomas, įvardindamas Sarą kaip savo seserį, padaro ją prieinamą visiems žmonėms, taigi kūrimo tikslą gali priimti ir kitos žmogaus savybės. Iš to išplaukia, kad iki išsitaisymo galima naudotis *Tora* siekiant naudos sau patiems.

Visi dvasiniai pasauliai skiriasi nuo mūsų pasaulio tuo, kad viskas, kas jiems priklauso, yra Kūrėjo dalis ir įgijo dvasinių pakopų pavidalą, kad palengvintų žmogaus dvasinį kilimą. Tačiau egoistinis mūsų pasaulis niekada nebuvo Kūrėjo dalis, jis sukurtas iš nebūties ir išnyks, paskutinei sielai pakilus iš šio į dvasinį pasaulį. Todėl visos žmogaus veiklos rūšys, perduodamos iš kartos į kartą, kaip ir visa tai, kas pagaminta iš šio pasaulio medžiagos, pasmerkta išnykti.

Klausimas: „Pirmasis kūrinys gaudavo visą Šviesą ir jos atsisakė, kad nepatirtų gėdos jausmo. Kaip tokią būseną galima laikyti artima Kūrėjui, kai nemalonus pojūtis reiškia nutolimą nuo Jo?"

Atsakymas: „Esant tokios dvasinės būsenos, praeitis, dabartis ir ateitis susilieja į vieną visumą. Kūrinys nepatyrė gėdos jausmo, nes nusprendė pasiekti tokią pačią susiliejimo su Kūrėju būseną savo paties norais, taigi sprendimą ir jo rezultatą patyrė vienu metu."

Pasitikėjimą ir saugumo jausmą lemia Supančiosios Šviesos (*Or Makif*) ir Kūrėjo jautimo dabartyje poveikis. Bet kadangi žmogus dar neįgijęs tinkamų ištaisytų savybių, Kūrėjas dar jaučiamas ne kaip Vidinė Šviesa (*Or Pnimi*), o kaip Supančioji Šviesa.

Pasitikėjimas ir tikėjimas – panašios sąvokos. Tikėjimas yra „psichologinis pasirengimas kentėti dėl tikslo".

Juk norui negali sukliudyti jokios kliūtys, išskyrus kantrybės stoką, dedant reikalingas pastangas, ir nuovargį. Todėl stiprus yra tas, kuris turi pasitikėjimą, kantrybę ir stiprybę kentėti. O silpnas tas, kuris jaučia kantrybės trūkumą, patirdamas kančias, ir pasiduoda vos pradėjus joms spausti.

Kad galėtume jausti Kūrėją, būtini protas ir stiprybė. Žinoma, kad norint pasiekti tai, kas itin vertinga, reikia didžiulių pastangų ir daug kančių. Pastangų suma mūsų akyse nustato objekto, kurį siekiame gauti, vertę.

Kantrybės laipsnis liudija apie mūsų gyvybinę galią. Iki keturiasdešimties metų esame pajėgiausi, o po to, tolydžio mažėjant gyvybinėms jėgoms, mūsų pasitikėjimas ir tikėjimas savimi mažėja, kol visiškai išnyksta išėjimo iš šio gyvenimo akimirką.

Kadangi kabala yra aukštesnioji išmintis ir amžiams įgyjamas turtas, skirtingai nei visi kiti šio pasaulio turtai, natūralu, kad ji reikalauja pačių didžiausių pastangų, nes „perka" mums pasaulį, o ne tai, kas laikina ir praeina. Suvokę kabalą galime suvokti visų mokslų ištakas, jų tikrą, iki galo atskleistą būseną.

Jau vien tai rodo, kokių didelių pastangų reikia, nes žinome, kiek pastangų reikia norint pažinti vieną mokslo sritį vien tuose menkuose jos supratimo rėmuose.

Iš tiesų antgamtiškų galių suvokti kabalą žmogus gauna iš Aukščiau, ir jos padeda jam atlaikyti kančias šios išminties pažinimo kelyje. Tada žmogus įgyja pasitikėjimo savimi ir gyvybinių galių, būtinų norint pačiam suvokti kabalą. Tačiau neįmanoma įveikti visų kliūčių be aiškios Kūrėjo pagalbos (paslėpta Kūrėjo pagalba yra ta, kad jis palaiko kiekvieno kūrinio gyvybę).

Jėga, nulemianti mūsų pasirengimą veikti, vadinama tikėjimu. Nors kelio pradžioje negebame jausti Kūrėjo, nes neturime altruistinių savybių, bet atsiranda pojūtis, kad yra aukštesnė pasaulį valdanti jėga, į kurią kreipiamės visiško bejėgiškumo akimirkomis. Ir darome tai instinktyviai, net jei ir esame gavę antireliginį auklėjimą ir pasaulėžiūrą.

Šią ypatingą savybę gavome iš Kūrėjo, kad net iš absoliučios Jo paslėpties būsenos galėtume pradėti palaipsniui Jį atrasti.

Matome, kaip mokslininkų kartos mums atskleidžia gamtos paslaptis. Jeigu tiek pat stengtumės suvokti Kūrėją, Jis atsiskleistų mums ne mažiau nei gamtos paslaptys. Juk visi žmonijos paieškų keliai veda mus per gamtos paslapčių atskleidimą. Bet ar yra mokslininkų, tyrinėjančių kūrinijos tikslą? Priešingai, mokslininkai paprastai neigia egzistuojant Aukštesnįjį valdymą.

Taip yra dėl to, kad Kūrėjas jiems suteikė tik proto jėgą ir gebėjimą užsiimti tik materialiais tyrinėjimais ir išradimais. Tačiau, kita vertus, kaip tik todėl, nepaisant visų mokslų, Kūrėjas suteikė mums instinktyvų tikėjimą. Gamta ir visata mums atsiskleidžia taip, kad neigia Aukštesniojo valdymo buvimą, ir todėl mokslininkas neturi prigimtinės tikėjimo jėgos.

Papildoma priežastis ta, kad visuomenė laukia iš mokslininko materialių jo darbo rezultatų, ir jis instinktyviai tam paklūsta. Kadangi pačių vertingiausių dalykų pasaulyje yra labai mažai ir jie sunkiai surandami, o Kūrėjo atskleidimas – pats sunkiausias iš visų atradimų, mokslininkas natūraliai siekia išvengti nesėkmės ir nesiima tokios užduoties.

Todėl vienintelis kelias, vedantis Kūrėjo jautimo link, – priešinantis daugumos nuomonei išsiauginti tikėjimo jausmą. Tikėjimo galia nėra didesnė už kitas mūsų prigimties galias, nes visos jos yra Kūrėjo Šviesos padarinys. Bet ši galia ypatinga tuo, kad yra pajėgi padėti mums užmegzti kontaktą su Kūrėju.

Kūrėjo suvokimo procesą galima palyginti su žinių įgijimo procesu.

Iš pradžių stengiamės studijuoti ir suvokti, o suvokę imame taikyti tai, ką išmokome. Ir, kaip visada, sunku pradžioje, bet vaisius skina tie, kurie pasiekia tikslą: įžengia į dvasinį pasaulį. Tada gauname beribį malonumą jausti Kūrėją ir dėl to įgyjame visišką visų pasaulių ir jų gyventojų, sielų persikūnijimo visuose laikotarpiuose-būsenose nuo kūrimo pradžios iki jo pabaigos pažinimą.

23

Supanašėjimo su Kūrėju procesas

Altruistinis veiksmas – tai asmeninio malonumo atsisakymas, suvokiant kūrimo tikslo – išėjimo iš egoizmo – didingumą. Jo esmė – apriboti malonumą, ateinantį kaip dvasinė Šviesa, sukuriant ekraną (*masach*). Šis ekranas savo ruožtu atspindi malonumą atgal – į Šaltinį. Tai darydami savanoriškai apribojame savo galimą malonumą ir taip patys nustatome, dėl ko jį priimame – ne dėl savęs, o dėl kūrimo tikslo.

Kūrėjas nori suteikti mums malonumą, taigi patirdami jį savo ruožtu suteikiame malonumą Kūrėjui ir tik todėl mėgaujamės patys. Be to, nusprendžiame, kad mums malonumą turi suteikti tai, jog pasitarnaujame Kūrėjui, ir tai mums suteikia valios jėgų atsisakyti priimti malonumą tiesiogiai.

Tokiu atveju mūsų veiksmai ir Kūrėjo veiksmai savo forma sutampa, ir be pirminio malonumo papildomai jaučiame milžinišką malonumą dėl savo savybių sutapimo su Kūrėjo savybėmis, dėl Jo didybės, jėgos, galybės, absoliutaus žinojimo ir beribio egzistavimo.

Mūsų dvasinio brandumo laipsnis nustatomas pagal ekrano, kurį galime sukurti egoistinio malonumo kelyje, dydį: kuo didesnė pasipriešinimo asmeniniams interesams jėga, tuo aukštesnė pakopa ir didesnė ,,dėl Kūrėjo" gaunama Šviesa.

Visi mūsų jutimo organai veikia taip: kai jie susisiekia su įeinančia informacija per garsą, regėjimą, uoslę ir t. t., mes galime šią informaciją interpretuoti. Kol signalas sklisdamas su šiais barjerais nesusiliečia, neįmanoma jo informacijos nei pajausti, nei interpretuoti. Aišku, kad tokiu pačiu principu veikia ir visi matavimo prietaisai, nes mūsų pasaulio dėsniai tėra dvasinių dėsnių padariniai.

Todėl tiek naujo reiškinio mūsų pasaulyje pasireiškimas, tiek pirmasis Kūrėjo atsiskleidimas ir kiekvienas papildomas Jo pajautimas priklauso tik nuo barjero, kurį pajėgiame pastatyti, dydžio. Šis barjeras dvasiniame pasaulyje vadinamas indu *(kli)*. Iš tiesų mes suvokiame ne pačią Šviesą, bet jos sąveiką su kliūtimi, esančia Jos sklidimo kelyje, kuri sukuriama Šviesai veikiant dvasinį žmogaus indą. Lygiai taip pat ir mūsų pasaulyje suvokiame ne patį reiškinį, o jo sąveikos su mūsų jutimo organais arba mūsų prietaisais rezultatą.

Tam tikrai Savo daliai Kūrėjas suteikė egoistinį norą patirti malonumą, kurį Pats ir sukūrė. Dėl to ši dalis nustojo jausti Kūrėją ir jaučia tik pati save, savo būseną, savo norą. Ši dalis vadinama siela.

Egoistinė dalis taip pat yra Kūrėjo dalis, nes tik Jis egzistuoja, ir nėra vietos, kur Jo nebūtų. Bet kadangi egoizmas jaučia tik savo norus, jis nejaučia Kūrėjo. Kūrimo tikslas – kad ši dalis savo jėgomis, savo pasirinkimu panorėtų sugrįžti pas Kūrėją ir vėl tapti panaši į Jį savo savybėmis.

Kūrėjas visiškai valdo šios egoistinės dalies susiliejimo su Juo procesą. Bet šis valdymas iš išorės nejuntamas. Kūrėjas nori, kad pačiame egoizme kiltų noras (slapta Jam padedant) suartėti su Juo. Kad palengvintų šią užduotį, Kūrėjas padalijo egoizmą į 600 000 dalių. Kiekviena dalis sprendžia uždavinį, kaip atsisakyti egoizmo, palaipsniui, iš lėto suvokdama egoizmą kaip blogį procese, kuriame daug kartų gauna egoistines savybes ir dėl jų kenčia.

Kiekviena iš 600 000 bendros sielos dalių vadinama žmogaus siela. Susijungimo su egoizmu periodas vadinamas žmogaus gyvenimu. Laikinas ryšio su egoizmu nutraukimas vadinamas egzistavimu aukštesniuosiuose, dvasiniuose, pasauliuose.

Akimirka, kai siela gauna egoistines savybes, vadinama žmogaus gimimu mūsų pasaulyje. Kiekviena iš 600 000 bendros sielos dalių, patyrusi paeiliui vykstančius susiliejimus su egoizmu, galiausiai turi pasirinkti susivienyti su Kūrėju ir atmesti egoizmą, nepaisydama to, kad jis yra sieloje tol, kol ši vilki žmogaus kūną.

Laipsniškas sutapimo su Kūrėjo savybėmis procesas, sistemingas sielos savybių artėjimas prie Kūrėjo savybių, vadinamas dvasiniu kilimu. Dvasinis kilimas vyksta lygmenimis, arba pakopomis, vadinamomis *sfiromis*.

Nuo pradinės egoistiškiausios būsenos iki paskutinės susiliejimo su Kūrėju pakopos dvasinius laiptus sudaro iš viso 125 pakopos, arba *sfiros*. Kiekvienos 25 *sfiros* sudaro užbaigtą etapą, vadinamą „pasauliu". Iš viso, išskyrus mūsų būseną, vadinamą „mūsų pasauliu", yra penki kiti pasauliai.

Taigi egoistinės dalies tikslas – įgyti Kūrėjo savybes dar esant šiame kūne ir šiame pasaulyje, kad, nepaisydami savo egoizmo, galėtume jausti Kūrėją visuose mus supančiuose dalykuose ir patys savyje.

Noras susilieti – tai natūralus visiems mums būdingas noras. Tai noras, nereikalaujantis jokių prielaidų ir pagrindimo; greičiau tai – giliai glūdintis žinojimas, kad būtina susilieti su Kūrėju. Tai, kas Kūrėjuje pasireiškia kaip laisvas noras, kūrinijoje veikia kaip natūralus, įpareigojantis dėsnis. Kadangi Kūrėjas sukūrė gamtą pagal Savo planą, kiekvienas gamtos dėsnis yra Jo noras matyti tokią tvarką.

Todėl visi prigimtiniai mūsų instinktai ir norai kyla tiesiogiai iš Kūrėjo, o visos reikalaujančios skaičiavimų ir žinių išvados yra mūsų pačių veiklos vaisius. Jeigu norime pasiekti visišką susiliejimą su Kūrėju, turime patys privesti šį norą iki instinktyvaus žinojimo, tarsi jis būtų gautas kartu su mūsų prigimtimi iš Kūrėjo.

Dvasinių norų dėsniai yra tokie, kad negali būti nepilnų, dalinių norų, kuriuose yra abejonių arba vietos pašaliniams norams. Todėl Kūrėjas išgirsta tik tokį prašymą, kuris kyla iš pačios mūsų jausmų gelmės ir atitinka pilną dvasinio indo norą tame lygmenyje, kuriame egzistuojame. Bet toks prašymas mūsų širdyse formuojasi lėtai ir kaupiasi, mums patiems to nežinant, aukštesniame lygmenyje, nei gali suvokti žmogaus intelektas.

Kūrėjas sujungia visas mažas mūsų maldas į vieną ir, gavęs galutinį reikiamo stiprumo pagalbos prašymą, padeda mums.

Lygiai taip pat kaip ir žmogus, patekdamas į Kūrėjo Šviesos veikimo erdvę, tuoj pat gauna viską, nes Duodantysis – amžinas ir neatlieka skaičiavimų, grindžiamų laiku ir gyvenimų kaita. Todėl net pati žemiausia dvasinė pakopa teikia visišką amžinybės pojūtį.

Bet kadangi žmogus, ir pasiekęs pradinį dvasinį lygmenį, toliau išgyvena dvasinius kilimus ir kritimus, tai jis egzistuoja tokiose aplinkybėse kaip pasaulis, metai, siela. Mat dinamiškai, nepabaigusiai savo išsitaisymo sielai reikalinga vieta judėti, vadinama „pasauliu", o visų jos judėjimų suma jaučiama kaip laikas, vadinamas „metais".

Net pati žemiausia dvasinė pakopa jau suteikia visiškos tobulybės pojūtį – tokį, jog žmogus tik tikėjimu aukščiau proto suvokia, kad jo būsena tėra viso labo tik aukštesnės dvasinės pakopos „dvasinės atliekos". Tik suvokęs tai žmogus gali pakilti dar aukščiau, į tą dvasinį lygmenį, kurio buvimu patikėjo ir išaukštino savo akyse labiau nei jau patirtąjį tobulybės pojūtį.

Mūsų kūnai automatiškai funkcionuoja pagal savo egoistinės prigimties dėsnius ir įpročius. Todėl jeigu nuolat kartosime sau, kad trokštame vien dvasinio pakilimo, tai galiausiai to panorėsime. Kūnas, padedamas tokių nuolatinių pratimų, priims šį norą kaip prigimtinį. Kaip sakoma, įprotis tampa antrąja prigimtimi.

Išgyvendami dvasinio nuopuolio būseną turime laikytis įsitikinimo, kad „kai Izraelis tremtyje, Kūrėjas – su jais".

Kai esame apimti apatijos ir nevilties, mūsų nedomina net ir dvasinis pasaulis, nes atrodo, kad viskas yra tokio lygmens, kokiame tuo metu esame.

Todėl reikia tikėti, kad toks jausmas yra ne daugiau nei asmeninis mūsų pojūtis, nes dabar patiriame dvasinę tremtį, ir todėl nejaučiame Kūrėjo, kuris taip pat išeina į tremtį iš mūsų suvokimo.

Kūrėjo skleidžiama Šviesa iki egoizmo sukūrimo praeina keturias stadijas. Ir tiktai paskutinė, penktoji stadija (*Malchut*), vadinama kūriniu, nes jaučia savo egoistinį norą mėgautis Kūrėjo Šviesa. Pirmosios keturios stadijos – tai pačios Šviesos savybės, kuriomis Ji mus kuria. Pačią aukščiausią, pirmosios stadijos savybę – norą suteikti būsimam kūriniui malonumą – mes suvokiame kaip Paties Kūrėjo savybę.

Paskutinioji, penktoji vystymosi stadija, arba egoistinis kūrinys, nori pasipriešinti savo egoistinei prigimčiai ir tapti panašus į pirmąją stadiją. Nors jis stengiasi tai daryti, bet jam pavyksta tik iš dalies.

Pirmoji egoizmo stadija, kai jis visiškai sugeba sau pasipriešinti, vadinama pasauliu (*olam*) *Adam Kadmon*.

Antrosios stadijos egoizmas vadinamas *Acilut* pasauliu.

Trečiosios stadijos egoizmas (penktosios stadijos dalis), kuris jau nebegali būti panašus nei į pirmąją, nei į antrąją stadiją, vadinamas *Brija* pasauliu.

Ketvirtosios stadijos egoizmas (penktosios stadijos dalis) neturi jėgų sau pasipriešinti, kad būtų panašus į pirmąją, antrąją arba į trečiąją stadijas, ir tegali būti panašus į ketvirtąją Šviesos vystymosi stadiją. Jis vadinamas *Jecira* pasauliu.

Likusi penktosios stadijos dalis neturi jėgų būti panaši nė į vieną ankstesniąją stadiją. Ji tegali pasyviai priešintis egoizmui, atribodama save nuo malonumo gavimo (veiksmas, priešingas penktajai stadijai). Tai vadinama *Asija* pasauliu.

Kiekviename pasaulyje yra dar po penkias pakopas, vadinamas *parcufais*: *Keter, Chochma, Bina, Zeir Ampin* ir *Malchut. Zeir Ampin* sudaro 6 *sfiros*: *Chesed, Gvura, Tiferet, Necach, Hod* ir *Jesod*. Sukūrus penkis pasaulius, buvo sukurtas mūsų materialusis pasaulis (esantis žemiau *Asija* pasaulio), o jame ir žmogus.

Žmogui buvo suteikta nedidelė penktosios stadijos egoistinės savybės dozė. Jeigu žmogus dvasiškai tobulėdamas kyla per pasaulius iš apačios į viršų, tai dalis jo egoizmo, o sykiu ir visos tų pasaulių dalys, kurias jis panaudojo savo kilimui, tampa panašios į pirmąją stadiją, Kūrėjo savybę. Kai visa penktoji stadija pakils į pirmosios lygį, visi pasauliai pasieks kūrimo tikslą.

Dvasinė laiko ir vietos šaknis yra Šviesos nebuvimas bendrojoje sieloje, kur dvasiniai pakilimai ir nusileidimai lemia laiko pojūtį, o vieta, kurią užpildys Kūrėjo Šviesa, sukuria erdvės pojūtį mūsų pasaulyje.

Mūsų pasaulį veikia dvasinės jėgos, kurių įtakos kaita ir suteikia laiko pojūtį. Kadangi du dvasiniai objektai, skirdamiesi savo savybėmis, negali būti kaip vienas, jie veikia vienas po kito, iš pradžių aukštesnis, po to žemesnis ir t. t. Tai mūsų pasaulyje sukuria laiko pojūtį.

Kad sėkmingai ištaisytume savo egoizmą, mums duoti trys įrankiai: jausmai, protas ir vaizduotė. Kalbant apie dvasinę medžiagą ir formą, medžiagą sudaro egoizmas, o jo formą lemia jam priešingos jėgos, kaip ir mūsų pasaulyje.

Malonumus ir kančias atitinkamai apibrėžiame kaip tai, kas gera ir bloga. Tačiau dvasinės kančios yra vienintelis žmonijos vystymosi ir tobulėjimo šaltinis. Dvasinis išgelbėjimas yra tobulumas, pasiekiamas patiriant stiprius neigiamus pojūčius, kurie laikomi malonėmis. Kadangi kairioji linija sugrįžta prie dešiniosios, nelaimės, kančios ir sunkumai pavirsta džiaugsmu, malonumais ir dvasine laisve.

Taip yra todėl, kad kiekviename objekte egzistuoja dvi priešingos jėgos – egoizmas ir altruizmas, jaučiamos kaip nutolimas arba suartėjimas su Kūrėju.

Tai iliustruoja daugybė pavyzdžių, esančių *Toroje*: Izaoko aukojimas, aukojimai Šventykloje ir kt. („Aukos" hebrajų kalba – *kurbanot*, iš žodžio *karov* – priartinti.)

Dešinioji linija sudaro pačią dvasinio objekto esmę, o kairioji linija yra tik ta egoizmo dalis, kuri gali būti naudojama, prijungus ją prie altruistinių ketinimų.

24
Dvasinio pasaulio pažinimas

Filosofai išliejo daug rašalo, diskutuodami apie Kūrėjo nepažinumą. Judaizmas, kaip asmeniniais kabalistų eksperimentais grindžiamas mokymas, atsako į klausimą, kaip galime kalbėti apie Kūrėjo pažinumą, jeigu dar nesame Jo pažinę?

Tačiau bet koks apibūdinimas jau kalba apie tam tikrą pažinimo lygį. Todėl pirmiausiai reikia išsiaiškinti, kas turima galvoje, kai sakoma, kad „yra neįmanoma suvokti Kūrėją arba begalybę". Kuo remdamiesi galime tvirtinti, kad suprantame šias kategorijas?

Aišku, kad kalbėdami apie Kūrėjo pažinimą galvoje turime tik tai, ką suvokiame savo jutimo organais ir protu, panašiai kaip ir tyrinėdami bet ką kitą mūsų pasaulyje. Be to, panašiai kaip ir kituose tyrimuose, šios sąvokos turi būti prieinamos kiekvienam šiame pasaulyje. Taigi idėjas turi įkūnyti tai, kas apčiuopiama ir realu, kas gali būti jaučiama mūsų jutimo organais.

Taktiliniai pojūčių organai tiriamo objekto ribą suvokia, kai tiesiogiai liečiamės prie jo išorės. Naudodamiesi klausa mes visai nebeprisiliečiame prie paties objekto, o liečiamės su tarpiniu, perduodančiu trečiuoju objektu, pavyzdžiui, oru, turėjusiu kontaktą su tiriamojo objekto išore – žmogaus balso stygomis arba virpančiu paviršiumi, skleidžiančiu garso bangą.

Panašiai naudojami ir dvasiniai jutimo organai Kūrėjui pajausti. Prisilietimo prie išorinės ribos pojūtis (panašus į taktilinį) vadinamas „pranašišku regėjimu", o pojūtis per tam tikrą terpę, kuri savo ruožtu liečiasi su suvokiamo objekto išore, panašus į girdėjimo pojūtį, vadinamas „pranašišku girdėjimu".

„Pranašiškas regėjimas" laikomas akivaizdžiausiu pažinimu (kaip kad mūsų pasaulyje norime pamatyti objektą ir laikome tai pačiu aiškiausiu jo suvokimu), nes tiesiogiai susiliečiame su iš Paties Kūrėjo sklindančia Šviesa.

„Pranašišką (Kūrėjo balso) girdėjimą", skirtingai nei pranašišką regėjimą, kabalistai apibūdina kaip nesuvokiamą. Tai panašu į mūsų gebėjimą girdėti garsines bangas, kadangi jaučiame tarpinio dvasinio objekto signalus, kurie sklinda jam liečiantis su išorine Kūrėjo riba. Kaip ir „pranašiško regėjimo" atveju, mes šias bangas traktuojame kaip garso bangas.

Pranašišką Kūrėjo pažinimą pasiekę kabalistai iš pradžių Jį suvokia regėjimą arba girdėjimą atitinkančiais dvasiniais organais. Po to interpretuoja tai, ką suvokė. Beje, to, ką regi, suvokimas suteikia visišką pažinimą, o tai, kas patiriama tik per klausą, suteikia nepažinumo įspūdį.

Bet kaip mūsų pasaulyje pakanka jau vien klausos, kad pajaustum pažinimo objekto savybes (net iš prigimties aklas žmogus puikiai jaučia daugelį jį supančiųjų savybių), taip ir dvasinis pažinimas per klausą yra pakankamas. Taip yra dėl to, kad girdimoje dvasinėje informacijoje slypi visos kitos savybės.

Priesakas pažinti Kūrėją iš esmės susiveda į Jo jautimą dvasinio regėjimo ir klausos pagrindu iki tokio laipsnio, kad žmogui būtų absoliučiai aišku, jog jis yra sąmoningame regimajame ir girdimajame kontakte su Kūrėju, kas vadinama „veidu į veidą".

Kūrimas ir sukurtų būtybių valdymas vyksta, esant dviem priešingiems reiškiniams: Kūrėjo galybės paslėpimui ir laipsniškam Jo galybės atskleidimui tokiu laipsniu, kokiu kūriniai gali Jį pajausti savo ištaisytomis savybėmis. Todėl vienas Kūrėjo vardų hebrajų kalba yra *Maacil* – iš žodžio *cel* – „šešėlis", o kitas *Bore* – iš žodžių *bo* ir *re* – „ateik ir pamatyk". Iš šių žodžių atitinkamai kilo pasaulių *Acilut* ir *Brija* pavadinimai.

Mes nepajėgūs suvokti tikrojo kūrinijos paveikslo, bet tik jaučiamą mūsų jausmais, tiek materialiais, tiek dvasiniais.

Visa, kas egzistuoja, mūsų sąmonė skirsto į tuštumą ir esatį, nors mokyti žmonės ir tvirtina, kad išties nėra tokio dalyko kaip visiška tuštuma arba vakuumas. Ir iš tikrųjų ši sąvoka pranoksta mūsų supratimą, nes net kažko nebuvimą turime suvokti savo pojūčiais.

Tačiau pajausti tuštumą arba nebuvimą galime tokiu atveju, jeigu įsivaizduosime savo santykį su tuo, kas egzistuoja šiame pasaulyje, po mūsų mirties. Net ir gyvendami šiame pasaulyje jaučiame tą patį – kad viso to, kas už mūsų kūno ribų, tarsi nėra ir apskritai neegzistuoja.

Tačiau tiesa tokia, kad yra kaip tik atvirkščiai, – būtent tai, kas ne mumyse, yra amžina ir egzistuoja, o mes patys – niekas ir pavirstame į nieką.

Šios dvi sampratos visiškai neadekvačios, nes mūsų pojūčiai verčia tikėti, kad visa, kas egzistuoja, susiję su mumis ir esti tik šiuose rėmuose, o visa, kas mūsų išorėje, neturi jokios vertės. Bet protas tvirtina priešingai: kad kaip tik mes esame menki, o visa, kas mus supa, – amžina.

Suvokiant aukštesnius dvasinius lygmenis

Nepaprastai maža Aukštesniosios Šviesos dalis, esanti visuose negyvosios bei gyvosios gamtos objektuose ir lemianti jų egzistavimą, vadinama „mažuoju švytėjimu" (*ner dakik*).

Draudimas atskleisti *Toros* paslaptis išplaukia iš siekio apsaugoti ją nuo nuvertinimo. Juk tai, kas nesuvokiama, kelia pagarbą ir atrodo vertinga. Tokia jau žmogaus prigimtis, kad būdamas neturtingas, vertina skatiką, o milijono savininko akyse ši suma praranda buvusią vertę ir vertinami tik du milijonai ir t. t.

Lygiai kaip ir moksle – visa, kas dar nesuvokta, kelia pagarbą ir atrodo vertinga, bet vos tik tai tampa žinoma ir suprantama, vertė bemat pradingsta. Tada nepažinti nauji objektai pakeičia ankstesnius objektus ir tampa tikslais, kurių reikia siekti. Dėl to *Toros* paslapčių negalima atskleisti masėms, nes šios pradės jas niekinti. Bet kabalistams atskleisti galima, nes jie siekia pažinti vis daugiau, kaip ir mūsų pasaulio mokslininkai. Ir nors pastarieji nevertina savo žinių, bet būtent tai skatina juos siekti suvokti, kas dar nesuvokta. Taigi visas pasaulis sukurtas tiems, kurie siekia suvokti Kūrėjo paslaptis.

Tie, kurie jaučia ir suvokia iš Kūrėjo sklindančią Aukštesniąją gyvenimo Šviesą (*Or Chochma*), jokiu būdu kartu nesuvokia ir paties Kūrėjo, Jo esmės. Bet nereiktų manyti, kad suvokiantieji dvasines pakopas ir jų Šviesą suvokia tik Šviesą. Kabalistai negali pasiekti net žemiausios dvasinės pakopos, jeigu atitinkamu laipsniu nesuvokė Kūrėjo ir Jo savybių mūsų atžvilgiu.

Mūsų pasaulyje mus supančius žmones suprantame iš jų veiksmų ir raiškos mūsų ir kitų atžvilgiu. Po to, kai mums tampa žinomi įvairūs žmogaus veiksmai – jo gėrio, pavydo, pykčio, nuolankumo ir kt. pasireiškimai, galime tvirtinti, kad jį pažįstame. Lygiai taip pat ir kabalistui suvokus visus veiksmus ir Kūrėjo reiškimąsi per juos, Kūrėjas visiškai suprantamai jam atsiskleidžia per Šviesą.

Jeigu dvasinės pakopos ir jų skleidžiama Šviesa neturi galimybės suvokti „Paties" Kūrėjo, vadiname jas netyromis. („Paties" – turima galvoje, kad, kaip ir mūsų pasaulyje, susidarome vaizdą apie ką nors iš jo veiksmų ir tada nebejaučiame poreikio pažinti ką nors daugiau. Galiausiai tai, kas apskritai mums nepažinu, nesukelia mūsų susidomėjimo ir poreikio suvokti.)

Netyrosios jėgos (*klipa* ir *Sitra Achra*) – tai jėgos, kurios mus valdo ir neleidžia iki galo mėgautis kiekvienu ateinančiu malonumu, bet verčia pasitenkinti mažu. Kitaip tariant, šios jėgos skatina mus pasitenkinti jau turimu žinojimu, tarytum vaisiaus žieve (*klipa*), paliekant nuošalyje tai, kas svarbiausia, – patį vaisių. Todėl veikiant šioms netyroms jėgoms, neleidžiančioms suprasti paslėptos *Toros* prasmės, mūsų protas negali suprasti darbo dėl Kūrėjo prasmės.

Dvasiniame objekte Šviesa, užpildanti viršutinę jo dalį nuo galvos *(Roš)* iki bambos (*Tabur),* vadinama praeitimi, o užpildanti apatinę dalį (*Sijum*) vadinama dabartimi. Supančioji Šviesa – dar neįėjusi į objektą, bet laukianti savo eilės atsiskleisti – vadinama ateitimi.

Žmogui dvasiškai nupuolus ir išaugus jo egoistiniams norams, dvasingumo svarba jo akyse sumenksta.

Bet dvasinis nuopuolis siunčiamas iš Aukščiau specialiai, kad žmogus suprastų, jog vis dar tebėra dvasinėje tremtyje, ir tai pastūmėtų jį melsti išgelbėjimo.

Bet negalėsime nurimti, kol mūsų aukštesnioji paskirtis – dvasinis mūsų pačių ir visos žmonijos išsivadavimas – netaps mums svarbesni už visa kita. Tremtis (*galut*) – dvasinė sąvoka.

Tremtis – tai ne fizinis pavergimas, kurį per savo istoriją yra patyrusios visos tautos. *Galut* – tai pavergimas, kurį kiekvienas mūsų patiriame iš paties pikčiausio savo priešo – egoizmo. Negana to, tai toks subtilus pavergimas, kad net nesuvokiame, jog nuolat dirbame šiam šeimininkui – išorinei jėgai, užvaldžiusiai mus ir diktuojančiai mums savo norus. Tarsi nuovoką praradę žmonės mes to nesuprasdami iš visų jėgų stengiamės vykdyti visus ego reikalavimus. Iš tiesų mūsų būklė primena dvasinį ligonį, kuris savo įsivaizduojamus garsus suvokia kaip įsakymus arba, dar blogiau, kaip savo tikrus norus, kuriuos vykdo.

Tikroji mūsų tremtis – tai tremtis iš dvasinio pasaulio, kai negalime turėti ryšio su Kūrėju, Jį jausti, dirbti vien Jam. Būtent šios tremties pajautimas ir yra išėjimo, išsigelbėjimo iš jos sąlyga.

Iš pradžių kūnas sutinka studijuoti kabalą ir stengtis siekiant dvasingumo, nes mato dvasinėse žiniose tam tikrą naudą. Bet kai pradedame po truputį suvokti, ką reiškia tikrasis darbas „dėl Kūrėjo", ir turime prašyti mus išgelbėti, atstumiame tokį gelbėjimą, įtikindami save, kad neįmanoma tokiame darbe pasiekti sėkmės. Taip vėl tampame savo proto vergais, kitaip tariant, sugrįžtame prie materialaus gyvenimo idealų. Išsigelbėti iš tokios būsenos įmanoma, tik kai veikiame vadovaudamiesi tikėjimu aukščiau žinojimo.

Dvasinis kritimas nereiškia tikėjimo praradimo.

Atskleisdamas mums vis daugiau mūsų egoizmo, Kūrėjas dovanoja mums galimybę dar labiau stengtis ir taip sustiprinti tikėjimą. Buvęs mūsų tikėjimo lygis nedingsta, bet naujo darbo perspektyvoje jį jaučiame kaip kritimą.

Mūsų pasaulis sukurtas panašiai kaip dvasinis, tik iš egoistinės medžiagos. Iš supančio pasaulio mes galime daug ką sužinoti, jeigu ne apie dvasinių objektų savybes, tai bent jau apie jų tarpusavio ryšį pagal analogiją su mūsų pasauliu.

Ir dvasiniame pasaulyje yra tokių sąvokų kaip pasaulis, dykuma, gyvenvietė, šalys ir pan. Visus dvasinius veiksmus (priesakus) galima vykdyti bet kokiame lygmenyje, išskyrus meilės ir baimės priesakus. Jie atsiskleidžia tik pasiekusiam dvasinį lygmenį „Izraelio žemė" (*Erec Israel*).

Viena *Erec Israel* lygmens sudėtinių dalių vadinama „Jeruzalė" (*Jerušalaim*) – iš žodžių *ir'a* (baimė) ir *šalem* (tobulas): noras prieš Kūrėją pajausti baimę, padedančią išsivaduoti iš egoizmo.

25
Ištaisymo etapai

Žmonės nori nenori atlieka veiksmus kūno gyvybei palaikyti. Pavyzdžiui, net sirgdami ir neturėdami noro valgyti, prisiverčiame tai daryti, žinodami, kad be to nepasveiksime. Taip yra todėl, kad mūsų pasaulyje atlygis ir bausmė yra visiems akivaizdūs, taigi visi paklūsta gamtos dėsniams.

Bet, nepaisydami to, kad mūsų sielos serga ir gali pasveikti tik dedant altruistines pastangas, mes, akivaizdžiai nematydami atlygio ir bausmės, negalime prisiversti gydytis.

Todėl sielos išgijimas visiškai priklauso nuo mūsų tikėjimo.

Apatinė Aukštesniojo dvasinio objekto dalis yra žemesniojo viršutinėje dalyje. Žemesniajame objekte ekranas (*masach*) yra jo akių srityje. Tai vadinama „dvasiniu aklumu", nes esant tokios būsenos matoma tik apatinė aukštesniojo objekto dalis. Taigi žemesniojo dvasinio objekto ekranas slepia dalį Aukštesniojo dvasinio objekto.

Jeigu Aukštesnysis dvasinis objektas perduoda savo ekraną žemesniajam, tai tuo atsiveria žemesniajam, kuris savo ruožtu pradeda matyti aukštesnijį taip, kaip šis mato pats save. Tai žemesniajam suteikia pilnatvės būseną (*gadlut*). Žemesnysis objektas tada pamato, kad aukštesnysis yra „didelės" būsenos ir suvokia, kad ankstesnė jo paslėptis ir atrodymas tarsi būtų „mažos" būsenos (*katnut*) buvo specialiai žemesniojo labui. Taip žemesnysis objektas gali suvokti aukštesniojo svarbą.

Visos viena po kitos einančios būsenos, kurias patiriame savo kelyje, yra tarsi Kūrėjo duota liga, nuo kurios galiausiai

Jis pats ir išgydo. Bet jeigu tai, ką suvokiame kaip ligą, neviltį, bejėgiškumą ir padėtį be išeities, priimame kaip Kūrėjo valią, šios būsenos pavirsta išsitaisymo ir artėjimo į susiliejimą su Kūrėju pakopomis.

Vos tik Kūrėjo Šviesa patenka į egoistinį norą, šis bemat paklūsta Šviesai ir yra pasiruošęs pavirsti altruizmu. (Ne kartą sakyta, kad Šviesa negali patekti į egoistinį norą, bet yra dvi Šviesos rūšys – Šviesa, ateinanti ištaisyti norų, ir Šviesa, nešanti malonumą. Šiuo atveju turime omenyje ištaisančiąją Šviesą.)

Taigi, Šviesai patekus į egoistinius norus, jie pasikeičia į priešingus. Taip net didžiausios mūsų nuodėmės virsta nuopelnais. Bet tai vyksta tik tada, jei prie Kūrėjo grįžtame iš meilės, kai visą Kūrėjo Šviesą galime priimti ne dėl savęs. Tik tada visi mūsų ankstesni veiksmai (norai) tampa indais, galinčiais priimti Šviesą.

Bet tokia būsena negalima anksčiau Galutinio ištaisymo. Iki tol galime gauti tik dalį Kūrėjo Šviesos ne dėl savęs, tačiau laikydamiesi viduriniosios linijos principo.

Yra keletas gavimo būdų: gaunant išmaldą, dovaną arba panaudojant jėgą (reikalaujant, kai manoma, kad priklauso). Gaudamas išmaldą žmogus gėdijasi, bet prašo būtinybės verčiamas. Dovanos neprašoma, ji duodama tam, kuris yra mylimas. Žmogus, kuris reikalauja, mano gaunantis ne išmaldą ar dovaną, bet turįs į tai teisę.

Pastarasis pojūtis būdingas teisuoliams, kurie reikalauja iš Kūrėjo, manydami, kad turi teisę į tai, kas jiems skirta dar kūrimo sumanyme. Todėl ir pasakyta: „Teisuoliai ima jėga."

Abraomas (dešinioji linija, tikėjimas aukščiau proto) buvo pasiruošęs paaukoti Izaoką (kairiąją liniją, protą ir savo dvasinės būklės kontrolę), kad nuolatos eitų pirmyn vien dešiniąja linija. Taip jis pasiekė viduriniąją liniją, kuri apima abi.

Paprastas tikėjimas – tai nekontroliuojamas tikėjimas, įprastai vadinamas „tikėjimu žemiau proto". Protu tikrinamas tikėjimas vadinamas „tikėjimu proto rėmuose". Tačiau „tikėjimas aukščiau proto" yra įmanomas tik išanalizavus savo būseną.

Tad jeigu matydami, kad nieko nepasiekėme, vis dėlto pirmenybę teikiame tikėjimui, tarsi viskas jau būtų atlikta, ir laikomės tokio tikėjimo iki kritiškiausios būsenos, – tai vadinama „tikėjimu aukščiau žinojimo", nes visiškai nepaisome savo proto. Tik tada nusipelnome viduriniosios linijos.

Yra trys dvasinio elgesio linijos – dešinė, kairė ir šių dviejų kombinacija – vidurinioji linija. Bet jei žmogus naudoja tik vieną liniją, ji negali būti laikoma nei dešine, nei kaire, nes tik esant dviem priešingoms linijoms atsiskleidžia, kuri jų yra kuri.

Taip pat yra ir tiesiog tiesi linija, vadinama tobulumo būsena, kuria keliauja visi tikintieji. Tai vienas kelias, pagal kurio įstatymus žmogus yra auklėjamas ir kuriuo eina visą gyvenimą. Kiekvienas, einantis šiuo keliu, pagal savo skaičiavimus tiksliai žino, kiek pastangų jam reikia, kad jaustųsi įvykdęs visus įsipareigojimus. Todėl šios pastangos kiekvienam teikia malonumą. Negana to, šiame kelyje žmogus jaučia, kad kiekviena praėjusi diena prideda papildomų nuopelnų ir lengvatų, nes buvo įvykdyta dar keletas priesakų. Ši elgesio linija vadinama „tiesiąja linija". Tie, kurie eina šiuo keliu nuo pat jaunystės, negali nuo jo nukrypti, nes nuo vaikystės yra išmokyti elgtis be savikontrolės ir savikritikos. Todėl jie keliauja tiesiai visą gyvenimą ir su kiekviena diena didina savo nuopelnus.

Žmogus, einantis dešiniąja linija, turi elgtis taip pat kaip ir tie, kurie eina tiesiąja. Skirtumas tik toks, kad tas, kuris eina tiesiąja linija, savikritiškai nevertina savo dvasinės būklės.

Tiems, kurie eina dešiniąja linija, reikia didžiulių pastangų žengiant kiekvieną žingsnį, nes kairioji linija neutralizuoja dešiniąją, žadindama dvasinį alkį, ir todėl nesuteikia pasitenkinimo pasiekta dvasine būsena.

Eidami tiesiąja linija savo dvasinės būsenos kritiškai nevertiname, bet nuolatos prie savo ankstesnių nuopelnų pridedame naujų, nes turime solidų pagrindą, kuriuo galime remtis. Tuo tarpu kairioji linija visus ankstesnius nuopelnus ištrina.

Tikėjimas – vienintelė egoizmo priešybė

Svarbiausia malonumo patyrimo prielaida – malonumo troškimas. Kabala tai vadina „indu". Šio indo dydį lemia tai, kokiu laipsniu jaučiamas malonumo stygius. Todėl, kai tą patį malonumą patiria du atskiri indai-žmonės, vienas gali jaustis juo absoliučiai pasisotinęs, o kitas jausti, kad nieko neturi, ir todėl labai liūdėti.

Todėl kiekvienas žmogus turi stengtis gyventi šią akimirką, naudodamasis žiniomis iš praeitų būsenų; vadovaudamiesi tikėjimo aukščiau žinojimo principu dabartyje nejaučiame jokio ateities poreikio.

Pasiekusiems dvasinį lygmenį *Erec Israel* („Izraelio žemė"), kaip apdovanojimas už tai atsiskleidžia Kūrėjas. Norėdamas pasiekti šį lygmenį žmogus privalo atsiskirti nuo trijų netyrų jėgų (kas atitinka dvasinį savo egoizmo apipjaustymą) ir laisva valia prisiimti apribojimo sąlygą (*cimcum*), kad egoizmas negautų Šviesos.

Kai kabaloje sakoma „draudžiama", iš tiesų tai reiškia – neįmanoma, nors to ir norima. Tačiau tikslas – nenorėti. Pavyzdžiui, jeigu žmogus dirba kokiame nors darbe valandą per dieną ir nepažįsta kitų darbuotojų, kuriems jau buvo atlyginta už darbą, jis nerimauja, ar jam bus užmokėta, bet nerimauja žymiai mažiau nei tas, kuris dirba 10 valandų per dieną. Pastarojo tikėjimas šeimininku turi būti žymiai didesnis ir jis stipriau kenčia nematydamas, kaip kiti gauna savo atlygį. O jeigu žmogus nori dirbti dieną ir naktį, tai jis šeimininko ir atlyginimo paslėptį jaučia dar labiau, nes turi dar didesnį poreikį žinoti, ar gaus pažadėtą atlygį.

Tačiau tie, kurie vadovaujasi tikėjimo aukščiau žinojimo principu, išvysto savyje didžiulį Kūrėjo atsiskleidimo poreikį ir atitinkamai gebėjimą pasipriešinti šiam atsiskleidimui. Tada Kūrėjas atveria prieš juos visą pasaulių sistemą.

Vienintelė galimybė išvengti egoistinių norų naudojimo – eiti tikėjimo keliu.

Tiktai tada, jeigu gavę stiprius jausmus ir pažinimą atsisakome matyti ir žinoti, bijodami netekti galimybės dirbti altruistiškai, galėsime pradėti priimti jų tiek, kiek tai netrukdo ir toliau eiti tikėjimo keliu.

Taigi matome, kad darbo ne dėl savęs esmė susijusi su būtinybe išeiti už ribotų egoistinių galimybių patirti malonumą, siekiant įgyti niekuo neribojamas galimybes patirti malonumus už siaurų kūno ribų. Toks dvasinis jutimo organas vadinamas „tikėjimu aukščiau žinojimo".

Tie, kurie pasiekia tokį dvasinio išsivystymo lygį, kai yra pajėgūs atlikti darbą be jokio atlygio egoizmui, savo savybėmis prilygsta Kūrėjui (o tai reiškia suartėjimą su Juo, nes dvasiniuose pasauliuose tik savybių skirtumas skiria objektus, o vietos ir atstumo sąvokos neegzistuoja). Tada jaučiamas ir begalinis malonumas, kurio neriboja gėdos jausmas, neišvengiamas gaunant išmaldą.

Kai žmogus suvokia, kad egzistuoja visa apimantis, nematomas Aukščiausiasis Protas, kuris užpildo visą visatą ir viską valdo, tai jam suteikia tikrą atramos ir pasitikėjimo jausmą. Todėl tikėjimas yra vienintelis pasipriešinimas egoizmui.

Žmogaus prigimtis tokia, kad jis turi jėgų daryti tik tai, ką suvokia ir jaučia. Tai vadinama „tikėjimu proto rėmuose". Tikėjimu vadinama aukštesnioji, antgamtinė jėga, kuri suteikia galimybę veikti net tuo atveju, kai dar nejaučiame ir nesuprantame visų savo veiksmų esmės. Taigi tikėjimas yra jėga, kuri nepriklauso nuo mūsų asmeninio intereso, egoizmo.

Pasakyta, kad toje vietoje, kur stovi tas, kuris nori sugrįžti ir priartėti prie Kūrėjo (*baal čuva*), negali stovėti absoliutus teisuolis. Kai žmogus taiso naują norą, jis laikomas absoliučiu teisuoliu. Kai jis nepajėgia taisytis, vadinamas „nusidėjėliu". Bet jeigu įveikia save, tai vadinamas „sugrįžtančiuoju". O kadangi visas mūsų kelias tik ir veda kūrimo tikslo link, tai kiekviena nauja būsena yra aukštesnė už buvusią. Ir todėl nauja „sugrįžtančiojo" būsena yra aukštesnė už buvusią „teisuolio" būseną.

Kūrėją mes suvokiame kaip malonumą teikiančią Šviesą.

Priklausomai nuo mūsų altruistinio indo (dvasinės Šviesos jautimo organo) savybių ir tyrumo laipsnio, Kūrėjo Šviesą suvokiame skirtingai. Todėl, nors Šviesa viena, bet priklausomai nuo mūsų suvokimo ir jos poveikio mums vadiname ją skirtingais vardais.

Šviesa, kuri taiso

Yra dvi Kūrėjo Šviesos rūšys: išminties, proto bei žinojimo Šviesa (vadinama *Or Chochma*) ir gailestingumo, pasitikėjimo bei vienybės Šviesa (vadinama *Or Chasadim*). Savo ruožtu *Or Chochma* pagal poveikį žmogui skirstoma į dvi rūšis.

Iš pradžių, kai Šviesa ateina, atrandame savo pačių blogį. Po to, kai suvokiame savo blogį ir suprantame, kad neturėtume naudotis savo egoizmu, ta pati Šviesa tiems patiems egoistiniams norams suteikia jėgų, kad galėtume jais naudotis (patirti malonumą), bet ne dėl savęs. Galiausiai, kai jau gauname jėgų įveikti savo egoizmą, ši Šviesa suteikia galimybę ištaisytiems, buvusiems egoistiniams, norams mėgautis altruizmu.

Kita vertus, *Or Chasadim* suteikia mums norą „duoti", užuot „ėmus" malonumą. Todėl iš 320 neištaisytų sielos norų (žmogus palaipsniui juos patiria dvasiškai kildamas, kaip kad palaipsniui suvokia visą savo blogio gylį ir krūpteli supratęs, kas jis toks), veikiant *Or Chochma*, atsiskiria 32 *Malchut* dalys – norai gauti malonumą sau, nes suvokiame, kad egoizmas yra pikčiausias mūsų priešas.

Likusieji 288 norai nėra nei egoistiniai, nei altruistiniai, nes tai tiesiog pojūčiai (tokie kaip klausos, regėjimo ir pan.), kuriais galima naudotis kaip patinka priklausomai nuo pasirinkimo: arba dėl savęs, arba dėl kitų. Veikiant *Or Chasadim*, žmogui atsiranda noras altruistiškai dirbti su visais 288 pojūčiais. Tai vyksta po to, kai *Or Chochma* pakeičia 32 egoistinius norus į 32 altruistinius.

Ištaisymas veikiant Šviesai (arba *Torai*, kas yra tas pats, nes *Tora* ir yra Aukščiausioji Kūrėjo Šviesa) vyksta nejaučiant iš jos gaunamo malonumo. Žmogus jaučia tik savo egoizmo ir didingos Šviesos savybių skirtumą. Vien šito pakanka, kad jis panorėtų ištrūkti iš kūniškų norų. Todėl pasakyta: „Aš daviau jums egoistinius polinkius ir sukūriau *Torą* jiems ištaisyti."

Bet po to, ištaisęs savo norus, žmogus pradeda priimti Šviesą tam, kad suteiktų malonumą Kūrėjui. Ši Šviesa – taip pat žinoma kaip *Tora* – vadinama „Kūrėjo vardais", nes žmogus gauna į savo sielą dalį Kūrėjo ir pagal iš Šviesos patiriamą malonumą suteikia Kūrėjui vardus.

Patekti į dvasinį pasaulį galima tik tampant visiškai nesavanaudiškam (chafec chesed).

Tai minimali ir būtina sąlyga, kad jokie egoistiniai norai jau nebegalėtų mūsų suvilioti ir dėl to mums pakenkti, nes nenorime nieko sau patiems.

Jei neapsaugosime altruistinių polinkių *Or Chasadim* savybe, tai imdami jausti begalinį Aukščiausiosios Šviesos teikiamą malonumą būtinai panorėsime patenkinti patys save, ir tai mus pražudys – jau niekada nebegalėsime mesti egoizmo dėl altruizmo. Visas mūsų egzistavimas bus vaikymasis malonumų, kurie nepasiekiami mūsų egoistiniams norams.

Bet žmogui altruizmo siekį teikianti *Or Chasadim* negali šviesti į egoistinius norus. Egoistiniai norai maitinasi juose esančios Šviesos mikrodoze, kibirkštimi, kurią per prievartą įvedė Kūrėjas. Tai leidžia palaikyti mūsų gyvybę, nes negaudami jokio malonumo neišgyventume. Jeigu ši Aukščiausiosios Šviesos kibirkštis išnyktų, mes beregint pasidarytume sau galą, kad tik atitrūktume nuo egoizmo ir nuo neužpildyto noro patirti malonumą, atnešančio absoliučią tamsą ir neviltį.

Kodėl *Or Chasadim* negali patekti į egoizmą? Kaip buvo pasakyta anksčiau, pačioje Šviesoje nėra skirtumo – ar tai *Or Chochma*, ar *Or Chasadim*. Šį skirtumą nustato pats žmogus. Egoistinis noras gali pradėti mėgautis Šviesa, nepriklausomai nuo jos kilmės, t. y. gali pradėti mėgautis *Or Chasadim* dėl savęs. Tiktai jau paruoštas altruistiniams veiksmams noras gali priimti Šviesą, kad gautų altruizmo teikiamą malonumą, t. y. priimti Šviesą kaip *Or Chasadim*.

Žmogus patiria malonumą iš trijų rūšių pojūčių: praeities, dabarties ir ateities. Didžiausias malonumas patiriamas iš ateities, nes žmogus jau iš anksto, dabartyje, pirma laiko gardžiuojasi malonumu, taigi patiria malonumą dabartyje. Todėl išankstinis numatymas ir mąstymas apie nedorus veiksmus – blogiau nei patys veiksmai, nes tai ištempia malonumą ir ilgam užvaldo mintis.

Malonumas dabartyje paprastai trunka neilgai, nes mūsų norai – menki ir lengvai patenkinami.

Kita vertus, prie praėjusio malonumo žmogus gali nuolat grįžti mintimis ir mėgautis. Todėl prieš atliekant gerą veiksmą būtina apie jį daug galvoti ir ruoštis. Tai suteikia galimybę paragauti kiek įmanoma daugiau įvairių pojūčių, kad po to būtų galima sužadinti juos atmintyje ir taip atgaivinti savo dvasingumo troškimus.

Kadangi mūsų prigimties esmė – egoizmas, norime mėgautis gyvenimu. Bet jeigu iš Aukščiau į savo norus gauname mažą sielos sėklą, kuri pagal savo prigimtį nori ir mėgina maitintis antiegoistiniais malonumais, tada egoizmas nebegali teikti jėgų tokiems veiksmams. Tad toks gyvenimas daugiau nebeteikia jokio malonumo.

Taip yra todėl, kad siela neduoda mums ramybės, nuolat primindama, kad negyvename tikro, visaverčio gyvenimo, o tik egzistuojame. Dėl to gyvenimas pradeda atrodyti nepakeliamas, pilnas kančių, nes kad ir ką darytume, nepajėgiame patirti malonumo. Galiausiai mums niekas nebeteikia malonumo, nes siela neleidžia būti patenkintam. Tai tęsiasi iki tol, kol pats egoizmas nusprendžia, kad nėra kitos išeities, kaip tik *klausytis sielos balso* ir vykdyti jos nurodymus. Kitaip niekada neturėsime ramybės. Ir tai reiškia, kad „Kūrėjas norom nenorom sugrąžina mus prie Savęs".

Neįmanoma pajausti nė vieno, net menkiausio malonumo, jeigu prieš tai nepatiriame jo trūkumo. Šis trokštamo malonumo stygius apibrėžiamas kaip „kančia". Norint gauti Aukščiausiąją Šviesą, taip pat būtinas išankstinis noras. Todėl besimokydami ir atlikdami kitus veiksmus turime prašyti, kad pajustume Aukščiausiosios Šviesos poreikį.

„Nėra nieko kito, tik Jis" – visa, kas vyksta, yra Kūrėjo noras, ir visi kūriniai vykdo Jo valią. Vienintelis skirtumas, kad tik vienetai vykdo Jo valią savo noru. Kūrinio susiliejimo su jį Sukūrusiuoju patirtis įmanoma tada, kai sutampa jų norai.

„Palaiminimu" vadinamas gailestingumo Šviesos (*Or Chasadim*) išsiliejimas iš Aukščiau, ir tai įmanoma tik tada, kai atliekame altruistinius veiksmus. *Toroje* yra pasakyta: „Tavo tautos poreikiai dideli, bet išmintis menka." Poreikiai dideli būtent todėl, kad išmintis menka.

Rabis Jehudis Ašlagas sakė:

„Mūsų būseną galima palyginti su karaliaus sūnaus būsena. Sūnų tėvas apgyvendino rūmuose, pilnuose visokių lobių, bet nesuteikė šviesos, kad šis galėtų visa tai matyti. Ir štai sėdi sūnus tamsoje, ir trūksta jam tiktai šviesos, kad įgytų visą turtą. Jis netgi turi žvakę (Kūrėjas siunčia jam galimybę pradėti artėti Jo link), kaip pasakyta: „Žmogaus siela – Kūrėjo žvakė". Žmogus teturi uždegti ją savo noru."

„Nors pasakyta, kad kūrimo tikslas – nepažinus, tačiau yra didžiulis skirtumas tarp išminčiaus nesuvokimo ir neišmanėlio nežinojimo."

„Šaknų ir šakų dėsnis reiškia, kad žemesnysis turi pasiekti aukštesniojo lygmenį, bet aukštesnysis neprivalo būti panašus į žemesnįjį."

Visą mūsų darbą sudaro pasiruošimas priimti Šviesą. Kaip pasakė rabis Jehudis Ašlagas, „Svarbiausia – tai *kli-indas*, net jei indas be Šviesos negyvas kaip kūnas be sielos. Taigi turime iš anksto paruošti savo indą, kad gaudamas Šviesą jis dirbtų tinkamai. Tai galima palyginti su žmogaus pagaminta mašina, kurią varo elektra. Mašina neveiks, kol nebus prijungta prie elektros srovės, bet jos darbo rezultatas priklauso nuo to, kaip ji pati padaryta."

Dvasinio pasaulio dėsniai ir norai yra visiškai priešingi esantiems mūsų pasaulyje.

Kaip mūsų pasaulyje itin sunku elgtis priešingai žinojimui ir supratimui, taip dvasiniame pasaulyje itin sunku tobulėti vadovaujantis žinojimu.

IŠTAISYMO ETAPAI

Rabis Jehudis Ašlagas sakė: „Yra pasakyta, kad kai Šventykloje maldos metu visi stovėdavo, buvo labai ankšta, bet kai parpuldavo ant žemės – tapdavo erdvu." Stovėjimas simbolizuoja „didžiąją" *parcufo* būseną, Šviesos gavimą, o parpuolimas – „mažąją" būseną, Šviesos stygių. Esant mažajai būsenai buvo daugiau vietos ir daugiau laisvės pojūčio, nes būtent esant Kūrėjo paslėpčiai tie, kurie dvasiškai tobulėja, jaučia galimybę rinktis priešingai nei diktuoja protas, ir kaip tik tai yra džiaugsmo jų darbe šaltinis.

Rabis Jehudis Ašlagas mėgdavo pasakoti istoriją apie didį praeito amžiaus kabalistą iš Koretso miesto rabį Pinchasą, kuris neturėjo pinigų netgi tam, kad galėtų įsigyti ARI knygą „Gyvenimo medis". Jis buvo priverstas pusę metų mokyti vaikus, kad užsidirbtų pinigų šiam pirkiniui.

Nors gali atrodyti, kad mūsų kūnai tik trukdo mums dvasiškai kilti, bet mums taip tik atrodo, nes nesuprantame Kūrėjo jiems skirtų funkcijų. Kaip sakė rabis Jehudis Ašlagas, „Mūsų kūnas – kaip *ankeris* (laikrodžio dalis) – nors *ankeris* ir sustabdo laikrodį, tačiau be jo laikrodis neveiktų, neitų pirmyn." Kitą kartą rabis Ašlagas pasakė: „Pabūklo vamzdyje yra sraigtinis sriegis, apsunkinantis sviedinio išlėkimą, bet būtent dėl šio kliuvinio sviedinys lekia toliau ir daug tiksliau." Kabala tokią būseną vadina „*kišui*".

Rabis Jehudis Ašlagas sakė:

„Visi yra taip įpratę aiškinti *Torą* mūsų pasaulio sąvokomis, kad net tiesioginį *Toros* raginimą „saugoti savo sielas" vis tiek supranta kaip kalbantį apie kūno sveikatą."

„Žmogus dvasiniame pasaulyje yra pasiekęs tiek, kiek jaučia, kad jo egoistiniai norai ir yra netyroji jėga."

„Žemiausia dvasinė pakopa pasiekiama tada, kai dvasingumas tampa svarbesnis už materialius dalykus ir kai jam teikiama pirmenybė."

„Tik dėl vieno dalyko žmogus gali didžiuotis – dėl to, kad niekas nesugebės suteikti Kūrėjui didesnio malonumo nei jis."

„Apdovanojimas už priesakų laikymąsi – priesakus Duodančiojo pažinimas."

„Šio pasaulio rūpesčiai nejaudina dvasiškai augančio žmogaus, lygiai kaip sunkiai sergantis žmogus nesirūpina užmokesčiu, o tik tuo, kaip išgyventi."

„Dvasiniame, kaip ir mūsų fiziniame pasaulyje, jeigu kas nors mums nutinka dėl nuo mūsų nepriklausančių aplinkybių, tai mūsų neišgelbės. Pavyzdžiui, jeigu kas nors netyčia įkris į bedugnę, argi išgelbės jį nuo mirties ta aplinkybė, kad įkrito to nenorėdamas. Tas pats ir dvasiniame pasaulyje."

Kai rabis Jehudis Ašlagas susirgo, jam pakvietė gydytoją. Šis patarė ramiai ilsėtis, sakydamas, kad būtina nuraminti nervus ir jei jau studijuoti, tai ką nors paprasto, pavyzdžiui, Psalmes. Gydytojui išėjus rabis Jehudis pasakė: „Panašu, kad gydytojas mano, jog Psalmes įmanoma skaityti paviršutiniškai, neieškant gilesnės prasmės."

Rabis Jehudis Ašlagas sakė: „Nėra tarpinės vietos tarp to, kas dvasinga, tyra, altruistiška, – „davimo", ir to, kas materialu, egoistiška, netyra, – „gavimo". Jei žmogus kiekvieną akimirksnį nėra susijęs su dvasiniu pasauliu, tai jis ne tik jį užmiršta, bet ir yra netyros, materialios būsenos."

Knygoje „Kuzari" pasakojama, kad kai karalius Kuzari rinko savo tautai tikėjimą, kreipėsi į krikščionį, musulmoną ir galiausiai į judėją. Išklausęs judėjo, pasakė, kad krikščionis ir musulmonas žada jam amžiną rojaus gyvenimą ir gausų atlygį pomirtiniame pasaulyje, o judėjas kalba apie atlygį už priesakų laikymąsi arba bausmes už jų nesilaikymą šiame pasaulyje. Bet karaliui atrodė, kad svarbiau tai, ką žmogus gaus būsimajame gyvenime, po mirties, negu tai, kaip jis nugyvens savo metus šiame pasaulyje. Į tai judėjas atsakė, kad tie, kurie kalba apie atlygį kitame pasaulyje, taip nori atitolinti netiesą ir tokiais žodžiais paslėpti melą bei tikrą prasmę. Kaip paaiškino rabis Jehudis Ašlagas, remdamasis AGRA (Vilniaus Gaono) žodžiais, judėjo atsakymas reiškia, kad visą dvasingumą, visą būsimąjį pasaulį žmogus turi pajausti dar šiame pasaulyje.

Tai *Tora* žada mums kaip atlygį. Visus *Toros* apdovanojimus žmogus turi gauti šiame pasaulyje, kaip tik kol gyvena kūne, ir pajausti viską visu savo kūnu.

Rabis Jehudis Ašlagas sakė: „Kai žmogus jaučia, kad netyros jėgos (egoistiniai norai) ima jį spausti, tai – jo dvasinio išsivadavimo pradžia."

Komentuodamas *Toros* žodžius „Viskas Dangaus rankose, išskyrus Dangaus baimę", Rabis Jehudis Ašlagas pasakė: „Atsiliepdamas į visus žmogaus prašymus Kūrėjas gali nuspręsti, duoti jam tai, ko prašo, ar neduoti. Tik prašant Dangaus baimės Kūrėjas nesprendžia, nes tai ne Jo rankose. Ir jeigu žmogus tikrai trokšta Dangaus baimės – būtinai ją gaus."

26
Ne dėl savęs

Gyvenimu laikoma būsena, kai norime patirti malonumą arba gaudami, arba duodami. Jeigu šis noras gauti malonumą išnyksta, tai tokia būsena vadinama sąmonės netektimi, apalpimu arba mirtimi.

Jeigu esame tokios būsenos, kai aiškiai matome ir jaučiame, kad daugiau nebegalime patirti jokio malonumo, pavyzdžiui, todėl, kad gėdijamės savo buvusių poelgių; jeigu kenčiame taip stipriai, kad tai neutralizuoja net ir tą nedidelį malonumą, kurį gaudavome iš šio gyvenimo, daugiau nebesijausime gyvenantys. Todėl per supančią aplinką, priešus, bankrotą ar nesėkmes darbe dvasiškai kylančiam žmogui duodami beviltiškumo, padėties be išeities, visiškos egzistavimo beprasmybės pojūčiai.

Tokiu atveju turime sutelkti visas jėgas, kad gautume malonumą iš to, jog atliekame Kūrėjo akyse gerus veiksmus ir taip Jam suteikiame džiaugsmo. Tokios mintys ir veiksmai teikia tokį didelį malonumą, kad gali neutralizuoti didžiausias kančias šiame pasaulyje.

Galbūt jau esame pajėgūs atlikti altruistinius poelgius. Kad ir ką darytume, visiškai atmetame bet kokią naudą sau, galvojame tik apie gėrį Tam, dėl kurio tai darome, t. y. apie Kūrėją. Tačiau jei dar negauname malonumo iš altruistinių savo veiksmų, tai vadinama grynu davimu. Pavyzdžiui, vykdydami priesakus tik dėl Kūrėjo, dėl to dar negauname kiekvieną priesaką atitinkančios Kūrėjo Šviesos (malonumo). Taip yra todėl, kad dar ne iki galo save ištaisėme.

Jeigu žmogus gautų malonumą iš neribojamos Kūrėjo Šviesos, jis rizikuotų pažadinti savo egoizmą, kuris užsigeistų bet kokia kaina gauti tokį malonumą, kad patenkintų save. Tokiu atveju žmogus nepajėgtų atsisakyti šio malonumo ir priimtų jį ne dėl to, kad patiktų Kūrėjui, o verčiamas už tai stipresnės jėgos gauti malonumą pačiam.

Kelim, kuriais žmogus atlieka altruistinius veiksmus, vadinami „davimo indais". Dvasinio objekto struktūra panaši į mūsų fizinio kūno struktūrą ir yra sudaryta iš 613 organų.

Apskritai dvasinių jėgų išsidėstymas atitinka fizinę mūsų kūno struktūrą.

Todėl 248 davimo indai yra išsidėstę viršutinėje dvasinio objekto dalyje ir atitinka pozityvius dvasinius veiksmus, kuriuos atlikti įpareigotas kiekvienas.

Tokius veiksmus atliekantis žmogus gauna Šviesą, vadinamą „malonės Šviesa" (*Or Chasadim*) arba „paslėpta malone" (*chasadim mechusim*). Išminties Šviesa (*Or Chochma*) yra paslėpta nuo gavėjo.

Jei žmogus turi stiprią valią, gali ištaisyti savo jausmus tiek, kad pajėgtų ne tik atlikinėti altruistinius veiksmus, bet ir gauti malonumą iš jų dėl Kūrėjo, t. y. gauti malonumą į buvusius egoistinius norus. Šis procesas vadinamas „gavimu dėl davimo". Tada toks žmogus gali gauti Šviesą, esančią kiekviename dvasiniame veiksme. (*Toros* priesakai yra dvasiniai veiksmai. Kadangi kiekvienas žmogus mūsų pasaulyje yra įpareigotas vykdyti šiuos priesakus nepriklausomai nuo jo dvasinio lygmens, jie yra būtina preliminari pakopa siekiant pagrindinio dvasinio tikslo – teikti malonumą Kūrėjui).

Pradinėje stadijoje, norėdami suvokti kūrimo tikslą, dirbame su savimi siekdami naudos sau (ne dėl Jo vardo), kadangi yra daug būdų pajausti malonumą, pavyzdžiui, valgant, žaidžiant, gaunant pagarbą, šlovę ir pan. Tačiau šie būdai leidžia patirti tik menkus ir greitai praeinančius malonumus. Tokie ketinimai vadinami „dėl savęs".

Žymiai didesnių malonumų galima pasiekti tikint Kūrėju, tuo, kad Jis yra Visagalis, Vienatinis, Valdantis viską pasaulyje, taip pat ir tai, kas atsitinka su kiekvienu mūsų, viską, nuo ko kiekvienas mūsų priklauso; tikint tuo, kad Jis pasirengęs padėti, girdėdamas mūsų maldas.

Tik po to, kai įveiksime parengiamąją šio darbo pakopą, gausime ypatingus, visai kitokius aukštesnės dvasinės būsenos pojūčius. Tada mums daugiau neberūpės gauti asmeninės naudos iš savo veiksmų. Priešingai, visos mūsų mintys ir išskaičiavimai bus skirti suvokti dvasinei tiesai. Mūsų mintys ir ketinimai bus nukreipti tik į tikrų kūrinijos dėsnių esmę, siekiant suvokti ir vykdyti tik Kūrėjo valią, ir tai savaime kils iš Jo didybės bei jėgos pojūčio.

Tada užmiršime savo buvusius ketinimus ir jausime, kad neturime nė mažiausio noro galvoti ir rūpintis savimi, kad visiškai pasiduodame visa persmelkiančio Aukščiausiojo Proto didybei ir visiškai nejaučiame nuosavo proto balso. Pagrindiniu mūsų rūpesčiu taps tai, kaip padaryti ką nors malonaus ir patinkančio Kūrėjui. Tokia būsena vadinama „ne dėl savęs".

Tikėjimo priežastis ta, kad nėra didesnio malonumo, nei pajausti Kūrėją ir būti Jo pripildytam. Bet tam, kad įstengtume gauti šį malonumą nesavanaudiškai, mums reikia, kad Kūrėjas būtų pasislėpęs. Paslėpties būsena suteikia mums galimybę vykdyti priesakus, negaunant už tai jokių malonumų. Tokie veiksmai vadinami „ne dėl atlygio".

Kai pasiekiame tokią būseną ir sukuriame tokį dvasinį indą, mums beregint atsiveria akys ir visa savo esybe imame jausti bei matyti Kūrėją. O tai, kas anksčiau skatino dirbti ir tikino, kad darbas Kūrėjui naudingas dėl naudos sau, – dingsta ir dabar netgi prilygsta mirčiai, nes kartą jau buvome susijungę su gyvenimu ir to pasiekėme tikėjimu.

Bet jeigu, būdami jau ištaisytos būsenos, vėl pradedame dirbti siekdami įgyti tikėjimą aukščiau proto, tada atgauname savo sielas, Kūrėjo Šviesą.

Pasiekti „*lišma*"

Nors kabaloje naudojami pavadinimai paimti iš mūsų pasaulio, jie įvardija visiškai nepanašius dvasinio pasaulio objektus ir veiksmus, nesusijusius su esančiais šiame pasaulyje. Taip yra nepaisant to, kad dvasiniai objektai yra šio pasaulio objektų tiesioginės šaknys. Iš tokios šaknies ir jos pasekmės, matomos mūsų pasaulyje, skirtingumo ir neatitikimo galima dar kartą įžvelgti, kaip dvasiniai objektai nutolę nuo mūsų egoistinių sampratų.

Dvasiniame pasaulyje vardas reiškia tam tikrą Kūrėjo Šviesos atskleidimą žmogui per veiksmą, vadinamą tam tikru vardu. Kaip ir mūsų pasaulyje, kur bet koks žodis atskleidžia ne patį daiktą, bet tik tai, kaip mes jį suvokiame. Pats reiškinys arba objektas yra už mūsų suvokimo ribų. Tai daiktas savyje, kuris visiškai mums nesuvokiamas. Be jokios abejonės, jis turi visai kitą pavidalą ir savybes nei tos, kurias galime atskleisti savo sukurtais prietaisais arba pojūčiais. Tai patvirtina kad ir toks pavyzdys, jog mūsų regimas objekto vaizdas visiškai nepanašus į vaizdą, gaunamą panaudojus rentgeno spindulius arba šiluminius dažnius.

Šiaip ar taip, objektas ir jo suvokimas yra skirtingi dalykai.

Objekto suvokimą lemia jį suvokiančio asmens savybės. Taigi paties objekto (jo tikrųjų savybių) ir to, kuris jį suvokia (suvokiančiojo), savybių derinys sukuria trečią formą: suvokiančiojo suformuotą objekto vaizdą. Jį sudaro bendros paties objekto ir jį suvokiančio asmens savybės.

Darbo su dvasine Šviesa procese yra dvi skirtingos žmogaus, norinčio gauti ir gaunančio Šviesą, būsenos: žmogaus pojūčiai ir savybės iki ir po Šviesos gavimo.

Pati Šviesa, užpildanti žmogaus indą-norą, taip pat yra dviejų būsenų: pirmoji būsena iki Šviesos kontakto su žmogaus jausmais bei norais, ir antroji būsena po kontakto su tuo, kuris Ją jaučia. Pirmosios būsenos Šviesa vadinama paprastąja, nes nesusijusi su suvokiančiojo savybėmis. O kadangi visi objektai, išskyrus Kūrėjo Šviesą, trokšta gauti ir patirti malonumą iš Šviesos, tai neturime jokios galimybės suvokti, ištirti, pajausti ar bent įsivaizduoti, ką reiškia pati Šviesa mūsų išorėje.

Todėl jeigu Kūrėją vadiname stipriu, tai būtent dėl to, kad tą akimirką jaučiame (tas, kas išties jaučia!) Jo jėgą. Bet nepajutus jokios Kūrėjo savybės, neįmanoma niekaip Jo pavadinti, juk net žodis „Kūrėjas" byloja apie tai, kad žmogus suvokė šią ypatingą Šviesos savybę. O jeigu žmogus taria Kūrėjo vardus (t. y. vardija Jo savybes), nesuvokdamas jų savo pojūčiais, jis bando suteikti vardus paprastajai Šviesai, dar nejausdamas jų prasmės. Ir tai lygu melui, nes paprastoji Šviesa vardo neturi.

Tie, kurie nori pakilti dvasiškai, turi vengti pašalinės įtakos ir saugoti savo kol kas netvirtus įsitikinimus, kol patys iš Aukščiau negaus būtinų suvokimų, kurie juos palaikys. Labiausiai saugotis ir laikytis atstumo reikia ne nuo tų žmonių, kuriems *Tora* tolima, nes jie gali būti tik abejingi arba kategoriški neigėjai, taigi tolimi dvasiškai tobulėjančio asmens būsenai. Saugotis reikia kaip tik tų žmonių, kurie neva artimi *Torai* ir netgi kabalai.

Pradedantysis neturi jaudintis dėl žmonių, tolimų *Torai*, įtakos, nes akivaizdu, kad jis nieko negali iš jų išmokti ir todėl jie nekelia dvasinio pavergimo grėsmės.

Mūsų egoizmas leidžia mums judėti tik tada, kai jaučia baimę.

Taigi jis stumia mus bet kokiems veiksmams, kad tik neutralizuotų šį jausmą. Todėl jeigu žmogus galėtų pajausti baimę prieš Kūrėją, jam atsirastų jėgų ir noro dirbti.

Yra dvi baimės rūšys: baimė pažeisti priesakus ir Kūrėjo baimė. Pirmoji baimė apsaugo žmogų nuo nuodėmės, nes antraip jis nusidėtų. Bet jeigu žmogus jau nebebijo nusidėti, nes visi jo veiksmai tik dėl Kūrėjo, jis vis tiek vykdys visus priesakus – ne iš baimės, o todėl, kad tokia Kūrėjo valia.

Baimė nusižengti (nusidėti) yra egoistinė baimė, nes bijomasi pakenkti sau. Kūrėjo baimė vadinama altruistine baime, nes bijomasi neįvykdyti to, kas džiugina Kūrėją, – iš meilės jausmo. Bet nepaisant didžiulio žmogaus noro įvykdyti viską, kas patinka Kūrėjui, vis tiek labai sunku laikytis Kūrėjo priesakų (veiksmų, kurių nori Kūrėjas), nes jis nemato to būtinybės.

Baimė, kylanti iš meilės jausmo, turi būti stipresnė nei egoistinė baimė. Pavyzdžiui, žmogus bijo, kad jeigu jį pamatys nusikaltimo padarymo arba paprasčiausiai nusižengimo metu, jis patirs kančias ir gėdą. Panašiai ir kabalistas palaipsniui auginasi baimės jausmą, kad nepakankamai daro dėl Kūrėjo. Ir šis jausmas toks pastovus ir toks stiprus kaip egoisto baimė būti nubaustam už didelius ir akivaizdžius nusikaltimus.

„Žmogus mokosi tik to, ko nori išmokti." („Žmogus mokosi tik toje vietoje, kur jo širdies troškimai.") Todėl aišku, kad jis niekada neišmoks laikytis jokių taisyklių ir normų, jeigu to nenori. Bet kas gi nori klausytis moralų, juolab kad dažniausiai niekas nejaučia savo trūkumų? Kaipgi tada kas nors, net ir tas, kuris nori išsitaisyti, gali pasiekti šį tikslą?

Žmogus yra sukurtas toks, kad nori tik vieno – suteikti malonumą sau. Todėl visa tai, ko mokosi, mokosi tik tam, kad surastų būdus, kaip patenkinti savo norus, ir nepradės mokytis to, kas nesusiję su malonumo sau teikimu, nes tokia mūsų prigimtis.

Todėl tam, kad norintieji priartėti prie Kūrėjo galėtų išmokti, kaip veikti „dėl Kūrėjo", jie turi prašyti Jo padovanoti naujas širdis, pakeičiant egoizmą altruistiniais norais. Jeigu Kūrėjas išpildys šį prašymą, tada, kad ir ko mokysis, jie ras būdų suteikti malonumą Kūrėjui.

Tačiau mes niekada nesuvoksime to, kas priešinga mūsų širdies norui, nesvarbu, egoistiniam ar altruistiniam, ir niekada nepasijusime įpareigoti atlikti tai, kas neteikia pasitenkinimo širdžiai. Bet vos tik Kūrėjas pakeis egoistinę širdį į altruistinę, mes tuoj pat pajausime pareigą ištaisyti save pasinaudodami naujai įgytomis galimybėmis ir atrasime, kad nėra šiame pasaulyje nieko svarbesnio kaip teikti džiaugsmą Kūrėjui.

O tai, ką matėme kaip savo trūkumus, virs pranašumais, nes ištaisydami juos teikiame džiaugsmą Kūrėjui. Bet tie, kurie dar negali savęs ištaisyti, savo trūkumų niekada nepamatys, nes jie mums atskleidžiami tik tiek, kiek esame pajėgūs save ištaisyti.

Visi žmogaus veiksmai, siekiant patenkinti asmeninius poreikius, ir visas jo darbas „dėl savęs" pradingsta, vos jis pasitraukia iš šio pasaulio. Ir viskas, kuo taip rūpinosi ir dėl ko kentėjo, – išnyksta per vieną akimirksnį.

Todėl jeigu pajėgiame įvertinti, ar verta dirbti šiame pasaulyje ir prarasti viską paskutinį gyvenimo akimirksnį, tai galime padaryti išvadą, kad verčiau dirbti „dėl Kūrėjo". Toks sprendimas privers mus suvokti, kad būtina prašyti Kūrėjo pagalbos, ypač jeigu tikėdamiesi asmeninės naudos daug triūsėme vykdydami priesakus.

To, kuris nedaug tenuveikė šioje srityje, ir noras pakeisti savo veiksmus į veiksmus „dėl Kūrėjo" mažesnis, kadangi šis žmogus nejaučia tokio didelio pralaimėjimo, juk darbas keičiant save reikalauja didžiulių pastangų.

Todėl žmogus turi stengtis visais įmanomais būdais didinti savo pastangas dirbdamas „ne dėl Kūrėjo" (*lo lišma*), nes vėliau tai paskatins jo norą grįžti pas Kūrėją ir dirbti „dėl Jo" (*lišma*).

27
Mūsų prigimties perkeitimas

Visus savo pojūčius gauname iš Aukščiau. Tad jeigu jaučiame siekį, meilę, Kūrėjo trauką, tai galime būti tikri, kad ir Kūrėjas jaučia mums tuos pačius jausmus (pagal dėsnį „žmogus – tai Kūrėjo šešėlis"). Taigi, ką žmogus jaučia Kūrėjui, atitinka tai, ką Kūrėjas jaučia žmogui, ir atvirkščiai.

Po dvasinio Adomo nuodėmės nulemto nuopuolio (kuris simbolizuoja dvasinį bendros sielos nusileidimą iš *Acilut* pasaulio iki lygmens, vadinamo „šiuo pasauliu", arba „mūsų pasauliu") jo siela pasidalijo į 600 000 dalių. Šios dalys įsivelka į mūsų pasaulyje gimstančių žmonių kūnus. Kiekviena bendrosios sielos dalis įsikūnija į žmogaus kūną tiek kartų, kiek jai reikia, kad visiškai išsitaisytų. Kai visos atskiros dalys pabaigs individualius išsitaisymo procesus, jos vėl įsilies į bendrą ištaisytą sielą, vadinamą „Adomu".

Kartų kaitoje yra priežastis, vadinama „tėvais", ir jos pasekmė – „vaikai". „Vaikų" pasirodymo priežastis – pratęsti ištaisymą to, ko neištaisė tėvai, t. y. sielos ankstesniame įsikūnijime.

Kūrėjas artina mus prie Savęs ne dėl gerų mūsų savybių, o dėl to, kad pajuntame savo menkumą ir norą išsivalyti savo „purvą". Jei dvasinis įkvėpimas mums teikia malonumą, tai mums pamažu ima atrodyti, kad dėl tokių pojūčių verta tarnauti Kūrėjui. Todėl Kūrėjas paprastai neduoda žmogui patirti malonumo, kad atsiskleistų, kodėl jis ieško dvasinio įkvėpimo: ar nori tarnauti Kūrėjui, kad tai darydamas patirtų asmeninį malonumą, ar dėl tikėjimo Kūrėjui? Taip žmogui suteikiama galimybė veikti dėl kitokio tikslo nei malonumas.

Malonumo pašalinimas iš bet kokios dvasinės būsenos beregint įstumia žmogų į depresijos ir nevilties būseną, kuriai esant nėra jokio noro dirbti dvasinį darbą. Tačiau kaip tik iš šios būsenos žmogui atsiranda tikra galimybė priartėti prie Kūrėjo, tikėjimui teikiant pirmenybę prieš žinojimą (jautimą). Nevilties pojūtis padeda suvokti, kad šiuo metu jo jaučiamas dvasingumo patrauklumo stygius yra tik subjektyvus pojūtis, o iš tikrųjų nėra nieko didingesnio už Kūrėją.

Iš viso to matyti, jog Kūrėjas tikslingai paruošia dvasinį kritimą, kad kuo greičiau pakeltų mus į dar aukštesnį dvasinį lygmenį.

Tai yra ir galimybė sustiprinti mūsų tikėjimą. Kaip sakoma, „Kūrėjas vaistus sukuria dar prieš ligą" ir „Kuo Kūrėjas muša, tuo pačiu ir gydo".

Ir nors kiekvienas mėginimas atimti mūsų gyvybines jėgas ir suinteresuotumą iš pagrindų mus sukrečia, jeigu išties norime dvasiškai kilti, džiaugsimės galimybe iškelti tikėjimą aukščiau žinojimo. Tai darydami patvirtinsime savo norą išsivaduoti nuo asmeninių malonumų.

Žmogus paprastai yra susitelkęs tiktai į save, į savo pojūčius ir mintis, į savo kentėjimus arba malonumus. Bet jeigu siekiame dvasinio suvokimo, turime mėginti savo interesų centrą tarsi perkelti išorėn, į Kūrėjo užpildytą erdvę taip, kad visą dėmesį skirtume Kūrėjo buvimui ir norams.

Visa tai, kas vyksta, turime susieti su Kūrėjo sumanymu, perkelti visą save į Jį, kad vien kūno apvalkalas liktų savo fiziniuose rėmuose. Tačiau vidiniai pojūčiai, žmogaus esmė, jo „aš", visa, kas vadinama siela, turi persikelti iš kūno į „išorę". Tik tada nuolat jausime visą pasaulį persmelkiančią gerąją jėgą. Toks jautimas panašus į tikėjimą aukščiau žinojimo, nes mėginame perkelti visus savo pojūčius iš vidaus į išorę, už savo kūno ribų.

Pasiekę tikėjimą Kūrėju turime išlaikyti šią būseną, nepaisydami Kūrėjo siunčiamų kliūčių, stiprinti savo tikėjimą ir palaipsniui pradėti gauti Kūrėjo Šviesą į tikėjimu sukurtą indą.

Visa kūrinija pastatyta ant dviejų priešingų jėgų tarpusavio sąveikos – egoizmo, noro patirti malonumą, ir altruizmo, noro suteikti malonumą. Laipsniško išsitaisymo kelias yra egoistinių norų keitimas į priešingus norus, ir kuriamas jis derinant abi jėgas. Palaipsniui nedidelės egoistinių norų dalys įsijungia į altruistinius norus ir taip ištaisomos.

Toks savo prigimties pertvarkymo metodas vadinamas „darbu trijose linijose". Dešinioji linija vadinama „balta linija", nes joje nėra jokių trūkumų ar defektų.

Kai įvaldome dešiniąją liniją, tada galime priimti didžiąją dalį kairiosios linijos, vadinamos „raudonąja linija", kurioje esti mūsų egoizmas. Yra draudžiama naudoti egoizmą dvasiniuose veiksmuose, nes taip galima pakliūti į jo įtaką. Netyrosios jėgos-norai siekia gauti Išminties Šviesą (*Or Chochma*) dėl savęs, nori pajausti Kūrėją ir mėgautis šiuo jautimu, kad patenkintų savo egoistinius norus.

Jeigu teikdami pirmenybę tikėjimui, o ne protui (siekdami suvokti ne iš savo egoistinių paskatų), atsisakome galimybės suvokti Kūrėją, Jo veiksmus, valdymą, atsisakome mėgautis Jo Šviesa, jei pasirenkame verčiau eiti aukščiau savo natūralių siekių viską sužinoti ir pajausti, žinoti iš anksto, kokį apdovanojimą gausime už savo veiksmus, tai draudimas naudotis kairiąja linija mūsų daugiau nebevaržo.

Toks pasirinkimas vadinamas „šešėlio sukūrimu", nes taip patys save atribojame nuo Kūrėjo Šviesos. Tokiu atveju turime galimybę paimti nedidelę savo kairiųjų norų dalį ir sujungti juos su dešiniaisiais. Gautas jėgų ir norų derinys vadinamas „viduriniąja linija". Būtent joje Save atskleidžia Kūrėjas. O po to visas šis procesas pasikartoja aukštesnėje dvasinėje pakopoje, ir taip iki kelio pabaigos.

Skirtumas tarp samdomo darbininko ir vergo yra tas, kad samdinys darbo metu galvoja apie atlygį, žino jo dydį, ir tai yra jo darbo tikslas. Vergas negauna jokio atlygio, o tik tai, kas būtina jo egzistavimui. Visa, ką turi, priklauso ne jam, bet jo šeimininkui. Todėl, jei vergas dirba uoliai, tai reiškia, kad nori įtikti savo šeimininkui, daryti tai, kas šiam malonu.

Mūsų tikslas išmokti žvelgti į savo dvasinį darbą panašiai kaip į savo darbą žvelgia atsidavęs ir absoliučiai neatlygintinai dirbantis vergas.

Mūsų dvasinės kelionės neturėtų veikti jokia bausmės baimė arba joks atlygio laukimas, o tik nesavanaudiškas noras atlikti tai, ko nori Kūrėjas. Be to, neturėtume net tikėtis galiausiai Jį pajausti, nes tai irgi yra atlygio forma. Turėtume vykdyti Jo valią, nenorėdami, kad Jis žinotų, jog padarėme tai dėl Jo, ir net patys negalvodami, kad tikrai padarėme ką nors ypatingo dėl Jo, t. y. nematydami net savo darbo rezultatų, o vien tikėdami, kad Kūrėjas yra mumis patenkintas.

Bet jeigu mūsų darbas iš tiesų turi būti toks, turėtume visiškai atsisakyti bausmės ir atlygio sąvokų. Kad tai suprastume, reikia išsiaiškinti, ką *Toroje* reiškia bausmė ir atlygis.

Atlygį gauname tada, kai dedame tam tikras pastangas, kad gautume tai, ko norime. Kaip šių pastangų rezultatą gauname arba randame tai, ko norime. Atlygiu negali būti tai, ko gausu mūsų pasaulyje ir kas prieinama visiems. Darbu vadinamos pastangos gauti tam tikrą atlygį, kurio be šių pastangų gauti negalėtume.

Pavyzdžiui, žmogus negali teigti, kad atliko darbą atrasdamas akmenį, jeigu aplinkui jį gausybė akmenų. Tokiu atveju nėra nei darbo, nei atlygio. Tačiau norint įsigyti mažytį brangakmenį, būtina itin pasistengti, nes jį labai sunku rasti. Tokiu atveju yra ir tikros pastangos, ir gautas atlygis.

28

Kūrėjo baimė

Kūrėjo Šviesa užpildo visą kūriniją. Nors mes tarsi skendime šioje Šviesoje, tačiau negalime jos pajausti. Malonumai, kuriuos jaučiame, yra tik be galo menkas švytėjimas, pasiekiantis mus dėl Kūrėjo gailestingumo; nes negaudami jokio malonumo nutrauktume savo egzistavimą.

Šį švytėjimą jaučiame kaip jėgą, traukiančią prie tų objektų, kuriais jis apsivelka. Patys objektai neturi jokios reikšmės, ką ir patys jaučiame, kai nustojame domėtis tuo, kas anksčiau mus taip traukė.

Kodėl gauname tik menką švytėjimą, o ne visą Kūrėjo Šviesą? Todėl, kad mūsų egoizmas veikia kaip barjeras. Ten, kur viešpatauja mūsų egoistiniai norai, negalime jausti Šviesos dėl savybių sutapimo, arba panašumo, dėsnio.

Du objektai gali jausti vienas kitą tik tiek, kiek jų norai ir savybės sutampa.

Net mūsų pasaulio lygmenyje matome, kad jeigu dviejų žmonių mąstymo ir norų lygmenys visiškai skiriasi, jie tiesiog negali suprasti vienas kito.

Todėl jeigu žmogus turėtų Kūrėjo savybes, jis tiesiog panirtų į begalinį malonumo ir absoliutaus žinojimo vandenyną. Bet jeigu Kūrėjas užpildo Savimi viską ir nereikia ieškoti Jo kaip brangaus daikto, tai akivaizdu, kad Jis negali tapti ir „atlygiu". Lygiai taip pat negalime Jo paieškos suvokti kaip darbo, nes Jis yra aplink mus ir mūsų viduje. Mes Jo dar nejaučiame, bet Jis yra mumyse, mūsų tikėjime. Tačiau ir Jį pajautę, ir gėrėdamiesi Juo, negalėtume sakyti, kad buvome apdovanoti. Juk jeigu nėra atlikto darbo ir gauto dalyko gausu visame pasaulyje, jis negali būti suvoktas kaip atlygis.

Taigi išlieka atviras klausimas, kas gi tada yra mūsų atlygis už pastangas pasipriešinti savo egoistinei prigimčiai?

Visų pirma turime suprasti, kodėl Kūrėjas sukūrė panašumo dėsnį. Dėl jo, nors Kūrėjas ir užpildo visą pasaulį, esame nepajėgūs Jo pajausti, nes Jis slepia Save nuo mūsų.

Atsakymas į klausimą, koks gi yra mūsų atlygis už priešinimąsi savo egoizmui, toks: Kūrėjas sukūrė panašumo dėsnį, kuriam veikiant jaučiame tik mūsų dvasinį lygmenį atitinkančius objektus. Taip esame apsaugoti, kad nepatirtume paties siaubingiausio jausmo, kurį sukeltų mūsų egoizmas (sudarantis kūrinių prigimtį), kai gautume iš Kūrėjo malonumą, – nes kartu su malonumu patirtume gėdą ir pažeminimą. Egoizmas nepajėgus ištverti šių jausmų.

Jeigu mes jokiais būdais nepajėgiame pateisinti savo blogų poelgių nei prieš save, nei prieš kitus, jei nepajėgiame rasti išorinių priežasčių, tariamai privertusių prieš mūsų norą padaryti blogą darbą, tada teikiame pirmenybę bet kokiai kitai bausmei, tik ne mūsų „aš" pažeminimo jausmui, nes šis „aš" yra mūsų esybės pagrindas. Patyręs pažeminamą, „aš" dvasiškai išnyksta, ir taip mes patys tarsi išnykstame iš šio pasaulio.

Bet kai pasieksime tokį suvokimo lygį, kad mūsų vieninteliu noru taps siekis viską atiduoti Kūrėjui, ir kai nuolatos galvosime, ką dar galėtume padaryti dėl Jo, tada pamatysime, jog buvome sukurti tam, kad gautume malonumą iš Kūrėjo ir kad Jis nori tik to. Tada patirsime visus įmanomus malonumus, nes norėsime pildyti Kūrėjo valią.

Tokiu atveju gėdos jausmas yra visiškai neįmanomas, nes Kūrėjas parodo, jog nori mums suteikti malonumą ir nori, kad jį priimtume. Priimdami tai įvykdome Kūrėjo valią, o ne egoistinius savo norus. Taip savo savybėmis tampame panašūs į Kūrėją, ir egoizmo ekranas pradingsta. Visa tai įvyksta todėl, kad pasiekiame tokį dvasinį lygmenį, kuriame jau sugebame teikti malonumą, kaip ir Kūrėjas.

Iš to, kas pasakyta, galime daryti išvadą, kad mūsų atlygis už pastangas turėtų būti gautos naujos, altruistinės savybės – noras „duoti" ir siekis suteikti malonumą – atitinkančios Kūrėjo norus mūsų atžvilgiu. Ši dvasinė pakopa ir šios savybės vadinamos „Kūrėjo baime".

Dvasinė, altruistinė, baimė, kaip ir visos kitos antiegoistinės dvasinių objektų savybės, visiškai nepanašios į mūsų savybes ir pojūčius. „Kūrėjo baimė" yra baimė būti atstumtam nuo Kūrėjo. Ji kyla ne dėl savanaudiškų tikslų, ne iš baimės pasilikti savo egoizme ir ne iš baimės netapti panašiam į Kūrėją. Visi tokie išskaičiavimai grindžiami asmeniniais interesais, atsižvelgiant tik į savo būseną.

Kūrėjo baimės esmė yra nesavanaudiškas nuogąstavimas nepadaryti to, ką dar būtų galima padaryti dėl Kūrėjo. Tokia baimė jau pati savaime yra altruistinė dvasinio objekto savybė – priešinga mūsų egoistinei baimei, kad negalėsime patenkinti savo poreikių.

Pasiekti Kūrėjo baimės savybę turėtų būti mūsų pastangų priežastis ir tikslas.

Turėtume atiduoti visas savo jėgas šiam siekiui. Tada, padedant pasiektoms savybėms, galėsime dėl Kūrėjo priimti visus mums paruoštus malonumus. Tokia būsena vadinama „Galutiniu ištaisymu" (*Gmar tikun*).

Kūrėjo baimė turi būti pirmesnė už meilę Kūrėjui. Tam, kad galėtume įvykdyti reikalavimus iš meilės, kad pajaustume malonumą, glūdintį dvasiniuose veiksmuose, vadinamuose „priesakais", tam, kad šie malonumai pažadintų meilės jausmą (kaip ir mūsų pasaulyje – tą, kas teikia malonumą, mylime, ir neapkenčiame to, kas verčia kentėti), pirmiausiai turime įgyti Kūrėjo baimę.

Jeigu žmogus priesakų laikosi ne iš meilės ar malonumo, o iš baimės, tai reiškia, kad nejaučia juose paslėpto malonumo ir vykdo Kūrėjo valią bijodamas bausmės. Kūnas nesipriešina tokiam darbui, nes irgi bijo bausmės, tačiau nuolat klausinėja apie darbo priežastį. Tai suteikia mums pagrindo dar labiau didinti savo baimę ir tikėjimą bausme bei atlygiu, per kuriuos reiškiasi Kūrėjo valdymas, kol pradėsime nuolatos jausti Kūrėjo buvimą.

Pajautę Kūrėjo buvimą, t. y. įgiję tikėjimą Juo, galime pradėti vykdyti Kūrėjo norus jau iš meilės, jausdami skonį ir malonumą atliekant dvasinius veiksmus. O jeigu Kūrėjas iš karto suteiktų galimybę atlikti šiuos veiksmus be baimės, iš meilės jausmo, patiriant jų teikiamą malonumą, mes niekada neišsiugdytume tikėjimo Kūrėju. Tada būtume panašūs į žmones, kurie visą savo gyvenimą praleidžia vaikydamiesi žemiškų malonumų ir kuriems nereikia tikėjimo Kūrėju, kad galėtų paklusti savo prigimties įstatymams, nes pati jų prigimtis verčia juos tai atlikti, žadėdama malonumų atlygį.

Todėl jeigu kabalistas malonumą laikytis Kūrėjo priesakų pajaustų iš karto, tai vykdytų juos be pasirinkimo, ir visi kiti pultų vykdyti Kūrėjo valią – vien dėl to, kad gautų milžiniškus malonumus, slypinčius *Toroje*. Ir niekas niekada negalėtų priartėti prie Kūrėjo.

Todėl dvasiniuose įstatymuose ir *Toroje* glūdintis malonumas yra paslėptas. (*Tora* yra kiekviename dvasiniame įstatyme slypinčių malonumų suma, *Toros* Šviesa yra visų dvasinių įstatymų visuma.) Šie malonumai atsiskleidžia tik įgijus pastovų tikėjimą Kūrėju.

29

Altruizmo sėkla

Kaip žmogus, sukurtas su absoliutaus egoizmo savybėmis, nejaučiantis jokių norų, išskyrus tuos, kuriuos diktuoja jo kūnas, ir netgi neturintis galimybės įsivaizduoti nieko, kas yra už jo pojūčių, gali atsisakyti savo kūno norų ir pajausti tai, kas egzistuoja už jo prigimtinių jutimo organų ribų?

Esame sukurti su troškimu užpildyti savo egoistinius norus malonumu. Esant tokioms sąlygoms, neturime jokios galimybės pakeisti save ir transformuoti savo egoistines savybes į priešingas. Tam, kad sudarytų galimybę perkeisti egoizmą į altruizmą, Kūrėjas kurdamas egoizmą įdėjo į jį altruizmo sėklą, kurią mes patys pajėgūs išauginti, studijuodami ir veikdami pagal kabalos metodiką.

Kai jaučiame savo kūno diktuojamus reikalavimus, neturime galios jiems pasipriešinti. Todėl visos mūsų mintys yra nukreiptos tik į jų vykdymą. Būdami tokios būsenos neturime jokios valios laisvės ne tik veikti, bet net ir galvoti apie ką nors kita nei apie savęs patenkinimą.

Kita vertus, kai jaučiame dvasinį pakilimą, atsiranda noras dvasiškai augti ir atsiskirti nuo žemyn traukiančių kūno norų. Tada kūno norų netgi nejaučiame ir todėl mums nebereikia pasirinkimo laisvės tarp materialių ir dvasinių dalykų.

Iš to išplaukia, kad būdami egoistinės būsenos neturime jėgų pasirinkti altruizmą. Bet vos tik pajaučiame dvasingumo didingumą, mums jau nebereikia rinktis, nes patys to trokštame.

Todėl visa valios laisvė slypi pasirinkime, kokia jėga mus valdys – egoizmas ar altruizmas? Bet kada gi būna tokia neutrali būsena, leidžianti priimti nepriklausomą sprendimą?

Taigi neturime kito kelio, kaip tik prisirišti prie mokytojo, įsigilinti į kabalos knygas, įsijungti į to paties tikslo siekiančią grupę, atsiverti minčių apie altruizmą ir dvasines jėgas poveikiui. Visa tai prabudins altruizmo sėklą, Kūrėjo pasėtą kiekviename mūsų, bet kartais snaudžiančią per daugelį gyvenimų.

Čia ir yra mūsų valios laisvės esmė. O kai tik pajusime prabudusius altruistinius norus, imsime siekti dvasingumo jau be didelių pastangų.

Žmogus, siekiantis dvasinių minčių ir veiksmų, bet dar neturintis tvirtų asmeninių įsitikinimų, turi saugoti save nuo ryšių su tais, kurių visos mintys kyla iš egoizmo. Tai ypač svarbu tiems, kurie trokšta gyventi teikdami pirmenybę tikėjimui aukščiau proto. Jie turi vengti santykių su gyvenančiais vien proto rėmuose, nes pati jų mąstymo esmė yra priešinga *Torai*.

Mąstymas savo proto rėmuose reiškia, kad visų pirma apskaičiuojame savo veiksmų naudą. Priešingai, *Toros* protas – tikėjimas aukščiau žinojimo – siūlo veiksmus, kurie neturi nieko bendra su egoistiniais proto skaičiavimais ir galima savo veiksmų nauda.

Tie, kuriems reikia kitų žmonių pagalbos, vadinami vargšais. Tie, kurie laimingi su tuo, ką turi, vadinami turtingais. Bet jeigu pajuntame, kad egoistiniai norai (*liba*) ir mintys (*mocha*) lemia visus mūsų veiksmus, tai bemat suprantame savo tikrąjį dvasinį lygmenį ir suvokiame savo egoizmo ir mumyse slypinčio blogio jėgą. Kartėlio pojūtis suvokus tikrąją savo būseną pagimdo norą išsitaisyti. Kai šis noras pasiekia reikalingą intensyvumo laipsnį, Kūrėjas į indą (*kli*) pasiunčia savo Ištaisymo Šviesą. Taip žmogus pradeda kilti dvasinių laiptų pakopomis.

Žmonės paprastai yra auklėjami atitinkamai jų egoistinei prigimčiai, įskaitant ir *Toros* priesakų laikymąsi. O tai, ką išmoksta auklėjimo proceso metu, po to vykdo jau automatiškai. Tėra maža tikimybė, kad jie kada nors pakils iš tokio ryšio su Kūrėju lygmens.

Todėl jei kūnas (noras gauti) klausia žmogaus, kodėl šis vykdo priesakus, žmogus atsako sau, kad taip yra išauklėtas, toks jo ir jo visuomenės gyvenimo būdas. Kadangi auklėjimas yra patikimiausias žmogaus pagrindas, jo įprotis tampa antrąja prigimtimi, ir jau nebereikia jokių pastangų atlikinėjant natūralius veiksmus, nes juos diktuoja pats kūnas ir protas.

Tokiam žmogui nekyla pavojus nusižengti tam, kas jam įprasta ir natūralu. Pavyzdžiui, religingam žydui nekils noras šeštadienį vairuoti automobilį. Bet jei tik norime daryti tai, kas nėra įprasta mūsų auklėjimui ir ko nejaučiame kaip natūralaus kūno poreikio, tai net patį nereikšmingiausią veiksmą lydės išankstinis kūno klausimas, kodėl mes tai darome ir kas mus verčia palikti santykinės ramybės būseną.

Tokiu atveju atsidursime priešais išbandymą ir pasirinkimą, nes nei mes patys, nei visuomenė, iš kurios kilome, nedaro to, ko ketiname imtis. Nėra iš ko imti pavyzdžio ir gauti palaikymo savo ketinimams. Neįmanoma net mintyse turėti palaikymo, žinant, kad kiti galvoja taip pat. Ir kadangi negalime surasti jokio pavyzdžio nei iš savo auklėjimo, nei savo visuomenėje, tai privalome pripažinti, kad tik Kūrėjo baimė verčia mus elgtis ir mąstyti naujai. Todėl nėra į ką daugiau kreiptis paramos ir supratimo, kaip tik į Kūrėją.

Ir kadangi Kūrėjas yra Vienintelis ir vienintelė mūsų atrama, tai ir mes laikomi unikaliais, o ne priklausančiais masėms, tarp kurių gimėme ir užaugome. Kadangi negalime gauti palaikymo iš masių ir esame absoliučiai priklausomi nuo Kūrėjo gailestingumo, tampame verti gauti Kūrėjo Šviesą, kuri mus vestų mūsų keliu.

Kiekvienam pradedančiajam iškyla šis klausimas: kas nulemia žmogaus kelio kryptį – jis pats ar Kūrėjas?

Kitaip tariant, kas ką renkasi: žmogus Kūrėją ar Kūrėjas žmogų?

Viena vertus, žmogus privalo pasakyti, kad Kūrėjas išrinko būtent jį, kas vadinama „asmeniniu valdymu". Ir todėl jis turi dėkoti Kūrėjui už tai, kad suteikė jam galimybę ką nors padaryti dėl Jo.

Bet svarstant, kodėl Kūrėjas išrinko būtent jį suteikdamas tokią unikalią galimybę, kyla klausimas, kodėl reikia laikytis priesakų? Dėl kokio tikslo? Taip žmogus prieina prie išvados, kad ši galimybė jam suteikta, idant galėtų veikti dėl Kūrėjo, kad pats darbas yra apdovanojimas, o nušalinimas nuo jo būtų bausmė. Ir šis darbas yra laisvas žmogaus pasirinkimas tarnauti Kūrėjui, todėl jis pasiryžęs prašyti Kūrėjo sustiprinti jo ketinimą visais savo veiksmais teikti Jam džiaugsmą. Tai yra laisvas pasirinkimas, kurį atlieka pats žmogus.

30

Kova už Kūrėjo Vienatinumo suvokimą

Mases *Tora* vadina „namų šeimininkais" (*baal ha-bait*), nes jų siekis – pastatyti savo namą (egoistinį indą, *kli*) ir pripildyti jį malonumų. To, kuris tobulėja dvasiškai, troškimai kyla iš Kūrėjo Šviesos. Jo tikslas – savo širdyje pastatyti namus Kūrėjui, kad jie būtų pripildyti Kūrėjo Šviesos.

Visas sąvokas ir visus reiškinius suvokiame vadovaudamiesi savo pojūčiais. Pagal savo jutimo organų reakciją duodame pavadinimą tam, kas vyksta. Todėl kalbėdami apie kokį nors objektą ar veiksmą išreiškiame, kaip asmeniškai jį jaučiame.

Tam tikro objekto blogio laipsnį kiekvienas nustatome pagal tai, kiek tas objektas mums trukdo gauti malonumą. Kai kuriais atvejais tokio objekto artumas gali būti nepakeliamas. Todėl pagal tai, kiek žmogui yra reikšminga *Tora* ir jos priesakai, jis nustato blogį, užkertantį kelią laikytis dvasinių įstatymų.

Taigi jeigu norime prieiti iki neapykantos blogiui, turime dirbti siekdami savo mintyse išaukštinti *Torą* ir Kūrėją. Ir kiek įgysime meilės Kūrėjui, tiek pat neapykantos pajausime egoizmui.

Paschos skaitinyje kalbama apie keturis sūnus, kurių kiekvienas klausia apie dvasinį žmogaus darbą. Ir nors visos šios keturios savybės yra kiekviename iš mūsų, o kabala paprastai kalba tik apie vieną sudėtinį žmogaus paveikslą Kūrėjo atžvilgiu, vis dėlto šias keturias savybes galima vertinti kaip keturis atskirus žmonių tipus.

Tora duota tam, kad padėtų susitelkti kovai su egoizmu. Todėl, jei mums nekyla klausimų apie mūsų prigimtį, vadinasi, dar nesuvokėme savo blogio, taigi *Tora* mums nereikalinga. Tokiu atveju, jeigu tikime bausme ir atlygiu, mus gali išjudinti žinia, kad yra atlygis už dvasinių įstatymų laikymąsi.

Tačiau nors jau veikiame dėl atlygio, bet dar nejaučiame savo egoizmo, negalime savęs ištaisyti, nes nematome savo trūkumų. Tokiu atveju turime mokytis nesavanaudiškai vykdyti dvasinius priesakus. Tada pasirodys mūsų egoizmas ir ims klausti:

„Kokia šio darbo prasmė?"

„Ką aš iš to gausiu?"

„O kas, jeigu tai prieštarauja mano norams?"

Tada ir prisireiks *Toros* pagalbos, kad pradėtume dirbti su savo egoizmu, nes ėmėme savyje jausti blogį.

Yra ypatinga, angelu vadinama dvasinė jėga, sukelianti žmogui kančias, kad šis suvoktų, jog negali pasisotinti tenkindamas savo egoizmą. Šios kančios stumia žmogų išeiti už egoizmo ribų ir taip išvengti amžino egoizmo vergo likimo.

Sakoma, kad prieš duodamas *Torą* Izraeliui Kūrėjas ją siūlė visoms kitoms pasaulio tautoms, ir visos jos atsisakė. Kiekvieną mūsų tarsi mažą pasaulį sudaro daugybė norų, kurie vadinami „tautomis". Turime žinoti, kad nė vienas mūsų noras nėra tinkamas dvasiniam tobulėjimui, tik noras siekti Kūrėjo. Šis noras ir vadinamas „Izraeliu" (iš hebr. *Jašar El* – tiesiai Dievo link). Tik iš visų kitų norų pasirinkus pastarąjį galima gauti *Torą*.

Savo dvasinio lygmens slėpimas yra viena būtinų sėkmingo dvasinio kilimo sąlygų.

Tai toks slėpimas, kai veiksmai atliekami taip, kad kiti jų nepastebėtų.

Tačiau svarbiausia žmogui slėpti savo mintis ir troškimus. Jeigu susiklosto tokia situacija, kuri iš kabalisto vis dėlto pareikalauja išreikšti savo požiūrį, šis privalo jį užmaskuoti ir išreikšti abstrakčiai, taip, kad nepaaiškėtų jo tikrieji ketinimai.

Pavyzdžiui, žmogus paaukoja didelę sumą pinigų kabalos studijoms paremti, bet su sąlyga, kad jo vardą paskelbtų spauda. Tai yra duoda pinigų, kad pagarsėtų ir taip patirtų malonumą. Ir nors atrodo aišku, kad aukojančiam svarbiausia garbė, tikroji priežastis gali būti jo noras nuslėpti faktą, kad laikraščio straipsnis prisidės prie kabalos sklaidos. Todėl slėpimas įprastai siejasi su ketinimu, o ne su veiksmais.

Jeigu Kūrėjas turi duoti kabalistui dvasinio kritimo pojūtį, tai pirmiausia atims iš jo tikėjimą kitais didžiais kabalistais. Antraip kabalistas gali gauti iš jų pastiprinimą ir taip niekada nepajausti dvasinio nuopuolio.

Masėms, vykdančioms priesakus, rūpi tik veiksmai, bet ne ketinimai. Joms aišku, kad tai daro dėl atlygio šiame arba būsimajame pasaulyje. Jos visada pateisina savo veiksmus ir laiko save teisiomis.

Kabalistas, kuris dirba taisydamas savo įgimtą egoizmą, laikydamasis priesakų bando kontroliuoti kiekvieną savo ketinimą. Kadangi jis nori pildyti Kūrėjo valią nesavanaudiškai, jo kūnas tam priešinasi nuolatinėmis trukdančiomis mintimis. Dėl to jis jaučiasi esąs nusidėjėlis.

Visa tai daroma tikslingai. Kūrėjas nori paskatinti kabalistą nuolat užsiimti savo minčių ir ketinimų taisymu, kad šis neliktų savo egoizmo vergu ir nedirbtų kaip kiti dėl savo naudos, o suvoktų, kad neturi kitokios galimybės įvykdyti Kūrėjo valią, kaip tiktai dirbdamas dėl Jo.

Kaip tik iš šio proceso kyla aštrus kabalisto jausmas, kad jis žymiai blogesnis už mases. Juk masės nejaučia tikrosios savo dvasinės būklės, ir todėl priesakus vykdo išoriškai.

Tačiau kabalistas privalo perkeisti savo ketinimus iš egoistinių į altruistinius, antraip apskritai negalės vykdyti priesakų.

Todėl jis ir jaučiasi esąs blogesnis už mases.

Žmogus nuolat yra kovinėje parengtyje, kad įgyvendintų savo norus. Bet yra priešingo pobūdžio kova, kurioje žmogus kovoja prieš patį save, kad visą savo širdies teritoriją atiduotų Kūrėjui ir užpildytų širdį savo natūraliu priešu – altruizmu. Šios kovos tikslas – užtikrinti, kad Kūrėjas užimtų visą jo būties erdvę ne tik todėl, kad tokia yra Jo valia, bet ir todėl, kad žmogus to nori; kad Kūrėjas mums viešpatautų ir vadovautų, nes mes patys Jo prašome.

Tokioje kovoje visų pirma turime liautis tapatinę save su savo kūnu ir suvokti, kad mūsų kūnas, protas, mintys ir jausmai yra išoriniai atributai, duoti Kūrėjo tam, kad kreiptumės į Jį pagalbos, kad prašytume Kūrėjo juos nugalėti, kad melstume sustiprinti mintį apie Jo Vienatinumą; sustiprinti žinojimą, kad būtent Kūrėjas siunčia mums visas mintis; kad melstume Kūrėjo suteikti mums tikėjimą ir pajausti Jo buvimą bei valdymą. Taip galėsime nepasiduoti saviapgaulei, tarsi kažkas priklauso nuo paties žmogaus ar kad yra pasaulyje dar kita valia ir jėga nei Kūrėjas.

Pavyzdžiui, nors galime puikiai žinoti, kad Kūrėjas viską sukūrė ir viską valdo (dešinioji linija), bet sykiu galime galvoti, kad koks nors kitas asmuo padarė arba gali padaryti mums ką nors bloga (kairioji linija). Viena vertus, esame įsitikinę, kad visi veiksmai kyla iš vieno Šaltinio – Kūrėjo (dešinioji linija), kita vertus, nepajėgiame nuslopinti minties, kad kažkas kitas mus veikia arba kad kokio nors įvykio baigtis priklauso ne tik nuo Kūrėjo (kairioji linija).

Tokie vidiniai susidūrimai tarp priešingų pojūčių vyksta dėl pačių įvairiausių priežasčių priklausomai nuo mūsų visuomeninių ryšių, kol Kūrėjas padeda pasiekti viduriniąją liniją.

Kova vyksta už Kūrėjo Vienatinumo pajautimą, nes trukdančios mintys siunčiamos specialiai, kad jas įveiktume. Kovojame už pergalę su Kūrėjo pagalba ir kad laimėtume didesnį Jo valdymo jautimą, kuris lemia stipresnį tikėjimą.

Natūrali žmogaus kova, kaip ir visi karai mūsų pasaulyje, vyksta dėl savo egoizmo patenkinimo ir dėl siekio turėti dar daugiau. Tačiau antgamtinio karo – karo prieš savo prigimtį – tikslas perleisti savęs valdymą „priešininkui" – Kūrėjui. Antgamtinis karas mėgina visą savo teritoriją prote ir širdyje atiduoti Kūrėjo įtakai, kad Kūrėjas šią teritoriją užpildytų Savimi ir užkariautų visą pasaulį – ir mažytį asmeninį žmogaus pasaulį, ir visą didįjį pasaulį, ir apdovanotų Savo savybėmis visus kūrinius, bet tik jiems patiems to norint.

Būsena, kuriai esant Kūrėjo norai ir savybės užvaldo visas žmogaus mintis bei norus, vadinama „altruistine būsena". Tai „davimo", fizinės sielos pasidavimo Kūrėjui ir dvasinio „sugrįžimo" (*čuva*) būsena. Ji gaunama veikiant Gailestingumo Šviesai (*Or Chasadim*), sklindančiai iš Kūrėjo ir suteikiančiai stiprybės pasipriešinti trukdančioms kūno mintims.

Tokia būsena gali būti ir nepastovi. Galime įveikti tam tikras minčių kliūtis, bet tada nauja minčių banga gali atmesti mus atgal. Ir vėl galime patekti jų įtakon, vėl imti abejoti, kad veikia tik Kūrėjas, vėl su jomis kovoti, vėl pajusti Kūrėjo pagalbos būtinumą ir vėl gauti Šviesos, kad nugalėtume šias mintis ir atiduotume Kūrėjo valdžion.

Būsena, kuriai esant žmogus malonumus gauna dėl Kūrėjo, t. y. ne tik pasiduoda savo „priešininkui", Kūrėjui, bet ir pereina į Jo pusę, vadinama „gavimu dėl Kūrėjo". Natūraliai rinkdamiesi poelgius ir mintis mes nesąmoningai arba sąmoningai visada pasirenkame tą kelią, kuriame galime gauti didesnius malonumus, t. y. niekiname mažus malonumus, teikdami pirmenybę didesniems. Šiuose poelgiuose nėra jokios laisvos valios ar laisvo pasirinkimo.

Pasirinkimo teisė ir apsisprendimo laisvė atsiranda tik tada, kai nusprendžiame rinktis sprendimą remdamiesi tiesos, o ne malonumo kriterijumi. Tai įmanoma, tik jei sutinkame eiti tiesos keliu, nepaisydami kančių, kurias jame patiriame.

Tačiau prigimtinis kūno polinkis – bėgti nuo kančių ir bet kokiais būdais ieškoti malonumų.

Šis polinkis neleis žmogui veikti vadovaujantis tiesos principu. Tas, kuris stengiasi vykdyti Kūrėjo valią, savo norus turi laikyti žemiau Kūrėjo norų. Jis privalo nuolat rūpintis, kad jaustų Kūrėjo didingumą, teikiantį jėgų vykdyti Jo, o ne savo valią. Kiek tikime Kūrėjo didybe ir jėga, tiek pajėgiame vykdyti Jo norus. Todėl visas savo pastangas turime sutelkti į Kūrėjo didingumo suvokimą.

Kadangi Kūrėjas nori, kad jaustume malonumą, Jis sukūrė mūsų norą mėgautis. Be šio noro neturime jokios kitos savybės. Jis vadovauja visoms mūsų mintims bei poelgiams ir programuoja mūsų egzistavimą.

Egoizmas yra vadinamas blogio angelu, piktąja jėga, nes valdo mus iš Aukščiau, siųsdamas mums malonumą, ir mes norom nenorom tampame jo vergais. Besąlyginio pavaldumo šiai jėgai būsena vadinama „vergove" arba „tremtimi" (*galut*) iš dvasinio pasaulio.

Jeigu egoizmas, šis blogio angelas, neturėtų ko duoti, jis negalėtų valdyti žmogaus. Taip pat ir jeigu mes galėtume atsisakyti egoizmo siūlomų malonumų, nebūtume jų pavergti.

Taigi esame nepajėgūs išeiti iš vergovės būsenos, bet jeigu stengiamės tai padaryti, kas vertinama kaip mūsų laisvas pasirinkimas, Kūrėjas padeda iš Aukščiau, pašalindamas malonumus, kuriais egoizmas mus pavergia. Tada pajėgiame atsikratyti egoizmo valdžios ir tapti laisvi. Be to, patekę dvasiškai tyrų jėgų įtakon, jaučiame malonumą atlikdami altruistinius veiksmus ir tampame altruizmo tarnais.

Išvada: Mes, žmonės, esame malonumo vergai. Jeigu malonumą patiriame gaudami, esame egoizmo (faraono, blogio angelo ir pan.) vergai. Jei malonumą gauname duodami, esame Kūrėjo (altruizmo) tarnai. Tačiau negalime egzistuoti negaudami kurio nors malonumo. Tokia žmogaus esmė, tokį jį sukūrė Kūrėjas, ir to neįmanoma pakeisti. Viskas, ką turime padaryti, tai prašyti Kūrėjo suteikti mums altruizmo norą. Tai mūsų laisvos valios ir maldos esmė.

31

Gavimas dėl davimo

Teisingą (veiksmingą) kreipimąsi į Kūrėją sudaro du etapai. Iš pradžių turime suvokti, kad Kūrėjas absoliučiai geras visiems be išimties, ir visi Jo veiksmai yra geranoriški, kad ir kokie nemalonūs jie mums atrodytų.

Todėl Kūrėjas siunčia tik tai, kas mums geriausia, ir pripildo mus viso to, kas mums yra būtiniausia.

Taigi nebeturime ko prašyti Kūrėjo. Tiek, kiek esame patenkinti tuo, ką iš Jo gauname, kad ir kokios siaubingos būsenos būtume, kaip tik tiek pajėgiame dėkoti Kūrėjui ir Jį garbinti: nebėra nieko, ką būtų galima pridėti prie mūsų būsenos, nes esame patenkinti savo likimu.

Pirmiausia visada turime dėkoti Kūrėjui už tai, ką iš Jo esame gavę praeityje. Po to galime prašyti ko nors ateičiai. Tačiau jei gyvenime jaučiame kokį nors stygių, tai pagal šio pojūčio stiprumą tokiu pat laipsniu esame nutolę nuo Kūrėjo. Taip yra todėl, kad Kūrėjas – absoliučiai tobulas, o mes jaučiamės esą nelaimingi.

Tačiau kai pradedame jausti, kad tai, ką turime, yra geriausia iš viso to, ką galime turėti, nes tai – kaip tik ta būsena, kurią Kūrėjas mums atsiuntė, tada priartėjame prie Jo ir jau galime prašyti ko nors ateičiai.

Pasiekti „patenkinto savo dalia" būseną galime jau vien suvokdami tai, kad mūsų gyvenimo aplinkybės yra ne mūsų veiksmų padariniai, bet siųstos Kūrėjo. Tokia būsena gali gimti ir suprantant, kad štai skaitome knygą apie Kūrėją, nemirtingumą, aukščiausią gyvenimo tikslą, geranorišką kūrimo sumanymą ir apie tai, kaip prašyti Kūrėjo pakeisti mūsų gyvenimus. Tokią būseną gali sukelti ir suvokimas, kad milijonai žmonių pasaulyje negauna galimybės patirti visų šių dalykų.

Todėl tie, kurie nori pajausti Kūrėją, bet dar nėra tuo apdovanoti, turėtų būti patenkinti savo gyvenimo aplinkybėmis, nes tai kyla iš Kūrėjo. Ir nors tokie žmonės vis dar turi nepripildytų norų (nepaisant to, kad yra patenkinti tuo, ką Kūrėjas nusprendė jiems duoti, ir todėl yra arti Jo), jie nusipelno gauti Kūrėjo Šviesą, kuri suteiks jiems absoliutų pažinimą, supratimą ir malonumą.

Norėdami dvasiškai atsiplėšti nuo egoizmo, turime suvokti savo menkumą ir tai, kokie apgailėtini mūsų interesai, troškimai bei malonumai. Taip pat turime suprasti, kaip beatodairiškai dėl savo sėkmės esame pasiryžę bet kokiems poelgiams, kaip visos mūsų mintys ieško vien tik asmeninės naudos.

Pajausti savo menkumą yra svarbu dėl to, kad taip pripažįstame tiesą, jog asmeninis mėgavimasis mums yra daug svarbesnis už Kūrėją, ir jei savo veiksmuose neįžvelgiame jokios naudos sau, tai nepajėgiame jų atlikti nei mintyse, nei darbuose.

Kūrėjas malonumą patiria suteikdamas malonumą mums. Jei ir mes mėgaujamės tuo, kad suteikiame Kūrėjui galimybę mus pamaloninti, tai mūsų ir Kūrėjo savybės bei norai sutampa, nes kiekvienas esame laimingas, turėdamas galimybę duoti: Kūrėjas teikia malonumą, o mes sukuriame sąlygas jį gauti. Kiekvienas galvoja apie kitą, o ne apie save, ir tai lemia jų veiksmus.

Bet kadangi žmogus gimsta būdamas egoistas, jis negali galvoti apie kitus, o tik apie save. Duoti galime tik tuo atveju, jeigu įžvelgiame galimą tiesioginę naudą, didesnę už tai, ką atiduodame (pavyzdžiui, prekybos ar derybų procese). Dėl šios savybės žmogus yra visiškai nutolęs nuo Kūrėjo ir Jo nejaučia.

Šį absoliutų nutolimą nuo Kūrėjo, visų malonumų Šaltinio, lemia mūsų egoizmas, ir tai yra visų mūsų kančių priežastis. Toks suvokimas vadinamas „blogio suvokimu", nes tam, kad atsikratytume egoizmo jo nekęsdami, turime aiškiai pajausti ir pripažinti, kad tai ir yra visas mūsų blogis, mūsų vienintelis mirtinas priešas, užkertantis mums kelią į tobulumą, malonumus ir nemirtingumą.

Todėl visų mūsų veiksmų tikslas, ar tai būtų kabalos studijos, ar priesakų vykdymas, turėtų būti siekis išsivaduoti iš egoizmo ir priartėti prie Kūrėjo, supanašėjant su Juo savo savybėmis. Tik tada galėsime iš altruistinių veiksmų patirti tokį patį malonumą, kokį dabar patiriame iš egoizmo.

Jeigu padedamas iš Aukščiau žmogus ima patirti malonumą atlikdamas altruistinius veiksmus, ir tai jam teikia džiaugsmą bei didžiausią atlygi, tai tokia būsena vadinama „davimu dėl davimo" nesitikint jokio atlygio. Tokiu atveju malonumą žmogus patiria vien dėl galimybės ką nors padaryti Kūrėjo labui.

Po to, kai žmogus pasiekia šį dvasinį lygmenį ir nori ką nors duoti Kūrėjui, paaiškėja, kad Kūrėjas tenori vieno – suteikti jam malonumą. Tada žmogus yra pasiruošęs priimti malonumą, nes būtent toks yra Kūrėjo noras. Tokios prigimties veiksmai vadinami „gavimu dėl davimo".

Esant dvasinėms būsenoms, žmogaus protas (protavimas, išmintis) prilygsta Išminties Šviesai (*Or Chochma*). Žmogaus širdis, norai, pojūčiai prilygsta Gailestingumo Šviesai (*Or Chasadim*). Tik tada, kai mūsų širdys yra pasiruošusios klausyti, protas gali jas veikti. Išminties Šviesa gali šviesti tik ten, kur jau šviečia Gailestingumo Šviesa. Jei nėra Gailestingumo Šviesos, nešviečia ir Išminties Šviesa, ir tokia būsena vadinama „tamsa" arba „naktimi".

Tačiau mūsų pasaulyje, t. y. kai žmogus dar yra pavergtas egoizmo, protas niekada negali valdyti širdies, nes širdis yra visų norų šaltinis. Ji viena yra tikrasis žmogaus šeimininkas, ir protas neturi argumentų pasipriešinti širdies norams.

Pavyzdžiui, jeigu žmogus nori vogti, tai prašo savo proto patarimo, kaip tai padaryti, ir protas tampa tik širdies norų vykdytoju. Kita vertus, jei žmogus nusprendžia padaryti ką nors gero, tai tas pats protas padeda jam, kaip ir kiti kūno organai. Todėl nėra kito kelio, kaip tik išvalyti iš savo širdies egoistinius norus.

Norėdamas išlaisvinti žmogų nuo gavimo gėdos Kūrėjas specialiai jam parodo Savo norą, kad žmogus patirtų malonumą. Tada žmogus ima aiškiai jausti, kad gaudamas malonumą „dėl Kūrėjo", jis iš tikrųjų džiugina Jį, t. y. labiau pats teikia malonumą Kūrėjui, nei gauna iš Jo.

Toroje ir laikantis priesakų yra trys žmogaus darbo rūšys, ir kiekvienoje iš jų yra gerų ir blogų siekių:

1. Kai žmogus studijuoja ir viską atlieka dėl savęs, pavyzdžiui, kad išgarsėtų, kad ne Kūrėjas, o aplinkiniai mokėtų jam pagarba arba pinigais už jo pastangas. Dėl šių motyvų jis viešina savo angažuotumą *Toroje*, kitaip negaus už tai atlygio.

2. Kai studijuoja dėl Kūrėjo, tikėdamasis kad Kūrėjas jam atlygins šiame ir būsimajame pasaulyje. Šiuo atveju žmogus mokosi ne viešai, kad kiti nematytų jo darbo, ir taip jis išvengtų galimo atlygio už savo pastangas, nes visą atlygį trokšta gauti tik iš Kūrėjo. Dėl to studijuojantis žmogus bijo, kad atlygis iš aplinkinių nenukreiptų jo nuo ketinimo būti apdovanotam vien tik Kūrėjo.

Tokie žmogaus ketinimai jam dirbant dvasinį darbą vadinami „dėl Kūrėjo", nes jis dirba Kūrėjui ir vykdo Jo priesakus, kad vien tik Kūrėjas apdovanotų jį už visa tai. Tuo tarpu pirmuoju atveju jis dirba žmonėms, savo darbu pildydamas jų lūkesčius, ir po to reikalauja atlygio už savo pastangas.

Šiems abiem atvejams būdinga už nuveiktą darbą tikėtis ir norėti atlygio. Pirmu atveju dirbama žmonėms ir iš jų tikimasi atlygio už nuveiktą darbą. Antruoju – žmogus dirba Kūrėjui ir tikisi atlygio iš Jo.

3. Po dviejų parengiamųjų etapų žmogus ima suvokti, kokiu laipsniu egoizmas yra jį pavergęs. Jo kūnas (troškimas gauti) pradeda klausinėti: „Kas tai per darbas? Kur atlygis už tai, ką darau?" Tačiau atsakymo į šiuos klausimus nesulaukia.

Pirmajame etape egoizmas neuždavinėja klausimų, nes jo atlygis yra aplinkinių reakcija. Antrajame etape žmogus gali atsakyti egoizmui, kad nori didesnio atlygio, nei gali gauti iš aplinkinių, t. y. nori amžinų, dvasinių malonumų šiame ir būsimajame pasaulyje. Tačiau trečiajame etape žmogus neturi ką atsakyti savo kūnui ir todėl tik tada pradeda jausti, kad yra pavergtas, kad egoizmas jį valdo. Suvokimas, jog Kūrėjas nori tik duoti, paskatina žmogų norėti to paties, ir galimybė tai daryti bus jam atlygis už jo veiksmus.

Atlygiu vadinama tai, ką žmogus nori gauti už savo darbą. Apskritai mes tai įvardijame žodžiu „malonumas", o darbu vadiname bet kokias protines, fizines ar moralines kūno pastangas. Taip pat atlygį galima gauti pinigų, garbės, įžymumo ir panašiomis formomis.

Kai jaučiame, kad mums trūksta jėgų pasipriešinti kūnui, kad neturime energijos net paprasčiausiam veiksmui atlikti, nes nematydamas atlygio kūnas nepajėgia padaryti jokios pastangos, nebelieka kitos galimybės, kaip tik prašyti Kūrėjo pagalbos. Tada turime melsti antgamtinių jėgų, kurios leistų mums dirbti prieš savo prigimtį ir protą.

Todėl svarbiausia problema – patikėti, kad Kūrėjas gali padėti įveikti prigimtį ir laukia tokio prašymo. Tačiau šį sprendimą žmogus gali priimti tik visiškai nusivylęs savo jėgomis.

Kūrėjas nori, kad žmogus pats pasirinktų tai, kas gera, ir pasitrauktų nuo blogio.

Priešingu atveju Kūrėjas būtų žmogų sukūręs su Savo savybėmis arba, kartą sukūręs egoizmą, Pats būtų pakeitęs jį altruizmu be skaudžios tremties iš Aukščiausio tobulumo būsenos.

32

Kančia kaip absoliutaus gėrio gestas

Pasirinkimo laisvė – tai asmeninis, nepriklausomas paties žmogaus sprendimas renkantis, kad jam viešpatautų Kūrėjas, o ne faraonas. Faraonas demonstruoja savo jėgą, atskleisdamas mums atlygį, kurį galime gauti. Mes aiškiai suvokiame, ką laimėsime atlikdami egoistinius veiksmus. Šį atlygį suprantame savo protu ir matome savo akimis. Rezultatas yra įprastas ir mums žinomas jau iš anksto, jį pripažįsta visuomenė, šeima, giminės ir vaikai. Todėl kūnas ir užduoda faraono klausimą: „Kas gi yra tas Viešpats, kad aš turėčiau Jam paklusti?" (Iš 5, 2), „Kas man iš tokio darbo?"

Tad esame teisūs, manydami, kad nieko negalime padaryti prieš savo prigimtį. Tačiau iš mūsų to ir nereikalaujama. Tereikia tikėti, kad Kūrėjas mus gali pakeisti.

Kūrėjo Šviesa, Jo atsiskleidimas žmogui, vadinami „gyvenimu".

Pirmoji nuolatinio Kūrėjo jautimo akimirka vadinama „dvasiniu žmogaus gimimu". Tačiau kaip mūsų pasaulyje žmogus turi natūralų troškimą gyventi, lygiai taip pat jis privalo pats savyje užsiauginti dvasinio gyvenimo troškimą. Tai būtina, jeigu žmogus tikrai nori dvasiškai gimti, paklusdamas dėsniui „kančia, patiriama siekiant malonumo, nulemia gaunamo malonumo dydį".

Todėl turime studijuoti *Torą* dėl Jos Pačios, t. y. kad mums atsiskleistų Šviesa, Kūrėjo veidas. Nepasiekus šio tikslo, jaučiama milžiniška kančia ir kartėlis. Ši būsena vadinama „gyvenimu kenčiant". Tačiau, nepaisant to, būtina ir toliau stengtis. O faktas, kad žmogui Kūrėjas dar neatsiskleidė, turėtų paskatinti jį didinti savo pastangas, kol tai įvyks.

Aiškiai matome, kad kaip tik kančios palaipsniui gimdo tikrą žmogaus troškimą pasiekti Kūrėjo atsiskleidimą. Tokios kančios vadinamos „meilės kančiomis", ir jos vertos kiekvieno žmogaus pavydo! Kai indas pakankamai prisipildys tokių kančių, tada Kūrėjas atsiskleis šį norą įgijusiems kabalistams.

Labai dažnai sandorio sudarymui yra būtinas tarpininkas, padedantis suprasti pirkėjui, kad jį dominantis objektas vertas netgi daugiau, nei už jį prašoma, kad pardavėjas nėra išpūtęs kainos. Visas „pamokymų gavimo" (*Musar*) metodas grindžiamas šiuo principu, siekiančiu įtikinti žmogų atsisakyti materialių gėrybių dėl dvasinių. Visose *Musar* knygose mokoma, kad visi mūsų gyvenimo malonumai yra apgaulingi ir neturi jokios vertės. Todėl ne taip jau daug prarandame, jeigu atsisakome jų dėl dvasinių malonumų.

Rabio Baal Šem Tovo metodas kiek kitoks. Čia labiausiai išryškinamas pirkinys, kurį ruošiamasi įgyti. Žmogui atskleidžiama begalinė dvasinio įgijimo vertė ir didingumas. Nors pasaulio malonumai ir turi tam tikrą vertę, bet apsimoka jų atsisakyti, nes dvasiniai nepalyginamai didesni.

Jeigu žmogus ir toliau galėtų pasilikti egoizme ir dvasinius malonumus gautų kartu su materialiais, tai jo norai nuolat augtų. Taip didėjant savybių skirtumams ir stiprumui jis vis labiau toltų nuo Kūrėjo. Nejausdamas Kūrėjo žmogus nepatirtų ir gėdos jausmo dėl to, kad gauna malonumus.

Patirti malonumą iš Kūrėjo galima tik panašėjant į Jį savo savybėmis, o tam mūsų kūnas nedelsdamas priešinasi. Tai pasireiškia staiga iškylančiais klausimais:

„Kokia man nauda iš šio darbo, kuris kainuoja tiek daug pastangų?" ir „Kodėl turiu taip sunkiai mokytis naktimis?"

„Ar tikrai įmanoma pajausti dvasinį pasaulį ir Kūrėją taip, kaip tai aprašo kabalistai?"

„Ar pasiekti šį tikslą įmanoma paprastam žmogui?"

Visa, ką sako mūsų egoizmas, – tiesa: be pagalbos žmogus negali pasiekti net pačios žemiausios dvasinės pakopos. Tai įmanoma tik padedant Kūrėjui. Tačiau sunkiausia tikėti Kūrėjo pagalba, kol dar nesame jos gavę. Ši pagalba egoizmui įveikti patiriama kaip Kūrėjo didybės ir jėgos atsiskleidimas.

Jeigu Kūrėjo didybė mūsų pasaulyje būtų atskleista visiems, tai kiekvienas tik ir siektų patikti Kūrėjui, net ir be jokio atlygio, nes pati galimybė Jam pasitarnauti būtų laikoma atlygiu. Ir niekas ne tik neprašytų, bet dar ir atsisakytų bet kokio papildomo apdovanojimo.

Bet kadangi Kūrėjo didybė paslėpta nuo mūsų akių ir jausmų, tai nepajėgiame padaryti nieko Jo labui. Kūnas (mūsų protas) mano esąs svarbesnis už Kūrėją, nes jaučia tik save, ir todėl logiškai tvirtina: jeigu kūnas svarbesnis už Kūrėją, tai reikia dirbti kūnui ir gauti atlygį. O jei atliekamas darbas naudos jam nežada – nėra ko dirbti. Ir mūsų pasaulyje matome, kad tik žaidžiantys vaikai ir emociškai nestabilūs žmonės yra pasirengę įdėti daug pastangų nesiedami jų su atlygiu. Abiem atvejais taip yra todėl, kad ir vienus, ir kitus taip elgtis automatiškai verčia jų prigimtis: vaikus – kad jie vystytųsi, emociškai nestabilius žmones – kad būtų ištaisytos jų sielos.

Malonumas kyla iš prieš tai buvusio noro – kaip apetito, kančios, aistros, alkio padarinys. Žmogus, kuris turi viską, yra baisiai nelaimingas, nes neranda nieko, ko vertėtų siekti, kad gautų malonumą. Dėl to jis net gali susirgti depresija. Jei žmogaus turtą išmatuotume jo laimės pojūčiu, tai neturtingi žmonės būtų patys turtingiausi, nes jiems malonumą teikia net ir menkaverčiai dalykai.

Kūrėjas neatsiskleidžia beregint ir iki galo; taip yra todėl, kad išsiugdytume teisingą ir Kūrėjo atsiskleidimui būtiną norą. Kūrėjas slepiasi kaip tik dėl to, kad kuo stipriau pajaustume Jo poreikį. Ir kai nusprendžiame eiti Kūrėjo link, tai užuot jautę pasitenkinimą dėl savojo pasirinkimo ir malonumą, suvokdami dvasinį procesą, patenkame į pilnas kančių situacijas. Tai vyksta specialiai dėl to, kad išsiugdytume tikėjimą Kūrėjo gerumu, nepaisydami savo minčių ir pojūčių. Nepaisydami staiga užgriuvusių skaudžių kančių, savo mintis apie jas turime įveikti vidiniu susikaupimu ir prisiversti mąstyti apie kūrimo tikslą bei savo kelią jo link, nors tam nėra vietos nei prote, nei širdyje.

Negalime sau meluoti teigdami, kad tai, ką patiriame, – ne kančios. Bet sykiu turime tikėti, nors ir jaučiame priešingai. Tam reikia mėginti nesiekti pajausti Kūrėjo ar Jo atsivėrimo, nesistengti aiškiai suprasti Jo minčių, veiksmų ir sumanymų, siunčiant mums šias kančias, nes tai panašu į kyšį, į atlygį už patiriamą skausmą.

Visi mūsų veiksmai ir mintys turi būti ne apie save, ne savo viduje, ne sukoncentruoti į savo kančių pojūčius ir mintis, kaip jų išvengti. Užuot tai darę, turėtume perkelti savo pojūčius už savo kūno ribų, tarsi iš vidaus į išorę. Turėtume mėginti suvokti Kūrėją ir Jo sumanymus ne savo širdyje, o iš išorės, atsiribodami nuo patiriamo proceso, iš Kūrėjo perspektyvos, priimdami šias kančias kaip būtiną sąlygą, kad sustiprintume tikėjimą Aukščiausiuoju valdymu, kad viską darytume tik dėl Kūrėjo.

Tokiu atveju galime nusipelnyti Kūrėjo atsiskleidimo, Jo Šviesos ir tikrojo valdymo pajautimo. Taip yra todėl, kad Kūrėjas atsiskleidžia tik esant altruistiniams norams, ne mintyse apie save, apie savo problemas, o „išoriniuose" rūpesčiuose, nes tik tada sutampa Kūrėjo ir mūsų savybės.

Tačiau jeigu savo širdyse prašome Jo išvaduoti mus nuo kančių, esame prašančiojo išmaldos, egoisto būsenos.

Dėl to privalome surasti teigiamų jausmų, už kuriuos galėtume Kūrėjui dėkoti. Tik taip galime patirti jo asmeninį atsiskleidimą.

Svarbu atminti, kad Kūrėjo paslėptis ir mūsų kančios – tai egoistinio mūsų apvalkalo padariniai, o iš Kūrėjo ateina tik malonumas ir aiškumas. Bet taip yra tik tuo atveju, jeigu sukuriame altruistinius norus ir visiškai atmetame egoizmą, pasitraukdami iš savo prigimties ir iš savojo „aš" pojūčio. Visas mūsų nuodėmes lemia tik atsisakymas vadovautis tikėjimu aukščiau proto. Dėl to jaučiame nuolatines kančias, nes po kojomis netenkame pagrindo.

Natūralu, kad investavę tiek pastangų į mokymąsi ir savęs tobulinimą, tikimės gero atlygio. Deja, vietoj to skausmingai patiriame beviltiškas ir kritines būsenas. Juk sunkiau susilaikyti nuo mėgavimosi savo altruistiniais veiksmais nei nuo mėgavimosi egoistiniais, nes altruistinių veiksmų teikiamas malonumas yra nepalyginamai didesnis. Nepaprastai sunku netgi akimirkai proto pastangomis sutikti su tuo, kad tai ir yra Kūrėjo pagalba. Kūnas, nepaisydamas visų samprotavimų, veržiasi išsivaduoti iš tokių būsenų.

Tik Kūrėjo pagalba gali išgelbėti mus nuo nelauktai iškylančių gyvenimiškų problemų, tačiau ne prašant jas išspręsti, o meldžiant galimybės – nepriklausomai nuo kūno reikalavimų – įgyti tikėjimą aukščiau proto, pasiekti pritarimą Kūrėjo veiksmams, nes juk tik Jis viską valdo ir sukuria šias aplinkybes dėl mūsų aukštesnės dvasinės gerovės.

Visus žemiškus vargus, dvasines kančias, gėdą, įžeidimus – visa tai tenka išgyventi kabalistui dvasinio susiliejimo su Kūrėju kelyje. Kabalos istorija kupina tokių pavyzdžių: RAŠBI, RAMBAM, RAMCHAL, ARI ir kiti.

Bet kai tik pajėgsime tikėti aukščiau proto, kitaip tariant, nepaisydami savo pojūčių; kai tik kančias suvoksime kaip absoliutų Kūrėjo gerumą ir norą priartinti mus arčiau Savęs; kai tik susitaikysime su savo būsena ir liausimės norėję pakeisti ją egoizmui maloniais pojūčiais, Kūrėjas atsiskleis mums visoje Savo didybėje.

33
Blogio pradas

Anot kabalos, mūsų kūnai tėra laikini apvalkalai, iš Aukščiau nuleidžiamai amžinai sielai, o mirties ir gimimo ciklus galima palyginti su žmogaus keičiamais drabužiais mūsų pasaulyje. Siela keičia vieną kūną kitu lygiai taip pat lengvai, kaip keičiame vienus marškinius kitais.

Nesavanaudiškai vykdyti Kūrėjo norus, būti altruistu mintyse ir veiksmuose – tai nuolatos galvoti, kaip įvykdyti Kūrėjo norus, kaip paklusti aiškiems ir teisingiems dvasinio pasaulio dėsniams, neatsižvelgiant į savo asmeninę gerovę, nepaisant nemalonių įvykių, pojūčių, atsitikimų, specialiai siunčiamų Kūrėjo tam, kad žmogus save pažintų ir pats pamatytų, kokia iš tiesų žema jo būsena.

Siekis savo savybėmis būti panašiam į Kūrėją gali kilti iš žmogaus patiriamų kančių ir išbandymų, tačiau jį gali sužadinti ir Kūrėjo didybės suvokimas. Tada žmogus turi pasirinkimą melsti Kūrėjo leisti jam tobulėti *Toros* keliu.

Visų mūsų atliekamų veiksmų motyvas turi būti ketinimas suvokti Kūrėjo didybę, kad šis pojūtis ir suvokimas padėtų mums tapti tyresniems ir dvasingesniems.

Kad galėtume dvasiškai tobulėti, kiekviename lygmenyje turime rūpintis auginti savyje Kūrėjo didybės suvokimą. Turime suprasti, kad dvasiniam tobulumui ir net tam, kad išlaikytume pasiektą dvasinį lygmenį, turime vis labiau įsisąmoninti Kūrėjo didybę.

Dovanos vertę lemia dovanojančiojo svarba, ir tai nominalią pačios dovanos vertę dažnai padidina daug kartų. Pavyzdžiui, žinomai ir visuomenės akyse svarbiai asmenybei priklausantis daiktas dažnai gali kainuoti milijonus.

Toros vertę taip pat lemia To, iš Kurio Ją gauname, svarba. Jeigu žmogus netiki Kūrėju, tai *Tora* jam neverta daugiau nei bet kuris kitas istorinis ar literatūrinis dokumentas. Bet jeigu tiki Jos galia ir nauda, nes tiki Aukščiausiąja galia, iš kurios Ją ir gauna, tada *Toros* vertė tampa neišmatuojamai didesnė.

Kuo stipriau tikime Kūrėju, tuo Tora mums turi didesnę vertę.

Kaskart atitinkamai tikėjimo Kūrėju stiprumui laisva valia paklusdami Jo valdymui, sykiu galime suvokti ir *Toros* vertę bei jos vidinę prasmę. Galima sakyti, kad tokiu būdu kaskart pasiekiame naują dvasinį lygmenį ir gauname naują *Torą* (Šviesą) tarsi iš naujo Kūrėjo.

Čia aprašytas procesas kalba tik apie tuos, kurie kopdami dvasinėmis pakopomis patiria kaskart naują Kūrėjo Šviesos atsiskleidimą. Todėl sakoma: „Teisuolis gyvena tikėjimu" – tikėjimo stiprumas nulemia jo jaučiamos Šviesos dydį. „Kiekviena diena – tai *Toros* dovanojimas", o kabalistui kiekviena „diena" (laikas, kai šviečia Kūrėjo Šviesa) yra nauja *Tora*.

Žmogų galima išauklėti taip, kad jis laikytųsi priesakų, bet neįmanoma išugdyti jam poreikio savo veiksmams suteikti tam tikrus altruistinius ketinimus, nes toks elgesys nebūdingas mūsų egoistinei prigimčiai, kuri gali veikti automatiškai tik tenkindama savo fizinius poreikius.

Jeigu aiškiai jaučiame, kad mūsų karas su egoizmu – tai karas su tamsos jėgomis, su Kūrėjui priešingomis savybėmis, tai tokiu būdu atskiriame šias jėgas nuo savęs ir su jomis nesitapatiname, vengiame apie jas mąstyti, tarsi nutoldami nuo savo kūno norų. Ir toliau jausdami šiuos norus, pradedame juos niekinti kaip niekiname priešą. Taip galime nugalėti egoizmą ir sykiu mėgautis jo kentėjimais. Toks veiksmas vadinamas „keršto už Kūrėją kova" (*nekamat ha-Šem*). Palaipsniui galėsime priprasti jausti teisingus tikslus, mintis ir ketinimus nepriklausomai nuo egoistinių kūno norų bei reikalavimų.

Jeigu mokydamiesi nejaučiame, kad tai mums naudinga, ir imame dėl to kentėti, – tai vadinama „blogio pradu" (*jecer ra*). Blogio dydį nulemia blogio suvokimo laipsnis, apgailestavimas, kad dvasiniai dalykai netraukia, jeigu juose nematome asmeninės naudos. Ir kuo didesnės kančios dėl tokios niekingos ir nekintančios būsenos, tuo didesnis blogio suvokimo laipsnis.

Jeigu protu suprantame, kad kol kas dvasinės pažangos nedarome, bet dėl to mums „neskauda", tai reiškia, kad „blogio prado" (*jecer ra*) dar neturime, nes dėl to dar nekenčiame.

Jeigu savyje blogio nejaučiame, turime studijuoti kabalą. O jeigu pajautėme savo viduje esantį blogį, turime išsivaduoti iš jo tikėjimu ir malda aukščiau proto.

Čia panaudotus apibrėžimus reikia paaiškinti. *Toroje* rašoma: „Aš sukūriau blogio pradą (jėgą, norą) ir kartu sukūriau *Torą* kaip *tavlin* (prieskonį) jam (jam ištaisyti)". *Tavlin* reiškia prieskonius, kurie padaro maistą skanų ir tinkamą vartoti.

Taigi matome, kad pagrindinis kūrinys – tai blogis, egoizmas. O *Tora* yra tik priedas prie jo, priemonė, kuri leidžia jį ragauti ir juo naudotis. Tai atrodo keistai, nes taip pat pasakyta, kad priesakai duoti tik kaip pagalba sielai nutyrinti. Iš to išplaukia, kad jei žmogus taps tyras, jam daugiau nebereikės *Toros* ir priesakų (dvasinių, ištaisančių veiksmų).

AUKŠTESNIŲJŲ PASAULIŲ SUVOKIMAS

Tikrasis kūrimo tikslas – suteikti malonumą sukurtiesiems. Dėl šio tikslo kūriniai yra apdovanoti noru patirti malonumą. Tam, kad mėgaudamiesi kūriniai nejaustų malonumą temdančios gėdos, jiems suteikta galimybė ištaisyti gėdos pojūtį. Šį rezultatą galima pasiekti, jei kūrinys nieko nenori gauti sau, o tenori suteikti malonumą Kūrėjui. Tik tada jis nejaus gėdos gaudamas malonumą, nes gaus jį dėl Kūrėjo, o ne savo pasimėgavimui.

Bet ką galime duoti Kūrėjui, norėdami suteikti Jam malonumą? Tam Kūrėjas mums davė *Torą* ir dvasinius įstatymus, kad galėtume jų laikytis „dėl Jo". Tada Jis galės mums teikti malonumus, kurių netemdys gėda ir jausmas, kad gauname išmaldą. Jeigu ne priesakai, nežinotumėm, ko nori Kūrėjas.

Jeigu elgiamės paklusdami dvasiniams dėsniams, tai yra „dėl Kūrėjo", tai savo veiksmais tampame panašūs į Kūrėją, kurio tikslas – teikti mums malonumą. Žmogaus norams, veiksmams ir savybėms supanašėjus su Kūrėjo, jis ir Kūrėjas suartėja. Kūrėjas nori, kad mes duotume Jam, kaip Jis duoda mums, kad mūsų patiriamų malonumų netemdytų gėda, kad nelaikytume jų išmalda.

Dvasinis troškimas – noras, kuris turi visas būtinas sąlygas Šviesai gauti, apsprendžia gaunamo malonumo dydį ir pobūdį, nes Kūrėjo Šviesa apima viską, kiekvieną konkretų mūsų norą patirti malonumą. Šis noras iš bendros Šviesos išskiria tai, ko trokštame.

Kūrėjas nustatė tiksliai 613 priesakų blogio (mūsų) ištaisymui į gėrį (mums), nes būtent iš 613 dalių sukūrė mūsų norą patirti malonumą, ir kiekvienas priesakas ištaiso tam tikrą dalį arba savybę. Todėl yra pasakyta: „Aš sukūriau blogio pradą ir *Torą* jam ištaisyti".

Tačiau koks tikslas laikytis *Toros* (dvasinių įstatymų) ištaisius blogį? Dvasiniai įstatymai mums duoti:

1. Kol dar esame savo prigimties vergijoje ir nepajėgiame nieko daryti dėl Kūrėjo, nes esame nuo Jo nutolę dėl nesutampančių savybių. Tada 613 dvasinių priesakų suteikia jėgų atsiplėšti nuo egoizmo.

2. Ištaisymo pabaigoje, kai supanašėjus mūsų savybėms ir norams susiliejame su Kūrėju, tampame verti gauti *Toros* Šviesą: 613 dvasinių priesakų tampa mūsų dvasinio kūno dalimi; jie tampa mūsų sielos indu ir į kiekvieną iš 613 troškimų gauname malonumą teikiančią Šviesą. Kaip matome, šioje fazėje dvasiniai įstatymai iš ištaisymo priemonės tampa malonumo gavimo vieta (indu, *kli*).

34

Darbas trijose linijose

Kairioji linija sukelia kančias dėl to, kad neturime, ko norime, ir taip pažadina Kūrėjo pagalbos, ateinančios kaip sielos Šviesa, poreikį.

Dešiniojoje linijoje, būsenoje, kai žmogus nieko nenori sau, egzistuoja tik Gailestingumo Šviesa (*Or Chasadim*) ir iš dvasinių savybių panašumo kylantis džiaugsmas. Tačiau tai nėra tobula būsena, nes joje stinga pažinimo, Kūrėjo suvokimo.

Kairiojoje linijoje nėra tobulumo dėl to, kad Išminties Šviesa (*Or Chochma*) gali šviesti tik tada, kai Šviesos ir ją gaunančiojo dvasinės savybės yra panašios.

Šį panašumą lemia dešiniojoje linijoje esanti *Or Chasadim*. Pasiekti dvasinių laimėjimų galima tik tada, jei yra noras. Bet dešinioji linija nieko nenori. Visi norai kaupiasi kairiojoje, tačiau to, ko norima, niekada neįmanoma gauti į egoistinius troškimus.

Todėl būtina šias dvi savybes sujungti, kad kairiosios linijos pažinimo ir malonumo Šviesa galėtų įeiti į altruistinių dešiniosios linijos savybių Šviesą ir apšviesti kūrinį viduriniosios linijos Šviesa. Be dešiniosios linijos Šviesos kairiosios Šviesa neatsiskleidžia ir yra jaučiama tik kaip tamsa.

Darbas dešiniojoje ir kairiojoje linijose vyksta net ir tada, kai tebesame savo egoizmo vergijoje ir dar nevaldome savo norų. Priešingai, norai diktuoja mūsų mintis bei elgesį ir trukdo prisipildyti panašumo su Kūrėju Šviesos (*Or Chasadim*) ir aukštesniojo suvokimo Šviesos (*Or Chochma*). Tuomet galime tik lūpomis tarti pasaulių, *sfirų*, *kėlim* pavadinimus.

Esant tokios būsenos, dvasinių pasaulių sandaros ir jų veikimo, tai yra kabalos, studijavimas itin padeda užsiauginti troškimą priartėti prie Kūrėjo. Šio proceso metu pradedame norėti panašėti į studijuojamus dvasinius objektus ir pritraukiame Aukštesniųjų pasaulių malonę, nors esant dvasinių pojūčių stygiui ir nesuvokiame, kas su mumis vyksta.

Tačiau dvasinės jėgos mus veikia su sąlyga, kad studijuojame siekdami suartėti (savybėmis) su dvasiniu pasauliu. Tik tokiu atveju galime patirti nutyrinantį Supančiosios Šviesos poveikį.

Daugeliu atvejų galime matyti, kad studijuodamas kabalą be tinkamo vadovavimo žmogus gali žinoti, kas parašyta kabalos knygose, ir netgi protingai, su išmanymu diskutuoti, bet taip ir nepajusti to, ką studijuoja, esmės.

Bet tie, kurie patys savo darbu pasiekia dvasines pakopas, net pačias žemiausias, jau prasimuša pro mūsų pasaulio kiautą ir atlieka tai, dėl ko nusileido į šį pasaulį.

Kita vertus, gudruolių žinios ir atmintis tik didina jų egoizmą bei abejones ir dar labiau atitolina juos nuo tikslo.

Taip yra todėl, kad Tora gali būti tiek gyvenimo eliksyras (sam hachaim), tiek ir mirtini nuodai (sam ha-mavet).

Pradedantieji nepajėgūs atskirti išties siekiančiojo dvasinių pasaulių (kabalisto) nuo studijuojančiojo kabalą kaip bet kokį kitą mokslą.

Pradedančiajam darbas trijose linijose reiškia savo būsenos tyrinėjimą, o ne Aukštesniosios Šviesos gavimą, kaip tiems, kurie jau suvokė dvasinius pasaulius. Dešiniojoje linijoje, dar vadinamoje „davimu", *chesed,* arba tikėjimu aukščiau žinojimo ir nepasitenkinimo jausmo, esame laimingi dėl mums tekusios dalios, savo likimo – to, ką mums duoda Kūrėjas, laikydami tai didžiausia dovana. Taip yra net ir tada, kai Kūrėjo priesakų laikomės nesuprasdami jų giliosios prasmės, bet tik dėl įgyto auklėjimo arba todėl, kad prisiimame tam tikrus įsipareigojimus ir norime lavintis.

Tačiau ši būsena dar nėra laikoma dešiniąja linija, nes nėra kairiosios. Tik atsiradus priešingai būsenai, apie vieną iš jų galime kalbėti kaip apie dešiniąją liniją. Todėl tik po to, kai būsime linkę žvelgti į save kritiškai, tik atlikę savo laimėjimų įvertinimą, tik suvokę, kokie iš tikrųjų yra mūsų gyvenimo tikslai, tik kritiškai įvertinę savo pastangų rezultatus – įgysime ir kairiąją liniją.

Svarbiausia čia – suvokti kūrimo tikslą. Mes sužinome, kad iš esmės tai – gauti malonumą iš Kūrėjo. Bet sykiu jaučiame, kad dar nė karto to nepatyrėme. Studijuodami sužinome, kad tai įmanoma, tik sutapus mūsų ir Kūrėjo savybėms. Todėl privalome ištirti savo siekius ir norus, kiek įmanoma objektyviau juos vertinti, viską kontroliuoti ir analizuoti, kad pajaustume, ar tikrai artėjame prie egoizmo atmetimo ir artimo meilės.

Jeigu besimokydami matome, kad dar tebesame egoistinių norų būsenos ir nepasistūmėjome į gerąją pusę, dažnai puolame į neviltį ir apatiją. Negana to, kartais atrandame, kad ne tik pasilikome savo egoistiniuose noruose, bet jie dar labiau sustiprėjo, nes pradėjome trokšti malonumų, kuriuos anksčiau laikėme niekingais, smulkiais, trumpalaikiais ir beverčiais.

Aišku, esant tokios būsenos, tampa sunku toliau laikytis dvasinių priesakų ir kaip anksčiau su džiaugsmu studijuoti. Greičiau puolame į neviltį, gailimės sugaišto laiko, įdėtų pastangų ir patirtų netekčių. Taigi sukylame prieš kūrimo tikslą.

Tokia būsena vadinama „kairiąja linija", nes reikalauja ištaisymo. Pajutę savo vidinę tuštumą, turime pereiti į dešiniąją liniją, į tobulumo, laimės, visiško pasitenkinimo tuo, ką turime, pojūtį.

Anksčiau tokia būsena nereiškė, kad buvome dešiniojoje linijoje, nes buvome tik vienoje linijoje, jau vien todėl, kad nebuvo antrosios linijos – savo būsenos kritikos. Bet jeigu tikrai suvokę savo būsenos netobulumą antrojoje linijoje sugrįžtame į pirmąją – prie tobulumo pojūčio (priešingai dabartinei savo būsenai ir jausmams), laikoma, kad dirbame jau dviejose linijose, ne paprasčiausiai pirmoje ir antroje, o priešingose linijose – dešiniojoje ir kairiojoje.

Visas egoizmo atmetimo ir išėjimo iš siaurų savo interesų rėmų kelias tiesiamas ant dešiniosios linijos pagrindo. Pasakyta, kad turime ištrūkti iš „savo" interesų, kurie yra laikini, smulkūs, nuolatos besikeičiantys mūsų kūno norai. Jie suteikti mums iš Aukščiau ne dėl to, kad laikytume juos gyvenimo tikslu, o kad atmestume juos dėl amžinų, aukštesnių, absoliučių dvasinių malonumų pojūčių, dėl susiliejimo su pačiu Aukščiausiuoju visatoje – su Kūrėju.

Tačiau atitrūkti nuo savo minčių ir norų neįmanoma, nes nejaučiame nieko kito, tik save. Esant tokios būsenos, vienintelis įmanomas dalykas – tikėti Kūrėjo egzistavimu, Jo visa ko valdymu, Jo kūrimo tikslu, būtinybe pasiekti šį tikslą, nepaisant kūno skundų.

Tikėjimas tuo, kas nejaučiama, tikėjimas tuo, kas aukščiau mūsų supratimo, vadinamas „tikėjimu aukščiau žinojimo".

Kaip tik po kairiosios linijos ateina eilė pereiti prie tokio kaip šis tikrovės suvokimo. Jaučiamės laimingi, kad nusipelnėme vykdyti Kūrėjo valią, nepaisydami to, kad turėdami egoistinius norus nepatiriame jokio malonumo ar džiaugsmo. Tačiau, priešingai nei jaučiame, tikime, kad gavome ypatingą dovaną iš Kūrėjo.

Tad net jei esame ir tokios būsenos, Kūrėjo valią galime vykdyti bent jau tokiu būdu. Būtent taip, o ne kaip dauguma žmonių – dėl malonumų arba todėl, kad yra taip išauklėti bei to išmokyti ir net nesuvokia savo veiksmų automatizmo.

Taigi suprantame, kad viską darome priešingai, nei nori mūsų kūnas, t. y. vidumi esame Kūrėjo, o ne savo kūno pusėje. Tikime, kad viskas ateina iš Aukščiau, iš Kūrėjo, per ypatingą santykį su mumis. Todėl branginame šią Kūrėjo dovaną, ji mus įkvepia, tarsi būtume apdovanoti aukščiausiais dvasiniais suvokimais.

Tik tokiu atveju pirmoji linija vadinama dešiniąja, tobulumu, nes džiaugsmą sukelia ne mūsų būsena, o Kūrėjo santykis su mumis, kuris mums leidžia veikti anapus savo egoistinių norų ribų. Esant tokiai būsenai, net jei vis dar esame pavergti egoizmo, galime gauti dvasinį švytėjimą iš Aukščiau.

Nors ši Aukštesnioji Šviesa dar neįeina į mus, nes į egoistinius norus Šviesa įeiti negali, tačiau Ji apsupa mus (*Or Makif*) ir susieja su dvasiniu pasauliu. Taip pat Ji padeda suprasti, kad net menkiausias ryšys su Kūrėju – jau didelis apdovanojimas ir malonumas. O dėl šios Šviesos pojūčio turime žinoti, kad ne mūsų jėgoms įvertinti tikrąją Jos vertę.

Dešinioji linija taip pat vadinama tiesa, nes leidžia mums aiškiai matyti, kad dar nepasiekėme dvasinio lygmens ir neapsigaudinėti, o sakyti, kad tai, ką gavome, net pati skaudžiausia mūsų būsena, kyla iš Kūrėjo. Todėl tikėjimas aukščiau žinojimo yra didelė vertybė, nes užtikrina kontaktą su dvasingumu.

Matome, kad dešinioji linija kuriama iš aiškaus supratimo, jog neturima dvasinio suvokimo, ir iš skausmingo savo menkumo pajautimo. Po to eina egoistinių išskaičiavimų atsisakymas ir pasirengimas veikti vadovaujantis principu: „Ne tai, ko noriu aš, o tai, ko nori Kūrėjas."

Jei suprantame, kad Kūrėjas turi su mumis ypatingą santykį ir kad mes turime ypatingą santykį su *Tora* ir priesakais, kai daugelis kitų užsiėmę smulkmeniškais savo kasdienybės rūpesčiais, mūsų samprotavimai yra protingi, tačiau jie išlieka proto rėmuose ir nepakyla aukščiau proto. Todėl reikia sau pasakyti, kad nors ir esame laimingi būdami dabartinės būsenos, pirmyn turime eiti tikėjimu aukščiau žinojimo, kad mūsų džiaugsmą lemtų tikėjimas.

Antra vertus, kairioji linija kuriama patikrinant, kokia tikroji mūsų meilės kitiems žmonėms prigimtis, ar sugebame atlikti altruistinius veiksmus ir nesavanaudiškai elgtis, ar tikrai nenorime gauti jokio atlygio už savo pastangas.

Ir jeigu po tokių svarstymų matome, kad nesame pajėgūs net mažiausiu laipsniu atsisakyti savo interesų, neturime kitos išeities, kaip tik maldauti Kūrėjo išgelbėti mus. Todėl kairioji linija atveda žmogų pas Kūrėją.

Dešinioji linija suteikia galimybę dėkoti Kūrėjui už *Toros* tobulumo pojūtį. Tačiau ji neleidžia pajausti tikrosios savo būsenos, kuriai būdingas visiškas nežinojimas ir ryšio su dvasingumu nebuvimas. Todėl ji neatveda mūsų prie maldos, be kurios neįmanoma pasiekti *Toros* Šviesos.

Kairiojoje linijoje, stengdamiesi valios pastangomis įveikti savo tikrąją būseną, pradedame suprasti, kad neturime pakankamai jėgų tokiam tikslui pasiekti. Ir tik tada imame jausti pagalbos iš Aukščiau poreikį, nes pamatome, kad padėti mums gali tik antgamtinės jėgos. Tik padedant kairiajai linijai, galime pasiekti trokštamą tikslą.

Tačiau būtina suprasti, kad šios dvi linijos turi būti subalansuotos taip, kad abi būtų naudojamos vienodai. Tik tada atsiras vidurinioji linija, sujungianti dešiniąją ir kairiąją linijas į vieną.

Jeigu viena linija nusveria kitą, tai neleis joms abiem susilieti, nes esant tokiai situacijai stipresnioji linija atrodys naudingesnė. Todėl abi linijos turi būti absoliučiai lygios.

Tokio sunkaus darbo, vienodai didinant abi linijas, nauda yra ta, kad jų pagrindu žmogus gauna viduriniąją liniją, Aukštesniąją Šviesą, atsiskleidžiančią ir patiriamą būtent jaučiant abi linijas.

Dešinioji linija teikia tobulumą, nes tikima Kūrėjo tobulumu. O kadangi pasaulį valdo Kūrėjas, tik Jis ir niekas kitas, tai jeigu nekreiptume dėmesio į egoizmą, – viskas būtų tobula. Kairioji linija leidžia žmogui kritiškai pažvelgti į savo būseną ir suvokti savo netobulumą. Nepaprastai svarbu rūpintis, kad jokiomis aplinkybėmis ji netaptų stipresnė už dešiniąją. (Kalbant apie praktiką, žmogus turi 23.5 valandos per parą būti dešiniojoje linijoje ir tiktai pusvalandį leisti sau egoistinius svarstymus.)

Dešinioji linija turi būti taip aiškiai išreikšta, kad visiškam laimės pajautimui nekiltų jokių papildomų poreikių. Tai kontroliuojamas atitrūkimas nuo savo egoistinių svarstymų. Ir todėl tai vadinama tobulumu, nes čia nieko netrūksta, kad būtų jaučiamas džiaugsmas. Tai įvyksta, nes visi žmogaus apmąstymai susiję su tuo, kas yra jo kūno išorėje, – su visu tuo, kas siejasi su Kūrėju, o ne ką diktuoja vidiniai jo kūno poreikiai.

Perėjimą iš dešiniosios linijos į kairiąją ir atgal turime atlikti sąmoningai, pagal iš anksto nustatytą laiką ir išankstines sąlygas, o ne pagal savo nuotaiką. Tada atrasime, kad ne tik nepadarėme pažangos suvokdami ir pajausdami dvasingumą, bet kad ir mūsų kasdienis gyvenimas tapo blogesnis, nei buvo anksčiau. Užuot judėję pirmyn, dar labiau klimpstame į savo egoizmą.

Iš tokios būsenos turime tuoj pat pereiti prie maldos, kad ši situaciją būtų ištaisyta. Apie tai pasakyta, kad išėjimas iš *Egipto* (egoizmo) įvyksta pasiekus paskutinę, 49-ąją netyrų norų pakopą. Tiktai kai žmogus iki galo suvokia visą savo egoizmo gylį bei blogį ir šaukiasi pagalbos, Kūrėjas pakelia jį ir duoda viduriniąją liniją, suteikdamas iš Aukščiau jam sielą, Savo Šviesą. Ši Šviesa pradeda jam šviesti, suteikdama jėgų pereiti prie altruizmo ir gimti dvasiniame pasaulyje.

35
Suprasti savo tikrąją prigimtį

Norėdami pasiekti kūrimo tikslą, turime jausti alkį, be kurio negalėsime patirti visų Kūrėjo siunčiamų malonumų gylio ir taip suteikti džiaugsmo Kūrėjui. Todėl labai svarbu ištaisyti egoizmą. Tai leis mums patirti malonumą Kūrėjo labui.

Tomis akimirkomis, kai jaučiame baimę, būtina suvokti, kodėl Kūrėjas siunčia mums tokius pojūčius. Juk be Kūrėjo nėra pasaulyje kitos jėgos ir valdžios – nei priešų, nei tamsiųjų jėgų. Pats Kūrėjas sukuria mums tokius pojūčius tam, kad imtume klausti savęs, kodėl staiga taip jaučiamės.

Ir tik po visų ieškojimų pasitelkę tikėjimą galėsime pasakyti, kad tai mums siunčia Pats Kūrėjas. O jeigu ir labai stengiantis baimė nepasitraukia, turime priimti tai kaip pavyzdį, kokio dydžio turėtų būti Kūrėjo galybės ir valdžios baimė. Kad kaip dabar mūsų kūnai krūpčioja nuo išsigalvoto baimės šaltinio šiame pasaulyje, taip turėtume drebėti iš baimės prieš Kūrėją.

Kaip galime tiksliai nustatyti, kokios dvasinės būsenos esame? Paprastai pasitikintys ir laimingi jaučiamės dėl to, kad tikime savo jėgomis, o ne todėl, kad mums reikia Kūrėjo. Kitaip tariant, tokia būsena nurodo, kad išties esame pačiame savo egoizmo dugne ir be galo nutolę nuo Kūrėjo. O kai jaučiamės visiškai pasimetę ir bejėgiai, tada aštriai jaučiame Kūrėjo paramos poreikį, ir tuo metu kaip tik esame daug geresnės būsenos, lyginant su savo gerąja savijauta.

Jeigu pasistengę atliekame kokį nors, mūsų manymu, „gerą" veiksmą ir dėl savo poelgio jaučiame pasitenkinimą, tai tuoj pat pakliūvame į savo egoizmo spąstus ir nesuvokiame, kad būtent Kūrėjas suteikė mums galimybę padaryti ką nors gera ir kad jausdamiesi gerai tik sustipriname savo egoizmą.

Jeigu diena iš dienos stengiamės studijuodami ir mintimis vis grįžtame prie kūrimo tikslo, tačiau vis tiek jaučiame, kad nieko nesuprantame ir nesitaisome, ir jeigu širdyse dėl tokios būsenos priekaištaujame Kūrėjui, tai nuo tiesos nutolstame dar labiau.

Vos tik pabandome pereiti prie altruizmo, mūsų kūnai ir protai nedelsiant sukyla prieš tokias mintis ir visais būdais stengiasi išvesti mus iš šio kelio. Beregint atsiranda šimtai minčių, neatidėliotinų darbų ir pasiteisinimų, nes altruizmas, t. y. viskas, kas nesusiję su kokia nors nauda kūnui, yra mums nepakenčiamas. Mūsų protui neįmanoma net akimirką pakelti tokių siekių, todėl jie beregint užgniaužiami.

Todėl mintys apie egoizmo atsisakymą atrodo pernelyg sunkios ir ne žmogaus jėgoms. O jeigu mums jos taip dar neatrodo, vadinasi, kažkur giliai jose slypi kažkokia nauda kūnui ir būtent ji leidžia taip veikti ir galvoti, apgaudinėdama mus ir įrodinėdama, kad mūsų mintys bei veiksmai – altruistiniai.

Todėl geriausias patikrinimas, ar tam tikra mintis arba veiksmas kyla rūpinantis savimi, ar iš altruizmo, – pastebėti, ar širdis ir protas bent šiek tiek palaiko šią mintį ir leidžia atlikti bent menką judesį. Jeigu tam pritariame, vadinasi, tai saviapgaulė, o ne tikrasis altruizmas.

Vos tik susitelkiame į nuo kūno poreikių atsietas mintis, tuoj pat iškyla tokie klausimai, kaip „O kam man to reikia?" „Ir kam iš to bus nauda?"

Tokiose situacijose, nors ir jaučiame, kad kūnas (mūsų noras gauti malonumą) mus blokuoja, svarbiausia yra įsisąmoninti, kad galų gale tai ne mūsų kūnas užduoda šiuos klausimus ir neleidžia įsipareigoti bet kam, kas neatitinka jo interesų. Tai yra paties Kūrėjo veiksmai. Tai Jis sukuria tokias mūsų mintis bei norus ir neleidžia mums atsiplėšti nuo kūno norų. Todėl, kad nėra nieko kito, tik Jis.

Kiek Jis mus traukia prie Savęs, tiek Pats šiame kelyje sukuria ir kliūčių. Tam, kad išmoktume suprasti savo prigimtį ir sugebėtume reaguoti į kiekvieną savo kūno mintį ir norą, bandydami nuo jo atitrūkti.

Be abejo, patirti tokias būsenas gali tik tie, kurie stengiasi įgyti Kūrėjo savybes ir prasiveržti į dvasinį pasaulį. Tokiems Kūrėjas siunčia įvairias kliūtis, kurios patiriamos kaip nuo dvasingumo atstumiančios kūno mintys ir norai.

Visa tai vyksta dėl to, kad atskleistume savo tikrąją dvasinę būseną ir tikrąjį santykį su Kūrėju. Kad pamatytume, kiek sugebame pateisinti Kūrėjo veiksmus, nepaisydami proto prieštaravimų, kiek neapkenčiame Kūrėjo, atimančio iš mūsų visus malonumus šiame gyvenime, kuris, regis, buvo pripildytas nuostabių dalykų bei Šviesos, ir įstumiančio mus į nusivylimo bedugnę, nes iš altruizmo kūnas nepajėgia patirti nė lašelio malonumo.

Mums atrodo, kad tai kūnas priešinasi, o ne pats Kūrėjas veikia mūsų jausmus ir protą, duodamas teigiamai arba neigiamai jaučiamas mintis bei emocijas. Bet išties Kūrėjas pats sukuria tam tikras širdies ir proto reakcijas į jas, kad išmokytų mus ir supažindintų pačius su savimi. Kaip motina moko vaiką ką nors jam parodydama, duodama pabandyti ir čia pat paaiškindama, kas tai, – taip ir Kūrėjas rodo bei aiškina mums mūsų tikrąjį santykį su dvasingumu ir mūsų negebėjimą veikti savarankiškai.

Didžiausią sunkumą dvasinio tobulėjimo kelyje lemia tai, kad mūsų viduje yra dvi nuomonės, dvi jėgos, du tikslai, du norai, kurie nuolatos kovoja tarpusavyje. Netgi kūrimo tikslo klausimu: viena vertus, savo savybėmis turime pasiekti susiliejimą su Kūrėju, kad, kita vertus, įgytume vienintelį norą atsisakyti visko, kas mums brangu, Kūrėjo labui.

Tačiau juk Kūrėjas – visiškas altruizmas, neturintis jokių poreikių ir tenorintis, kad mes patirtume absoliutų malonumą.

Toks yra kūrinijos tikslas. Tačiau mums atrodo, kad tai du vienas kitam prieštaraujantys siekiai: viską atiduoti Kūrėjui ir tuo pat metu patirti didžiausią pasitenkinimą ir malonumą.

Tačiau tai – tik regimas prieštaravimas, nes vienas šių siekių yra ne tikslas, o tik priemonė tikslui pasiekti. Pirmiausiai turime pasiekti tokią būseną, kada visos mūsų mintys, norai ir veiksmai bus už egoizmo ribų, visiškai altruistiniai, vien „dėl Kūrėjo". O kadangi visatoje nėra nieko kito, tik žmogus ir Kūrėjas, tai viskas, kas išeina už mūsų penkių pojūčių (kūno) ribų, automatiškai yra Kūrėjas.

O po to, kai žmogus pasiekia išsitaisymą ir jo asmeninės savybės ima atitikti Kūrėjo savybes, jis pradeda suvokti kūrimo tikslą – gauti iš Kūrėjo begalinį, egoizmo neribojamą malonumą.

Iki išsitaisymo turime tik norą mėgautis. Tolydžio besitaisydami pradedame pirmenybę teikti norui viską atiduoti, o ne gauti malonumą patys sau. Tačiau šioje fazėje dar nepajėgiame priimti malonumo iš Kūrėjo.

Tik pabaigę išsitaisymo procesą, galime pradėti gauti begalinį malonumą ne dėl savo egoizmo, o dėl kūrimo tikslo.

Malonumas, kurį priimame ne dėl savęs, nesukelia gėdos jausmo, nes gaudamas, suvokdamas ir jausdamas Kūrėją žmogus džiaugiasi malonumu, kurį Jam suteikė. Ir todėl, kuo daugiau iš Kūrėjo gauna, kuo daugiau mėgaujasi, tuo laimingesnis, kad Kūrėjas dėl to patiria malonumą.

Pagal analogiją su šviesa ir tamsa mūsų pasaulyje, dvasiniuose pojūčiuose Šviesa ir tamsa (arba diena ir naktis) – tai Kūrėjo artumo arba nebuvimo, Kūrėjo valdymo arba šio valdymo nebuvimo pojūtis, t. y. mūsų jaučiamas Kūrėjo buvimas arba nebuvimas.

Kitaip tariant, jeigu ko nors prašome Kūrėjo ir beregint gauname, tai vadinama „Šviesa" arba „Diena". O jeigu dėl Kūrėjo egzistavimo ir Jo viešpatavimo visatoje skendime abejonėse, tai vadinama „tamsa" arba „naktimi". Tiksliau, Kūrėjo paslėptis vadinama „tamsa", nes sukelia žmogui abejones ir neteisingas mintis, kurias jis suvokia kaip nakties tamsą.

Mūsų tikrasis tikslas neturėtų būti pajausti Kūrėją ir pažinti Jo veiksmus, nes tai juk taip pat grynai egoistiniai norai. Žmogus nesugebės pasipriešinti begaliniam šių suvokimų sukeltam malonumui ir grįš į egoistinę būseną.

Tikrasis tikslas turėtų būti troškimas iš Kūrėjo gauti stiprybės pasipriešinti savo kūno ir proto norams, t. y. įgyti tikėjimą, kuris būtų stipresnis už žmogaus protą ir kūno norus. Suvokę ir pajautę Kūrėją ir Jo absoliučiai gerą valdymą, Jo valdžią visai kūrinijai, turėtume pasirinkti akivaizdžiai nematyti visos Kūrėjo didybės, kad tai nepakenktų mūsų tikėjimui.

Vietoj to turėtume ir toliau eiti pirmyn vien padedami tikėjimo jėgos, priešingai nei nori kūnas ir protas. Viskas, ko galime trokšti, – kad Kūrėjas suteiktų jėgų tikėti Juo ir tuo, kad Jis valdo visatą. Tokio tikėjimo įgijimas vadinamas „Šviesa" arba „Diena", nes jį turintis žmogus gali be baimės pradėti mėgautis malonumais, jau nebepriklausydamas nuo kūno norų ir nebevergaudamas savo kūnui ir protui.

Kai žmogus pasiekia šią naują prigimtį, t. y. jau pajėgia atlikti veiksmus, kurie nepriklauso nuo kūno norų, Kūrėjas leidžia jam mėgautis Savo Šviesos teikiamais malonumais.

Jeigu ant mūsų nusileidžia tamsa ir dvasinio tobulėjimo darbas tampa beskonis, negebame pajausti ypatingo santykio su Kūrėju ir nepatiriame nei baimės, nei meilės Jam, belieka tik viena – sielos rauda. Turime maldauti Kūrėjo, kad pasigailėtų mūsų ir patrauktų tą juodą debesį, temdantį visus mūsų jausmus ir mintis, slepiantį Kūrėją nuo mūsų akių ir širdžių.

Sielos rauda – tai pati stipriausia malda. Kai niekas negali padėti, t. y. po to, kai įsitikiname, kad nei mūsų pastangos, nei žinios ir patirtis, jokie mūsų fiziniai veiksmai ir priemonės nepadeda patekti į Aukštesnįjį dvasinį pasaulį; kai visa esybe jaučiame, kad išnaudojome visas savo galimybes ir jėgas, tik tada suvokiame, kad vien Kūrėjas mums gali padėti; tik tada vidine rauda galime melsti Jo, kad mus išgelbėtų.

O iki tol jokia išorinė jėga nepadės mums tikrai iš pačių širdies gelmių šauktis Kūrėjo. Tik kai jausime, kad visi keliai priešais mus jau uždaryti, tada atsivers „ašarų vartai" ir galėsime įžengti į Aukštesnįjį pasaulį – į Kūrėjo buveinę.

Todėl žmogui išbandžius visas savo galimybes pačiam pasiekti dvasinį pakilimą, ant jo nusileidžia visiškos tamsos būsena. Tada lieka vienintelis išsigelbėjimas – Kūrėjo pagalba.

Bet kol laužydami egoistinį „aš" dar nepasiekėme pojūčio, kad yra mus valdanti Jėga, kol ši tiesa mūsų dar nepagydė ir dar nežinome, ką tai reiškia, mūsų kūnai neleis mums šauktis Kūrėjo. Ir todėl būtina imtis visko, kas tiktai mūsų jėgoms, o ne laukti stebuklo iš Aukščiau.

Taip yra ne todėl, kad Kūrėjas nenori žmogaus pasigailėti ir laukia, kol jis save sulaužys. Tik tada, kai išbandome visas savo galimybes, įgyjame patirties, imame jausti ir suprasti savo prigimtį. Šie mūsų išgyvenimai yra būtini, nes būtent per juos gauname ir būtent per juos jaučiame Kūrėjo Šviesos atsiskleidimą ir Aukščiausiąjį Protą.

Michaelio Laitmano knygos lietuvių kalba

Raktas į kabalą: klausimai ir atsakymai – Vilnius: Alma littera, 2007. – 455 p.

Šiame informatyviame leidinyje kabala nušviečiama ypač aiškiai ir paprastai. Klausimų įvairumas bei atsakymų gilumas įkvėps apmąstymams ir naujiems atradimams. Silig kiekvienu puslapiu skaitytojas pajaus, kaip plečiasi jo suvokimas. Raktas į kabalą veda skaitytojq iš praeities į ateitį, atskleisdamas būsenas, kurias anksčiau ar vėliau patiria visi studijuojantys kabalą. Branginantiems kiekvieną gyvenimo akimirką autorius siūlo neįkainojamas beribio kabalos mokslo žinias.

Kabala: pagrindiniai teiginiai – Vilnius: Dialogo kultūros institutas, 2008. – 112 p.

Ši knyga padės suprasti pagrindinius aiškiai ir paprastai išdėstytus kabalos mokslo principus. Čia rasite atsakymus, kas yra autentiška kabala, kokie jos metodai ir tikslas, kodėl ištisus šimtmečius ji buvo slepiama, apipinama mistika bei klaidingomis nuostatomis ir, svarbiausia, – kuo ji naudinga žmogui. Be to, paaiškės, kur slypi valios laisvė, kaip veikti savo likimą, kaip nepasimesti globalių problemų akivaizdoje.

Kabala be paslapčių: Laimingo gyvenimo vadovas paprastam žmogui – Vilnius: Dialogo kultūros institutas, 2008. – 160 p.

Ši knyga – aiškus ir suprantamas vadovas supančiam pasauliui pažinti, kartu įgyjant vidinę ramybę. Joje paaiškinama, kodėl pasaulis šiandien išgyvena krizę, atskleidžiama, kaip mūsų augantys norai skatina progresą bei susvetimėjimą ir kodėl svarbiausias teigiamų pokyčių stabdys slypi mūsų pačių sielose. Patariama, kaip pasiekti teigiamų pokyčių, kaip patiems pasitelkus savo vidines jėgas susikurti saugų, darnų su visa kūrinija gyvenimą. Knyga skirta tiems, kurie siekia esminių pokyčių asmeniniu, visuomeniniu ir pasauliniu mastu.

Iš chaoso į harmoniją – Vilnius: Kabalos studijų centras, 2011. – 120 p.

Leidinyje pateikti pagrindiniai kabalos dėsniai, kuriuos pagrindžia ir naujausi įvairių mokslo sričių tyrinėjimai. Autorius, remdamasis kabalos mokslu, supažindina su visos žmonijos ir kiekvieno žmogaus vystymosi programa bei atskleidžia, kaip teisingai ją realizuoti, kad būtų pasiektas numatytas tikslas.

Šiuolaikiniai vaikai: kaip augti kartu? – Vilnius: Alma littera, 2011. – 368 p.

Vaikai – mūsų ateitis. Rytoj jie šeimininkaus mūsų pasaulyje ir mes jau nieko nepajėgsime pakeisti, tačiau šiandien jų vystymasis daugeliu atveju priklauso nuo mūsų.

Šioje knygoje aptariami žmogaus formavimosi etapai: pradedant vaisiaus vystymusi ir baigiant įžengimu į suaugusiųjų gyvenimą. Ši knyga neįprastai, įdomiai nagrinėja auklėjimo klausimus ir žmogaus santykį su jį supančiu pasauliu. Kalbama apie gamtos dėsnius, kurių norom nenorom turime laikytis, kad nepakenktume sau. Viskas priklauso tik nuo to, ar gerai išmanome šiuos dėsnius ir jų pasekmes.

Laimės pažadas: kaip jaustis laimingam globaliame pasaulyje? – Vilnius: Mintis, 2014. – 200 p.

Išaušo nauji laikai, baigiasi ankstesnis gyvenimas su jo rėmais, sampratomis, vertybėmis. Tai, kas vyksta dabar, anaiptol ne krizė, o naujo gyvenimo pradžia.

Šios knygos paskirtis – išmokyti, kaip gyventi naujos epochos, netikėtai žmonijai atlapojusios savo duris, sąlygomis, kai atsiskleidžia kitoks santykis su gamta, visuomene, šeima ir kiekvieno žmogaus vidiniu pasauliu.

Laitman, Michael
Aukštesniųjų pasaulių suvokimas
Laitman Kabbalah Publishers, 2023. – 352 psl.

ISBN: 978-1-77228-136-1

Ši knyga pirmą kartą buvo išleista 1994 metais. Tuo metu kiekvienam kabalos pasaulį atradusiam žmogui tai buvo stulbinantis naujos tikrovės, žavinčios savo begalybe, suvokimo proveržis, ilgai laukta tiesos atskleidimo akimirka ir atsakymas į kankinantį klausimą apie gyvenimo prasmę.
Nesuskaičiuojamais informaciniais ryšiais susietame kvantiniame pasaulyje gyvenantis šiuolaikinis žmogus kabaloje gali atrasti tiksliausias žinias, apibūdinančias viso, kas vyksta, priežastis ir pasekmes, kurios jam būtinos kaip išgyvenimo trečiojo tūkstantmečio pasaulyje instrukcija.

Iš anglų kalbos vertė: Rimantas Meškėnas
Redaktorė: Daina Meškėnienė
Korektorė: Edita Marciulevičienė
Konsultantė: Yehudith Wiseman Savalle
Maketuotojas: Mykolas Parulskis

www.ingramcontent.com/pod-product-compliance
Lightning Source LLC
Chambersburg PA
CBHW071216080526
44587CB00013BA/1397